ཆོན་མོ་ངས་འདོད་ཆགས་ལམ་ཁྱེར།

El camino tántrico del deseo

*Una presentación única sobre cómo practicar
la quintaesencia del auténtico camino del tantra,
incorporando la sexualidad
y otros medios hábiles para alcanzar el gozo inmutable*

Shar Khentrul Rinpoché Jamphel Lodrö

Traducido del
Rimé Lodrö (Ives Waldo)

Traducido del inglés por
Thubten Zopa (Alex M. García)

Editado por
Lobsang Dorje (Rafael Nassif) and Rimé Lodrö

Dzokden

Autor: Shar Khentrul Jamphel Lodrö
Traductor del tibetano y editor: Rimé Lodrö (Ives Waldo)
Traductor del inglés: Thubten Zopa (Alex M. García)
Editor: Lobsang Dorje (Rafael Nassif)
La imagen de portada es «Padmasambhava y su consorte en el lago de la conciencia» © de la artista Marianna Rydvald www.dakiniunlimited.com * www.dakiniart.com

Primera edición
ISBN (Paperback): 978-1-961659-40-7
ISBN (ePub): 978-1-961659-41-4

Publicado por: DZOKDEN

Esta obra ha sido producida y publicada por Dzokden, una organización sin fines de lucro. Esta organización se dedica a propagar una visión no sectaria de todas las tradiciones espirituales del mundo y a enseñar el budismo de una forma completamente auténtica, pero también práctica y accesible a la cultura occidental. Se dedica especialmente a propagar la Tradición Jonang, una rara joya de las remotas regiones del Tíbet que contiene las preciosas enseñanzas de Kālachakra.

Si desea más información sobre las actividades programadas o los materiales disponibles, o si desea hacer un donativo para apoyar nuestra labor, póngase en contacto con:

Dzokden
3436 Divisadero Street
San Francisco, CA 94123 USA
www.dzokden.org
office@dzokden.org

En el tantrayāna que produce el camino del go,
las impurezas se lavan con impurezas,
las concepciones se purifican con las concepciones mismas,
y el saṃsāra se abandona con el saṃsāra mismo.

Al igual que el fuego puede encenderse con fuego,
también puede extinguirse con fuego.
Así, lo que se enciende con el fuego del deseo,
puede extinguirse con el fuego del deseo.

Padmasaṃbhava

El camino de los medios, la esencia del gran gozo

Contenido

SEGUNDA PARTE Explicación extensa

TERCERA PARTE Llevar las kleśhas al camino

CUARTA PARTE El camino del deseo

Suchandra de Śhambhala quien solicitó a Buda
que impartiera las Enseñanzas del Kālachakra

El secretismo del mantra secreto[1] es el secreto
de la realidad verdadera y eterna, que es un secreto natural.[2]

Si no se conocen y distinguen bien
la percepción directa de ese secreto absoluto
y lo meramente imaginado e imputado,[3]
y no se analizan competentemente debido al error y la
confusión,
entonces el conocimiento, la experiencia y la realización
se explicarán como algo distinto a lo que realmente son.

Ahora que recibes este regalo de enseñanzas que te otorgo,
¡disfruta de tu parte del Dharma de la Edad de Oro!

Khentrul Rinpoché

---

1   "Mantra secreto", *gsang sngags*, es el término más utilizado en la versión tibetana de este libro para referirse a las enseñanzas tántricas budistas, *rgyud*. "Mantra secreto" declara explícitamente que se trata de enseñanzas secretas, mientras que con el término "tantra", esto sólo se entiende de manera implícita. Dicho esto, en la versión traducida de este libro utilizamos "tantra" en la mayoría de los casos para evitar malentendidos y reflejar la preferencia del autor. Más detalles en el capítulo una de la Segunda Parte. *(Todas las notas a pie de página han sido añadidas por el traductor y el editor.* Cuando se menciona a "Rinpoché", nos referimos al autor de este libro como guía para nosotros a la hora de escribir la nota a pie de página o una parte específica de la misma.)

2   La verdad absoluta realizada por el mantra secreto (o tantra) es naturalmente secreta porque los seres ordinarios sólo pueden aprehender los engaños dualistas imaginados por la verdad relativa conceptualizada.

3   La verdad absoluta está más allá de poder ser descrita completa y precisamente por el lenguaje conceptual de lo relativo, por lo que sólo puede realizarse mediante la percepción directa.

Prefacio del traductor:
Problemas y posibilidades, una introducción

Antes que nada, este libro presenta un *problema*. En la versión original en tibetano, este libro, escrito por un autor tibetano para otros tibetanos, presentaba el problema como la degradación de la cultura religiosa y secular tibetana en países de etnia tibetana dominados por monjes renunciantes, lo cual es ciertamente desafortunado. Sin embargo, ¿qué relevancia tiene esto para la gente de otros países? Esta versión traducida del libro presenta la esencia de dicho problema tibetano como un problema psicológico que resulta relevante para las personas de todo el mundo. Es un problema personal y cultural que se ve sofocado por los estrictos valores de las personas que rechazan la vida ordinaria en nombre de valores que consideran más elevados, ya sean religiosos, políticos o científicos.

Por ejemplo, muchas autoridades de diferentes religiones del mundo afirman que la renuncia a los placeres de la vida ordinaria, y en particular el celibato, son necesarios para cualquier logro religioso genuino. No cabe duda de que muchos han realizado progresos espirituales significativos por esos medios, pero una gran parte de la culpa y la misoginia son el resultado de que la gente común se vea infectada por la idea de que sólo esos santos ascetas llevan la vida que la gente debería llevar.

Semejantes valores obstaculizan formas de expresión religiosa más accesibles que encuentran el logro religioso en el corazón de la vida ordinaria. Siempre existe una realidad espiritual superior o incluso una realidad última con la que conectar, pero alcanzarla de un modo que solucione el problema de la diferencia entre la vida renunciante y la vida ordinaria que acabamos de plantear depende en gran medida de las posibilidades de la mente y el espíritu humanos. Es por eso que, al presentar este problema y su solución, me referiré a pasajes de diversas tradiciones religiosas. Al hacerlo, no soy tan arrogante como para pensar que puedo comprender todo lo que tienen que decir con un simple vistazo. Sé que habrá muchas cosas que se me escapen. Es más bien como leer libros o ver programas de televisión sobre familias distintas en diferentes partes del mundo. Muchos de los aspectos de su experiencia son difíciles o imposibles de entender, pero algunos resuenan espontáneamente en lo profundo y ofrecen una visión de lo que yo mismo he experimentado con mi familia budista tántrica.

Utilizando el budismo renunciante como ejemplo, cuando nació el hijo del joven Buddha durante su primera fase de asceta y renunciante, el Buddha afirmó:[4]

"Ha nacido un rāhu, ha surgido un grillete". En consecuencia, el niño recibió el nombre de Rāhula, que significa "grillete" o "impedimento".

De manera similar, los monjes budistas que luchan constantemente por reprimir las tentaciones del deseo sexual pueden caer fácilmente en la estrategia de personificar su repugnancia por el *saṃsāra* desplazándola hacia las mujeres. Las monjas pueden hacer lo mismo con los hombres:[5]

---

4   T. W. Rhys Davids tr., p. 79.

5   Nāgārjuna, *Ratnāvalī*, D5148 Tengyur, spring yig, ge, 2:47, 112B:1.

En su mayor parte, el deseo hacia las mujeres surge
de pensar que el cuerpo de la mujer es limpio.
Los cuerpos de las mujeres en realidad
no tienen nada de limpios. [...]

Es como una persona que, sin saber lo que es,
desea una vasija ornamentada llena de inmundicia.
Así son los ingenuos e ignorantes de este mundo
cuando se trata de su actitud hacia las mujeres.

La misma psicología ocurre comúnmente en otras tradiciones renunciantes. Dentro del cristianismo, San Juan dice a propósito de los 144,000 hombres elegidos que entrarán en el Cielo:[6]

Estos son los que no se mancharon con mujeres, pues son vírgenes.

Este enfoque es tan descaradamente patriarcal que ni siquiera resultaba necesario mencionar la morada final de las mujeres, por muy santas o profanas que fueran. Una implicación obvia, aun cuando no fuera intencionada, es que, como las mujeres no se encuentran entre los elegidos, no pueden entrar en el Cielo, por lo que deben estar destinadas al otro lugar.[7] Sin duda, el convivir con ellas es suficiente para privar de sus privilegios a los hombres que, de otro modo, estarían entre los elegidos.

En la isla de Patmos, visité la cueva donde San Juan escribió el libro del *Apocalipsis*. Una de las principales atracciones es una inmensa roca en la pared de la cueva. Muchas personas que la tocan sienten una poderosa energía sagrada incluso hoy en día. Sin duda, las visiones

---

6   Apocalipsis 14:4. *Biblia de Jerusalén*.

7   El infierno, para quienes no están familiarizados con la doctrina cristiana.

de San Juan trajeron consigo una inmensidad de bendiciones en el momento en que se produjeron. Sin embargo, 2,000 años después, ¿no sería conveniente reconsiderar su aparente desprecio por las relaciones con las mujeres, como en aquella estrofa? San Juan adopta un enfoque más compasivo en el segundo capítulo de su evangelio, cuando describe el día en que Jesús, a petición de su madre, reveló su divinidad al mundo convirtiendo el agua en vino para un banquete de bodas:[8]

2:1   Tres días después se celebraba una boda en Caná de Galilea y estaba allí la madre de Jesús.

2:2   Fue invitado también a la boda Jesús con sus discípulos.

2:3   Y, como faltara vino, porque se había acabado el vino de la boda, le dice a Jesús su madre: "No tienen vino".

2:4   Jesús le responde: "¿Qué tengo yo contigo, mujer? Todavía no ha llegado mi hora".

2:5   Dice su madre a los sirvientes: "Haced lo que él os diga".

2:6   Había allí seis tinajas de piedra, puestas para las purificaciones de los judíos, de dos o tres medidas[9] cada una.

2:7   Les dice Jesús: "Llenad las tinajas de agua". Y las llenaron hasta arriba.

2:8   "Sacadlo ahora, les dice, y llevadlo al maestresala". Ellos lo llevaron.

2:9   Cuando el maestresala probó el agua convertida en vino, como ignoraba de dónde era (los sirvientes, los que habían sacado el agua, sí que lo sabían), llama el maestresala al novio

2:10   y le dice: "Todos sirven primero el vino bueno y cuando ya están bebidos, el inferior. Pero tú has guardado el vino bueno hasta ahora".

2:11   Así, en Caná de Galilea, dio Jesús comienzo a sus señales. Y manifestó

---

8   *Ibid.*

9   Una medida equivale al baño hebreo de unos nueve galones. Incluso seis tinajas de dos medidas serían 54 galones. ¡Toda una fiesta!

su gloria, y creyeron en él sus discípulos.

Si aún se están preguntando qué significado tiene en este libro el milagroso banquete de bodas que puso en marcha el ministerio de Jesús, el tantra en cualquier cultura es una afirmación extraordinaria de la vida ordinaria. Así, un poco más adelante (Juan 10:10), Jesús dice:[10]

Yo he venido para que tengan vida y la tengan en abundancia.

Es de esto de lo que estamos hablando. El *Chāndogyopaniṣhad*, 8.7.3, al presentar un enfoque hindú del yoga de la renuncia, dice:[11]

Permanecieron allí durante treinta y dos años, practicando brahmacharya.[12] Entonces Prajāpati les dijo: "¿Con qué propósito han estado viviendo aquí?" Ellos respondieron: "Un dicho tuyo está siendo repetido por gente erudita: El yo que está libre de pecado, libre de vejez, libre de muerte, libre de pena, libre de hambre, libre de sed, cuyos deseos se hacen realidad y cuyos pensamientos se hacen realidad: eso es lo que se ha de buscar [...]".

Aunque innumerables santos y eruditos han obtenido logros espirituales al apartarse de la búsqueda de cosas externas que parecen gratificar el falso yo de la vida ordinaria para perseguir la unión con la realidad

---

10 *Ibid.*

11 *The Upaniṣhads, Taittirya and Chhāndogya*, por Swami Nikhilananda, Volumen IV. Harper & Brothers: Nueva York, 1959, p. 377. Libro en inglés.

12 Brahmacharya, *tshangs spyod*: abstenerse de buscar la plenitud fuera del verdadero ser interior, la naturaleza de Brahmā. Puesto que la naturaleza de Brahmā lo incluye todo, es posible concebir que esto pueda lograrse sin renunciar a nada. Sin embargo, normalmente se logra renunciando a la gratificación de los fenómenos externos del mundo, en particular el sexo. Por lo tanto, el término se utiliza comúnmente para significar la renuncia, y el celibato en particular.

última según se les ha revelado, esto supone un problema para la mayoría de nosotros, que somos incapaces de seguir su heroico ejemplo. Este pasaje parece insinuar que las personas que no pueden abandonar la vida ordinaria también deben abandonar lo mejor del ser humano. Los tibetanos devotos, sobre todo, se sienten terriblemente culpables por ello y, a menudo, no pueden evitar sentir en sus corazones que el matrimonio es una terrible derrota. Por este motivo, uno de los temas recurrentes de este libro será el daño colateral e involuntario que se deriva del ideal religioso de la renuncia. Un problema tan grave requiere una solución seria.

En la búsqueda de dicha *solución*—el tema principal del presente libro—, debemos prestar atención a quienes en las culturas que saben bien cómo vivir afirman que el ideal supremo puede alcanzarse en la vida ordinaria tan bien, o incluso de mejor manera, que mediante la renuncia, formalizada en el monacato o de otro modo. Según afirman, en el logro que todas las grandes religiones persiguen, todo lo que hay en el cielo y en la tierra se revela como sagrado. El hinduismo ordinario venera el amor de Kṛiṣhṇa y Rādhā, del que dice:[13]

> La oscuridad nunca puede expulsar a la oscuridad, sólo la luz;
> El odio nunca puede expulsar al odio, sólo el amor.

Otra rama del yoga se asocia con el Śhivaliṅga y la fuente de los fenómenos en forma de los principios cósmicos masculino y femenino. Más adelante hablaremos de esto.

En el islam, incluso el Profeta Mahoma estaba casado. El cuarto capítulo del Sagrado Corán, "Surah an-Nissa", aborda los derechos mutuos de los seres humanos, sentando las bases para una vida familiar sólida.

---

13   https://feedingtrends.com/radha-krishna-love-quotes-eternal-love-story-radhe-radhe-devotion. Recurso en inglés. Los versos originales están en hindi.

El versículo inicial insta a la humanidad a reconocer que todos los seres humanos comparten las mismas raíces al ser descendientes del Profeta Adán y su esposa Eva, y que entonces Allah estará complacido con ellos:

> ¡Humanos! Temed a vuestro Señor que os creó de un solo ser, del cual concibió a su esposa y de ambos se diseminaron innumerables hombres y mujeres[...]. (Corán, 4:1)

También:

> ¡Hombres!, de entre Sus signos de misericordia para vosotros está el haberos creado esposas de vuestra misma especie, para casaros con ellas, y os vinculó por la misericordia y el amor. En ello hay señales para los que piensan en la creación de Allah, ensalzado sea. (Corán, 30:21)[14]

En el judaísmo, los místicos y rabinos jasídicos generalmente tienen esposas. He aquí una historia milagrosa sobre el fundador del jasidismo, el Baal Shem Tov, y su esposa:[15]

> Cierto año, durante el *Simjat Torá*[16] en Mezibuz, muchos miembros del círculo íntimo de los sesenta estudiantes más avanzados del Baal Shem Tov bailaban hasta altas horas

---

14 http://coran.org.ar.

15 https://www.chabad.org/kabbalah/article_cdo/aid/4134428/jewish/Repercussions-of-Wineand-Dance.htm. Recurso en inglés. Véase también Buber, Martin, *Cuentos Jasídicos. Los primeros maestros.* Paidóns: Buenos Aires, 1949.

16 "La alegría de la Torá", festividad que celebra y marca la conclusión del ciclo anual de lecturas públicas de la Torá. Simjat Torá forma parte de la festividad de *Sheminí Atzeret* ("Octavo día de la Asamblea"), que sigue inmediatamente a la festividad de *Sucot* (fiesta de las cabañas, que celebra la protección de los hijos de Israel durante el éxodo de Egipto).

de la noche con gran alegría, mientras consumían grandes cantidades de vino. La esposa del Baal Shem Tov, Leah Rachel, estaba preocupada de que no quedara suficiente vino para el *Kidush*[17] del día siguiente y la *Havdalá*[18] de la noche final de la festividad. Se acercó a su marido y le dijo, [...] "Creo que deberías decirles que, por favor, dejen de beber tanto. Si no, seguirán bailando y bebiendo, bebiendo y bailando, hasta que no nos quede vino para el *Kidush y la Havdalá*".

El Baal Shem Tov sonrió de oreja a oreja. Respondió, "¡Buena idea! Puedes ir a decirles que paren. Te harán caso y se irán a casa".

La *Rebbetzin*[19] se dirigió ir al salón contiguo, donde los jasidim bailaban y celebraban. Abrió la puerta... y se quedó estupefacta en la entrada. ¡Vio que los seguidores de su marido bailaban alegremente en un apretado círculo, mientras que unas llamas de fuego los rodeaban y los cubrían como un palio nupcial!

No se acercó ni un paso más ni pronunció una sola palabra. En lugar de eso, se dio la vuelta, bajó al sótano de su casa, cogió todo el vino que pudo cargar y lo colocó silenciosamente sobre la mesa de los jasidim que bailaban entusiasmados. [...] ¡Seguramente la *Shejiná*, la Presencia Divina, estaba bailando con ellos!

---

17   (Hebreo: "Santificación") Bendición y oración judías que se recitan sobre una copa de vino inmediatamente antes de la comida en la víspera del Sabbat o de una festividad.

18   (Hebreo: "Separación"), es el ritual de clausura del sabbat, cuando aparecen tres estrellas el sábado por la noche. Caracterizado por las bendiciones sobre las luces, el vino o el zumo de uva y las especias, la *Havdalá* es una forma inspiradora de terminar el sabbat y comenzar la nueva semana en familia.

19   La esposa del rabino.

Nótese la curiosa coincidencia de que esta historia también trata de vino y bodas. En muchas de las enseñanzas posteriores de Buddha, y también en muchas de las enseñanzas hindúes, a este enfoque de mejorar la vida se le llama "tantra". De acuerdo con las biografías de los ochenta y cuatro *mahāsiddhas*,[20] cualquier aspecto de la vida, por excelso, humilde o incluso denigrante que sea, puede convertirse en el camino tántrico hacia la iluminación. Algunos de estos *siddhas* son trabajadores comunes y corrientes, como pescadores, fabricantes de flechas, carniceros, soldados y prostitutas.

Por ejemplo, una vez un yogui errante le pidió limosna a un zapatero. Él le dio lo que pudo, diciendo, "Reza por mí, ya que debo pasar todo el tiempo haciendo zapatos para mantener a mi familia. No tengo la libertad de vagar por todas partes buscando la verdad religiosa, como tú". El yogui le respondió, "La verdad ya está dentro de ti, y nada a tu alrededor deja de expresarla. No necesitas cambiar tu forma de vida. Mientras coses la punta de los zapatos a las suelas, piensa, 'Estoy cosiendo la iluminación de arriba con la existencia engañosa y decadente de abajo. Estoy uniendo todas las cosas en una sola perfección'". Con tan sólo seguir esa sencilla instrucción, el zapatero alcanzó el estado de realización.[21] Pasó algún tiempo antes de que se diera cuenta de que era un mahāsiddha, porque la apariencia externa de su vida no había cambiado en absoluto.

Los Reyes y Reinas Kalkī del *Tantra de Kālachakra*[22] son el epíto-

---

20   Véase la nota 47, más adelante.

21   Recuento de memoria de los detalles de una historia que Trungpa Rinpoché enseñó durante una reunión de traducción. Desconozco su fuente, pero una historia similar de un zapatero mahāsiddha llamado Chamaripa puede encontrarse en las pp. 69-71 de *Buddha's Lions* (Los leones de Buda, tr. Robinson). *Chamaripa*, bajo el nombre de *Chamari*, escribió el *Thabs dang shes rab gtan la phab pa'i bsdus pa (Prajñopaya-viniścayasamudaya-nāma. Colección de versos que distinguen el método y la sabiduría)*, Toh 2381 *Tengyur* 2381, rgyud, zi, 13a4-14a2.

22   Este tantra habla de los Reyes del Dharma y los Reyes Kalkī de Śhambhala. Khentrul

me de la expresión iluminada de los guerreros espirituales bodhisattvas como ese yogui en ámbitos más exaltados de la vida. Buscan la iluminación no sólo para sí mismos, sino también para todos los seres, todos los países y todos los fenómenos mundanos, de modo que nuestro mundo se manifieste como una tierra apacible en una Edad de Oro de actividad iluminada que no sea exclusivamente budista, sino en la que puedan participar todas las culturas.

Como se explicará más adelante en este libro, ellos enseñan que esta Edad de Oro llegará gracias a la difusión de las enseñanzas tántricas. Éstas permitirán a las personas comunes superar las emociones egoístas y negativas—las *kleśhas*, en sánscrito—, que son la fuente del interminable sufrimiento de este "mundo decadente". Los defensores de la abnegación nos dicen que quienes no podemos eliminarlas por medio de la renuncia debemos abandonar toda esperanza. Sin embargo, el camino tántrico nos permite entablar amistad con nuestras emociones; esto se consigue al *transformar las kleśhas en aspectos del camino* hacia la trascendencia espiritual del mundo ordinario y decadente. Tanto las enseñanzas negativas sobre las emociones destructivas como estas enseñanzas positivas sobre cómo trascenderlas dependen únicamente de la percepción de la naturaleza humana. Aunque las enseñanzas que aquí se imparten se conservaron durante muchos siglos en el Tíbet, lo que enseñan no depende de ninguna cualidad particular ni se limita a la cultura tibetana.

En particular, cuando reivindicamos la vida en este mundo, el deseo sexual, en lugar de considerarse un placer culposo que se entrega a

---

Rinpoché informa de visiones y transmisiones de futuras bodhisattvas Kalkīs, como se muestra en su propio texto *Empowerment Liturgy of the Dharma Kings and Kalkīs of Śhambhala in the North, along with the Kalkī Princes and Princesses, entitled "The Heroic Courage of Spiritual Warriors of Great Power"* (Liturgia de empoderamiento de los Reyes del Dharma y los Kalkīs de Śhambhala en el Norte, junto con los Príncipes y Princesas Kalkī, titulada "El valor heroico de los guerreros espirituales de gran poder").

las más viles degradaciones de la existencia decadente, puede revelarse como el más sublime medio de liberación. Como tal, los budistas tibetanos lo conocen como el *Camino del Deseo*. Sin embargo, este enfoque no tiene nada de intrínsecamente tibetano o budista, y la gente de todo el mundo ha llegado a conclusiones similares. El inglés William Blake dice, en *Una niñita extraviada:*[23]

> Niños de la Era futura,
> cuando leáis esta indignada página,
> sabed que en los tiempos antiguos
> el amor, ¡el dulce amor!, era considerado un crimen.

Como presentación del sufismo, el islam místico, el "Rubaiyat" de Omar Kheyyam de Persia, dice:[24]

> Unas gotas de vino del color del rubí,
> un pedazo de pan, un buen libro de versos
> y tú, en un solitario lugar, son más valiosos
> para mí que los reinos de todos los sultanes.

Tal sencillez es, en verdad, suficiente. Estas referencias recurrentes al vino en el contexto amoroso son metáforas de la capacidad que tiene el amor de embriagarnos en la experiencia de lo divino en el centro de nuestro mundo ordinario. Sin embargo, para algunos, un enfoque elaborado de manera más exuberante resulta aún mejor. *El Cantar de los Cantares*, en la *Torá* o el *Antiguo Testamento*, narra cómo el amor llevó a la comprensión de lo divino al rey israelita Salomón y a la reina etíope de Saba.

---

23 Blake, William. *Canciones de inocencia y de experiencia*, tr. Nicolás Suescún. InterZona: Argentina, 2023.

24 Kheyyam, Omar. *Rubaiyat*, estrofa LXVIII, tr. José Gibert. Plaza y Janés: Barcelona, 1961.

Según la traducción de la Biblia de Jerusalén:[25]

¡Que me bese con los besos de su boca! Mejores son que el vino
tus amores;
mejores al olfato tus perfumes; ungüento derramado es tu
nombre [...]

El tibetano Gendün Chöpel, cuyos versos aparecen en el Apéndice I de
este libro, se desilusionó con la "tortura" autoimpuesta de la renuncia
monástica y se sumergió en cambio en los embriagadores placeres del
Camino del Deseo. En lugar de conformarse con el simple sabor del pan
y el vino, escribe el equivalente a un libro de cocina gourmet, en el que
detalla cómo el deleite sexual se convierte en un vehículo para alcanzar
la "iluminación".[26]

Que gracias a este mérito, todos los compañeros de la misma
familia
atraviesen la nebulosa penumbra que oculta el camino de la
pasión,
hasta que, desde las cumbres de las montañas de las dieciséis
dichas,
vean el cielo despejado de la realidad verdadera.

Que ustedes, Yutrön, Gangā, Asali y el resto de damas
que conocí mientras nos liberábamos con nuestros cuerpos,
continuando en nuestro camino que va de gozo en gozo,
alcancen el Dharmakāya, el gran gozo último.

---

25 Cantar de los Cantares, 1:2-3, *Biblia de Jerusalén*, op. cit.

26 Estrofa 587, traducida a partir del texto en tibetano del autor.

Incoroporar el deseo parece una barbaridad a los autoproclamados guardianes de la moral tradicional y de la negación tortuosa, dado que no tienen el más mínimo conocimiento sobre el deseo puro. Las *Canciones del Tesoro Inagotable* del mahāsiddha Saraha nos recuerdan que los yoguis budistas en los festines tántricos se embarcan en la "escandalosa" franqueza de su práctica ya que ésta es un camino directo hacia la iluminación:[27]

A veces, al entrar en los cementerios, se practican las "lámparas".[28]

Con una mente intrépida, dormir en lugares acechados por fantasmas,

convivir con parias, invitar a un círculo de cadáveres,

para practicar sin ponerse límites con "esto se hace, esto no".

[...]

Tras ejecutar plenamente las acciones locas del gran secreto,

con actos espontáneos libres del "hacer" o "no hacer",

como un elefante embriagado que se zambulle gozoso en un lago,

nos liberamos si practicamos las enseñanzas escandalosas,

dice Saraha.

En la misma tónica, el *Tantra de Guhyasamāja* dice:[29]

---

27   Según se cita en la traducción inédita de Rimé Lodrö (Ives Waldo), *Longchenpa, The Great Chariot, A Commentary on The Great Perfection: The Comfort and Ease of Mind (El gran carruaje, comentario sobre La gran perfección: calma y descanso de la mente)*, archivo electrónico MSWord, p. 763. Saraha, Dohākośhacharyāgīti, D2264 Kangyur, rgyud 'grel, zhi, 31a.

28   Entregarse a lo que normalmente se considera prohibido o repugnante; estas complacencias se llaman "lámparas que revelan la realidad última". Véase la nota 460.

29   *Guhyasamājamahākalparāja*, D442 Kangyur, rgyud, ca. cap. 2, 100a1, según se cita en *op.*

Si a todas las actividades que deseamos,
nos entregamos como nos complace,
por ejecutar dichas actividades,
alcanzaremos rápidamente el estado de Buddha.

Sé por experiencia que este tipo de lenguaje suscita dudas y temores totalmente razonables en muchos oyentes. ¿Acaso las grandes figuras religiosas de la historia no pusieron mucho cuidado en ser buenas y compasivas? Por lo tanto, es esencial señalar que Saraha estaba hablando del estado mental apropiado para experimentar la realidad absoluta en un banquete vajra sacramental. Antes de realizar esta práctica, se crean barreras protectoras para aislar la mente de los practicantes de todos los pensamientos egoístas y "demoníacos" de pasión, agresión e ignorancia sobre el valor sagrado de los demás. Es sólo tras haber establecido esta burbuja de pureza divina, que la mente puede liberarse de las limitaciones conceptuales para experimentarla plena y directamente. Los temores de los oyentes mencionados anteriormente estarían justificados si los practicantes ignoraran estos preliminares de protección. En lugar de percepciones puras y carentes de egoísmo que les condujeran a la esencia del gozo iluminado, se estarían entregando a deseos ordinarios que los conducirían directamente a los reinos inferiores. Ese discernimiento marca la diferencia entre el éxito y el fracaso en el tantra.

El Camino del Deseo es literalmente una barbaridad sólo si el amor y la propia vida humana son en verdad los crímenes que tantos negadores de la vida afirman que son. Para quienes aspiran a ser tantrikas budistas, este libro presenta un camino de liberación basado en abrazar con alegría la vida ordinaria. Su objetivo es la misma iluminación que alcanzó Buddha, la cual primero enseñó que debía alcanzarse mediante la renuncia monástica. Para quienes sólo buscamos experimentar la mejor

---

cit, p. 773.

vida ordinaria que sea posible, esa meta también puede alcanzarse. Sin embargo, cuando buscamos el punto divisorio entre estas metas ordinarias y extraordinarias, no hay nada en particular que encontrar: como el zapatero, podemos adentrarnos más de lo que pensamos al principio en la única realidad embriagadora más allá de las concepciones. En cualquier caso, esa realidad indescriptible de los tantras de Buddha, como el gozo de una muchacha en su noche de bodas, debe experimentarse para conocerse.

[Nota técnica: me han dicho que, cuando leen un libro, muchos lectores se saltan generalmente las notas a pie de página, los apéndices y los glosarios. Aunque esa es una decisión personal, si lo hace con este libro se perderán de muchos ejemplos de apoyo, explicaciones y curiosidades divertidas.]

Rimé Lodrö (Ives Waldo), Denver, Colorado, Estados Unidos,
principios de 2023.

Prefacio del editor

El profundo camino del tantra es el camino de la continuidad ilimitada que nunca se detiene. En este, debemos integrar todo lo que experimentamos como parte de nuestra práctica. Dado que el deseo sexual
es algo extremadamente poderoso y natural para nosotros, nacidos
en el reino del deseo, resulta más que obvia la importancia de que los
tantrikas aprendamos a integrarlo en nuestro camino. Es un terreno
de grandes posibilidades.

En general, el sexo samsárico suele estar controlado por el ansia
ignorante, el egoísmo, la autogratificación, etc. En efecto, la esencia
del sexo es la unión perfecta de los principios masculino y femenino.
Aunque en el sexo resulta evidente su unión gozosa, ésta impregna
toda la existencia: representa la verdad profunda de la realidad no
dual y nos orienta en su dirección. Rinpoché nos guía paso a paso sobre cómo lograr una comprensión profunda de ella mediante la práctica real.

Si bien aprender a transformar el sexo en una experiencia sagrada es uno de los puntos centrales de este libro, Rinpoché también nos
enseña a hacer un uso adecuado de cualquiera de nuestras *kleśhas*,
como la ira, la envidia, y demás, en lugar de rechazarlas, reprimirlas
u ocultarlas. De esta manera, incluso si nuestra experiencia de estas
kleśhas u otros deseos es más fuerte que nuestra experiencia del deseo

sexual, o si tenemos limitaciones físicas severas que nos impiden cualquier práctica sexual, igualmente podemos beneficiarnos de la lectura de este libro. Tampoco existe razón alguna por la que el gozo que se consigue por medio de otras experiencias, como el arte, la conexión con la naturaleza, la devoción, entre otras, no pueda integrarse en el camino. Para Rinpoché, está claro que todas las personas, incluso los devotos laicos, los monjes y las personas no religiosas, son capaces de practicar el tantra. Este libro puede considerarse como su "empoderamiento" para el aprendizaje. Aunque es evidente que la realización espiritual depende naturalmente del grado de preparación del practicante, no cabe duda de que cualquiera puede beneficiarse en cierta medida de las prácticas aquí presentadas. Aunque, como ocurre con todo lo nuevo en la vida, cometeremos errores al principio, mejoraremos con el tiempo, siempre que no nos rindamos.

Es importante enmarcar esta obra dentro del contexto de las aspiraciones a largo plazo de Rinpoché. Él se ha planteado como objetivo de vida ayudar a crear las condiciones para que una segunda Edad de Oro se manifieste en nuestra Tierra, tal y como lo ha profetizado el *Tantra de Kālachakra*. Al estar en presencia de la compasión inquebrantable de Rinpoché para presentar este libro de la mejor manea posible en inglés y español, es difícil describir la inspiración espiritual que recibimos al trabajar con él. Es imposible corresponder a la gratitud que sentimos por haber escrito este libro tan necesario y por haber apoyado los procesos de traducción y edición. Rezamos para que su intención altruista se cumpla plenamente.

La manera en que se escribió y editó este libro

Desde hace mucho tiempo, Rinpoché tenía la aspiración de escribir un libro sobre el Camino del Deseo. A partir de 2019, con el apoyo de Yeshé Wangmo, comenzó a trabajar concretamente en borradores en inglés, basándose en sus extensos bocetos escritos en tibetano. Tras reanudar el trabajo solo en tibetano con periodos de pausa entre las fases de trabajo, terminó de escribir el libro a principios de 2022. Rimé Lodrö concluyó una traducción literal tibetano-inglés completamente nueva a mediados de 2022. Rinpoché solicitó a Jamphel Tsultrim, hablante nativo de tibetano que domina el inglés, que leyera su traducción y nos enviara sus observaciones. Además, un borrador de traducción anterior hecho por el propio Rinpoché, en el cual se resumían algunos capítulos, se tomó como referencia para la comparación.

Aunque en el libro Rinpoché se dirige a menudo a los practicantes occidentales, al estar escrito originalmente en tibetano, automáticamente moldeó su contenido y su presentación para su público tibetano. Una de nuestras principales preocupaciones a la hora de editar este libro en inglés fue reformular su expresión de forma que resultara relevante y fuera comprensible para un público occidental diverso. Además, dado que este libro presenta varios temas controvertidos, es importante evitar malentendidos. Rinpoché nos respaldó enormemente en ese sentido y nos permitió mover, cortar, reducir, ampliar, añadir y reformular algunos pasajes y añadir notas a pie de página cuando eso permitiera una mejor comprensión para la mayoría de los lectores. De acuerdo con su enfoque de la traducción y los procesos de edición, lo más importante es que el significado se presente con claridad y no que sea una traducción literal "correcta".

Desde que se terminó el primer borrador de la traducción, durante nueve meses mantuvimos extensas reuniones con Rinpoché. Rinpoché fue increíblemente paciente y generoso con nuestra avalancha de preguntas y nos proporcionó amplias explicaciones que posteriormente integramos en esta versión inglesa, ya fuera directamente en el texto principal o en las notas a pie de página. Una vez concluida esta nueva versión del libro, nos encargó que compartiéramos el manuscrito con distintos lectores para colaborar en el proceso de finalización del libro. Damos las gracias a Jatun Risba, Sarah Perry, Shylton Dias, Venus Gravagna, Vanessa Mason, Adrian Hekel, Ravi S. Kudesia, Kerstin Rotter, Merilyne Waldo, Yeshe Wangmo, Shoshana Shapiro Adler, Tanya Gyatso y Prabha Ng por sus observaciones. Después, una vez más, comparamos la versión final con la traducción literal anterior y con la traducción abreviada del propio Rinpoché, y aclaramos con él las dudas restantes. La fase final de corrección de pruebas pudo completarse gracias a la contribución de Philip Bralich, Vanessa Mason y Adrian Hekel.

El Camino del Deseo es el título corto que Rinpoché empleaba cuando trabajaba en sus primeros esbozos en inglés. Asimismo, es necesario entender el sentido buscado cuando en el subtítulo se dice que se trata de una "presentación única" del tantra. Las enseñanzas tántricas y sus explicaciones se remontan a la época de Buddha, pero lo que aquí se le llama único o sin precedentes es su explicación directa de la práctica tántrica en términos que los laicos puedan entender y aplicar, y con base en eso, el intento de reformar el budismo tibetano contemporáneo.

Sus razones para hacerlo se presentan en la primera parte del libro y se desarrollan ampliamente en la segunda parte y en las siguientes. Las tercera y cuarta partes ofrecen instrucciones directas precedidas de introducciones, siendo la cuarta parte el eje central del libro. La quinta parte contiene varios capítulos de conclusión y consejos sobre cómo continuar avanzando una vez se haya terminado el libro. Todos los pasajes en verso al final de cada capítulo fueron compuestos por Rinpoché para ofrecer un resumen poético y concluyente del tema. En el Apéndice I, se han añadido extensas citas de Gendün Chöpel. Añadimos pasajes seleccionados del *Tantra de Kālachakra* en el Apéndice II, y para beneficio de aquellos sin formación en el Buddha-Dharma, hemos incluido un glosario. La mayoría de los términos que sólo aparecen una vez en el libro no se incluyen en el glosario, sino que se explican en notas a pie de página, excepto en el caso de las listas (véase Glosario de listas). La bibliografía de las obras en tibetano fue proporcionada por el traductor. Todas las notas explicativas a pie de página han sido añadidas por el editor y el traductor. Como sugiere Rinpoché, tal vez desees saltarte algunas partes y abrir las secciones que hablan más directamente de tu propia realidad actual.

Rafa Lobsang Dorjé (Rafael Nassif),
Dzokden Kalapa en Garanas, Austria, principios de 2023.

Homenaje del autor

¡Namo Guruve!

Encarnación de todos los Victoriosos combinados en uno,
este tesoro de sabiduría compasiva libre de extremos,
existe como la intención del Sagrado Guru,
quien es inseparable del yidam Kālachakra.
Asamblea de los Bodhisattvas Kalkī de Śhambhala,
y los compasivos Gurus raíz y del linaje, ¡cuiden de nosotros!

Prajñāpāramitā, ḍākinī del gran gozo,
y ustedes, Marīchi y las demás diosas absolutas,
todas ustedes dentro de la asamblea de ḍākinīs,
que surgen en las tierras puras, en la práctica tántrica, o de
    forma natural,[30]
y el tesoro de los yoguis compañeros, héroes y heroínas:

---

30 Existen tres tipos diferentes de ḍākinīs: (1) las que se manifiestan en las tierras puras;
    (2) las que se manifiestan como consortes tántricas de un ser humano; y (3) las que se
    manifiestan directamente por medio de la realización. Véase el término "ḍākinī" en el
    glosario.

Este tesoro de bondad y felicidad, la naturaleza del
Sugatagarbha,
es un camino maravilloso y gradual que nos une a la realidad,
por medio de la pasión, la paz y el gozo, tanto mutables como
inmutables.
¡Eliminen todos los obstáculos para la presentación de esta
sagrada materia!

Con el mérito inferior de los seres de esta era oscura,
su comportamiento desenfrenado y sus batallas de lógica, este
camino del tantra
se ha contaminado. Incapaz de soportarlo, escribo yo sobre su
esencia:
todos ustedes, yoguis, Kalkīs, y sabios, ¡por favor ayúdenme en
esto!

Agradezco las correcciones de las personas imparciales y
sagaces,
pero no tengo tiempo para escuchar las envidiosas quejas
orales
de los arrogantes, egoístas y cortos de miras. Por aquellos tan
engañados,
¿qué puedo hacer yo, más allá de derramar lágrimas de
compasión?[31]

Si se conoce este significado, será correcto para todos.
Si se realiza este significado, será bueno para ti y los demás.

---

31 El autor distingue a los eruditos cortos de vista, que sólo conocen las palabras conceptuales de la doctrina sectaria, de los sabios competentes que han comprendido el significado más allá de las palabras y, por lo tanto, también están más allá de cualquier sesgo
apegado a los dogmas de una escuela en particular.

Si se recibe este significado, no será necesario buscar
todas las acumulaciones de bondad en otra parte más que en
tu propia naturaleza.

Mi libro tiene pocas citas de las escrituras que me hagan
    parecer erudito[32]
y no hay relatos de milagros que me den un aire de santidad.[33]
Dejando atrás toda pretensión de probidad y vergüenza,
presento sólo instrucciones directas sobre cómo llevar a cabo
    la práctica real.

Con cabezas rapadas y apegados a las palabras, los monjes
    literalistas
tienen un enfoque estrecho en su conducta externa habitual
y no sondean las profundidades del significado más allá de lo
    superficial.[34]
¡Mucho cuidado con los necios obsesivos como éstos!

---

32 Es frecuente que los libros de Dharma se apoyen con muchas citas de las escrituras.
    Rinpoché dice aquí que este método formal puede utilizarse, de hecho, como una estra-
    tegia lucrativa para hacer que estudiosos promedio parezcan grandes eruditos. Rinpo-
    ché no sigue este enfoque y a lo largo del libro opta por abordar los temas directamente,
    evitando añadir citas en medida de lo posible.

33 En vez de presentar historias de sus propios logros para darse un "aire de santidad",
    Rinpoché se muestra como un mero vagabundo que guarda los tres votos y se centra en
    su materia.

34 Esta crítica no se aplica a *todos* los monásticos, sino sólo a aquellos que están demasiado
    apegados al estudio, sin ser capaces de ir más allá de un arrogante enfoque intelec-
    tual. Estos monjes se parecen al Buddha, porque se rapan la cabeza, pero están lejos
    de comprender el significado profundo de sus enseñanzas. Es bueno que estudien los
    razonamientos, pero es malo que sólo se centren en ellos, porque nunca alcanzarán la
    iluminación con ese enfoque. Esta estrofa también critica a las monjas y monjes que
    desarrollan un enfoque superficial, fundamentalista o intolerante, descuidando los as-
    pectos más profundos de las enseñanzas.

Tú que has agotado tu mérito para el tantrayāna,
y careces de la unión de lo masculino y lo femenino en esta
vida,[35]
mira sólo la tabla de contenidos y los resúmenes, y lee primero
lo que sea correcto para ti, ¡eso es muy importante![36]

---

35   Aquellos cuyas circunstancias no les permiten practicar el camino literal de la unión sexual (porque son de edad demasiado avanzada, están aislados, se lo impiden sus votos,
u otras razones) pueden saltarse las secciones sobre la técnica explícita y centrarse en
los principios generales que sí se aplican a ellos.

36   Algunas partes del texto se escribieron principalmente para grupos específicos, por
ejemplo, las elaboraciones sobre el vinaya para los monjes, las pruebas lógicas para los
instruidos en la lógica budista y las costumbres tibetanas para los tibetanos. Los lectores
generales pueden saltarse estas secciones.

PRIMERA PARTE

Diez razones por las que era necesario escribir este libro

1

La necesidad de reevaluar la comprensión y la práctica del tantra en la actualidad

Aunque la India fue la fuente original del tantra, sólo un pequeño porcentaje del número total de hindúes contemporáneos[37] se declaran *tantrikas*.[38] Sin embargo, cuando examinamos las prácticas de los hindúes, quienes representan alrededor del 80% de los practicantes religiosos indios, sus elaborados rituales de ofrendas y recitaciones de mantras, su devoción a sus deidades y *Gurus*, y su visión de un yo último que impregna todo, guardan muchas semejanzas con las características correspondientes al tantra. Desafortunadamente, parece que en esta población más vasta no son muchos los que pueden interpretar los textos tántricos lo suficientemente bien como para practicar de acuerdo con instrucciones auténticas.

Por lo general, los hindúes comunes y corrientes no mantienen sus prácticas en secreto como lo hacían tradicionalmente, y siguen haciendo en muchos aspectos los tantrikas tibetanos. La mayoría niega que practique el tantra, pues reservan dicha palabra para prácticas que implican

---

37   André Padoux, *Tantra: la tradición hindú*, pp. 154-165, describe varios grupos tántricos recientes e practicantes individuales de toda la India.

38   Véase el glosario al final para éste y otros términos específicos.

mantras malignos e indulgencia sexual.[39] No obstante, los sistemas de prácticas hindúes cuyo estilo se asemeja o se basa en el tantra tienen en el mundo una extensión mucho mayor que la del tantra budista. Por ejemplo, la difusión en el mundo de los ejercicios de acondicionamiento corporal[40] y yantra yoga[41] del tantra tibetano es bastante limitada, mientras que distintos tipos de yoga físico cuyos orígenes se asocian con el tantra indio pueden encontrarse en muchas ciudades del mundo, aunque sea de forma fragmentaria o no auténtica.

Además, aunque la mayoría de los tibetanos han participado en el tantra hasta cierto punto, si consideramos el porcentaje relativamente pequeño de quienes actualmente practican el tantra de forma genuina, y analizamos detenidamente su práctica en relación con lo que se hacía en el pasado, es fácil reconocer el grado de corrupción que ha sufrido. Por lo tanto, es urgente considerar de manera seria la renovación de la tradición tántrica, antes de que su esencia se pierda por completo.

En internet se ha extendido por todas partes una nueva interpretación occidental del "tantra", limitándolo *exclusivamente* a algo relacionado con técnicas sexuales. Si bien el tantra budista tibetano incluye aspectos sexuales,[42] es crucial comprender que su alcance va mucho más allá de esto. Según mis observaciones, en términos de estudio, contemplación y práctica, ningún otro tipo de tantra en este planeta es tan vasto y elaborado como el tantra tibetano. Pero, por muy vasto y poderoso que sea, ¿cuántas realizaciones se están produciendo hoy en día? Desgraciadamente, no está logrando tanto como podría, por lo que debemos reflexionar detenidamente sobre cómo mejorar esta situación. Ha llegado el momento de superar las meras explicaciones teóricas y el canto superficial

---

39   Padoux, op. cit., pp. 153-154 tiene una sección "Tantra: generalizado, pero no (o apenas) percibido como tal".

40   *Lujong, lus sbyong.*

41   *Trulkhor, 'khrul 'khor.*

42   Como lo demostrarán elocuentemente más adelante los pasajes de Gendün Chöphel.

de los rituales tántricos para restaurar realmente la tradición de la práctica que se ha visto corrompida y rechazada en los últimos siglos. Para ello, es preciso reintroducir el significado real del tantra en toda su amplitud.

Podemos preguntarnos, ¿cómo es el camino del tantra? A diferencia de los caminos del sutra, que implican causas que generan una realización del fruto que sólo se puede experimentar posteriormente, *en el tantra, la experiencia misma del fruto se señala en la mente del practicante.*

De ese modo, *la experiencia de los aspectos de la fructificación se convierte en la esencia del camino desde un principio.* Además, *las kleśhas, y en particular, los deseos que evocan todas las cualidades de los sentidos[43] no son rechazados sino que se convierten en aspectos de ese camino.* Los estudiosos del tantra y los auténticos tantrikas saben con certeza que éstas son fuerzas poderosas que impulsan la práctica espiritual, y eso no se pone en tela de juicio.[44]

La puerta de entrada al tantra es el empoderamiento junto con el *samaya* tántrico o los compromisos asociados. La mayoría de los tibetanos han asistido a tales empoderamientos y, por lo tanto, han ingresado en el tantra en el sentido superficial de haber asistido a una ceremonia de empoderamiento. Sin embargo, pocos han reconocido el verdadero significado de esos empoderamientos y samayas en sus mentes. Más aún, la práctica auténtica de estas enseñanzas requiere que todos los aspectos de la vida de los practicantes se conviertan en aspectos del camino tántrico. Resulta evidente a partir de esta observación que la mayoría de los tibetanos no se han adentrado en el tantra en estos sentidos más profundos.

Aunque es posible que los de la Tierra de las Nieves sepan teórica-

---

43 Aquí, el deseo es la *kleśha* más importante que debe traerse al camino, aunque también es necesario integrar las demás *kleśha*s en él, como se explica detalladamente en la tercera parte de este libro.

44 Para seres como nosotros, que nacimos en el reino del deseo, la *kleśha* más predominante es el deseo; la gente común sabe por experiencia que los deseos son la fuerza principal que impulsa la vida ordinaria.

mente que todas las *kleśhas* han de convertirse en el camino, si, como se ha dicho anteriormente, no las integran realmente en sus vidas, ¿su práctica del tantra no es entonces más que una mera imitación fantasiosa que se dice de dientes para afuera? Sí, claro que lo es. Por lo tanto, es necesario que se haga ahora una reevaluación y renovación de la práctica tántrica. Motivado por el conocimiento apremiante de que estas enseñanzas se están perdiendo día a día, llegué a la conclusión de que era necesario escribir un libro como éste para ofrecer una guía práctica que permitiera a los tantrikas renovar su tradición genuina.

2

La necesidad de integrar el tantra en la vida cotidiana

En el siglo XII, los invasores musulmanes destruyeron el budismo en la India, incluidas las enseñanzas del tantra budista. Sin embargo, las enseñanzas tántricas hindúes y otras similares al tantra no se vieron erradicadas en aquella época. La tradición histórica da muchas razones para esta disparidad.[45] Una razón importante por la que se destruyeron el sūtra y el tantra budistas fue que, en su mayoría, las enseñanzas budistas muy eruditas eran practicadas por personas muy cultas; las personas comunes,

---

45 Los tantras budistas, como el de *Kālachakra*, describen la manera en que los grupos tántricos de las aldeas se organizaban para reunirse en fiestas de ofrendas tántricas por medio de signos secretos, como puede verse en el Apéndice II. La imagen de los tantrikas budistas que allí se pinta sugiere que, lejos de estar integrados en su sociedad, temían ser perseguidos por ella. El hinduismo se integró en la sociedad india desde el principio. Tradicionalmente, los hindúes nacen por casta en determinadas posiciones sociales, y se espera que cumplan con sus deberes o Dharmas lo mejor que puedan. Algunos tantrikas hindúes, al igual que sus equivalentes budistas, tuvieron algunos problemas con la desaprobación social de sus actividades, y, al igual que ellos, con el tiempo se inclinaron por abandonar las actividades que les causaban problemas. Sin embargo, mientras que los tantrikas budistas tendían a fusionarse con el estilo de vida de los monjes que habían renunciado a la sociedad ordinaria, los hindúes se fusionaron con la sociedad ordinaria e incluso recibieron apoyo de la realeza durante siglos.

menos cultas, no tenían acceso a estas enseñanzas, ni podían comprenderlas o practicarlas.

Por lo tanto, el número de practicantes budistas no pudo aumentar, y la clase monástica que era la destinataria principal de las enseñanzas siguió siendo pequeña.[46] Cuando se erradicó a estos monjes eruditos, también desapareció la práctica sostenible del sūtra y el tantra budistas entre los budistas laicos.[47]

---

46   La dependencia en los monjes como las máximas autoridades sobre la doctrina y práctica budistas dificultó la subsistencia de los tantrikas tras la desaparición del budismo monástico en la India. La dificultad no hizo sino aumentar por el hecho de que, para empezar, los mismos problemas hicieron que sus comunidades sólo pudieran desarrollarse en pequeñas áreas de la India. Es cierto que el ideal en el *Tantra de Kālachakra* era una sociedad imparcial pacífica y armoniosa, pero ese ideal sólo se generalizó cuando los tantrikas emigraron al Tíbet étnico, donde había países budistas abiertos a estas enseñanzas. Más aún, los tantrikas que emigraron fuera de la India sólo adelgazaron las filas de los que permanecieron allí.

47   Existía un movimiento tántrico laico popular, formado por yogīs y yoginīs como los ochenta y cuatro mahāsiddhas que intentaban integrar el tantra con la vida ordinaria. Algunos de estos tantrikas tenían un alto nivel educativo, como Nāropā, antiguo abad de la Universidad de Nālāndā, pero otros desempeñaban diversos oficios ordinarios. En este movimiento, había pocos impedimentos debidos a la casta, la riqueza y el estatus social.

Nota adicional sobre el patriarcado: de los ochenta y cuatro mahāsiddhas cuyas historias de vida se presentan en *Los leones de Buda*, sólo cuatro, Lakṣhmīnkarā, sus hermanas Mekhalā y Kanakhalā, y Maṇibhadrā eran mujeres. Sin embargo, si observamos las representaciones de los ochenta y cuatro, encontramos la presencia femenina en aproximadamente la mitad de ellas. Por la naturaleza no dual del Camino del Deseo, se dice que las consortes de Ḍombipa, Ghantāpa, Babhaha, etc., comparten la realización de su pareja. Así, tras la muerte de Ḍombipa, Ḍombi Yoginī se convirtió en una maestra tántrica independiente, famosa por bailar sobre el agua de un lago. Tanto Ghantāpa como su consorte podían volar en el cielo. Un día, Saraha conoció a una mujer que fabricaba flechas y quedó fascinado por su concentración meditativa mientras fabricaba las flechas. Ella lo aceptó como consorte tántrico y le transmitió instrucciones orales. Tilopa aprendió el significado de la talidad trabajando como sirviente de la prostituta, Dharima, durante muchos años, según la *Vida de Tilopa* de Wangchuck Gyaltsen, (pp. 21-25 del primer borrador electrónico de la traducción del comité de traducción de Nalanda). Aunque había menos prejuicios patriarcales que en la Saṅgha monástica, el hecho de que sólo unas pocas tantrikas como Yeshé Tsogyal, Niguma y

Según el relato histórico generalmente aceptado por los tibetanos, al igual que ocurriría más tarde en la India, las instituciones de Dharma de la tradición del sūtra budista, los monasterios, y demás, fueron destruidos dentro del Tíbet debido a las disputas sectarias del siglo IX. Sin embargo, a pesar de la destrucción de las instituciones del budismo sútrico por orden del rey Lang Darma, quien gobernó entre 838 y 841,[48] las enseñanzas tántricas persistieron. Una de las razones fue que en el Tíbet, a diferencia de la India, el tantra budista no estaba dominado por los líderes de las clases más altas. Para destruir el budismo tántrico, Lang Darma habría tenido que eliminar a la mayor parte del pueblo tibetano.

Las prácticas tántricas tibetanas se conservaron en aquella época debido a que estaban integradas en la vida de la gente común.[49] Estas personas se sentían atraídas por el tantra porque sus enseñanzas mejoraban todos los aspectos de su vida. Por lo tanto, estas enseñanzas resultaban adecuadas para ellas y querían aprenderlas. Como resultado, era muy probable que los tibetanos que querían y podían practicar las enseñanzas tántricas recibieran instrucción sobre cómo hacerlo. Lo mismo debe ocurrir si queremos mantener vivas estas enseñanzas en la actualidad. Sin embargo, no es tarea fácil. Incluso *Lamas* altamente educados y con una considerable realización personal pueden equivocarse al intentar enseñar el tantra en situaciones culturales modernas. Está claro que este tema

---

Machik Labdrön sean conocidas por derecho propio nos indica que el patriarcado seguía y sigue vivo en la India y el Tíbet.

48   Tras convertirse a la religión Bön, llegó a ser rey tras asesinar a su hermano, el rey Ralpachen, quien dio prioridad a otorgar poder y recursos a los monasterios budistas. Lang Darma fue asesinado a su vez por el consumado tantrika budista Lhalung Pelgyi Dorjé. Posteriormente, el famoso monje Atiśha fue invitado a acudir desde Sumatra para restaurar en Tíbet la práctica del sūtra.

49   Hasta cierto punto, pero seguramente mucho más que hoy en día, puesto que los laicos tibetanos prácticamente no tienen acceso a las etapas superiores de las prácticas, para las que sólo han recibido empoderamientos simbólicos, como se describe más adelante en el capítulo diez de esta sección.

requiere una reflexión cuidadosa, como la que se ofrece a continuación. Si el tantra es un camino de saber cómo transformar las *kleśhas* con las que nos encontramos constantemente en aspectos del camino, *el tantra debe conectar con todos los aspectos de la vida cotidiana.* Las *kleśhas* se manifiestan de forma natural en todos los seres humanos, incluso en los realizados, en quienes se manifiestan como aspectos de sabiduría. Por ello, no hay nadie cuya vida cotidiana escape a ellas. De lo contrario, el camino tántrico no sería válido. Sin embargo, es válido, porque, como las *kleśhas* están presentes en todos nosotros, los prerrequisitos del tantra también están presentes en nosotros. La gente lidia constantemente con sus *kleśhas* de alguna manera. Lo que necesitan saber es cómo relacionarse con sus kleśhas *adecuadamente.*

Muchos practicantes del budismo tibetano creen erróneamente que, puesto que el tantra es la práctica del fruto, sólo los practicantes muy avanzados que han realizado el fruto pueden practicarlo. Si no corregimos esta falacia tan común, la mayoría de la gente seguirá sin animarse a adentrarse en el tantra. Entonces, la experiencia genuina de la esencia del tantra será cada vez más escasa. En ese caso, será difícil que el tantra perdure por mucho tiempo. Por lo tanto, me vino la idea de que era necesario escribir un libro como éste para corregir los malentendidos que hacen que la gente común piense que este camino precioso no está a su alcance.

3

El deterioro de la práctica tántrica
genuina en el Tíbet

Fuera y dentro del Tíbet, algunos monjes que no podían mantener sus votos *vinaya* los abandonaban desesperados, y luego decían que se habían convertido en tantrikas. Algunos de ellos se dejaban el pelo largo con un moño o rodete para parecerse a los yoguis tántricos de antaño. En realidad, la esencia del tantra se centra en la práctica interior. Por lo tanto, el énfasis que estos monjes fallidos ponían en su cabello y su vestimenta sugiere que estaban más preocupados por justificar el haber abandonado sus votos monásticos que por la liberación.

Si intentamos evaluar el significado de estas personas que son tan extrañas como parecen, basta con concebir sus rarezas como excentricidades individuales. Sin embargo, también podemos considerar las motivaciones y los factores ambientales mayores que los condujeron a hacer lo que hicieron. ¿No es algo bueno que desearan seguir practicando el budismo incluso después de fracasar como monjes? Aunque el pelo largo y un moño no hacen a un yogui tántrico, su problema no es tanto que quieran verse como antiguos yoguis tántricos, sino que no saben cómo ir más allá de lo externo y practicar el tantra adecuadamente. ¿No sería mejor que tuvieran ese conocimiento?

En la época de la primera difusión de las enseñanzas budistas en el Tíbet, prosperó el antiguo linaje o escuela *Nyingma*.[50] Los practicantes laicos eran considerados como los practicantes de hábitos blancos y los renunciantes como los practicantes de hábitos azafranados. Ambas clases de practicantes gozaban de respeto y confianza. La relación entre ellos se consideraba complementaria y mutuamente beneficiosa. No había la percepción de que la comunidad monástica fuera dominante y de que el tantra dependiera de sus enseñanzas. Ya que no existía ningún obstáculo para que la gente común practicara el tantra y, como tampoco había ningún estigma resultante en el estatus social, mucha gente lo practicaba. Dado que aspiraban a la excelencia en su práctica continua, el tantra gozaba de una alta reputación.

Existen muchas razones por las que hoy en día ya no es así. Por ejemplo, a partir del siglo XIII, en la época de la segunda difusión del Dharma en el Tíbet, se extendieron las escuelas *Kagyü, Sakya, Jonang y Gelug*. A medida que florecieron, poco a poco el dominio de los monjes se hizo cada vez más poderoso. Debido a que los monjes eran célibes, su prestigio social aumentó y, por tanto, a medida que la comunidad monástica se hizo más numerosa, también se hizo más valorada. Los practicantes de tantra siguieron existiendo, pero la gran mayoría de los practicantes y maestros de Dharma de mayor importancia eran monjes. Con excepción de aquellos que poseían una fortuna personal, la tradición de que los tantrikas se convirtieran en monjes para mantener su práctica se extendió cada vez más.

Cuanto mayor era el poder de los monjes, más numerosos eran quienes consideraban la liberación individual como el punto principal de las

---

50 Tanto el budismo monástico como el tántrico se establecieron durante el reinado del rey Trisong Detsen (ca. 755–800). El monje mahāyāna Śhāntarakṣhita (725–788) llegó al Tíbet para fundar el monasterio de Samye y ordenar a los primeros monjes tibetanos. Cuando los obstáculos amenazaban con bloquear el proyecto, Śhāntarakṣhita trajo al tantrika Padmasaṃbhava para someter a las deidades locales malignas. Luego, una vez que se concluyó el monasterio, Padmasaṃbhava se dedicó a presentar muchas enseñanzas tántricas.

enseñanzas.[51] *Seguían realizando rituales tántricos, pero cada vez interpretaban más su significado a través de la lente de la tradición monástica del sūtra.* El ideal de la renuncia desplazó cada vez más al ideal de integrar la vida común en el camino. Al final, la práctica del tantra en la Tierra de las Nieves se convirtió, de hecho, en una subdivisión de la tradición del sūtra. Aunque a ese enfoque se le aplicó la bonita frase de "el camino que unifica el sūtra y el tantra", la triste realidad fue que, a excepción de unos cuantos individuos, los tantrikas se convirtieron gradualmente en los sostenedores de una tradición en la que la práctica tántrica era incapaz de existir de forma independiente.[52]

De ahora en adelante, si no nos preocupa que la visión y la práctica tántricas se vean desplazadas por las enseñanzas del sūtra y no reformamos esta situación, con el tiempo el mundo acabará lleno de tantrikas sólo de nombre. La mayoría de ellos dejarán de conocer la diferencia entre la práctica tántrica auténtica y la no auténtica. Si cada vez son más incapaces de distinguir entre lo correcto y lo incorrecto, al final, como en la conocida historia de la revisión del *Sūtra del Diamante* en Bután,[53] ¿llegarán

---

51 Aunque mostraban un aire o apariencia externa de ser bodhisattvas y tantrikas, su verdadero estilo de práctica era el de la liberación individual con todas sus estrictas reglas de conducta, la práctica de abandonar las *kleśhas* mediante antídotos, etc.

52 Esto no quiere decir que no existan sentidos válidos de la "unión del sūtra y el tantra", como cuando Dolpopa señala que la experiencia de la naturaleza búdica es central en ambos. Sin embargo, sólo por las palabras resulta obvio que nadie puede unir la práctica del sūtra de abandonar las *kleśhas* mediante antídotos con el enfoque tántrico de convertir las *kleśhas* en aspectos del camino.

53 Según esa historia, cuando los editores de aquel país estaban preparando una edición crítica del *Sūtra del Diamante*, examinaron todas las ediciones anteriores y descubrieron que todas menos una tenían una lectura distinta de la que ellos habían elegido. Decidieron que la mayoría debía tener razón. Sólo más tarde se descubrió que habían rechazado la única edición con la lectura verdadera. Si eso ocurre también con el tantra, nadie lo respetará en absoluto. Su actitud será ciertamente inapropiada para las enseñanzas tántricas genuinas.

a creer que lo incorrecto es correcto?[54]

---

54 Del mismo modo que si alguien mezcla indiscriminadamente pescado y nabos, el pescado podrido lo echa todo a perder, la tradición tántrica perdería todo su valor.

4

Hacer que las auténticas enseñanzas tántricas tibetanas estén disponibles fuera del Tíbet

Muchos tibetanos no se toman en serio los intentos de los no tibetanos por practicar el tantra, pues alegan que saben poco de la cultura tibetana, sus tradiciones y su disciplina monástica.

Es cierto que los occidentales, en general, se enfrentan a más obstáculos a la hora de desarrollar devoción por las enseñanzas y los maestros, ya que tienden a centrarse demasiado en la justificación intelectual de una forma excesivamente escéptica. Por otro lado, la fe genuina que muchos de estos estudiantes tienen en las enseñanzas les lleva a estudiar mucho más que la mayoría de los tibetanos laicos. Como resultado, su práctica suele basarse en una comprensión genuina, lo que compensa su ignorancia de la cultura tibetana.

Desde ese punto de vista, los caminos de aquellos que, fuera del Tíbet, se adentran en las enseñanzas tántricas del budismo tibetano se comparan favorablemente con los senderos de los tibetanos. Lamentablemente, en términos de no saber todo lo necesario para practicar el auténtico camino del tantra, los tibetanos y los extranjeros son bastante parecidos.

Sin embargo, como también he observado muchas buenas cualidades en estos extranjeros que aspiran a ser tantrikas, he querido escribir un libro como éste que les permita progresar aún más. También tengo grandes esperanzas de que los no tibetanos que no tienen ninguna fe en el tantra tibetano, e incluso los que ven el tantra como una abominación total, tomen en consideración este libro. Si lo hacen, es posible que lleguen a la conclusión de que su evaluación negativa del tantra budista ha sido incorrecta. Entonces, puede que lleguen a comprender que este profundo camino, con sus numerosas cualidades especiales, proporciona medios hábiles maravillosos que pueden conducir al beneficio y la felicidad últimos.

5

Los escándalos que involucran a Lamas indican problemas en el budismo tibetano

Diversas situaciones escandalosas que han ocurrido dentro y fuera del Tíbet en los últimos años apuntan a que el tantra enfrenta desafíos aún más graves que simplemente verse asimilado por las enseñanzas del sūtra.[55] Entre los nombres de los implicados figuraban algunos lamas importantes de los linajes tibetanos. Algunos de ellos eran lamas tibetanos famosos en Occidente cuyas actividades altruistas se encontraban también entre las más importantes.

No quiero hablar de casos individuales porque no tengo forma de juzgar el verdadero estado mental de las diversas personas implicadas. Dicho esto, una búsqueda en Internet nos arroja rápidamente lo que necesitamos saber. En vez de eso, deseo señalar algunas características comunes de estos escándalos que resultan relevantes para el argumento de este libro, especialmente las que se refieren a la adhesión de los presuntos responsables a las enseñanzas budistas del sūtra o tantra.[56]

---

55 Dado que Rinpoché concluyó el manuscrito original en tibetano a principios de 2022, es evidente que no se refiere a acontecimientos posteriores.

56 (1) Algunos monjes se meten en problemas al aceptar el ideal de renunciar a las *kleśhas* tal como se indica en las enseñanzas de la liberación individual. Posteriormente, cuan-

Aunque los medios de comunicación tibetanos has suprimidos estas acusaciones, se dio amplia cobertura a las mismas en internet e importantes medios de noticias a nivel mundial. El buen nombre de los budistas se vio gravemente dañado, por no hablar de la reputación de los linajes budistas tibetanos de estos lamas. Sin embargo, *una vez que comprendemos que estas acciones se debieron a limitaciones de individuos concretos, a veces combinadas con ideas equivocadas del público, es evidente que no se obtendrá beneficio de ningún tipo si se tacha por igual a todos los tantrikas budistas.*

Aunque no podemos cambiar el pasado, es prudente prepararse para el futuro. Debemos reflexionar profundamente sobre las causas de semejantes catástrofes y sobre lo que se puede hacer para evitar que se repitan. No basta con pensar, "Este mal comportamiento ocurrió porque unos cuantos individuos se extraviaron en las enseñanzas". Esto implica

---

do son incapaces de eliminar sus *kleśhas*, se desvían hacia la transgresión. (2) Como se discute en detalle en el capítulo seis de la Segunda Parte, otra categoría de monjes tántricos percibe correctamente que los votos de liberación individual evolucionan hacia los samayas tántricos para que puedan integrar las *kleśhas* en el camino, practicar el Camino del Deseo, etc., sin dejar de presentarse al público como monjes. Quienes no comprenden este sofisticado punto de vista pueden ser acusados erróneamente de hipocresía o corrupción. (3) Otros malentendidos tienen que ver con maestros tántricos auténticos que afirman específicamente que intentan integrar la práctica tántrica con la vida cotidiana moderna. Gran parte de la información de la tradición budista al respecto está desfasada unos mil años, y poca de ella se presenta públicamente. Después de saltar de las vidas de los mahāsiddhas a las enseñanzas de pensadores como Gendün Chöphel, resulta fácil que los principiantes concluyan erróneamente, "Si voy a renunciar a todo, también debo renunciar a renunciar; si no intento limitar mi conducta, mis acciones trascenderán los conceptos. ¿No es eso liberación?". Muchas de las historias escandalosas que circulan por Internet sugieren que estos tres planteamientos pueden acarrear problemas, por decir lo menos. (4) Además, como se explica en el capítulo nueve más adelante, muy desafortunadamente, algunos maestros y sus discípulos cayeron en verdaderas transgresiones por ser personas con una mentalidad literal y una comprensión limitada de las enseñanzas tántricas; (5) otros, de manera maliciosa, justificaron sus transgresiones afirmando fraudulentamente que así era como "debía" practicarse el tantra.

que no hay que hacer nada en aras del futuro.

Si reflexionamos detenidamente sobre el tema, muchos de los problemas que causaron estos escándalos se produjeron porque las personas involucradas no habían recibido instrucción en la práctica adecuada del sagrado Dharma en general y del tantra en particular. Con el fin de garantizar que los budistas dispongan de los conocimientos necesarios para evitar desviarse del verdadero camino, pensé que era necesario escribir un libro como éste.

6

La necesidad de practicantes de tantra laicos

La gente de muchas regiones del Tíbet solía tener tal celo por el Dharma que, si en una familia había cinco hijos, todos menos uno intentaban convertirse en monjes. Por este motivo, en comparación con la de otros países, la población del Tíbet era muy reducida. ¿Es compatible esta forma de hacer las cosas con mantener una sociedad funcional en Tíbet?

Como signo de esta incompatibilidad y de que los tibetanos han dado históricamente un valor excesivo a la vida monástica, los renunciantes son cada vez menos y los que abandonan el monacato son cada vez más numerosos. Entre los que siguen siendo monjes, el número de los que se escapan de sus monasterios para mantener relaciones sexuales parece ir en aumento.[57] Dentro de los monasterios, es difícil determinar cuántos participan en actividades homosexuales y presionan a los miembros más jóvenes de la Saṅgha para que hagan lo mismo.[58] Los relatos y anécdotas

---

57 Aquí, Rinpoché no se refiere al uso del deseo como parte del camino, sino al deseo saṃsárico ordinario. Como es tan fuerte por naturaleza, hace que la vida monástica sea un desafío en nuestro tiempo.

58 Rinpoché no critica la homosexualidad como tal (véase el capítulo dos de la Cuarta Parte). Sin embargo, en términos generales, se prohíbe cualquier tipo de sexo a los monjes que se centran en la vía de la liberación individual como camino *principal*. La cuestión es que algunos monjes, como los reclusos en prisiones, tengan o no orientación homo-

compartidas sugieren que son más que unos cuantos.

No obstante, tampoco podemos concluir con certeza que no son personas realizadas o consumadas sólo porque se han visto envueltas en situaciones escandalosas.[59] En cualquier caso, la cuestión de si las enseñanzas tántricas de Buddha deben seguir confiándose principalmente a los monjes, como ha venido ocurriendo cada vez más en los últimos siglos, se ha convertido en un tema muy controvertido. Hacer esto parece razonable para las enseñanzas del sūtra que propugnan la vida monástica como el ideal más elevado. Sin embargo, *¿por qué no habría que confiar a los laicos las enseñanzas tántricas destinadas a ellos mismos, como cuando se introdujo el tantra por primera vez?*

Si los tantrikas ajenos a la disciplina monástica de la liberación individual aprenden más sobre la práctica del camino tántrico, pueden tomar medidas para preservarlo y restaurarlo. Sin embargo, si los laicos no asumen la responsabilidad de su práctica tántrica, es posible que en el futuro no haya más renunciantes o que los que existan se hayan convertido en meras imitaciones de renunciantes. Es posible que sigan vistiendo sus hábitos azafranados y realizando los mismas rituales, pero la disciplina monástica genuina habrá dejado de existir.[60] En ese momento, si no hemos conseguido mantener vivo el tantra genuino entre la gente común, se corre el gran peligro de que desaparezcan tanto el sūtra como el tantra budistas.

Con este fin, debemos reforzar la práctica tántrica de ahora en adelante. Si no lo hacemos, con una conducta monástica deteriorada que se limita a remedar las formas externas de los rituales tántricos y la discipli-

---

sexual, participan en actividades homosexuales dentro de la Saṅgha porque la vida monástica no es natural para ellos. Asimismo, algunos monjes jóvenes participan debido a la coerción.

59 Por ejemplo, los grandes siddhas Tilopa y Padmasaṃbhava fueron insultados por servir a una prostituta y vivir con una mujer, respectivamente.

60 Véanse los capítulos siete y ocho más adelante.

na del sūtra, ¿cómo no va a desaparecer la preciosa esencia de la práctica budista? Mi esperanza es que, al dar instrucciones sobre cómo la práctica tántrica puede impregnar cada parte de la vida cotidiana, se preserven y fortalezcan las enseñanzas.

7

El énfasis excesivo en la vida monástica resulta contraproducente para su propio fin último

Muchos monjes y monjas tibetanos continúan practicando con la misma diligencia que en el pasado, y la práctica de no pocos de ellos ha resultado en buenos resultados en términos individuales. Sin embargo, por razones que explicaré más adelante, pronostico que si continúan las costumbres del pasado, en el futuro la Saṅgha tibetana no alcanzará el beneficio universal, que es la meta del Gran Vehículo.

Según suele ocurrir en el Tíbet, en cada hogar, los niños con mayor inteligencia, capacidad y carácter se convertirán en monjes. Los que queden para propagar su linaje familiar serán los que tengan menos inteligencia, capacidad y carácter. Bajo estas circunstancias, las buenas cualidades de las generaciones posteriores se deteriorarán cada vez más, de acuerdo con los hallazgos tanto del sentido común como de la ciencia.[61]

---

61 Por ejemplo, si queremos crear una raza de perros con una determinada característica, en cada generación criamos los animales que mejor ejemplifiquen esa característica. Esto ha tenido éxito con muchas características como la inteligencia, el tamaño, la ferocidad o un temperamento agradable. También funcionaría con la estupidez, la incompetencia y el mal carácter.

Puesto que los tibetanos no tienen medios para evitar ese resultado, si continúa su costumbre actual, ¿no será irreversible esta selección irreflexiva de la estupidez y el mal carácter? Si es así, ya que el objetivo final de la Saṅgha ordenada es crear un beneficio universal para el mundo, los monjes y monjas futuros no serán renunciantes apropiados porque se están oponiendo inconscientemente a ese gran objetivo. Conforme continúen deteriorándose los decadentes linajes familiares, finalmente los tibetanos, renunciantes y laicos por igual, serán sólo transgresores dementes, sin ninguna buena cualidad. Todas las generaciones de monjes y monjas que apoyaron el sistema monástico tibetano y todos los laicos que hicieron lo mismo cargarán con el peso de la responsabilidad de esto.

Los tibetanos parecen ignorar estas conclusiones. Por ponerme a mí mismo como ejemplo, el hecho de que mi propia familia enviara a muchos de sus hijos a ser monjes impidió que ésta creciera. Y es una gran cuestión preguntarse si seguir esta costumbre debe seguir considerándose una virtud sin reservas. Estoy decidido a que, a partir de ahora, los tibetanos que consideren la posibilidad de apartarse de esta costumbre tan arraigada sepan, al menos, que no estarán actuando solos.[62]

Recientemente, los gobernantes chinos en el Tíbet han sacado a un gran número de monjes jóvenes de los monasterios y los han metido en

---

62 ¿Qué pasaría si otros países, impresionados por los tibetanos, pusieran tanto énfasis en la institución monástica como lo han hecho históricamente ellos? Sería de suponerse que casi todos los recursos se destinarían a construir y mantener monasterios. Quedaría poco para producir artículos en fábricas, construir una infraestructura nacional, promover el bienestar social, dedicarse a los negocios o llevar a cabo todo el resto de actividades a las que se dedican los países modernos. Lo más probable es que se suprimiera la ciencia en nombre de la ortodoxia, como hizo la Iglesia Católica con Galileo. Lo mismo ocurriría con el arte secular. La población caería en picada junto con el producto nacional bruto. Monjes con un fervor autoritario y seguros de ser los seres más sabios y mejores, sustituirían a las instituciones democráticas y suprimirían cualquier diversidad de opinión. La cultura religiosa florecería, pero a costa de arruinar la civilización tal y como la conocemos. ¿No sería por mucho preferible un país de tantrikas que preservaran e impulsaran la diversidad social? Esa es la descripción de Śhambhala en el *Tantra de Kālachakra*.

escuelas laicas para forzarlos a vivir como laicos. Los tibetanos están muy deprimidos por esta situación; sin embargo, a la vista de lo que acabamos de decir, tal vez no hay mal que por bien no venga. Si la energía que se empleaba para el mantenimiento de los monasterios se utilizara en cambio para restaurar el tantra, el hecho de verse obligados a ser laicos no privaría a estos ex monjes de oportunidades para una práctica budista seria.

Los linajes budistas tibetanos tienen dos enseñanzas especiales. Éstas son, por un lado, la tradición textual de establecer un conocimiento válido por medio del razonamiento y, por otro, los empoderamientos, transmisiones e instrucciones prácticas del tantra. Bastaría con decir que hay muchos tibetanos cuyo dominio del razonamiento válido no está nada mal. También hay muchos que, debido a que sus linajes tántricos son ininterrumpidos desde sus fundadores y demás, no son malos dando empoderamientos tántricos, transmisiones e instrucciones especiales.

Sin embargo, debido a la costumbre predominante de otorgar empoderamientos a laicos sin las debidas instrucciones prácticas, los que saben cómo practicar el tantra correctamente son cada vez menos. Teniendo una profunda confianza en que sería beneficioso para todos compartir por escrito con las personas interesadas cómo debe realizarse la práctica real del tantra, vi que era necesario escribir este libro.

8

Las profecías budistas predicen que el futuro de las enseñanzas depende del tantra

Los textos del vehículo de la liberación individual profetizan que las enseñanzas de Śhākyamuni sólo perdurarán durante un cierto número de períodos de quinientos años. Las *Minucias del Vinaya*,[63] en particular, y los sūtras que se coordinan con este texto, enseñan que el tiempo restante del vehículo de la liberación individual no será nada largo. En textos posteriores, pertenecientes al Gran Vehículo, la duración de las enseñanzas se presenta comúnmente como algo superior a los 2,500 o 5,000 años, excluyendo los quinientos últimos años, cuando sólo se captarán los significados verbales de las enseñanzas. Incluso en estos textos posteriores, ¿no resulta claro que no se profetizó que las enseñanzas perdurarían durante un tiempo extremadamente largo? Incluso si no creemos en estas escrituras, no sería difícil deducir a partir de los estados mentales y las actividades observadas en los seguidores actuales de la tradición del Dharma que la Saṅgha monástica está en peligro de desaparecer.

Para resumir estas conocidas profecías encontradas en la tradición textual budista, en un mal eon, que según se dice no está muy lejos, cuan-

---

63   *'Dul ba phran tshegs kyi gzhi*, D0006 Kangyur, 'dul ba, tha.

do el Dharma correcto del sūtra esté cerca de desaparecer, la mayoría de los seguidores del Dharma tradicional tendrán un fuerte deseo. Como resultado, la gente tendrá poca inclinación hacia la vida monástica, pero las enseñanzas del tantra se difundirán muy extensamente y perdurarán durante mucho tiempo. Si buscamos un remedio para el precario estado de las enseñanzas budistas en la actualidad, parece que no hay más remedio que tratar esta profecía como algo muy importante.

En particular, las enseñanzas del glorioso *Tantra de Kālachakra* no sólo afirman que la duración del tantra en la Tierra será muy larga, sino también que estas vastas enseñanzas no se deteriorarán en el reino puro de los bodhisattvas de Śhambhala. Asimismo, prometen que antes de que pase mucho tiempo, esas enseñanzas se difundirán desde allí y se multiplicarán de nuevo en nuestro mundo a medida que experimentemos una segunda Edad de Oro. Según las profecías del *Kālachakra*, la causa de esa segunda Edad de Oro es la práctica generalizada del tantra en este mundo. Si confiamos en lo que profetizó Buddha—es decir, que gracias a esta causa, todas las personas gozarán de una felicidad incluso mejor que la de los dioses—, es preciso que en la mente de la gente se cultiven las enseñanzas tántricas, y especialmente las del glorioso *Kālachakra*.

Algunas personas no están dispuestas a depositar toda su confianza en esa sola escritura, pero el razonamiento establece que la enseñanza del Dharma tántrico será la causa de la felicidad de la que habló Buddha. Esto se puede establecer mediante la cognición válida, porque ya hay individuos realizados que experimentan esa felicidad como fruto de su práctica tántrica. Incluso la ciencia puede observar algunos aspectos de su fructificación. Por lo tanto, es posible establecer, desde los propios hechos, que enseñar más ampliamente la práctica tántrica mediante la cual se alcanzará esta felicidad resultará en una fructificación proporcionalmente más amplia de esta misma felicidad.

En resumen, si las personas con discernimiento observan atentamente tanto las dificultades actuales a las que se enfrentan los practicantes de las enseñanzas budistas como la solución que enseñó Buddha, podrán abrir las puertas de sus mentes y las de los demás a esa solución.

9

La necesidad de enseñanzas claras sobre la relación Guru–Estudiante

Después de que las enseñanzas tántricas del budismo tibetano se extendieran por todo el mundo, muchas personas malinterpretaron la relación especial de los estudiantes tántricos con los Gurus que son sus maestros espirituales. Cuando escucharon que unos cuantos maestros tántricos habían mantenido relaciones sexuales con sus estudiantes, algunos concluyeron erróneamente que esto era un requisito para la práctica tántrica.

Muchos otros tenían ideas preconcebidas que les hacían deducir que los maestros cualificados que habían hecho esto cometieron errores debido a graves desaciertos morales respecto a las consecuencias a largo plazo de sus acciones.[64] Al mismo tiempo, por desgracia, algunos maestros y estudiantes de pensamiento literal cayeron en verdaderas transgresiones al establecer uniones sexuales con un entendimiento limitado de las enseñanzas tántricas.

Sin duda, es necesario rectificar estos malentendidos. Como ejemplo importante, en Occidente y en otros partes del mundo, muchos oyeron

---

64 Por ejemplo, algunas personas que tienen opiniones negativas sobre la sexualidad deducen que cualquier maestro que mantenga algún tipo de actividad sexual con sus estudiantes debe haber cometido graves transgresiones morales.

hablar un poco de la naturaleza sexual del Camino del Deseo y de los empoderamientos superiores del Tantra Yoga Supremo. Erróneamente concluyeron que participar en la unión sexual del Maestro Vajra con el estudiante era la única manera en que podían darse las condiciones favorables para las realizaciones tántricas.

Como casi todos los Lamas tibetanos seguían un enfoque tradicional, evitaban abordar los aspectos sexuales del tantra con los estudiantes principiantes. Pero, por esa misma razón, muchos de ellos también tenían problemas con las ideas preconcebidas de sus oyentes. Dado que esos Lamas evitaban el tema del sexo, las ideas erróneas de estos estudiantes nunca se abordaban adecuadamente. Como resultado, algunos de ellos juzgaban hostilmente, "¡Esos Lamas no enseñaron lo que debían!".

Al mismo tiempo, no fueron pocos los que, fuera del Tíbet, se entregaron a conductas inmorales, mientras afirmaban que así era como "debía" practicarse el tantra. Aquí, estoy intentando trazar límites claros entre lo que es apropiado e inapropiado en tales situaciones, para que en el futuro no surja el mismo tipo de hostilidad y confusión.

Pero también tenemos el punto opuesto, según el cual el tantra es rechazado debido a ideas preconcebidas, ignorantes y negativas. A menudo, muchos occidentales no budistas tienen una mala opinión del tantra tibetano porque leen citas de enseñanzas budistas sacadas de contexto, como el siguiente dicho tradicional sobre la relación entre los Gurus tántricos y sus estudiantes:

Lo que dicen los Gurus es el Dharma,
a donde apuntan sus dedos está el Este.

Lo que hacen los Gurus es dhármico.
Como sus actos son medios hábiles,
incluso si hacen el mal,
lo hacen con un propósito sagrado.

Para alguien que no conozca más que esto, podría parecer a primera vista que los estudiantes tántricos, en contra de su voluntad, deben ofrecer a su Guru sus cuerpos y toda la riqueza y virtud que han acumulado en todas sus vidas. Si parece que el Guru comete actos negativos, los estudiantes deben creer a la fuerza que es sólo debido a su propio karma impuro que perciben que su Guru hace tales cosas. Tales personas concluyen erróneamente que, en las enseñanzas tántricas del budismo tibetano, la relación entre Guru y estudiante es una de coerción arbitraria carente de relación alguna con las necesidades humanas genuinas. Muchas personas que piensan así hacen un esfuerzo especial para mantener a sus propios hijos, cónyuges, parientes cercanos y amigos lejos de los budistas tibetanos.

En beneficio de esas personas mal informadas, considero que es muy importante ofrecer una explicación clara y correcta de cómo son las cosas en el tantra. A fin de que existan condiciones auspiciosas y favorables que faciliten comprender que el tantra genuino es algo maravilloso y extraordinario, era necesario escribir un libro como éste para rectificar los diferentes tipos de ignorancia y conceptos erróneos de las personas que rechazan el tantra.

10

Los maestros tántricos budistas no otorgan empoderamientos ni instrucciones sobre el verdadero significado y práctica del tantra

Al considerar a quienes practican el camino tántrico, no nos limitemos a idolatrar a los antiguos grandes yoguis que eran auténticos practicantes del tantra, y a las biografías que enseñan que su realización era tan estable como una montaña de piedra. Entre todas las enseñanzas tántricas tibetanas que han sido principalmente responsabilidad de los renunciantes en los últimos siglos, los lamas han otorgado innumerables empoderamientos tántricos. Sin embargo, muy pocos de estos empoderamientos, más allá de ser permisos para leer y recitar los textos pertinentes, eran lo que los tantrikas llaman "empoderamientos reales" de la etapa de consumación—esos que maestros realizados como Drukpa Kunleg[65] y Lelung Zhepe Dorje[66] eran célebres por otorgar. Aparte de unos pocos que fueron

---

65 También conocido como el yogui loco de Bután (1455–1529). Su biografía, traducida por Keith Dowman, donde se le presenta como un siddha apasionado por el sexo, es muy relevante para el tema de este libro. Debido a él, muchos edificios de Bután están decorados con murales de penes hasta el día de hoy (véase "Drukpa Kunleg" en un buscador de imágenes).

66 Conocido maestro Gelug, que en sus últimos años se inclinó más por la escuela Nyingma (1697–1740). Sus extraordinarias actividades sexuales se describen en el capítulo dos de

exponentes de empoderamientos en su forma de transmitir la visión del *Mahāmudrā, Dzogchen* y *Madhyamaka,* durante muchos siglos ha habido una ausencia de empoderamientos reales del Tantra Yoga Supremo, al menos para el conocimiento público.[67]

Cuando les preguntamos a los lamas por qué ocurre esto, la mayoría de ellos dan acartonadas respuestas tradicionales que, en el mejor de los casos, son simples conjeturas. Dicen, por ejemplo, que se otorgan empoderamientos meramente simbólicos para recitar textos litúrgicos porque sólo los grandes *siddhas* con poderes milagrosos pueden realizar empoderamientos y festines tántricos "reales". Algunos también dicen, "Estos empoderamientos meramente simbólicos están pensados como 'bendiciones', para que el sol siga su curso, la tierra sea fértil y haya lluvias, las

---

A Feast of Scholars (Bailey).

67   Con respecto a los cuatro empoderamientos superiores del Tantra Yoga Supremo, otorgar un "empoderamiento real" significa transmitir mentalmente la esencia de estas enseñanzas y, al mismo tiempo, seguir los requisitos específicos establecidos por Buddha en los respectivos tantras que se están transmitiendo, como se hacía en la antigüedad. Estos empoderamientos superiores corresponden a las etapas de un encuentro sexual con atención plena, como se describe en el Apéndice II. Esto se hace porque el gozo sexual, contemplado adecuadamente, es una experiencia muy poderosa al alcance de la gente común que puede unir a los practicantes directamente con el estado de gozo de su verdadera naturaleza. La experiencia del empoderamiento debe renovarse durante el resto de la vida de los estudiantes mediante la práctica de festines tántricos secretos, *tsok,* en los días propicios de cada ciclo lunar. Originalmente, estos también incluían la unión sexual sacramental entre estudiantes tántricos, sin prejuicios de casta, y beber y comer sustancias normalmente consideradas repugnantes, con el fin de trascender los conceptos de la realidad relativa. Como era de esperar, los tantrikas que participaban en estos empoderamientos reales y festines tántricos sufrieron diversos tipos de dificultades personales, sociales y políticas. La presión de estas dificultades ocasionó que, con el tiempo, los empoderamientos y festines tántricos se volvieran cada vez más simbólicos. Los maestros tántricos se centraron cada vez más en instrucciones simbólicas sobre dónde hallar las experiencias esenciales del gozo, como tarjetas simbólicas que representaban a una consorte, y con el paso del tiempo, se extendieron cada vez menos en las instrucciones orales. Finalmente, la norma se convirtió en empoderamientos sin ninguna instrucción sobre el Camino del Deseo y se convirtieron en festines puramente simbólicos que omitían cualquier tipo de actividad sexual.

enseñanzas no se corrompan, etc".. Sin embargo, simplemente mostrar a los estudiantes tarjetas simbólicas con imágenes mientras recitan un ritual tántrico no es un empoderamiento real, del mismo modo que dar a una persona hambrienta la imagen de un bocadillo no le proporciona un almuerzo real.[68]

En los últimos siglos, prácticamente ningún tantrika tibetano ha admitido haber otorgado, recibido, visto o ni siquiera oído hablar de un empoderamiento real del Tantra Yoga Supremo. Los tantrikas y eruditos empezaron a dudar de que alguna vez hubieran existido los empoderamientos reales y de que alguien practicara las enseñanzas de la fructificación a las que supuestamente los empoderaban. Al final, comenzaron a dudar de que alguna vez alguien hubiera creído en tales cosas, diciendo,

---

68   Aquí *no* se propone un retorno literal a estas prácticas de la antigüedad. Aunque algunos lamas contemporáneos expresan cierta admiración por lo que Drukpa Kunleg y Lelung Zhepe Dorjé hicieron en el pasado, los Maestros Vajra del presente no siguen su ejemplo. Algunas de las prácticas descritas en los textos serían hoy ilegales en algunos países o suscitarían una fuerte condena moral en otros. En la actualidad, los Maestros Vajra como el autor realizan empoderamientos simbólicos pensando que los reales tendrían más probabilidades de ahuyentar a los futuros estudiantes que de atraerlos hacia estas profundas enseñanzas. ¿Significa esto que la tradición genuina del Tantra Yoga Supremo ha muerto? No es así. Para ver por qué, necesitamos mirar más de cerca la esencia de los "empoderamientos reales". No se requiere ninguna realización especial para montar un espectáculo sexual, entonces ¿qué significa decir que sólo un maestro realizado puede llevar a cabo un empoderamiento real del Tantra Yoga Supremo? Significa que, a medida que el Maestro Vajra y su consorte entran en la no-dualidad más allá de la concepción a través de la experiencia de las cuatro dichas, su experiencia no-dual impregna las mentes de los estudiantes que están recibiendo el empoderamiento. ¿Los maestros consumados lo suficientemente poderosos como para hacer eso tendrían que estar necesariamente en unión sexual con una consorte humana para transmitir estas experiencias? No. Incluso si el Maestro Vajra transmite la experiencia realizada del tantra mediante la unión con una consorte humana, considerar esta acción como el objetivo del empoderamiento es poner el carro delante de los bueyes. Además, aunque los empoderamientos meramente simbólicos que no dan instrucciones prácticas utilizan tarjetas y objetos simbólicos, no *todos los empoderamientos simbólicos son meramente simbólicos*. En tales casos, los estudiantes plenamente preparados pueden experimentar realmente las cuatro dichas, entre otras cosas.

"¡Ni siquiera podemos imaginar cómo sería eso!". Esto no quiere decir que nunca hayan existido los empoderamientos reales, pero el hecho de que sepamos tan poco sobre ellos es un signo de lo empobrecida que se ha vuelto nuestra práctica del tantra.

Si tomamos el caso de mis propios estudiantes como ejemplo, los empoderamientos que reciben son simbólicos, pero no *meramente* simbólicos. Pueden considerarlos como notas de pago a canjear siguiendo mis instrucciones para su práctica personal.[69] No hay garantías de que seguir estas instrucciones de práctica conduzca a todos los estudiantes a un determinado nivel de realización.

Sin embargo, esto ha ocurrido muchas veces en el pasado, cuando el estudiante poseía una gran devoción, compasión, diligencia, y demás cualidades. Estas condiciones tienen tanta importancia que, si los estudiantes están perfectamente preparados, pueden alcanzar una realización elevada incluso si el Maestro Vajra no ha alcanzado el nivel más alto.

Desgraciadamente, en la actualidad, demasiados lamas tibetanos otorgan incluso los empoderamientos de la etapa de consumación, sólo como "bendiciones", que es una forma bonita de decir que no dan nada de instrucciones ni explicaciones claras sobre cómo prepararse para el empoderamiento ni qué hacer durante y después del mismo. Este enfoque lleva a muchos estudiantes que han participado en dichas ceremonias de empoderamiento meramente simbólicas a pensar que no necesitan hacer nada más para progresar en el camino. Este enfoque engañoso de la enseñanza del tantra debería entristecernos. En resumen, no es para nada problemático que los Lamas otorguen empoderamientos utilizando símbolos como tarjetas con imágenes, pero sí lo es que no hagan nada más.

Para que se produzca el progreso espiritual es necesario que, al otorgar empoderamientos, los estudiantes reciban explicaciones ade-

---

69   En este sentido, la cuarta parte de este libro, especialmente el capítulo sobre el acto sexual, puede interpretarse como los empoderamientos superiores "reales"; cada practicante puede ponerlos en práctica según sus condiciones personales.

cuadas sobre el camino tántrico que van a practicar, los samayas o compromisos tántricos que deben mantener e instrucciones prácticas sobre lo que deben hacer. Cuando se hace así, sin duda se producirá, tarde o temprano, cierto grado de transmisión genuina de un Maestro Vajra a un estudiante devoto. Cuando no hay claridad sobre estos aspectos, los estudiantes se quedan desconcertados con respecto a muchas cuestiones fundamentales sobre el tantra, como, "¿Cuál es el significado real del tantra?", y "¿Qué es este 'empoderamiento real' del que habla?", o "¿Qué es la práctica tántrica genuina?".

Otro punto a considerar es que muchos textos tántricos que tradicionalmente eran secretos y los estudiantes tántricos sólo los recibían después de haber recibido empoderamientos, desde hace algún tiempo están disponibles al público en inglés u otros idiomas. Por lo tanto, tengo que elegir entre que los estudiantes se enteren de ellos a través de mí con estas explicaciones, o que lean sobre ellos desde la óptica de los conceptos erróneos de personas ajenas o sin ninguna explicación en absoluto. Si los potenciales practicantes de tantra no conocen los elementos básicos para recorrer su profundo camino, ¿cómo no va a desviarse su práctica hacia la futilidad y la decepción? Entonces, es seguro que sus preciosos cuerpos humanos serán un triste desperdicio. Como no hay esperanza de éxito hasta que estos estudiantes no tengan una mayor comprensión, he querido escribir este libro para que puedan hacerlo.

Resumen en verso[70]

Los indios dicen que el tantra consiste en mantras malignos.
En otros países como China, el tantra inspira horror.
El "camino del tantra" de la Tierra de las Nieves consiste en la

---

70 Todos los pasajes en verso al final de éste y de los siguientes capítulos fueron compuestos por Rinpoché.

práctica del sūtra.

Muchos te dirán, en la actualidad, que el tantra es sólo sexo.

Al desconocer la quintaesencia del gran tantrayāna,
sólo se capta el estilo externo del Dharma tántrico.
Algunos difunden la mentira de que el sexo impropio es el
tantra apropiado.
Libres de todos los límites de lo que se hace y lo que no,[71]
Necesitan un antídoto[72] por haber destruido su camino.

Ya que la Tierra está llena de gente mala, todos los días
las noticias del mundo están repletas de informes de escándalos
sexuales,
cometidos por las autoridades religiosas de todas partes.

Escribí este libro para que la gente pueda tener conocimiento
de un camino que puede curar esta destrucción del tantra
hasta sus
cimientos,
la forma pura y verdadera de integrar el deseo en el camino.

---

71 Cuando grandes siddhas como Saraha recomiendan tal libertad, se trata sólo de situaciones cuidadosamente preparadas, como se describe en el prefacio del traductor.

72 Necesitan un antídoto para sus errores que les permita ingresar en el camino genuino.

SEGUNDA PARTE

Explicación extensa

El amor por lo que se desea es apego apasionado;

así que el amor por lo que se desea es también fe en eso.

El temor a lo indeseable se conoce como aversión;

así que el temor a lo indeseable es la renuncia a eso.

Gendün Chöpel

Tratado sobre el deseo

1

El significado del "Tantra" y su secretismo natural

Los términos sánscritos *tantra* y *guhyatantra* (tantra secreto) no tienen exactamente el mismo significado que sus equivalentes más comunes en tibetano, *sngags* (mantra) y *gsang sngags* (mantra secreto).[73]

En China, la palabra en mandarín más conocida para designar el tantra es 密宗, *mì zōng*. *Mì* significa secreto, y *zōng* significa secta, tradición o doctrina. Si bien esta traducción no es incorrecta, tampoco transmite el significado interno del mantra secreto o tantra.

Otra palabra china para tantra, 密续, *mì xù* (continuo secreto), tiene un significado más parecido al significado primario de la palabra tibetana para tantra, *rgyud* (continuidad), que se refiere a la continuidad de la naturaleza universal de las cosas. Dado que estos significados son bastante importantes, a continuación se explicará con más detalle el significado de tantra.

Para explicar el término *mantra* tal y como se encuentra en el Tíbet,

---

73 Como se explica en la nota una, la expresión tibetana *gsang sngags* es el término más utilizado en el Tíbet para referirse a las enseñanzas tántricas budistas. La mayoría de los traductores occidentales prefieren la traducción literal "mantra secreto", pero Rinpoché prefiere la no literal "tantra".

en primer lugar es necesario decir que la palabra sánscrita *mantra* se traduce al tibetano como *sngags*,[74] que los tibetanos definen como "proteger la mente". Aunque se supone que la palabra sánscrita *tantra* significa lo mismo que *sngags* en tibetano, de la traducción "proteger la mente"[75] no se deriva la extraordinaria comprensión de que la continuidad del estado natural protege la mente del practicante. Sin embargo, si se dice que la mente está protegida por medios especiales que implican esa continuidad, es posible, por así decirlo, "pegarle" intencionalmente ese sentido adicional al significado de "mantra". Pero aún así, la comprensión especial de estar protegido por la continuidad del estado natural no puede derivarse naturalmente de la definición de "mantra" como "proteger la mente".

Traducir el término sánscrito "tantra" por el tibetano *rgyud* (continuidad) es muy acertado porque el tantra requiere una conciencia ininterrumpida que sea continua como una *chu rgyud* (orilla de un río o costa) o un *mi rgyud* (linaje familiar). Esta comprensión del mantra secreto, o tantra, como continuidad, se refiere principalmente a la forma en que se practica el tantra, que es diferente y superior a la práctica del sūtra.

En la práctica del sūtra, las kleśhas que deben abandonarse en el camino y la aplicación del antídoto para abandonar esas kleśhas son elementos necesariamente separados. Estos dos no pueden hallarse en el continuo de un individuo al mismo tiempo. Menos aún pueden ser la misma cosa al mismo tiempo. Por lo tanto, *el camino del sūtra consiste en etapas que se alternan y que nunca pueden ser continuas. Sin embargo, en el camino tántrico, nuestras propias kleśhas existen constantemente como medios hábiles que forman parte del camino.* La práctica del tantra es necesariamente continua como un río.

Los auténticos practicantes tántricos no tienen necesidad de alternar

---

74   Pronunciada *ngag*.

75   La definición de mantra como "proteger la mente" también existe en las enseñanzas de los sūtras.

entre lo que se abandona y los antídotos para abandonarlo. Las kleśhas se encuentran en el camino del tantra tanto como algo que hay que abandonar a la vez que como su antídoto. Por ejemplo, el Camino del Deseo no abandona el deseo, sino que lo pone a trabajar de diversas maneras. Las kleśhas abandonadas en la práctica del sūtra se unen continuamente al camino tántrico, y cualquier camino en el que se produzca esa unión continua es un camino tántrico. Cualquier camino que alterne entre la conciencia de algo que debe abandonarse y la de su antídoto es un camino sútrico. Cualquier cosa que forme parte de un camino tántrico debe estar continuamente en el continuo mental de quienes practican ese camino. ¿Acaso *rgyud*, "continuidad", no capta claramente ese significado?

En el Tíbet, la expresión más común para referirse al tantra es "mantra secreto". Aquí, "secreto", *gsang*, es una palabra común que todo el mundo entiende. Sin embargo, debemos aclarar la lógica de este secretismo. Cuando cierto conocimiento se mantiene en secreto, debe haber:

1. El propio conocimiento secreto.
2. Individuos que conocen ese conocimiento secreto.
3. Un compromiso por parte de esos individuos de mantener ese conocimiento como algo secreto ante los demás.
4. Otros individuos que no conocen el conocimiento secreto.

Podemos resumir estos criterios de otra manera: para ser secreto, el conocimiento debe ocultarse a *alguien*, pero lo que está oculto a *todos* no es conocimiento.

Decir que el tantra debe mantenerse en secreto significa que los tantrikas saben que existen buenas razones para no contarle a cualquiera todo lo que saben sobre éste. Dado que el tantra es muy profundo, muchas personas no pueden comprenderlo en absoluto; muchas que sí pueden, necesitan acercarse gradualmente, comprendiendo primero otras enseñanzas. De lo contrario, el tantra puede resultarles estremecedor, o pueden sentirse atraídos por la idea distorsionada de que el mero hecho de no frenar sus emociones negativas les acercará a la iluminación. Para protegerse a sí mismos y a los demás, los tantrikas necesitan mantener su práctica tántrica en secreto de aquellos que se verían perjudicados por su conocimiento.[76]

Por desgracia, la gente cae fácilmente en puntos de vista extremos acerca de este secretismo. Algunos piensan que hay un decreto absoluto de que todo debe ser secreto en el tantra, de modo que no pueden mostrar a ningún no tantrika imágenes tántricas ni permitirles oír el canto de las *sādhanas*. Tal secretismo ciego está lejos de resultar hábil y sabio. La discreción en el tantra obedece a razones específicas, similares a las razones que la gente tiene para mantener a los niños pequeños alejados del fuego.

El otro extremo es que la gente muestre a cualquiera todo lo relacionado con la práctica tántrica porque no entienden el daño que puede producirse. Si los tantrikas no son extremadamente perspicaces acerca de quién puede beneficiarse y quién no, al mostrar ciertos aspectos del tantra, es posible que se formen conceptos erróneos perjudiciales en la mente de muchas personas.

Ahora que el tantra se está extendiendo por todo el mundo, es importante abordar este secretismo de una manera que esté libre de extremos. Por lo tanto, si me preguntan, "¿Podemos entonces mostrar nuestra estatua de Kālachakra *yab yum* a los visitantes de nuestro templo?", yo respondería, "Por supuesto, a no ser que no puedan explicar de forma breve y comprensible por qué los budistas tibetanos rinden culto a tales representaciones". Hoy en día, las imágenes tántricas están por todo el internet, así que no se pueden ocultar por completo. Lo mejor es dar una explicación sencilla que resulte buena y honorable para quienes tienen preguntas. Posteriormente pueden ofrecerles la oportunidad de conectar con los sig-

---

76 La reacción negativa de la otra persona podría perjudicar fácilmente al tantrika, por ejemplo, si se trata de una persona de confianza o muy apreciada, como familiares cercanos y amigos, entre otras.

nificados más profundos de dichas representaciones más adelante. La situación resulta más compleja con las prácticas superiores de la etapa de consumación. Hoy en día, incluso las instrucciones esenciales más elevadas se encuentran traducidas en libros disponibles para el público occidental. Al igual que con las imágenes tántricas, es posible que tengan que contestar hábilmente las preguntas en torno a éstas. Por otro lado, no tomen esto como un permiso para compartir o publicar enseñanzas secretas del tantra sin ningún tipo de restricción. ¿Ha aumentado el número de practicantes consumados al hacer esto? La triste verdad es que no. Cuando algo tiene un significado interno extremadamente valioso para uno, no solemos alardear de eso con todos cuantos conocemos. Esto sólo fomenta una actitud informal que es incompatible con una práctica espiritual exitosa.

También podríamos decir que las enseñanzas del tantra son "naturalmente" secretas hasta que se experimenta personalmente su significado. Ese es el significado del dicho común, "Cuando el estudiante está listo, aparece el Guru". Incluso entonces, muchos aspectos superiores del tantra permanecerán naturalmente ocultos hasta que sean revelados por un mayor progreso espiritual.

Una buena cualidad es algo bueno para las personas, más allá de si ha surgido realmente en ellas o no. Por ejemplo, la paciencia es una virtud aunque nadie sea realmente paciente en determinados momentos. Del mismo modo, debido a que su naturaleza verdadera es la naturaleza búdica, todas las personas son capaces de manifestar la buena cualidad de comprender y practicar el tantra, no importa si lo hacen o no en la actualidad, o incluso si siquiera han oído hablar al respecto. Si acumulan los méritos suficientes, su desarrollo natural hará que aparezca el Guru. Y luego, conforme progresen en la práctica tántrica, se revelarán naturalmente más secretos.

Algunos dicen que el tantrayāna sólo puede ser el camino
de los más grandes siddhas que tienen el fruto del Gran
Vehículo;[77]
Pero si se revelan los criterios verdaderos de dicho camino,
éste puede existir para cualquiera que tenga kleśhas.
El Tantra existe cuando todas esas kleśhas se integran al
camino.

La gente habla de elevados Lamas con muchas reencarnaciones,
incluso cuando su compasión y sabiduría son mínimas,
"Todas las acciones que realizan son verdaderamente
excelentes".
Para los de bajo rango, expresar las kleśhas es algo denigrante.[78]
¿Qué persona inteligente puede respetar semejante sesgo?[79]

---

77   En este sentido, todas las enseñanzas budistas están incluidas ya sea en el vehículo de liberación individual, o bien en el Gran Vehículo, que aquí abarca tanto el vehículo del bodhisattva como el del tantra.

78   Debido a la reverencia que tienen los tibetanos hacia los maestros de estatus elevado, la gente cree que todo lo que hacen es excelente y alaban sus acciones incluso si hacen algo que normalmente se consideraría inmoral. Sin embargo, si los monjes de bajo rango hacen lo mismo, la gente dice que son malas personas y monjes fracasados. Nunca se plantean si pueden estar tratando de convertir sus kleśhas en el camino. Esto demuestra que no están siguiendo los principios tántricos.

79   Las personas inteligentes no pueden respetar este tipo de juicio sesgado.

2

Puntos de vista distorsionados sobre el Tantra en el Tíbet y otros países

Aunque se dice que la India no fue la fuente exclusiva del mantra secreto, o tantra,[80] todo el mundo está seguro de que la India es la fuente de las palabras "mantra" y "tantra". Paradójicamente, en la India actual, pocas personas expresan públicamente que practican el tantra. Sin embargo, como ya se ha mencionado, muchas prácticas religiosas del subcontinente comparten muchas características del tantra y, en ese sentido, los tantrikas no han desaparecido en absoluto en la India.

Muchos indios contemporáneos piensan que el tantra implica magia negra y rituales coléricos con mantras malévolos.[81] También piensan que el tantra involucra "tana gaṇa", "unión y liberación", en el sentido más burdo de explotación sexual y asesinato sacrificial.[82] Desgraciadamente,

---

80 Por ejemplo, se dice que algunos tantras proceden de lo que hoy es Pakistán y Afganistán, y también se afirma que la fuente del Tantra de *Kālachakra* es Śhambhala.

81 Padoux op. cit., pp. 153-154, tiene una sección que aborda este tema.

82 En cuanto a la "liberación" degradada, o "tana", una secta conocida como los "Matones" horrorizó a los británicos en la India robando y estrangulando a viajeros en sacrificio a Kālī. Los recuerdos traumáticos de lo que hicieron inspiraron el malvado culto indio representado en la película *Indiana Jones y el templo de la perdición*. (Lucasfi Ltd, 1984). El novelista M. P. Taylor afirma en *Confesiones de un asesino Thug*, p. 6, que entre 1831

existen personas que afirmaban ser tantrikas que realmente han llevado a cabo tales acciones y, en gran parte, son ellas las responsables de la mala fama que tiene ahora el tantra en la India.[83] Debido a estos hechos, no resulta sorprendente que los indios perciban el tantra como algo aterrador y peligroso.

Otra forma en que los indios perciben el tantra es como algo cuyas prácticas ancestrales son obsoletas. La gente de hoy tiende a ver esas prácticas como algo perteneciente a un enfoque de vida opuesto al suyo. Aunque se han propuesto muchas razones para explicar semejante situación, una que bien pudiera ser la verdadera es que cuando el Raj británico sometió a la India a su poder, el tantra estaba tan alejado de la cultura británica que fue prohibido por ser considerado como algo rotundamente malo. Después, hubo que mantenerlo en secreto, y así, al parecer, se volvió algo intelectual y emocionalmente incomprensible para la mayoría de los indios.[84] Por lo general, si los practicantes de una tradición religiosa la

y 1837 se procesó a 3,263 matones. Según W. H. Sleeman, jefe del Departamento Británico de Matones, "Desde la conquista de Mysore en 1799 [hasta] 1808... se aniquiló anualmente a cientos de personas". (Op. cit., p. 37). La "unión" degradada, o "gaṇa", bajo la forma de prostitutas de templos tántricos conocidas como *devadasis*, aunque ahora ilegales, siguen siendo una institución india clandestina. Hace mucho tiempo, estas mujeres tenían una función religiosa legítima relacionada con el Camino del Deseo, y eran educadas y diestras en las artes como las geishas japonesas y las hetaerae de la Grecia clásica. Ahora suelen ser mujeres de clase baja que pueden ganar más como prostitutas que en otros trabajos a su alcance. (Battersby, Matilda, para *The Independent* [noticias digitales], lunes 20 septiembre, 2010 00:00:00).

83   Estas actividades lamentables se oponen a la interpretación correcta de la "unión y liberación" como actividades gozosas y coléricas del bodhisattva. Las actividades gozosas son sinónimo del Camino del Deseo. La práctica adecuada de la "liberación" consiste en las actividades coléricas que el bodhisattva emprende para ayudar a los seres sensibles, únicamente cuando las acciones pacíficas resultan ineficaces y cuando el resultado para todos los seres involucrados es mejor que si no se realizaran dichas actividades. Véase la explicación extensa al final del Apéndice II.

84   Según el investigador Ravi S. Kudesia, el tantra también fue excluido por la versión racionalizada y expurgada del hinduismo que los indios tuvieron que producir para resistir el adoctrinamiento colonial (mensaje del 10 de abril de 2023).

mantienen en secreto porque todos los demás la consideran perniciosa, es probable que esa tradición se reduzca o desaparezca.

A partir del siglo III, antes de que el Dharma se extendiera por el Tíbet, hubo una vigorosa difusión Dharma del sūtra en China. Sin embargo, el tantra budista nunca fue ampliamente aceptado porque estaba demasiado alejado de la cultura china. Sólo las enseñanzas de las clases inferiores del tantra, cuyo punto de vista era similar al del Gran Vehículo, se asimilaron en China. Incluso ahora, la mayoría de los chinos tienen una visión muy negativa del tantra. En su mayoría, los pocos que lo ven favorablemente han escuchado enseñanzas de lamas tibetanos.

Como ya se ha señalado, aunque los indios rinden culto a las deidades con ofrendas devocionales o *pūjās* cuya forma externa es muy similar a la de las sādhanas tántricas del Tíbet, no lo llaman tantra. En todas partes es posible encontrar clases de diversos sistemas de yoga con raíces tántricas pero, por el mero hecho de que las personas que participan en ellas no mantienen sus actividades en secreto, resulta claro que lo que hacen no es tantra secreto en todo el sentido de la palabra.

En el enfoque tradicional del tantra indio se suele decir que, si un estudiante potencial no actúa como sirviente durante tres años sin que se pronuncie una sola palabra de Dharma, nunca recibirá ninguna explicación de Dharma.[85] No hay que pensar que tales cosas sucedían sólo en el pasado lejano, pues se dice que, aún hoy en día, en la India ocurren historias de una devoción increíble, como las de las biografías de Tilopa, Nāropā, Marpa, y Milarepa, aunque el público en general no conoce los detalles. Probablemente se desarrollaría una mayor comprensión del tantra indio con el pensamiento, "¿Acaso el tantra indio era aún más profun-

---

85 Para ofrecer un ejemplo moderno, Dzongsar Khyentse Rinpoché mencionó públicamente que no podía estudiar el tantra indio debido a este requisito. El autor Khentrul Rinpoché se refirió de memoria a este evento que ocurrió en una charla pública a la que asistió.

do que el actual tantra tibetano?".[86]

Una diferencia clave entre los tantras indio y tibetano es que el primero no se centra en el ideal altruista de alcanzar la iluminación en beneficio de todos los seres sensibles. En el tantra tibetano, tal "mente de iluminación", o *bodhichitta*, es la motivación de la práctica tántrica. Sin embargo, tibetanos e indios coinciden en que una comprensión profunda y genuina del tantra es algo casi inexistente en la comunidad en general. Las opiniones de los tibetanos contemporáneos se parecen cada vez más a las de los indios no budistas. Por ejemplo, cuando se habla del Camino del Deseo, ambas partes piensan que sólo los grandes siddhas pueden experimentarlo.

Si bien las poblaciones india y china actuales coinciden en tener una opinión negativa del tantra, la mayoría de los indios lo practican sin llamarlo "tantra", mientras que los chinos lo evitan como si fuera veneno. En ese sentido, ambos son polos opuestos. La mayoría de la gente de otros países orientales son como los chinos, les gusta poco el tantra y lo comprenden aún menos. Así, en todo el mundo, son muchísimos los que malinterpretan y desaprueban el tantra y extremadamente pocos aquéllos cuya fe se deleita en él.

El punto de vista que la mayoría de los occidentales tiene sobre el tantra es casi el opuesto al de los orientales. Hay poco entusiasmo respecto a las actividades coléricas, a las que consideran una enseñanza controvertida y peligrosa. En su lugar, se centran únicamente en la unión sexual. Así, cuando se busca "tantra" en Internet, la mayoría de los numerosos resultados que aparecen se refieren a técnicas sexuales presentadas a menudo con un sabor hindú. Mucha gente piensa que es bueno conocer estas técnicas. Aunque en su historia los asiáticos han producido textos clásicos sobre sexo como el *Kāma Sūtra*, la mayoría de la gente en

---

86   Aunque los relatos mencionados narran los inicios del linaje tibetano Kagyü, las historias de las tres primeras figuras se refieren sobre todo a la práctica tántrica en la India del siglo XI.

Asia se rehúsa a hablar de sexo en absoluto, por lo que suelen saber menos que los occidentales. Incluso el material para adultos es más difícil de encontrar en los países asiáticos. Por lo general, considero que los occidentales son bastante liberados en este tema. Sin embargo, en su mayoría piensan que el "tantra" no va más allá de las habilidades especiales en técnicas sexuales.

Durante la primera difusión del budismo tibetano en Occidente, cuando los occidentales que creían que el tantra se trataba principalmente de sexo escucharon las explicaciones de la mayoría de los Lamas tibetanos respecto al tantra tibetano, muchos no quisieron llamar "tantra" a esas enseñanzas tibetanas porque no tenían que ver claramente con el sexo. Preferían llamar "vajrayāna" a lo que esos Lamas enseñaban. La palabra vajrayāna es en realidad un sinónimo de tantra o tantrayāna, que se centra en la naturaleza indestructible ("vajra") de la realidad última. Sin embargo, algunos grupos del Dharma distorsionaron lo que tenían ante sus ojos mediante las lentes de sus ideas preconcebidas. Se autodenominaron grupos "vajrayāna", pensando que las enseñanzas que habían recibido no podían ser tantra porque no se trataban sobre sexo.[87]

No cabe duda de que en la tradición tántrica tibetana existen prácticas que utilizan la sexualidad como medio hábil, pero tradicionalmente, los Lamas no incluyen estos temas cuando explican los fundamentos. Cuando los occidentales preguntaban a estos lamas sobre el sexo en el tantra tibetano, no respondían con claridad. Eso resultó sospechoso para los occidentales. Algunos incluso se enfadaron, pensando que los lamas les estaban engañando deliberadamente. Los maestros tibetanos estaban muy sorprendidos por estas reacciones.

---

87 Otros hicieron lo mismo porque temían que si decían que practicaban el "tantra", muchas personas que se interesaban principalmente en el sexo querrían unirse a su grupo. Entonces decían cosas como, "¡No nos llamen 'grupo de tantra'! ¡Somos un centro budista respetable!". Algunas revistas que publicaban artículos sobre budismo tenían instrucciones de que no recibirían textos de quienes escribieran sobre tantra.

¿Los tibetanos laicos entienden el tantra? La verdad es que no. Decir que piensan que el tantra es algo bueno representa bastante bien su punto de vista. Por ejemplo, cuando los tibetanos ven pinturas y estatuas de deidades en unión sexual, su respuesta predominante no es la asociación obvia con las relaciones sexuales, sino más bien una fe devota en su tradición como un conjunto. Tienen la vaga sensación de que el tantra es algo bueno, pero muy poca de la gente común que genere esa fe conoce el significado simbólico de estas representaciones.

Los monjes y eruditos tibetanos que estudian y contemplan los textos tántricos se centran sobre todo en el significado verbal superficial y los referentes verbales de los símbolos. Es posible que expliquen la historia del Camino del Deseo, pero cuando se les pregunta cómo ponerlo en práctica, solamente le dan vuelta a lo que dicen los libros. Es difícil imaginar cómo podrían llegar a conocer y aplicar las instrucciones directas sobre la práctica real.

En la actualidad, el tantra tibetano comprende principalmente prácticas superficiales de sādhanas y pūjās, empoderamientos meramente simbólicos, rituales de bendiciones y sanación, sesiones formales de práctica en grupo, algunas de ellas extensas, y danzas y otras elaboradas ceremonias con trajes tradicionales. Más allá de un adiestramiento en el enfoque sagrado, la mayor parte de lo que ocurre es un mero espectáculo de práctica del tantra. En resumen, una observación crítica nos permite darnos cuenta muy claramente que la mayoría de los tibetanos contemporáneos no son fundamentalmente mejores en lo que respecta al tantra que sus pares occidentales porque ellos mismos han caído en sus propios enfoques extremos.

Actualmente, en la India, la fuente del tantra,

muchos yoguis practican un tantra secreto que no es secreto.[88]

Que la gente practique el tantra sin saberlo es algo muy extraño;

el verdadero tantra sigue siendo poderoso, pero secreto y difícil
de encontrar.

China es un desierto, al igual que los países al sur y al oriente:

todos tienen enseñanzas budistas, pero el tantrayāna es escaso.

De modo general, los puntos de vista discrepantes desconciertan
a todo el mundo,

también los occidentales tienen diversas concepciones
contradictorias.

---

88 El yoga físico que practican surgió, en el pasado, en conjunción con la práctica tántrica
    secreta; ahora la gente no suele ser consciente de esta conexión, y no se les ocurre man-
    tener en secreto ciertas prácticas de yoga. Lo mismo podría decirse de algunos rituales
    que practican.

3

Problemas del tantra tibetano actual

Sólo las enseñanzas tántricas del budismo tibetano unen sūtra y tantra, y no hace falta decir que las enseñanzas del lado del tantra son las más profundas y poderosas. Sin embargo, cuando los extranjeros piensan en el budismo tibetano, más allá de ver que predominan las enseñanzas tántricas, no tienen suficientemente en cuenta la influencia de otros enfoques budistas. Si observamos la situación real, *la mayoría de los seguidores de las enseñanzas del budismo tibetano se viste con el disfraz del tantra, pero su práctica real tiene el enfoque de las enseñanzas del sūtra.*

Por ejemplo, si observamos la adherencia a la disciplina monástica en los linajes del budismo tibetano y la comparamos con el monacato de otras tradiciones, encontramos que los tibetanos que supuestamente siguen el tantra ponen atención a los detalles minúsculos tanto como los demás. De hecho, no se cansan de hacerlo. Cuando practican el tantra, eliminan todo lo que contradice el vinaya. Si dijéramos que los linajes actuales del budismo tibetano practican una mera imitación del tantra porque lo tratan como una división de la práctica del sūtra, no estaríamos muy alejados de la realidad. Además, incluso dentro de la práctica del sūtra, los linajes tibetanos dicen que practican la compasión del vehículo del bodhisattva, pero la verdad es que practican principalmente la conducta y el punto de vista del camino de la liberación individual.

La *percepción pura* es la base y la raíz del punto de vista tántrico. Por lo tanto, menospreciar la percepción pura, no sólo de los tantrikas, sino de cualquier budista, e incluso de los no budistas foráneos, no es una conducta tántrica adecuada. Sin embargo, la mayoría de los budistas tibetanos piensan que tienen que ser como abogados que defienden y alaban sus propias tradiciones mientras atacan y critican las tradiciones de los demás.

Algunos tibetanos piensan que los foráneos no sólo tienen doctrinas falsas y dañinas, sino que también tienen profundas tendencias a ser poseídos por seres malignos invisibles. Critican las enseñanzas del *Kālachakra* de la Tradición Jonang porque originalmente tomaron prestados términos de los *Sāṅkhya* para que fueran más accesibles a los yoguis védicos de Śhambhala. Algunos afirman absurdamente que la visión Jonang de que la naturaleza búdica realmente existe como algo eterno y permanente, es resultado de una corrupción debida a puntos de vista extremistas hindúes por lo que ya no es visión budista en absoluto.

Quieren demostrar que todo lo que dicen los no budistas es falso. ¿Cómo pueden hacer eso si no es postulando proposiciones que impliquen la conclusión deseada, como "todos los puntos de vista no budistas son conceptuales, caen en los extremos y son refutables?" Históricamente, la opinión de los foráneos indios sobre los budistas no era la mejor, y no quedaba espacio en las mentes de ninguna de las partes para nada que dijera lo contrario. Entonces, ¿cómo podían considerarse los puntos de vista de una y otra parte como intentos de determinar la verdad? La historia demuestra que ambos tenían opiniones erróneas y prejuiciadas, y desde entonces no ha habido grandes cambios.

En el mundo, muchas personas religiosas, incluidos los budistas, piensan que sólo deben ser compasivos con quienes tienen las mismas creencias que ellos. En el camino de la liberación individual, los monjes tienen prohibido asociarse con no budistas. El sexto voto tántrico secundario enseña que es incorrecto permanecer entre practicantes de la liberación individual durante más de siete días si sus prejuicios contra los vehículos del bodhisattva o del tantra pudieran ejercer una mala influencia. Aunque estos preceptos no se enseñan para generar prejuicios hacia los demás, algunos budistas condenan erróneamente y sin reservas a los foráneos como malos. No comprenden que tales preceptos religiosos sobre lo que debe ser la conducta adecuada son medios hábiles *temporales* para ayudar a los principiantes a estabilizar su práctica.

En general, el punto de vista del Tantra Yoga Supremo no aprueba sesgos tan fuertes. Las enseñanzas del *Kālachakra*, en particular, se oponen activamente a ellos. Sin embargo, las personas que apoyan los prejuicios no tienen una verdadera perspectiva sobre el asunto. Es típico que los puntos de vista y las doctrinas de la liberación individual de los monjes encargados de los linajes del budismo tibetano, incluidos los del tantra, tengan tales defectos. Sin embargo, *puesto que todos ellos están de acuerdo en que la verdad absoluta trasciende las palabras y la expresión, deberían considerar todos los puntos de vista doctrinales como declaraciones circunstanciales que buscan conducir a los estudiantes por un buen camino.* En ese caso, no podemos decir que una doctrina sea absolutamente correcta y otra absolutamente errónea.[89] Sólo podemos distinguir si el camino que enseñan conduce a un resultado beneficioso o no. Dentro del propio budismo, se dice que algunas enseñanzas son meramente provisionales y no son absolutamente ciertas. Se dice que las enseñanzas provisionales son buenas o malas, dependiendo de si conducen a un buen resultado a los seguidores que no pueden comprender toda la verdad.[90]

---

89   Rinpoché escribió un libro que ofrece una presentación abreviada de muchas tradiciones religiosas titulado *Océano de diversidad (Ocean of Diversity,* por su título en inglés).

90   Incluso si su camino espiritual actual no es un camino completo que enseñe cómo alcanzar la iluminación perfecta, pueden conectar con un camino superior en el futuro, o en futuros renacimientos, cuando se hayan reunido las condiciones internas para una comprensión más profunda.

Si consideramos la meditación tántrica tibetana contemporánea, los principales soportes de la meditación son externos. Hay representaciones de deidades coléricas masculinas y femeninas del Tantra Yoga Supremo, deidades *yidam* unidas en un abrazo sexual, etcétera. También hay pinturas y estatuas de oro, arcilla, y demás materiales, que pertenecen a la comunidad monástica. Por lo general, la gente tiene la mente llena de esas imágenes cuando hacen meditación tántrica. El verdadero significado de estas representaciones simbólicas es la continuidad de la base que reside en nuestras propias mentes. Eso es el *Sugatagarbha*, la naturaleza búdica, como nuestra característica inherentemente existente. Los mejores practicantes saben meditar en la experiencia no conceptual de esta última, y no necesitan nada más. Sin embargo, si nos preguntamos qué porcentaje de tibetanos son expertos en este tipo de meditación, está claro que es minúsculo. La mayoría de ellos sólo puede meditar conceptualmente, por lo que siempre necesitan apoyos simbólicos para su práctica, como las imágenes de deidades que acabamos de mencionar.

Por otra parte, volviendo al tema de meditar en las deidades de una manera externa, es difícil decir si los individuos que hacen esto en las tradiciones del Tantra Yoga Supremo van más allá del enfoque meramente verbal de los tantras explicativos. Los mejores practicantes realmente comprenden que sus kleśhas son aspectos puros de las sabidurías que son la esencia de las deidades tántricas.[91] Los intermedios meditan pensando que las kleśhas son así. Los de capacidad inferior adquieren el hábito de pensar de esta manera cuando estudian el Dharma. Pero todos los tibetanos saben que sólo un minúsculo porcentaje de ellos hace realmente algo de esto.

En todo caso, los que se adentran en la práctica genuina del Tantra

---

91   Como se explica en el Tantra de *Kālachakra*: Amoghasiddhi: Gran envidia; Ratnasambhava: Gran orgullo; Amitābha: Gran apego/deseo; Vairochana: Gran ignorancia; Akṣhobhya: Gran aversión; Vajrasattva: Gran ira. Las sabidurías de *Kālachakra* de estas seis familias búdicas son las "versiones" iluminadas de estos seis venenos.

Yoga Supremo, los que simplemente quieren hacerlo, e incluso los que afirman falsamente que quieren hacerlo, son extremadamente pocos. Otros tibetanos siguen el camino del sūtra, un camino de lucha en una guerra entre lo que se abandona y los antídotos. Esto es obvio para cualquiera que esté mínimamente familiarizado con la Saṅgha tibetana. Si se recomienda el enfoque del tantra de utilizar las kleśhas como parte del camino, sólo habrá unas pocas excepciones de tibetanos que lo entiendan correctamente y estén de acuerdo. Los demás temen ese enfoque porque no encaja con lo que conocen. Si los defensores de este enfoque de sūtra dicen, "todo el mundo debería minimizar la pasión y la aversión", casi todos los tibetanos, ya sea que puedan hacerlo o no, entenderán ese enfoque sūtrico familiar de suprimir las kleśhas.

Si el camino del abandono con antídotos se explica con los matices honestos de que es una lucha interminable y extremadamente difícil, es posible que quienes escuchen que en el tantra no hay necesidad de luchar de ese modo lo prefieran; pero, como la mayoría de los tibetanos no piensan para nada en esas cosas, los que prefieren el camino tántrico son pocos. Como sólo tienen una idea muy remota y abstracta de cómo adentrarse en el camino tántrico, no pueden hacerlo, ni siquiera parcialmente. Así, mientras que los tibetanos teorizan todo el tiempo sobre cómo debe practicarse el tantra, las enseñanzas que realmente practican son las del sūtra con una fachada exterior de tantra. Incluso entre los practicantes de Dharma de alto rango, son escasas las personas que realmente son expertas en transmutar las kleśhas.

Si pensamos en la conducta, de acuerdo con todo lo que hemos explicado anteriormente, parece que las actividades de la práctica realmente forman parte de la vida diaria de la gente común en Tíbet. Reciben la fe devota y el respeto de la comunidad. Sin embargo, la conducta real que la mayoría de los tibetanos veneran es la del enfoque del sūtra, la lucha entre el abandono y los antídotos. Casi ninguno piensa favorablemente en trascender esa guerra, integrando las kleśhas en el camino.

Por ejemplo, consideremos lo que ocurre si los practicantes tántricos muestran enfado. La mayoría de los tibetanos simplemente llegan a la conclusión de que son malas personas. Nadie se pregunta si, puesto que son tantrikas, es posible que estén intentando integrar sus kleśhas en el camino.[92] Está muy claro que el tantra genuino no es más que una mera posibilidad lógica para tales personas.

Entre los miembros de la comunidad tibetana, tanto los de clase alta como los de clase baja, los yoguis que están libres de actividades mundanas son quienes tienen más probabilidades de ser considerados con una fe genuina y un respeto de corazón. Ellos no tienen la necesidad de perseguir objetivos mundanos no esenciales como la riqueza y la fama, sino que buscan la riqueza profunda del Dharma que no es como la riqueza mundana. Aún así, algunas personas tienen fe en estos yoguis, pero otras no. Algunos incluso se muestran hostiles hacia ellos por considerarlos personas inútiles. Asimismo, entre los eruditos famosos que se sienten orgullosos de su aprendizaje, más allá de cuántos libros hayan leído o a cuántas escuelas monásticas o seculares de excelencia hayan asistido, aquellos que integran las instrucciones prácticas del camino del tantra genuino en su conducta son en su mayoría inexistentes, como resulta evidente para todos.

Si nos preguntamos cuáles pueden ser los signos de esto, la mayoría de los grandes eruditos de la comunidad tibetana tienen poca confianza en el tantra. Puede ser que la gente común tenga fe ciega en él, pero los lamas educados y otros líderes que son la esencia misma de la comunidad piensan que ya no existen tantrikas auténticos. Ni siquiera existe la costumbre social de fingir que existen. En realidad, no piensan en absoluto en el tantra porque creen que no tiene relevancia en la actualidad. Se creen muy sofisticados, pero su supuesto aprendizaje es una racionaliza-

---

92 Del mismo modo, en otras partes del mundo, como muchos países europeos, incluso pequeñas muestras de enfado u otras emociones fuertes dan lugar a un juicio social denigrante. Véase el capítulo una de la Tercera Parte.

ción superficial que pierde de vista el sentido de la vida humana.[93]

De modo superficial, los linajes tántricos del budismo tibetano pueden parecer benévolos, excelentes y sublimes. Hay numerosas representaciones de imaginería tántrica, tales como los esplendoroso palacios celestiales externos, el *maṇḍala* interno con sus múltiples deidades masculinas y femeninas, pacíficas y coléricas, *ḍākas* y *ḍākinīs* buenos y hábiles, diosas de ofrecimientos con bellos rostros, deidades "padre" y "madre" unidas en un abrazo sexual que simbolizan la unión del gozo y la vacuidad. Esta maravillosa iconografía conduce a una fe sincera y, para quienes la ven por primera vez, su riqueza es difícil de contener en la mente conceptual. Sin embargo, cuando se pregunta a la mayoría de las personas de rango en la esfera del Dharma cómo integrar las kleśhas al camino, responden con miradas torvas y desvían la pregunta con una respuesta cortante. Y se acabó. Por ejemplo, cuando les preguntan si hay algo de cierto en las antiguas historias de practicantes que sabían cómo incorporar la ira al camino, al margen de admitir la mera posibilidad, dicen: "no se enseña mucho sobre ese tema" y, como no dicen nada más, hacen que su propia afirmación se vuelva verdad.

En suma, en comparación con las espléndidas y extensas muestras externas del tantra que encontramos por doquier, la escasa presencia de su valiosa y apropiada riqueza interior es cien mil veces menor. ¿Acaso no es algo evidentemente erróneo cuando personajes eminentes dicen que llevar las kleśhas al camino es una receta para el desastre, y que deberíamos restarle importancia y olvidarnos de eso? Cuando otros dicen que no hay algo que sea digno de debate respecto a ese enfoque, ¿no están siendo deshonestos?

---

93   Eso es como algunos cristianos o judíos modernos que dicen, "Puede que haya habido milagros hace mucho, en los tiempos bíblicos, pero la gente educada sabe que esas cosas ya no suceden".

Aunque los "budistas" dicen que el *Bön* es malo, roban sus rituales.

Luego, los hacen más sofisticados y los llaman "tantrayāna".

Orgullosos de sólo contar mantras en la etapa de generación,[94] hacen trampa con su voto de practicar la etapa de consumación.[95]

Sus empoderamientos son Lamas que simplemente recitan liturgias.[96]

Sus explicaciones son *Khenpos*[97] que repiten los libros como loros.

Sus instrucciones tratan de ser satisfactorias, pero sólo le dan vueltas a los libros.[98]

Incluso su Anuttara considera el sexo[99] como un enemigo.

---

94   En la práctica de mantras, muchos budistas tibetanos no se molestan en aprender correctamente las visualizaciones de la etapa de generación para experimentar la pureza divina. Se limitan a recitar mantras y se muestran arrogantes acerca de cuántos han hecho, pensando erróneamente que simplemente con eso obtendrán logros espirituales.

95   Al igual que quienes hacen trampa con sus impuestos cuando pueden, no mantienen su samaya de practicar apropiadamente la etapa de consumación que conduce a la fructificación de la práctica tántrica. Consideran que hacerlo es una carga, y a regañadientes hacen lo mínimo que pueden.

96   Lo que Rinpoché quiere decir es que, a menudo, cuando algunos Lamas dicen que están otorgando empoderamientos, simplemente se limitan a recitar la liturgia y a realizar el ritual correspondiente, sin dar explicaciones ni instrucciones prácticas.

97   Monjes con experiencia en el aprendizaje y la práctica que reciben un estatus superior como profesores.

98   En lugar de instrucciones prácticas genuinas sobre cómo llevar las kleśhas al camino, ofrecen sofismas verbales inútiles, como decir que no necesitamos preocuparnos por las kleśhas porque están vacías de existencia verdadera. Son hábiles para construir argumentos lógicos citando textos y demás, pero abusan de esa habilidad para argumentar falsamente que las prácticas del sūtra y del tantra son idénticas.

99   Anuttarayoga-tantra, o Tantra Yoga Supremo.

Sobre su cascarón de tantra secreto se hallan muchas deidades
   tántricas,
pero en el interior dedican su tiempo a los tres objetos del
   vinaya.[100]
Su bodhichita son palabras vacías carentes de práctica.
Los tibetanos son muy devotos... de sus modos y costumbres.

---

100 Emplean mucha imaginería tántrica externa, pero en su interior sólo están haciendo
   prácticas de liberación individual.

4

El tantra es un camino natural que todos pueden aprender

Por lo general, la gente piensa que cuanto más elevada es una enseñanza, más difícil es de entender. Por eso, también piensan que practicar una enseñanza superior será más difícil que practicar una inferior. La realidad es más bien lo opuesto. Por ejemplo, el camino fundamental, la liberación individual, en donde debemos luchar constantemente en la guerra entre lo que se abandona y los antídotos, es en realidad el camino más difícil de practicar.

En este camino, necesitamos abandonar todo lo que está presente de manera natural en nuestro continuo. Bajo ese enfoque, es necesario hacer que dejen de existir el deseo, la aversión y otras kleśhas que surgen naturalmente en todas las personas. Eliminar el surgimiento y la existencia de algunos de estos fenómenos es posible, pero si nunca debe surgir ninguno de ellos, ¡qué agotador será reprimirlos todo el tiempo! Aunque a veces pensemos que podemos hacerlo, un día volverán, y entonces se manifestarán incluso con más fuerza que antes. Estaremos peor que si nunca hubiéramos tratado de suprimirlos. Esto se debe a que, al intentar hacerlo, nos estamos oponiendo a la naturaleza humana.[101]

¿Cuántas personas en el mundo han logrado realmente que dejen de existir las kleśhas para siempre? Si tomamos las kleśhas por un lado y las comparamos con la comprensión de los individuos ordinarios y la experiencia meditativa de los practicantes más elevados que conocemos, ¿no está claro que las kleśhas continúan manifestándose a pesar de todo lo que hacen para detenerlas? Entonces, ¿no sería más adecuado y agradable practicar el camino del bodhisattva? ¿Por qué? El camino del bodhisattva, que se presentó cuando Buddha dió el tercer giro de la rueda del Dharma, enseña que en el continuo de cada individuo existe la naturaleza de la iluminación como la verdadera naturaleza de todos los fenómenos. Si nos damos cuenta de esa verdadera naturaleza de los fenómenos, ya no tenemos que luchar en una guerra entre lo que se abandona y los antídotos.

Por ejemplo, no es necesario abandonar el deseo porque los deseos poderosos pueden simplemente transmutarse en la naturaleza última de los fenómenos, que es también la naturaleza última de los seres humanos. Así, en comparación con el camino de la liberación individual—que tiene puntos de vista y prácticas con los que es muy difícil trabajar—, es mucho más fácil limitarse a contemplar cómo son las cosas. El camino del bodhisattva elimina el tener que pensar intensamente en cada fenómeno, uno por uno, para suprimirlo. Los laboriosos mecanismos del camino de la liberación individual se vuelven superfluos. Es necesario que quienes dicen practicar el camino del bodhisattva, pero en realidad se aferran al enfoque de la liberación individual, reexaminen a fondo sus ventajas.

Pero el camino tántrico es incomparablemente más excelso que el propio camino del bodhisattva. Al igual que en el camino del bodhisattva, se sabe que el estado natural innato es la verdadera naturaleza de todas las personas y de todos los fenómenos de la verdad relativa. Sin embargo,

---

101 Aquí *rang byung chos nyid* no se refiere a la naturaleza absoluta de los fenómenos, sino a la naturaleza humana relativa, en la que las kleśhas existen de forma natural.

los auténticos practicantes del tantra también saben deleitarse con estos fenómenos como es debido, tal y como son. Es innegable que esto hace del tantra un camino maravilloso y profundo.

La razón es muy clara. No importa si en esta vida tenemos capacidades excelentes, medianas o inferiores, en nuestro interior poseemos de manera innata la base del deleite último. Aunque las kleśhas como el apego y la ira son más o menos poderosas en distintos individuos, éstas surgen en todos nosotros, siempre que se dan las condiciones auxiliares. Además, como todos nacimos en el reino del deseo, no hay ni siquiera una persona que esté libre de la pasión del deseo. ¿Por qué? Porque sin ella, no habría forma de nacer en el reino del deseo.

Aunque es extremadamente difícil erradicar las kleśhas que existen de manera natural en la mente humana, cuando conocemos la esencia de éstas, conocemos la forma pura y verdadera que tienen realmente. Cuanto mejor lo sepamos, mejor podremos utilizar las kleśhas. Este es un resumen muy breve del camino tántrico.

En el camino de la liberación individual, la kleśha del deseo sólo se entiende como algo que hay que abandonar. Los once factores mentales virtuosos y sus intenciones se entienden como algo que hay que adoptar. En la práctica real, cuando se abandona un deseo particular en una situación dada, existen dos rasgos esenciales en dicha situación: (1) el deseo de abandonar algo y (2) el antídoto mediante el cual se abandona. Sólo es necesario determinar estos dos fenómenos, y estos son fáciles de conocer.

Sin embargo, de estos dos, el deseo debe ser eliminado para siempre. Además, la intención de hacerlo utilizando un antídoto determinado debe multiplicarse para hacer frente a casos ilimitados. ¿Hay en el mundo alguna actividad más difícil que ésta? Por lo tanto, sabia o necia, qué persona no pensaría, "¿no sería mucho más fácil si aprendiera a utilizar el deseo en vez de eliminarlo?".

La esencia del camino tántrico es que no es necesario abandonar ninguna de las kleśhas de los cinco o tres venenos cuando sabemos cómo utilizarlas en este camino excelente. Por ejemplo, si en nosotros existen mecanismos poderosos que generan ilusiones, no hay necesidad de decir, "Son peligrosos, así que tenemos que deshacernos de ellos de inmediato". De hecho, una vez que sabemos cómo emplearlos bien para nuestros fines, resulta mejor para nosotros que existan estos mecanismos de ilusión, a que no existan. Del mismo modo, *cuando se ve que las kleśhas son puras, no hay necesidad de abandonarlas*; podemos ponerlas a trabajar como nuestras amigas. Ese es el camino insuperable del tantra.

Por todas estas razones, *si se entiende el camino tántrico, todo el mundo puede ponerlo en práctica. No importa si tienen capacidades excelentes, medias o inferiores, les producirá una considerable felicidad.* Sin embargo, hasta el día de hoy, casi todos los tibetanos (por no hablar de los demás), no tienen ni idea de cómo practicar correctamente el tantra. No sólo eso, sino que se dicen entre sí que es un tema muy peligroso con el que no quieren tener nada que ver. Podemos preguntarnos, "¿Por qué siguen repitiendo estos pensamientos?".

Dirigir los poderosos mecanismos mentales que se emplean en el tantra es como manejar los mandos de un avión. Quienes no saben pilotar un avión tienen temor de hacerlo, aunque sepan que es un medio de transporte maravilloso. Mientras carezcan de las habilidades de un piloto, siempre les resultará peligroso intentar pilotar uno, pero una vez que aprendan, es muy posible que les resulte más fácil pilotar un avión que andar en bicicleta.

Incluso las acciones más comunes del mundo son un poco peligrosas. Por ejemplo, algunas personas se atragantan y mueren mientras comen. La ropa suele contener restos de sustancias químicas tóxicas que se utilizaron para procesarla. También puede quedar enganchada en una máquina o impedirnos el movimiento, de modo que nos caigamos y nos lesionamos. Un medicamento excelente puede ser venenoso para algunas personas. Incluso vivir en ciudades abarrotadas de gente y viajar por carretera conllevan peligros evidentes. Los viajes y el tantra son similares en ese sentido. Aunque, en el peor de los casos, las consecuencias malas son graves, decir que nunca se debe hacer ninguna de estas cosas es como el desvarío de un loco.

En el aeropuerto de la ciudad de Atlanta, en Estados Unidos, cada día despegan unos 3,000 aviones. Todos los vuelos conllevan cierto peligro. Algunas personas exageran y dicen, "como los aviones son tan peligrosos, nunca me voy a subir en uno", o "estar a kilómetros de altura en el aire es demasiado peligroso". Ponen excusas como, "mi equipaje es demasiado pesado para viajar en avión". Todo esto no son más que tonterías.

Algunas personas piensan, "Como el camino tántrico es muy elevado, no se puede conocer por completo. Será muy peligroso si intentamos practicarlo, ¡es mejor que nos mantengamos alejados!". Eso tampoco es mucho mejor que los miedos exagerados de un loco. Sin hacer caso a esas palabras ciegas y limitadas, cualquiera que tenga la oportunidad debería adentrarse en el camino tántrico del gran gozo. Este camino es muy elevado, pero eso no significa que sea muy peligroso. Al contrario, puesto que es elevado, es excelente. La gente piensa erróneamente que, como en el tantra se realiza directamente la realidad última, debe ser difícil. De hecho, al ver directamente su objetivo se convierte en un camino más fácil de recorrer. No hay necesidad de amontonarnos en los corrales de los tontos de mente estrecha que tienen miedo de sí mismos y de sus habilidades. Sencillamente, no debemos dejarnos desviar hacia un territorio tan desdichado y miserable.

Tal vez nos preguntemos, "¿En qué beneficia a sus practicantes el camino de la liberación individual?". La mayoría de los que practican el camino de la liberación individual, como se ha comentado anteriormente, en lugar de experimentar fenómenos asociados a la felicidad, deben enfrentarse constantemente a cualidades desagradables como el ansia y el odio. Estas cualidades pueden conducir a los practicantes de la liberación individual a una extensión de su sufrimiento. La fe firme y el esfuerzo incesante sirven en ese camino como antídotos que consiguen la victoria sobre las kleśhas. Para desplegar estos antídotos, tenemos que luchar incesantemente contra los enemigos del deseo, entre otros.

En el camino tántrico, no es necesario eliminar nada de lo que se halla presente en nuestra mente de modo natural. En vez de eso, aprendemos los medios para hacer que los fenómenos mentales trabajen en nuestro favor. Así conocemos cómo utilizar de forma beneficiosa todo lo que hay en nuestra mente, incluidas nuestras emociones negativas. Una vez que el resplandor de la realidad pura y verdadera subyuga a todos estos fenómenos, estos se convierten en nuestros amigos.

A excepción de estos medios que integran el deseo al camino, los apasionados hombres y mujeres del reino del deseo carecen de las excelentes cualidades del estado natural. ¡Ay! Nunca podrán alcanzar la esencia del camino.

"No se puede practicar el profundo tantrayāna", nos advierten; en cambio, deberíamos practicar los vehículos inferiores, de la liberación individual y de los bodhisattvas.[102]
Aunque nunca alcancemos el corazón genuino que llevamos dentro,
podemos convertir todos los obstáculos en la nada.

Nuestra naturaleza última surge espontáneamente y se satisface a sí misma:
es el camino hacia el reino de las deidades eternas,
su valor aporta grandes beneficios para uno mismo y para los demás.
¿Quién no aspiraría a ser así?

---

102 Si bien el practicante tántrico también debe ser seguidor del camino del bodhisattva, no todos los que siguen ese camino son también tantrikas. Los caminos de la liberación individual y del bodhisattva son beneficiosos, pero el camino tántrico es indudablemente superior.

5

La naturaleza humana en relación con el camino de la liberación individual, del bodhisattva y el tantra

El camino de la liberación individual

La naturaleza humana es tal que, salvo por ser más o menos poderosos en ciertos individuos, el deseo, la aversión, la ira, el orgullo, los celos y la codicia, y del mismo modo, el miedo, la preocupación, el engaño, la desvergüenza, y todas las demás kleśhas se hallan de manera natural en nuestro interior. Del mismo modo, virtudes como la fe, la diligencia, la atención plena, el *samādhi*, la bondad amorosa y la compasión, salvo por ser más o menos poderosos en ciertos individuos, también se encuentran presentes de forma natural. En particular, la pasión del deseo, se halla naturalmente en todos nosotros ya que es un requisito para nacer aquí, en el reino del deseo. Esto es muy claro y nadie puede negarlo.

La liberación rara vez surge en un camino que considera el deseo como un enemigo. Semejante sendero requiere que se eliminen para siempre todas las kleśhas que existen naturalmente en todos nosotros. Para motivarnos a emprender tal práctica, debemos tener confianza en que podemos lograrlo. Sin embargo, sólo los excelsos modelos de la renuncia perfecta e incomparables pueden lograrlo. La gente común sólo puede suprimir temporalmente el deseo y las demás kleśhas. En efecto, es una tarea muy difícil alcanzar la liberación mediante el abandono total del deseo en el transcurso de una vida humana, una vez que rechazamos la postura de que el abandono temporal del deseo es la liberación.

Es poco probable que alguien que debe emplear constantemente medios tan extenuantes disfrute siquiera de una felicidad ordinaria en su vida. Aunque tal vez a algunas personas no les entre esto por los oídos, las que sí escuchen serán realistas sobre sus escasas posibilidades de liberación mediante la renuncia. A partir de ese momento, serán capaces de comprender cómo son las cosas en realidad. Si algunos quieren pasarse la vida rechazando lo que son, no seré yo quien les diga, "¡No lo hagan!". Mientras intentan alcanzar su meta de negación perfecta, deberán asesinar todos sus amores y deseos, uno por uno, incluso el deseo de alcanzar la sabiduría de la realización.[103]

Para tener éxito en nuestra práctica del camino de la liberación individual, nuestra conducta externa y nuestras actitudes internas deben corresponderse. Si lo hacen, es probable que nuestras vidas sean fructíferas y significativas. Si nuestras aspiraciones internas están en conflicto con nuestras acciones externas, será imposible alcanzar nuestros objetivos interiores. Por lo tanto, las consecuencias de investigar si este camino es adecuado para seres como nosotros son muy profundas. Los tibetanos no tienen la tradición de investigar estas cosas, así que rara vez piensan mucho en esto. ¿No es evidente que deberían hacerlo? ¿No deberían los renunciantes, en particular, considerar muy cuidadosamente las consecuencias de renunciar a su propia naturaleza?

La renuncia es comprometerse a carecer de hogar. Carecer de hogar

---

103 Su práctica será el equivalente mental de la tortura china llamada "la muerte de las mil cortadas", en la que ni siquiera la muerte tiene la gracia de aliviar su dolor al final.

no sólo significa renunciar a vivir en una casa, sino también a las actitudes egoístas de quienes viven en ellas, para sólo permanecer en estados mentales virtuosos y altruistas. El término tibetano para designar a un monje o monja completamente ordenado es *dge slong (ma)*, es decir, una persona que mantiene la virtud renunciante, *dge ba*, mendigando comida, *slong ba*. Ser un monje novicio, que practica el camino de tal virtud, *dge tshul*, es la preparación para convertirse en un monje plenamente ordenado. También debe entenderse de forma similar a los renunciantes que se adiestran en la virtud, *dge sbyong*. Hoy en día, ningún monje mendiga en el Tíbet, aunque se suelen solicitar donaciones para la Saṅgha ordenada.

Si ni siquiera se permite que un renunciante sin hogar acumule alimentos para comer al día siguiente, cuánto más necesario será que abandone los bienes y deleites de los jefes de familia. Se deben cortar las relaciones con los parientes. Se debe abandonar para siempre a los compañeros, amantes y el sexo. En pocas palabras, se debe renunciar a asociarse con la gente común.

En resumen, la renuncia monástica priva al individuo de todo lo que nuestra naturaleza humana anhela. *Cuando los monjes y monjas se expulsan a sí mismos de la sociedad, ese "exilio" debe resultar en algo lo suficientemente beneficioso como para compensar su pérdida.* Si los renunciantes se niegan esto, ¿de qué manera es su protesta algo mejor que la obstinación absurda de un necio?

Después de que el Buddha proclamara que los monjes debían carecer de hogar, la respuesta de éstos no estuvo para nada en conformidad con su anuncio. Los monjes y monjas vestían hábitos bonitos. Cada vez se preocupaban más por la riqueza comunal, la influencia política y demás. En el fondo, no se diferenciaban mucho de los caseros. El exilio de las filas de la gente mundana sólo sirvió para empujarlos de nuevo a las preocupaciones mundanas.

Ciertamente, estos monjes tenían un enfoque donde lo externo y lo interno se contradecían. ¿No era su calculadora hipocresía algo que ni siquiera los animales harían?[104] Si los monjes tibetanos purificaran su camino de incoherencias hipócritas, ya no tendrían que vivir una vida de contradicciones internas que garantiza el fracaso. ¿No sería eso algo bueno?

En los tiempos de Buddha, los monjes y monjas eran mendigos errantes durante la mayor parte del año. Sólo en ocasiones especiales, como el retiro durante las lluvias de verano, se reunían en emplazamientos temporales proporcionados por generosos benefactores. No había nada parecido a los enormes, lujosos y caros monasterios de hoy en día, cuyas habitaciones se parecen a las de las casas saṃsáricas normales. Estar apegado a ese tipo de viviendas frustra el propósito de carecer de un hogar. Algunos monjes ni siquiera pretenden carecer de hogar. Algunos linajes tibetanos permiten que los "monjes de pueblo" se queden en sus casas, a veces incluso con esposas e hijos. Esto se "justifica" porque realizan ofrendas y otros rituales para sus aldeas. También hay monjes ordenados que mantienen sus votos y visten hábitos pero que, en lugar de vivir en monasterios, se quedan en casa y desempeñan pequeños oficios para sus familias.

Los monjes por lo general logran abandonar externamente las casas y el sexo, pero no tienen más opción que llegar a la conclusión de que renunciar a todos los aspectos internos del sexo, como las fantasías mentales y los deseos, es algo prohibitivamente difícil. Los psicólogos han llegado a una conclusión similar. Las personas que realmente pueden hacerlo son muy escasas.

En resumen, si cuando entran en el camino de la liberación, el karma de los monjes es tan bueno que hay armonía entre lo externo y lo interno—es decir, son como una flor de loto, igualmente puros por den-

---

104 De manera instintiva, los animales emplean camuflajes y señuelos engañosos para capturar a sus presas, igual que los humanos maquinan cómo atraer a los peces para que muerdan un anzuelo. Sin embargo, el comportamiento de estos monjes resulta contraproducente para sus propios objetivos. Es algo tan inútil como si una araña ignorara a las moscas e intentara atrapar piedras.

tro y por fuera—, entonces todo será maravilloso. Sin embargo, podemos ver que la mayoría de las personas que entran en el camino de la liberación individual pasan sus vidas con una disonancia entre lo externo y lo interno. Cuando se observan los dilemas actuales que atormentan a los monjes en el mundo y se reportan tantos escándalos graves en los medios de comunicación, cada vez son menos los que aún tienen la confianza y seguridad para ingresar en semejante camino. Aunque parece que nadie quiere debatir esta cuestión en su totalidad, su importancia es clara y, por lo tanto, yo lo hago.

En la comunidad tibetana, cuando la gente se entera de algo malo, aparta la vista. Por ejemplo, cuando hay escándalos perturbadores que involucran a miembros ordenados de la Saṅgha, los mantienen ocultos. Hay poca disposición a examinar y mejorar la situación, lo cual es bastante alarmante, del mismo modo que lo sería no hacer nada para prevenir epidemias graves.

¿Pero acaso es mejor ocultar ese tipo de cosas, como suelen hacer los tibetanos, que engañar deliberadamente a la gente, para que no se dé cuenta que va a caer en la calamidad? Si sigue ocurriendo eso en lo que no quieren pensar, ¿no diríamos que se ha derrumbado su bondad para convertirse en indiferencia? Quienes son bondadosos y compasivos deben hablar con franqueza, incluso cuando otros no lo hacen, para que estas situaciones pasen a formar parte de nuestra experiencia compartida. Si lo analizamos un poco, fácilmente podemos darnos cuenta de por qué existen estos problemas. Toda la lista de transgresiones sexuales y de otro tipo que han cometido estos supuestos renunciantes se debe a la disparidad entre lo externo y lo interno.

Pero éste no es un problema exclusivo de los renunciantes budistas. Se calcula que, tan sólo en el caso de Francia, sacerdotes y otras personas vinculadas con la Iglesia católica han abusado de unos 333,000 niños en los últimos setenta años.[105] Después de que un número abrumador de casos de este tipo saliera a la luz en los medios de comunicación, ahora, cuando se menciona la religión, es objeto de temor y repulsión en la mente de muchas personas. Y eso a pesar de que muchos creyentes sinceros siguen practicándola de manera ejemplar.

Aunque en menor medida, los lamas, monjes y monjas tibetanos que viven fuera de Tíbet comparten una historia similar. Como muchos tibetanos son cortos de vista, estos incidentes se han ocultado cuidadosamente como secretos nacionales, aunque el público en general los conoce bien. Sin embargo, la preocupación por estas cosas se estaba convirtiendo silenciosamente en un mal endémico en la comunidad tibetana. ¿No es una clara señal de que los tibetanos tendrán que encarar estas preocupaciones en algún momento?

En vez de preocuparnos por si estos escándalos sobre renunciantes y maestros espirituales darán mala fama al budismo tibetano, en realidad es más importante que comprendamos sus causas. Colmar de insultos a las personas es un pobre sustituto de una comprensión profunda. Será difícil producir buenos resultados sólo con una indignación encolerizada.

Si tomamos como ejemplo a los renunciantes de la comunidad tibetana, la mayoría de ellos se convierten en renunciantes en su infancia, cuando sus cuerpos y mentes aún no han madurado. Como decidieron ordenarse cuando eran extremadamente jóvenes, no tenían ni idea de a qué se estaban comprometiendo. Muchos ni siquiera lo decidieron por sí mismos sino que sus padres tomaron la decisión por ellos. Su deseo natural y profundamente arraigado no se manifestó hasta después y, cuando lo hizo, se dieron cuenta demasiado tarde de la disparidad entre el camino que habían elegido y su propia naturaleza. Cuando se manifestó su

---

105 Publicado por la BBC el 5 de octubre de 2021 y otros medios de comunicación internacionales. Una de las intenciones de esta cita es mostrar cómo algunas religiones en otras partes del mundo están dando un buen ejemplo al permitir una investigación cuidadosa de sus problemas estructurales con respecto al celibato, en lugar de ocultarlos.

sexualidad y se sintieron infelices con sus vidas, les resultó fácil violar sus votos porque, para empezar, nunca tuvieron un compromiso genuino con ser monjes. Su renuncia no era más que un pretexto conveniente para ganarse la vida, por lo que perdían el autocontrol en cuanto caían en la tentación. La abundancia de escándalos nos indica que muchos renunciantes de diversas tradiciones se encuentran en la misma situación. Los padres de los jóvenes monjes tibetanos nunca pensaron seriamente en lo que ocurriría después de que sus hijos se ordenaran. Si realmente se hubieran dado a la tarea de hacerlo, muchos no cargarían ahora con semejantes remordimientos ni con sus desagradables resultados.

Las diferentes tasas de retorno a la vida laica de los monjes en el Tíbet, la India y otros países extranjeros parecen deberse a la diversa presión social en cada entorno. El Tíbet registró la tasa de retención más alta debido a una presión social más intensa para mantenerse como renunciante. En contraste, más monjes que escaparon del Tíbet hacia la India optaron por regresar a la vida secular debido a una menor presión social en ese lugar. Sin embargo, según mi observación personal, la mayoría de aquellos que se trasladaron a países occidentales abandonaron sus hábitos monásticos debido a una presión social mínima.

Podríamos pensar que para los monjes en otros países era difícil continuar con su forma de vida, ya que allí no existían condiciones adecuadas para ellos. En realidad, era más fácil ser monje en la India que en el Tíbet porque todo estaba bajo control. En el Tíbet, los monjes muchas veces están patrocinados por familias, por lo que tienen responsabilidades hacia ellas. Si realmente lo desean, los monjes y monjas pueden seguir su disciplina interna de renuncia casi en cualquier parte y conseguir un trabajo sencillo para vivir. En mi sincera opinión, la razón por la que la mayoría de los monjes regresan a la vida laica se debe principalmente a sus propios deseos, facilitados por la menor presión social para permanecer ordenados en su nuevo entorno.

En resumen, la motivación para entrar en el camino de la liberación individual proviene de la visión de que, debido al deseo y la aversión, este mundo tiene la naturaleza del sufrimiento. La meditación consiste en luchar constantemente en la guerra entre lo que se abandona y los antídotos. La conducta es tal que los practicantes tratan de eliminar las kleśhas que son innatas en la vida humana porque son la causa del sufrimiento. Para que tenga sentido adentrarse en este camino, los practicantes deben estar seguros de que pueden lograr su objetivo. Si más tarde no lo consiguen, les resultará difícil decidir si valió la pena practicar ese camino. Las personas que, como yo, explican las enseñanzas budistas no pueden resolverles esa duda; estas personas deben reevaluar cuidadosamente no sólo las enseñanzas que han recibido, sino sus propias capacidades para ponerlas en práctica.

El camino del bodhisattva

La visión del camino del bodhisattva considera que los deseos de todos los seres sensibles tienen el mismo valor. Como no hay nadie que no desee alcanzar la felicidad y el gozo últimos, este enfoque aspira a conseguir estos para todos los seres sensibles sin distinción.[106] *Ya que su enfoque es universal, no hay forma de rechazar este camino por estar sesgado hacia ciertos seres.*

La meditación es similar a la visión. Los meditadores sólo pueden satisfacer sus objetivos heroicamente difíciles convirtiéndose en héroes y heroínas vajra que no puedan ser destruidos por ningún obstáculo.[107]

---

106 Es cierto que algunos individuos desconocen *temporalmente* cuáles son los verdaderos significados del amor y la compasión; pero esto no significa que no los tengan de forma innata o que sean incapaces de desvelarlos mediante las etapas de práctica; todos pueden hacerlo en esta vida o en vidas posteriores.

107 Una versión zen del voto del bodhisattva ejemplifica claramente este enfoque heroico: "Los seres sensibles son innumerables. Juramos salvarlos a todos. / Las aflicciones son infinitas. Juramos cortarlas todas. / Las enseñanzas son infinitas. Juramos aprenderlas todas. / El camino de Buddha es inconcebible. Juramos alcanzarlo". https://www.empty-

La conducta es igualmente exigente. Toda su práctica se contiene en la realización de las seis perfecciones, los cuatro medios para reunir discípulos, etc.

La práctica meditativa tiene como objetivo experimentar la naturaleza verdadera y pura de las cosas, que está vacía de todas las características conceptualizadas. La totalidad de la conducta iluminada y el logro del fruto resultante son posibles sólo mediante la experiencia de esta pureza no dual de cómo son las cosas. Según el tercer y último giro de la rueda del Dharma del Buddha, ese estado verdadero está vacío de todos los fenómenos impermanentes y dolorosos de lo relativo, pero no de los innumerables fenómenos del estado natural que existen verdaderamente como aspectos del Sugatagarbha último.

Dado que todo se obtiene al percibir la naturaleza de las cosas, es mucho más fácil lograr la visión, la meditación y la conducta del camino del bodhisattva que las de la liberación individual. Por estas razones, este camino es admirable. Además, este precioso camino abarca el universo. Como la visión, la meditación y la conducta son intachables y de aplicación universal, la gente común de todo el mundo puede comprenderlas. No hay nadie que no desee ser amado, y todos necesitamos y nos deleitamos en la bondad de los demás.[108]

Los bodhisattvas aspiran a la felicidad temporal y última de todos los seres sensibles. Dado que su objetivo es el mismo para todos, no les preocupa en gran medida si logran alcanzar la Budeidad rápidamente o no. Su enfoque se centra exclusivamente en beneficiar a todos los seres sensibles con la felicidad del estado natural. Una vez logrado este propósito,

---

gatezen.com/ blog/the-four-great-vows-in-zen-practice. Recurso en inglés.

108 Aunque en ciertos lugares, momentos y circunstancias, puede haber algunas personas determinadas que no amen en absoluto y no deseen ser objeto de amor, en general, no hay nadie en este mundo que no aprecie y valore el amor, aunque sólo sea por un breve período o sin ser consciente de ello. Es posible concebir seres perfectos que no necesitan de la bondad amorosa, pero estos son prácticamente inexistentes.

no hay otro más allá. Por esa razón, no representa ningún problema si los propios bodhisattvas no alcanzan rápidamente la iluminación, siempre y cuando puedan seguir beneficiando a los demás.

A diferencia de los practicantes del camino de la liberación individual, los bodhisattvas no tienen el deseo de alcanzar su propia liberación del *saṃsāra* lo más rápidamente posible, luchando por eliminar lo que hay que abandonar. Son capaces de transmutar su visión saṃsārica de los fenómenos engañosos y dualistas de las kleśhas en una visión realizada de los fenómenos beneficiosos y absolutos que percibe la sabiduría no dual y no conceptual. Así, el suyo es un camino en el que los practicantes no tienen que luchar en la guerra entre lo que hay que abandonar y los antídotos. Sin embargo, a diferencia de los tantrikas, los practicantes bodhisattvas carecen de la mayoría de los medios hábiles para poner a trabajar las kleśhas en el camino.

Si es seguro que habrá un buen resultado para todos los seres, no es necesario que los bodhisattvas eviten siempre las siete acciones corporales y verbales de las diez no virtudes. Estas siete acciones consisten en las tres acciones no virtuosas del cuerpo (matar, robar y tener una conducta sexual inapropiada), junto con las cuatro acciones no virtuosas de la palabra (mentir, dividir con la palabra, hablar con dureza y charlar sin sentido). Sólo las tres acciones no virtuosas de la mente no están permitidas nunca. Éstas son la codicia, la malicia y las visiones erróneas, como negar por completo la vacuidad o la causa y el efecto kármicos a nivel relativo.

La esencia del enfoque del bodhisattva es que beneficiar a los seres es más importante que las reglas abstractas.[109] Según el vehículo de la

---

109 Por ejemplo, durante la Segunda Guerra Mundial, si un nazi te preguntara dónde se escondía un grupo de judíos o gitanos con la intención de exterminarlos, y tu única opción para salvarlos fuera mentir, como bodhisattva lo harías. Tales acciones deben llevarse a cabo si se garantiza que el resultado global será positivo. Por lo tanto, este comportamiento altruista "incorrecto" es mejor ejecutado por individuos realizados que comprenden las consecuencias a largo plazo de sus acciones. En este caso, si salvaras a algunas personas de los nazis mintiéndoles, pero esto provocara su enojo y resultara en la

liberación individual, estas siete acciones de cuerpo y palabra son transgresiones absolutas que implican configuraciones de dharmas absolutos,
mientras que el yo ilusorio de los seres sensibles no tiene valor. Por lo tanto, estas siete acciones no virtuosas nunca están permitidas, sin importar
cuán malo sea el resultado. Es fácil darse cuenta lo contraintuitiva que
resulta esta característica del camino de la liberación individual.

El camino del tantra

El camino del tantra es exponencialmente más profundo y de medios más
hábiles que el camino del bodhisattva. Supera los caminos de la liberación individual y de los bodhisattvas, al igual que la brillante luz del sol
sobrepasa la luz de la luna y la multitud de estrellas. Aunque el brillo del
tantra supera estos senderos menores, todos los aspectos de ellos siguen
presentes, ya que su esencia se encuentra incluida en las manifestaciones
tántricas.

Al igual que el camino del bodhisattva y el cultivo de la bodhichitta relativa contienen muchas prácticas de distintos grados de profundidad, lo mismo sucede con el tantra. El Tantra Yoga Supremo es el más
profundo de todos porque es un camino de medios hábiles que penetran
rápidamente en la realidad última. Los practicantes se sienten felices de
adentrarse en él porque produce verdadera felicidad.

El camino tántrico tradicional se divide en dos etapas: la de generación y la de consumación. La etapa de generación implica visualizar o percibir, en la medida de lo posible, la pureza absoluta de las deidades tántricas y su entorno. A menudo, las personas realizan estas visualizaciones
con demasiada fuerza o laxitud,[110] sin embargo, si se experimenta grati-

---

destrucción de toda una región, el resultado global sería negativo.

110 En el primer caso, intentan controlar todos los aspectos de su visualización porque confían poco en el desarrollo natural de la etapa de generación. En el segundo caso, confían
tanto en que la visualización se desarrollará espontáneamente que no hacen ningún

tud y devoción hacia el Guru y el linaje, se genera una fuerte bodhichitta, y se cumplen otras condiciones, la práctica de generación puede mejorar y volverse más elaborada gracias a estas bendiciones. Especialmente si esas cualidades son fuertes y se manifiestan con pureza, explorar posteriormente las profundidades de la etapa de consumación[111] se convertirá en un proceso relativamente rápido y directo, en el que la presencia natural de la sabiduría primordial mejorará la experiencia realizada.

Hoy en día, muchos tantrikas desconocen la importancia que deben otorgar a estas cualidades debido a su falta de comprensión de la esencia del tantrayāna. Esta carencia conduce a que la mayoría de los practicantes de tantra nunca logren experimentar profundamente el estado natural. En esos casos, tienden a aferrarse y enfatizar aspectos secundarios que pueden comprender y experimentar, pero que son superfluos en comparación con el punto central. De esta manera, se privan de la gran fortuna de alcanzar la realización, lo cual representa una gran pérdida. En lugar de hacer eso, es crucial que reconozcan los fenómenos de su vida cotidiana como aspectos de su naturaleza innata y, por ende, del camino resultante que conduce a ella. Este reconocimiento se produce al considerar las kleśas, como el deseo y la aversión, entre otras, como aspectos interconectados de nuestra naturaleza innata.

En particular, en la práctica tántrica, la pasión del deseo que reside innatamente en nuestro interior no se ve como un enemigo que requiere una "movilización de guerra" para combatirlo. *Los deseos pueden ser aliados excelentes en la consecución de nuestras metas y pueden actuar como defensores en quienes podemos confiar ante cualquier peligro.* Lo mismo se aplica a la ira y demás kleśas.

---

esfuerzo por controlar o poner atención en las cualidades prescritas. Sus mentes se desvían entonces en preocupaciones por todo tipo de fenómenos irrelevantes.

111 En la escuela Jonang de budismo tibetano de Khentrul Rinpoché, la etapa de consumación consiste en prácticas no conceptuales de los Seis Yogas Vajra de *Kālachakra, sbyor ba drug.*

Por lo tanto, en comparación con el enfoque de la liberación individual e incluso con el camino del bodhisattva, el camino tántrico es relativamente más fácil y cómodo. Si todas las personas supieran lo bueno que
es practicar este camino, sería imposible que no quisieran adentrarse en
él y sintieran alegría ante la posibilidad.

A través del tantra, todos los estados mentales negativos y aquellos
menos positivos que residen en nuestro interior pueden transformarse
en joyas perfectas. ¿Qué persona informada no desearía entrar en un entorno enriquecedor que realza las buenas cualidades de todo y de todos?
*Al estar en armonía con la naturaleza humana, el tantra se encuentra en
consonancia con todo.* Sus medios hábiles supremos integran todos los fenómenos al camino. Todos deberían adentrarse en él con alegría y deleite.

Cómo armarse para luchar contra las kleśhas enemigas,
cómo las kleśhas enemigas a veces pueden transmutarse en
    amigas,
y cómo pueden ser siempre nuestras amigas—estos tres tipos
    de conocimiento
caracterizan la práctica que se encuentra en los tres vehículos:
el de la liberación personal, el de los bodhisattvas y el tantra.

Al conocer las diferencias entre abandonar, transformar,
y hacer de todas las kleśhas partes esenciales del camino,
sabemos qué es superior y qué es inferior, qué es mejor y qué
    es peor.
Cada vez más fácilmente, subimos más y más alto:
entre más alto lleguemos, más fácil será el camino que
    recorramos.

Cuando sabemos que es así, nos damos cuenta de que los tres vehículos
son una serie interconectada, unida por el estado natural.
Al conocer esto, sabemos que no son contradictorios,
y que no hay que verlos como los cuernos de yak, que apuntan
a un lado y a otro.[112]

---

112 "Los cuernos de yak..". ejemplifican algo separado e incompatible. Los jonangpas dicen que, si entendemos cómo los tres vehículos abordan las kleśhas, comprenderemos que son una serie de aplicaciones cada vez más elevadas y mejores de los mismos principios. Por ejemplo, siempre se renuncia a la ira y al deseo apegado y egoísta, debido a la realización de algo mejor. Lo que se realiza evoluciona desde la simple falta de sufrimiento, a la naturaleza gozosa, y posteriormente a las kleśhas que son aspectos de esa naturaleza que se utilizan como parte del camino.

6

La esencia de los votos inferiores
se encuentra dentro de los superiores

Quienes entienden sobre los linajes del budismo tibetano coinciden en que éstos son muy extensos. Muy pocos tibetanos comprenden la totalidad de las diferentes enseñanzas del budismo tibetano, con sus muchas subdivisiones, tales como las de los vehículos ordinario y extraordinario. Menos aún pueden explicar el razonamiento por el que se dice que los caminos inferiores y superiores se apoyan mutuamente sin contradicción.

El signo de que un camino es más elevado que otro es que se asocia más estrechamente con la verdadera naturaleza incondicionada de las cosas. El signo de que un camino es inferior a otro es que se asocia más estrechamente con medios causales relativos fuera de esa naturaleza verdadera.

En particular, alguien que desee practicar correctamente las enseñanzas superiores del budismo tibetano debe saber cómo éstas incluyen y se fundamentan en todas las prácticas budistas inferiores que las preceden. Por lo tanto, es necesario que revisemos estas diferentes etapas desde esa perspectiva.

El camino de la liberación individual

El primero de ellos es el camino o vehículo de la liberación individual, también conocido como "Vehículo Menor" y "Vehículo Fundacional". Se practica principalmente en cinco países del centro y oriente asiático: Tailandia, Myanmar, Sri Lanka, Laos y Camboya. En una época, este vehículo se dividía en dieciocho escuelas, una de las cuales era la escuela Sthavira. Una de sus ramas, la *Theravāda*, es la única descendiente de las dieciocho escuelas que sobrevive en la actualidad.

El vehículo de la liberación individual se llama así porque quienes lo practican buscan liberarse del sufrimiento saṃsārico sin desear cargar también con la responsabilidad de liberar a los demás seres sensibles. Cuando nos referimos al vehículo o camino de la liberación individual, hablamos de todos los aspectos de su práctica como un camino en el que enfocarse. El voto de liberación individual es sólo un aspecto de este camino y lo toman tanto los renunciantes de ambos géneros, como todos los devotos laicos.

Los practicantes laicos toman hasta cinco votos pratimokṣha o de liberación individual,[113] mientras que para los monjes y monjas, la lista de votos es mucho más larga. El número de votos también aumenta con el nivel de ordenación. Con la excepción de las cuatro derrotas, el vinaya especifica reglas estrictas para restaurar estos votos en caso de quebrantarlos. En general, no pueden modificarse tan fácilmente como los compromisos del bodhisattva y los samayas tántricos.[114]

---

113 En contra de matar, robar, mantener una conducta sexual inapropiada, mentir y consumir intoxicantes.

114 Junto con los votos de liberación individual, los compromisos del bodhisattva y los samayas tántricos conforman un total de tres tipos de "votos". Rinpoché prefiere utilizar los términos "compromiso" para los votos del bodhisattva y "samaya" para los votos tántricos, ya que los "votos" no tienen el mismo sentido en estos tres vehículos. Rinpoché describe detalladamente todos estos tipos de votos en su serie de libros *Develando tu verdad sagrada.*

También es importante comprender que también existen otros estilos de ordenación. Es posible recibir la ordenación en el estilo de la liberación individual, del bodhisattva o tántrico. Los monjes tibetanos y chinos hacen el voto de liberación individual con una motivación de bodhisattva. Los tibetanos también toman samayas tántricos. Sin embargo, en la práctica, los monjes tibetanos suelen considerar como predominante su enfoque de la liberación individual. Por lo tanto, en realidad son monjes de la liberación individual, más allá de las cualidades de los otros dos vehículos que digan poseer.

Si el practicante desea centrarse en el camino de la liberación individual, es importante que conozca muy bien sus votos y los procesos para enmendar las violaciones, ya que estos procesos pueden ser bastante difíciles. Desafortunadamente, algunos monjes que se centran en este camino siguen las costumbres culturales en lugar de los puntos principales de los votos y el proceso de reparación de violaciones prescritos en el vinaya. Por lo tanto, es fácil ver que no obtendrán la fructificación de un buen resultado en este camino. Por otro lado, *para aquellos que mantienen los votos individuales de liberación pero se centran en los vehículos superiores como su camino principal, el sentido en el que se mantienen estos votos cambia.* Esto se debe a que, si se mantienen adecuadamente, su esencia se considera incluida dentro de sus votos superiores, como se describe en la siguiente sección.

El camino del bodhisattva y el tantra

Las enseñanzas budistas que se difundieron en China, Japón, Vietnam y Corea son las de los sūtras del Gran Vehículo. *Los seguidores de estas enseñanzas aceptan la liberación de todos los seres sensibles como su responsabilidad.*

El compromiso de bodhichitta del Gran Vehículo también es fundamental en los linajes del budismo tibetano. En las escuelas de la Nueva

Traducción (es decir, las distintas a la Nyingma), esto se ve reforzado por cuatro clases de tantra: Kriyā, Charya, Yoga y Anuttarayoga (Tantra Yoga Supremo). En la Nyingma, o escuela de la Antigua Traducción, en lugar de Anuttarayoga, se encuentra el Mahāyoga, Anuyoga y Atiyoga o Dzogchen, es decir, tienen seis vehículos tántricos en total. Estas enseñanzas tántricas se practican principalmente en el Tíbet, Bután, India, Nepal, Mongolia, Japón[115] y otros lugares del Himalaya como Ladakh, así como en las zonas étnicamente tibetanas de China.

Este último tipo de budismo se extendió primero al Tíbet desde la India y otros países, incluidos algunos situados en lo que hoy son Pakistán y Afganistán. Posteriormente, se difundió desde el Tíbet a los países mencionados anteriormente. Además de tomar los *refugios* del vehículo de liberación individual y generar la bodhichitta del Gran Vehículo, los adeptos deben aprender a practicar los diversos caminos del tantra sin contradicciones.

En países como China, donde el Gran Vehículo es bien conocido, sólo se han difundido ciertos aspectos del tantra. Dado que la mayoría de estas poderosas enseñanzas están ausentes allí, cuando decimos que estos países practican el "Gran Vehículo", queremos decir que allí se encuentran las enseñanzas del sūtra del Gran Vehículo y casi ninguna de las tántricas.

No es de extrañar que la forma correcta de adentrarse en las enseñanzas del budismo tibetano, que incluyen el tantra, difiera del enfoque adoptado en China. Existe la tradición de tomar los votos de liberación individual utilizando los rituales propios de la liberación individual. Aunque los tibetanos toman estos votos, su motivación para hacerlo concuerda con el enfoque del Gran Vehículo, que sostiene que todos los seres sensibles deben liberarse del saṃsāra. Sin embargo, si nos preguntamos si todos los linajes del budismo tibetano están obligados a tomar los votos de libe-

---

115 El budismo Shingon (真言宗, Shingon-shū), aunque la mayoría de los budistas japoneses pertenecen a ramas del Gran Vehículo como el Zen y el Nichiren.

ración individual utilizando las liturgias correspondientes, diríamos que cada uno hace lo que considera necesario y conveniente para sí mismo.

Es una tradición que todos los budistas tibetanos tomen el voto de liberación individual, pero por lo general se permite que los individuos con suficiente capacidad entren inmediatamente en la práctica del tantra. ¿También se les permite omitir el camino del sūtra del Gran Vehículo? Efectivamente, es lo mismo. Los individuos cualificados no necesitan recibir formalmente los compromisos del bodhisattva mediante rituales del Gran Vehículo antes de entrar en el tantra.

Existen dos formas en las que los tibetanos entran directamente en el tantra. En la forma habitual, los votos de los vehículos de la liberación individual y del bodhisattva aparecen de forma abreviada en el ritual del empoderamiento tántrico. En ese caso, entran en los tres vehículos de manera sucesiva, como los peldaños de una escalera, obteniendo los empoderamientos del tantra en la cima. Este enfoque gradual de tres pasos es la forma en la que la mayoría de los tibetanos entran en el tantra.

Asimismo, existe una manera extraordinaria en la que, al recibir los samayas tántricos, se considera que también se reciben implícitamente los votos de liberación individual inferiores y los compromisos del bodhisattva, ya que su esencia se incluye dentro de los samayas superiores o compromisos tántricos secretos.

Para ofrecer una metáfora de cómo la esencia de las enseñanzas inferiores queda incluida en las superiores, las personas con una capacidad mental muy elevada a veces se saltan la escuela primaria y pasan directamente a la escuela media.[116] Del mismo modo, las personas con una capacidad mental suficientemente aguda pueden dominar el vehículo de

---

116 Allí, por ejemplo, son capaces de resolver problemas de álgebra, redactar composiciones sobre historia con base en los libros que han leído, etc., porque han aprendido por sí solos las habilidades básicas de lectura, escritura y aritmética, sin necesidad de asistir a la escuela primaria. Luego, pasan a aprender los niveles superiores de esas habilidades en la escuela media.

liberación individual, que es comparable a la escuela primaria, sin practicarlo de manera explícita, porque su esencia se encuentra incluida en el
vehículo del bodhisattva, que es comparable a la escuela media.[117]

Algunos genios pueden aprender casi cualquier cosa por sí solos,
por lo que comienzan sus estudios formales en la preparatoria o incluso en la universidad. Del mismo modo, los estudiantes más aventajados
entran directamente en el camino del tantra. Los practicantes tántricos
excelentes no necesitan estudiar explícitamente los vehículos inferiores
porque la esencia de los vehículos de la liberación individual y del bodhisattva se halla en el tantra. No es necesario que dichas personas tomen
explícitamente los votos de los dos primeros vehículos, ni que los estudien
o practiquen de forma explícita. Conocen todo lo que es necesario para
comprender el objetivo de todos los estudios budistas: la sabiduría que
conoce el significado último de la vida y cómo disfrutar de una gran felicidad.[118] Aún así, no hace daño que estudien los conocimientos elementales.

"Si es posible ir directamente al punto principal de esa manera, ¿qué
necesidad hay de que alguien reciba los votos de liberación individual
y los compromisos del bodhisattva de manera explícita?" La mayoría de

---

117 Por ejemplo, el vehículo de la liberación individual enseña que no existe el yo personal,
por lo que es un engaño estar apegado a las kleśhas de los tres venenos que motivan las
acciones en su beneficio. Las enseñanzas del segundo giro de la rueda del Dharma del
vehículo del bodhisattva enseñan que no existe ni un yo personal ni una identidad propia de los fenómenos. Por lo tanto, no hay un yo personal que tenga kleśhas, ni kleśhas,
ni acciones motivadas por ellas, ni fenómenos que sean objetos de esas acciones. Estar
apegado a *cualquiera* de ellos es un engaño. Las personas que han dominado la visión
del vehículo del bodhisattva no necesitan estudiar la visión del vehículo de la liberación
individual por separado porque la visión del vehículo del bodhisattva la incluye y va
mucho más allá.

118 Por poner otros ejemplos, en la vida ordinaria, algunas personas nunca han cursado
estudios formales, pero son muy hábiles en sus proyectos y logran un gran éxito tanto
en su vida profesional como en la privada. Otras, que ni siquiera saben leer—y, por
tanto, no pueden comprender ningún razonamiento de las visiones filosóficas—, siguen
siendo capaces de descubrir profundos significados de la vida y alcanzar la felicidad y el
éxito, que son los objetivos principales de los estudios formales que no necesitaron.

las personas son incapaces de asimilar el conocimiento budista de nivel medio, como el razonamiento filosófico correcto, sin estudiar explícitamente los conocimientos elementales. Sin eso, no tienen esperanza de alcanzar el objetivo último de sus estudios. No sirve de nada pretender lo contrario. Los estudiantes con suficiente inteligencia para seguir el enfoque paso a paso aún pueden alcanzar ese objetivo final, pero deben tomar explícitamente los dos primeros tipos de votos y dedicarse a los estudios y prácticas correspondientes. Aquellos que no pueden seguir ni siquiera el camino de la liberación individual no pueden tener éxito en el Buddha-Dharma en su vida actual.

"Cuando se han recibido todos los votos de liberación individual, los compromisos del bodhisattva y los samayas tántricos, ya sea por separado o implícitamente en un ritual de empoderamiento tántrico, ¿es necesario que quienes han recibido estos tres tipos de votos los guarden todos?" Sí, pero el sentido en el que deben cumplirse puede variar.

Si las personas recibieron los votos de liberación individual y los compromisos de bodhisattva cuando eran muy jóvenes, y más tarde entran en el tantra y mantienen los samayas tántricos, las palabras literales de sus antiguos votos de liberación individual y compromisos de bodhisattva parecen contradecir sus nuevos samayas tántricos. Sin embargo, sus tres conjuntos de votos no están realmente en conflicto porque la esencia de los votos de liberación individual y los compromisos del bodhisattva están incluidas en los samayas tántricos, y los dos primeros pueden mantenerse de forma no literal. Aunque ninguno de ellos se cumpla de forma externa, se mantiene su esencia, por lo que no se consideran transgredidos.

En resumen, *es suficiente si sólo se cumplen perfectamente los samayas tántricos. La necesidad de guardar literalmente los votos de liberación individual y los compromisos del bodhisattva depende de si se guarda el conjunto inmediatamente superior.* Por ejemplo, si alguien no puede mantener correctamente sus samayas tántricos pero puede mantener sus compromisos de bodhisattva, entonces la esencia de los votos de liberación individual estará incluida en sus compromisos de bodhisattva. En ese caso, es necesario que se guarden literalmente los compromisos del bodhisattva y, si eso ocurre, incluso aunque los votos de liberación individual no se mantengan literalmente, el continuo de ese practicante no se verá contaminado por transgresiones.

Si no pueden mantener correctamente ni sus samayas tántricos ni sus compromisos de bodhisattva, entonces deben mantener literalmente sus votos de liberación individual. Al mantener sus votos de liberación individual tan puros como sea posible, a medida que progresen, podrán mantener también sus compromisos de bodhisattva y sus samayas tántricos, aunque no puedan relacionarse con ellos en su situación actual.[119]

Como hemos mencionado, *los samayas tántricos son como la luz del sol, los compromisos del bodhisattva son como la luz de la luna y los votos de liberación individual son como la tenue luz de las estrellas.* Cuando tenemos la luz del sol, no necesitamos la luz de la luna; pero sí la necesitamos por la noche, cuando el sol no brilla. En las noches sin luna, podemos ver muy poco a la luz de las estrellas, pero aun así la necesitamos porque es mejor que no tener nada en absoluto.

No obstante, en situaciones especiales, puede resultar beneficioso cumplir literalmente los votos de liberación individual, aunque no sea necesario hacerlo para uno mismo; por ejemplo, cuando hacerlo genere fe en la mente de los demás.[120] Una afirmación similar es válida para los

---

119 En ambos casos, cuando no se puedan mantener los samayas tántricos y los compromisos del bodhisattva, es posible remediar estas limitaciones mediante la práctica regular de la purificación. En la tradición tibetana, una forma poderosa de purificación es la práctica de visualización y recitación de mantras de Vajrasattva, basada en los cuatro poderes (apoyo, arrepentimiento, confesión y resolución). Rinpoché explica esto en detalle en sus libros anteriores *Tesoro oculto del camino profundo* y en el tomo dos de *Develando tu verdad sagrada.*

120 Un ejemplo común es cuando una monja o monje que es un tantrika genuino—y, como tal, no tiene que mantener sus votos de liberación individual de manera literal—de todos modos guarda sus votos inferiores literalmente, en situaciones especiales, por el bien de los demás.

compromisos del bodhisattva.

De acuerdo con el principio de que los votos superiores incluyen la esencia de los inferiores, los monjes que mantienen adecuadamente sus samayas tántricos pueden decir con veracidad que practican el tantra sin romper la esencia de sus votos monásticos.[121] Sin embargo, si los monjes que no guardan sus samayas intentan utilizar el tantra como excusa para romper sus votos de liberación individual, romperán todos sus votos y obtendrán nefastas consecuencias. En general, los practicantes que no están seguros de su propia capacidad para centrarse en la práctica de los caminos superiores—por ejemplo, si no están seguros de mantener los samayas, o no están siquiera seguros de si están practicando correctamente el camino del bodhisattva—, harán bien en seguir muy literalmente las reglas del vehículo de liberación individual. Este enfoque "seguro" mantendrá su práctica avanzando hacia la liberación.

En pocas palabras, *la mera conducta externa no nos permite evaluar si quienes han alcanzado todos los puntos principales de los caminos de la liberación individual, del bodhisattva y del tantra mantienen o no sus tres votos.* Es posible que surjan faltas y virtudes aparentes, pero éstas solas no pueden resolver la cuestión de si se están manteniendo o no los votos. Emitir juicios sólo con base en eso resulta siempre inadecuado.[122] También

---

121 Los votos monásticos se incluyen en la categoría de pratimokṣha o votos de liberación individual. Así pues, como se ha explicado anteriormente, si los monjes mantienen sus samayas tántricos de forma ejemplar, con una increíble percepción pura, devoción, aprecio y demás, tienen permitido practicar todos los aspectos del tantra, incluido el Camino del Deseo, sin perder su condición de monje.

122 Un ejemplo común de esto es cuando los lamas, que también son monjes, se comportan de manera perfecta al impartir enseñanzas públicas. Luego, cuando salen al mundo para realizar diversas actividades altruistas y conectar con diferentes seres sensibles, pueden manifestarse de acuerdo con su conducta de bodhisattva y no estrictamente de acuerdo con la conducta de liberación individual que les impediría realizar tales actividades; además, cuando es necesario adiestrar a sus discípulos cercanos, pueden mostrar un comportamiento poco convencional como tantrikas que no temen la verdad de la realidad al desnudo. Las personas externas que no comprendan que actúan para

es una fuente de muchos malentendidos en la relación entre Guru y estudiante, y en la evaluación de la conducta de cualquier maestro espiritual consumado.

Todos los que guardan los votos del bodhisattva del Gran
  Vehículo,
mantienen los votos de pratimokṣha, el Vehículo Menor.
Si los votos tántricos se siguen correctamente,
también se siguen los de pratimokṣha y bodhichitta.
Si se mantiene un voto inferior, no hay certeza de mantener
  los superiores,
pero todos los que guardan un voto superior guardan los
  inferiores.

Los votos de prātimokṣha, de bodhisattva y los tántricos
existen como cualidades que evolucionan ascendentemente,
en el sentido de que los superires incluyen a los inferiores.
Los votos superiores no dependen de los inferiores,
sin embargo, sí incluyen las cualidades de estos.

Así, la madurez se produce en función del crecimiento de los
  niños,
y esa dependencia existe mientras se estén desarrollando.
Pero después de eso, la juventud desvanecida no sostiene a la

---

satisfacer las necesidades de distintos seres pueden juzgarlos erróneamente como hipócritas. Rinpoché no está diciendo, sin embargo, que todas las personas que actúan de esta manera sean necesariamente perfectas en su conducta de mantener sus tres votos, sino que no debemos juzgarlas sólo por su comportamiento externo. Es útil recordar que, incluso en la vida cotidiana, cambiamos constantemente nuestro comportamiento y estilo según nuestros roles. Una misma persona puede ser madre, doctora, profesora universitaria, hermana, conductora, voluntaria, amante, etc., todo al mismo tiempo y sin contradicción.

madurez,
aunque ésta sea la consumación de las cualidades juveniles.[123]

---

123 Los tibetanos dicen, "La madurez no depende de la juventud". Sin embargo, la juventud
evoluciona hacia la madurez.

TERCERA PARTE

Llevar las kleśhas al camino

Como el deseo y la falta de deseo son fenómenos mentales intrínsecos,
pueden ser transformados, pero nunca ser abandonados.
For that Por tal razón, transformar las kleśhas en el camino,
cuando lo analizamos en detalle, es el medio de todos los vehículos.
Gendün Chöpel,
Tratado sobre el deseo

Introducción

El ornamento de la coronilla de todos los sabios, Gendün Chöpel, hizo sonar una campana de alarma[124] para alertar a la era moderna de los problemas futuros cuando escribió:

89. Como el deseo y la falta de deseo
     son fenómenos mentales intrínsecos,
     pueden ser transformados, pero nunca ser abandonados.
     Por tal razón, transformar las kleśhas en el camino,
     cuando lo analizamos en detalle, es el medio de todos los
     vehículos.[125]
El significado profundo de lo que allí se enseña resulta inescrutable para

---

124 Los monasterios suelen tener grandes campanas para alertar y convocar a los monjes.
    Del mismo modo, los monjes suelen despertarse por la mañana con el sonido de una
    trompeta hecha con una caracola. Por eso, las personas visionarias reciben el nombre
    de "caracolas de la mañana" porque intentan despertar a los tibetanos de la ignorancia.

125 Si hacemos un análisis detenido, los vehículos inferiores no destruyen la pasión como
    afirman. Los monjes del camino de la liberación individual que ven el deseo como un
    enemigo que hay que abandonar, en realidad llevan el deseo saṃsārico al camino me-
    diante el cambio de objeto de éste, de modo que desean renunciar al saṃsāra y practicar
    el camino hacia el nirvāṇa. Los bodhisattvas transmutan el deseo ordinario en el deseo
    puro de experimentar la manera en que las cosas son vacías y están libres de kleśhas.
    Los tantrikas utilizan el deseo de maneras hábiles para progresar más rápidamente en
    el camino.

los eruditos literales. Como rayos de sol, la revelación de estas palabras inmutables y diamantinas resplandece sobre todos nosotros desde la cúspide del cielo y, por eso, escribiré extensamente sobre ellas en estos siguientes capítulos.

Las kleśhas se describen de muchas maneras diferentes en la tradición textual budista. En el *Abhidharma*, entre los cincuenta y un factores mentales, se encuentran las seis kleśhas raíz y las veinte secundarias. En el tantra, las kleśhas consisten en ochenta clases de estados conceptuales y emocionales bien conocidos. No es necesario hablar de cada uno de ellos, ya que su esencia son los cinco venenos o las seis kleśhas raíz.[126]

En el tantra, al "transformar las kleśhas en el camino" no es necesario abandonar, por ejemplo, la ira natural que existe en todos nosotros. Se logra incorporar la ira en el camino al saber cómo emplear los fenómenos de la ira para facilitar el beneficio y la felicidad.

Por poner una analogía, si sabemos utilizar la energía nuclear en beneficio de los demás, ese poder inconcebible puede generar un beneficio insuperable. Si no sabemos controlar ese poder pero intentamos utilizarlo de todos modos, el peligro de un desastre es extremadamente grande. Ese peligro no es un defecto de la energía nuclear, sino que se debe a nuestra propia ignorancia. Del mismo modo, nuestras kleśhas no son algo con una naturaleza inevitablemente mala que necesariamente tenga que abandonarse. *Nuestras kleśhas son un problema sólo porque no sabemos cómo utilizarlas.* También en este caso, nuestra ignorancia es el verdadero problema.

Llevar las kleśhas al camino no significa entregarse a ellas sin límite alguno. Ese es el camino hacia los reinos inferiores, no el camino hacia la Iluminación. Tampoco significa que nos relajemos y demos rienda suelta al apego a todas las kleśhas en nuestro continuo mental. Si eso fuera posible, cada vez que surgiera la ira o cualquier deseo común, incluso las personas que nunca se han adiestrado en el camino podrían simplemente

---

126 Todas estas listas se encuentran en el glosario.

dejar de estar apegadas a estas aflicciones cuando quisieran. Pero resulta bastante claro que la gente común no puede hacer esto. Todo el mundo sabe que la naturaleza humana no es así.

¿Cómo es la naturaleza humana? Se puede dar una explicación señalando la naturaleza última de las cosas que tienen en común los caminos del sūtra y del tantra. Por ejemplo, si podemos practicar reposando en la experiencia de la naturaleza última de las kleśhas en la forma del Sugatagarbha, las llamas de las kleśhas nunca nos abrumarán, del mismo modo que no nos quemaríamos si saltáramos en un estanque de lotos.[127] En este caso, estos venenos se convertirán en medicina. Si el nivel de nuestra experiencia es lo suficientemente elevado, la proliferación de las kleśhas cesará espontáneamente; si el nivel es intermedio, tan solo recordar la naturaleza real de las kleśhas evitará que se multipliquen.

Al hacer esto, el foco principal de la práctica es la experiencia del Sugatagarbha, la naturaleza y la base de todos los fenómenos. Además, *debemos ser conscientes de observar las kleśhas ordinarias de nuestra mente como aspectos de esa base.* Si lo hacemos así, nos adentraremos gradualmente en niveles de práctica muy elevados, como si estuviéramos subiendo los peldaños de una escalera. Entonces ya no tendremos que preocuparnos por las kleśhas que llevamos dentro. *No es necesario abandonar esas kleśhas porque, si persistimos en la práctica, ellas ya no nos controlarán sino que nosotros las controlaremos.*[128]

---

127 Así es como dicha naturaleza común se explica en la escuela Jonang a la que pertenece el autor. Algunas otras escuelas la explican en términos de vacuidad de naturaleza propia, tal como se enseña en el segundo giro de la rueda del Dharma. Esta afirmación recuerda a las del *Sūtra del Loto*, especialmente una del capítulo 25: "Supongamos que unos malvados te empujaran a un foso ardiente. / Permanece en [Avalokiteśhvara] y el foso ardiente / se convertirá en un delicioso estanque [de lotos]".

128 Aunque a veces nuestra práctica puede centrarse en la apariencia vacía de las kleśhas, en concordancia con al enfoque sútrico, es necesario que tengamos en cuenta que el sūtra y el tantra no tienen ninguna contradicción última.

1

Llevar la ira al camino

Si bien hemos ejemplificado las razones anteriores con la ira, ésta no es algo que siempre sea necesario abandonar. Si la ira se convierte en algo útil, puede aportar grandes beneficios. Al adiestrarnos en el camino tántrico, *no necesitamos cambiar la naturaleza intrínseca de la ira; en su lugar, cambiamos la razón de la ira, su objeto, nuestra actitud hacia ella, etcétera.*

Cuando las personas educadas que quieren ser practicantes tántricos preguntan a sus maestros cosas como, "¿Cómo incorporamos la ira en el camino?", una respuesta común es, "Reconoce que tu ira no existe realmente. Su esencia es vacuidad. En la verdad absoluta, tu ira es Vajrasattva, que representa la sabiduría primordial semejante al vajra". Aunque semejantes respuestas son ciertas desde el punto de vista de la doctrina, no obstante, como guías para la práctica, son básicamente palabras vacías que no hay que tener en cuenta porque no van acompañadas de las instrucciones sobre cómo aplicarlas.

Incluso cuando es posible adquirir un entendimiento correcto a partir de una respuesta así, por lo general es muy difícil conectar ese entendimiento con cualquier acción concreta que podamos llevar a cabo. Sólo unos pocos individuos excepcionales pueden seguir instrucciones elevadas como, "Deja de centrarte en tu apego relativo a la ira y observa la esencia absoluta de la ira. Esa sola habilidad lo liberará todo". La habilidad para recorrer todo el camino de un solo salto es algo que, por lo general, sólo se encuentra dentro de la esfera de los seres con la máxima capacidad, quienes experimentan el fruto del buen karma resultante de una extensa práctica en vidas anteriores.

Lo más probable es que la gente común sólo logre una comprensión árida y abstracta de tales respuestas. Por experiencia, podemos estar bastante seguros de que no obtendrán ningún beneficio real. Los practicantes de todos los niveles no deben pretender quedar satisfechos con respuestas que no tienen sentido para ellos. Necesitan una respuesta que les diga cómo practicar correctamente según sus propias capacidades. En ese sentido, una respuesta adecuada para los principiantes podría ser la siguiente:

En general, "llevar las kleśhas en el camino" no significa que permitamos que las kleśhas estén fuera de control y que actuemos sin restricción conforme a sus impulsos, sin importar cuáles sean estos. Lo que quiere decir es que la ira y las demás aflicciones pueden utilizarse como parte del camino tántrico en lugar de tener que reprimirlas o abandonarlas. Sin embargo, es posible que muchos tantrikas no hayan desarrollado las habilidades necesarias para incorporar las kleśhas más poderosas en el camino. Entonces su única opción es abandonarlas temporalmente, como lo harían en el camino sūtra.

Cuando la ira común surge en la mente de aquellos que nunca se han adiestrado en el camino, dichas personas suelen perder el control de sí mismas como un coche que se queda sin frenos. Este estado de impotencia no es llevar la ira al camino. No forma parte en absoluto del camino hacia la felicidad y el beneficio. La ira en la mente de estos principiantes es poderosa, pero ese poder, en su forma actual, no puede utilizarse para realizar acciones buenas en aras del amor y la compasión. Estar indefenso ante el dolor hace que ese poder se manifieste irresistiblemente como ira saṃsārica, malicia, odio, y demás aflicciones. Al carecer de los conocimientos necesarios, esas personas no pueden controlar su ira. No saben reconocer que su ira, desde el momento en que surge, es un aspecto claro y luminoso de la naturaleza absoluta de las cosas.

En general, cuando la ira surge por primera vez, nuestra mente experimenta descontento. La ira nos controla de tal manera que tenemos muy poca autonomía. Es muy posible que necesitemos abandonarla en semejante situación. Sin embargo, no hemos de regodearnos en nuestra derrota. Esa ira en nuestra mente puede proporcionarnos energía. Si logramos controlarla, podemos utilizar esa energía a nuestro favor. Si podemos hacerlo, entonces, no es necesario abandonarla. Piensa qué tan bueno sería utilizar tu ira y qué tan bueno sería abandonarla. Elige el camino que te brinde mejores resultados. El punto principal es que no es necesario abandonar la ira sólo porque sea una kleśha.[129]

Recuerda que la ira suele motivar la crueldad hacia los demás. Observa si tu ira refleja esa actitud cruel. Incluso si es así, no necesitas abandonarla si puedes cambiar su objeto y dirección. La poderosa naturaleza de la ira puede dejarse tal como está siempre que reorientes tu ira y tu malicia hacia algo apropiado. Entonces, si percibes que la acción de tu ira ya no causará daño y que su resultado será beneficioso, no debes abandonarla.

Por ejemplo, cuando una persona común que no se ha adiestrado en el camino se enfada con otros, suele surgir una actitud cruel hacia ellos, acompañada del deseo de que sufran. Al transformar la ira en el camino, es indispensable redirigir esa crueldad. De lo contrario, la proliferación

---

129 Parafraseando al Dr. Adrian Hekel en un mensaje de abril de 2023: la ira a menudo se manifiesta de manera tan rápida que no nos permite reflexionar sobre cómo cambiar su objeto y demás. Una forma de evitar esto consiste en emplear un diario para reflexionar sobre interacciones específicas en las que hayamos experimentado enojo hacia otros, identificando cómo nuestras respuestas del ego han obstaculizado una respuesta constructiva, y luego anotar posibles alternativas más hábiles para abordar situaciones similares en el futuro. Las respuestas habituales de enfado suelen surgir como reacciones a una sensación de impotencia; al reconocer esta relación, podemos evitar sentirnos abrumados por nuestro propio enojo.

de pensamientos pueden quedar arraigados de tal manera que más tarde seremos incapaces de cambiarlos.[130]

En un primer momento, podríamos pensar, "El objeto de mi enojo es esa persona que me ha causado tales o cuales daños a mí o a mis parientes y amigos cercanos. Por lo tanto, quiero vengarme haciéndole tal o cual daño a esa persona". Este pensamiento puede ser claro y consciente, pero también puede surgir de manera inconsciente, muy por debajo de la superficie, manifestándose únicamente a través de miradas enojadas o una expresión de dolor.

Para poder llevar esta ira al camino, debemos cambiar ciertos aspectos de su enfoque. Para hacerlo, con la mente tranquila consideramos lo siguiente, "Esta persona me ha causado daño. Si no detiene sus malas acciones, dañará a otros con acciones similares. Incluso si no tiene éxito en dañarlos, en su mente se establecerán hábitos potenciales para seguir cometiendo semejantes acciones. Si ella no reconoce el peligro de esta familiaridad con esos modos malvados, continuará haciendo tales cosas. Y si no se detienen rápidamente esos sentimientos y acciones, su mal karma la dañará severamente. Por lo tanto, debo tratar de detener estos sentimientos y acciones. Si los medios pacíficos no son suficientes, debo considerar detenerlos por medios coléricos".

Al pensar de esta manera, no abandonamos la ira y la malicia, sino que simplemente cambiamos el objeto de su enfoque. Ya no estamos enojados con la persona que nos ha causado daño, sino con la propia ira, sus causas y los daños resultantes. Queremos derrotarlos porque causan daños. Debido a ese cambio de enfoque, nuestra ira ya no es algo que sea necesario abandonar.

Al adquirir la confianza suficiente para adoptar este medio es cuando comienza realmente la transformación de las kleśhas en el camino. De

---

130 No prestar atención a esto podría dar lugar, por ejemplo, a que se arraiguen en nuestra mente fuertes sentimientos de rencor, hostilidad, resentimiento, y otros similares.

lo contrario, aún cuando comprendamos correctamente lo anterior, si carecemos de suficiente confianza, necesitaremos contener temporalmente nuestra ira, utilizando cualquier antídoto adecuado con el que estemos familiarizados. En tal caso, aunque un observador no perciba en nosotros una expresión manifiesta de ira, en realidad sólo la estamos reprimiendo hasta que adquiramos más confianza. En cualquier caso, como el foco de atención debe ser el beneficio de los demás, incluso si tenemos mucha confianza en nuestras acciones coléricas, cuando éstas no beneficien significativamente al objeto de nuestra ira, es posible que necesitemos dejar de lado el enfoque colérico e investigar otras formas hábiles de superar la situación.

La gente suele caer en extremos cuando se trata de la ira. Algunas personas se enfurecen ante la más mínima provocación o por simples malentendidos en la vida diaria. Las personas que se encuentran a su alrededor evitan hablarles con franqueza por temor a sus reacciones. Por otro lado, hay personas que son tan frágiles que no pueden lidiar con ninguna reacción de ira. La gente que les rodea teme mostrar su propio enfado y finge estar siempre tranquila y no sentirse afectada. Por miedo a los conflictos, la gente evita hablar de los temas que deben tratarse, lo que más tarde puede generar conflictos aún más confusos.

En general, muchas personas en países occidentales con un alto nivel educativo suelen considerar que la ira es siempre algo negativo. A pesar de que la ira es algo presente en todos, muchas personas fingen que no está ahí. En lugar de beneficiarse de este encubrimiento, dichas personas terminan sufriendo graves consecuencias. Intentar reprimir o ignorar la ira[131] es similar a tomar un analgésico para eliminar el dolor de una enfermedad e ignorar la enfermedad en sí misma. A corto plazo, parece que se ha superado la enfermedad de esta manera. Sin embargo,

---

131 Rinpoché se refiere aquí a las personas que siempre reprimen su ira porque sufrirán una condena moral, entre otras cosas. Como ya se ha explicado, no está enseñando que el enojo sea algo que nunca se deba reprimir.

en el fondo, constantemente se van acumulando potenciales kármicos de enfermedad. Con el tiempo, la enfermedad puede manifestarse de manera más intensa y dolorosa que nunca.

Del mismo modo, en lugar de intentar reprimir la ira, debemos saber cómo utilizarla cambiando se objeto por algo más apropiado. Si ésta surge internamente, permitamos que se manifieste externamente. Aunque es posible que otros la perciban como algo inapropiado, al menos evitamos el riesgo de que cause un daño mayor en el futuro. De lo contrario, si la ira sigue acumulándose en nuestro interior, llegará un momento en el que será imposible contenerla. Entonces, seguramente se liberará en forma de acciones muy perjudiciales, a pesar de todos nuestros esfuerzos por resistirla.

La manera en que los principiantes deben adiestrarse

Si eres un practicante con poca experiencia y tienes dudas sobre cómo proceder, se hace de la siguiente manera. Si la ira surge dentro de ti, *primero reflexiona sobre si esa ira resultará en algo positivo.* Si estás seguro de que dará buen fruto, no es necesario que la abandones. *Además, es importante averiguar si tu ira beneficiará al objeto que la provoca.* Si no es así, considera cómo cambiar el enfoque de tu ira puede transformar su efecto sobre el objeto original y transformarlo en algo beneficioso.

Si no confías en que la conducta que motiva tu ira tendrá un buen resultado, reflexiona de la siguiente manera, "El individuo que es objeto de mi ira no pudo evitar su mal comportamiento. Mi enfado surgió de causas externas que también limitan mi libertad de acción. Esa persona, al igual que yo, tiene poca autonomía, y me ha brindado una ocasión propicia para reconocer mis propias limitaciones". Entonces naturalmente comenzarán a surgir sentimientos agradables de compasión o bondad hacia el objeto de tu ira. Si esto no elimina tu enojo, una y otra vez intenta encontrar un punto de vista desde el cual no surja esa ira típica.

Si deseas profundizar aún más, considera esta perspectiva, "La ira es un engaño que surge de no saber cómo son las cosas. Al igual que un borracho, cuando me enfado, no reconozco cómo son las cosas. No sólo se acumulan los errores de hecho, sino que la ira saṃsārica oculta temporalmente tanto su daño relativo como su naturaleza absoluta. La ira sólo produce daño cuando no reconocemos estas dos cosas. Cuando se produce esa falta de reconocimiento, las personas enojadas están controladas por su enojo".

Si se reconoce la verdadera esencia de la ira, la ira relativa[132] hacia alguien que nos haya causado daño se disuelve. Se transforma entonces en una ira grande y absoluta contra las huestes de *māras*, y esa es una virtud que no debe abandonarse. Recuerda que la naturaleza última de la ira es Vajrasattva, y permite que ese pensamiento abra una brecha en tu ira oscurecedora y que ésta se llene de un destello de la naturaleza última y divina. En cierto nivel, el drama relativo de la ira continúa, pero en otro, eres un observador desapasionado en una burbuja de desapego. Desde ahí, puedes considerar objetivamente los posibles resultados de tu enfado y redirigir su objeto hacia aquello que produzca el mejor resultado.

Identifica si en tu mente enojada existen incidentalmente pensamientos de crueldad hacia los demás. Recuerda que las apariencias kármicas de dos personas separadas, una con ira y otra como objeto de esa ira, son fenómenos engañosos. Si las dos estuvieran realmente separadas, no podría existir una relación causal que les permitiera percibir las acciones del otro y reaccionar con sentimientos como la ira. A medida que recuerdes una y otra vez que tu aparente ira consiste en apariencias engañosas, tu mente evolucionará gradualmente hasta que tu ira se convierta en algo con lo que puedas trabajar.[133] No es necesario hacer

---

132 Se refiere a la verdad relativa.

133 Si no se identifica con el sentimiento de ira saṃsārica, entonces, incluso cuando surja con fuerza, será posible trabajar con la ira.

esto con cada pensamiento de enojo. Si eres plenamente consciente de uno solo de esos pensamientos en una situación de ira, tu enfado acabará teniendo un resultado diferente.

Ahora no estás abandonando la ira sino que la estás transformando en el camino. Aprender a ver tu ira tal como es te permite experimentar la naturaleza de los fenómenos. Ser consciente incluso de una pequeña experiencia de la realidad última apacigua los pensamientos crueles de la ira saṃsārica. Entonces será imposible que perdamos el control de nosotros mismos, es decir, que seamos incapaces de cambiar o redirigir estos pensamientos.

La manera de adiestrarse con más medios hábiles

Una vez que, como practicante, has manejado las kleśhas el tiempo suficiente para haber desarrollado medios más hábiles, el procedimiento se lleva a cabo de la siguiente manera. Piensa, "Cuando actúo contra un individuo que es objeto de mi ira, me encuentro perdido en el fenómeno engañoso de estar enfadado. Tanto mis acciones como las de la otra persona son el resultado de estar confundidos por apariencias engañosas. Actuar de este modo sólo refuerza mis hábitos potenciales para volver a experimentar estos fenómenos engañosos. Sin embargo, *en realidad, todos estos fenómenos son el estado natural: el grandioso y omnipresente Dharmadhātu que todo lo abarca*".

Contempla el estado natural en el que la ira, la persona que está enfadada y el objeto de la ira son uno, no duales. Permite que tu mente se centre unipuntualmente en esa *identidad verdadera*. Si surgen pensamientos conceptuales y aprehensiones de cualquier otra cosa, grita con fuerza PHAṬ,[134] y entra en una claridad brillante sin base ni raíz. Cuando

---

134 Sílaba "mística" del sánscrito, utilizada como exclamación y conjuro, que suele aparecer al final de los mantras coléricos, con el propósito de disipar los obstáculos externos, internos y ocultos.

no sea apropiado gritar en voz alta, puedes hacerlo sólo mentalmente.

Adiestramiento para quienes se han preparado para la práctica superior y conclusión

Para aquellos que han desarrollado destreza gracias a haberse adiestrado durante algún tiempo en la aplicación de estas instrucciones, los fenómenos de las kleśhas se transforman gradualmente mediante el camino, de modo que se convierten en algo con lo que siempre se puede trabajar. Para aumentar esa habilidad, cuando estés solo, practica con un objeto de ira imaginario:

1. Genera uno de esos objetos en tu mente para que surja la ira.[135]
2. Luego, apacigua o controla esa ira.
3. Conviértela en algo útil con cualquiera de los varios medios explicados anteriormente.
4. Luego, haz que la ira surja de nuevo como antes.
5. Después de esforzarte en repetidas ocasiones, finalmente serás capaz de hacer surgir la ira cuando quieras. Cuando ya no desees trabajar con ella, fácilmente podrás hacer que se desvanezca.

A partir de que hayas alcanzado la verdadera autonomía de esa manera, lograrás la victoria sobre la ira. Así que, ¿por qué no decir que, en esa medida, eres ya un Victorioso?

En cuanto a las diferencias entre la ira inmanejable, que debe ser abandonada, y la ira manejable, que puede llevarse al camino tántrico porque su esencia se comprende como la verdadera esencia de los fenómenos, podemos decir que: (1) el objeto focal y la motivación son diferen-

---

135 El objeto no tiene que ser necesariamente otro ser, puede ser una situación concreta, las propias limitaciones, etc.

tes; (2) el nivel de confianza es diferente; (3) la cantidad de beneficio que logra su fruto es diferente. El resto de sus características son similares.

Por ejemplo, (1) la motivación de la ira típica e inmanejable es un deseo egoísta. A veces, puede aparentar estar dirigida al bienestar de los demás, pero su raíz es el egoísmo. *Cuando se observa que la ira tiene la esencia del camino, su objeto focal temporal es el beneficio tanto para uno mismo como para los demás, pero el objeto focal último debe ser siempre el beneficio de los demás.* (2) La confianza de que resultará en un fruto favorable es extremadamente baja para la ira ordinaria, pero es alta para la ira que se integra en el camino. (3) Para la ira ordinaria, es casi imposible obtener un buen fruto con grandes beneficios; sin embargo, para la ira integrada en el camino, es probable que logre un buen resultado.

Mediante la práctica repetida, con el tiempo se logra una autonomía con relación al enfado. Ser capaz de generar ese tipo de ira manejable es sumamente importante, ya que posee la naturaleza del camino tántrico. Aun así, alguien podría preguntarse, "Los vehículos del sūtra transforman todos los fenómenos que no son kleśhas en aspectos del camino causal. ¿Por qué el tantra afirma sin matices que las kleśhas son lo que hay que transformar en aspectos del camino?".

Esta caracterización del tantra resulta engañosa. En el tantra, todos los fenómenos se llevan al camino. Decir que las kleśhas deben incorporarse al camino no implica que otros fenómenos no puedan hacerlo también, del mismo modo que ocurren en los vehículos del sūtra. Además, en el camino tántrico, todas las kleśhas que surjan se incorporan al camino. Sin embargo, no se trata de que debamos estar constantemente generando fenómenos de ira, deseo, etc. para poder llevar las kleśhas al camino.

Las kleśhas causan el sufrimiento del saṃsāra. Transformar en el camino sólo los aspectos que no son kleśhas nunca será una causa suficiente para la liberación del sufrimiento, ya que las kleśhas seguirán causando sufrimiento. Dado que las kleśhas no se transforman en parte de los caminos del sūtra, estos senderos sólo pueden alcanzar la iluminación eliminándolas con antídotos que no sean kleśhas. El éxito en esto es escaso. Por el contrario, cuando las kleśhas se incorporan al camino tántrico, se logra la liberación del sufrimiento causado por las kleśhas sin necesidad de abandonarlas. En comparación con el enfoque de los sūtras, este acercamiento está más de acuerdo con la naturaleza humana, por lo que las posibilidades de éxito son mucho mayores.

Si no tenemos la menor idea de cómo incorporar las kleśhas en el camino, entonces no sabemos cómo practicar el tantra. En ese caso, los únicos caminos disponibles son los caminos del sūtra, que abandonan las kleśhas. Podemos seguir diciéndonos que lo que estamos haciendo forma parte de un camino tántrico, pero no es así. Sin embargo, si creemos que abandonar las kleśhas *siempre* está mal en el tantra, no sólo estamos equivocados, sino que también pueden haber consecuencias negativas si no las manejamos con habilidad. Retener temporalmente o abandonar las kleśhas en casos complejos puede ser parte de un sendero tántrico que, en última instancia, conduce a llevarlas al camino.

Reconocer que las kleśhas son meras ilusiones vacías, como se explica en algunas presentaciones del segundo giro de la rueda del Dharma, no es suficiente para la práctica tántrica.[136] Por ejemplo, cuando en la actualidad se habla de la práctica de la etapa de generación, la visualización de los fenómenos puros de las deidades padre y madre en unión, a menudo se dice que los fenómenos de las deidades están vacíos de esencia, conforme se enseña en el segundo giro, en el sentido de que no existen verdaderamente. Tomar esta explicación literalmente resulta inútil para el tantra. La práctica tántrica requiere que experimentemos las ilimitadas

---

136 No podemos trabajar con las kleśhas si se han vaciado hasta la nada. Las cualidades relativas de las kleśhas se consideran vacías de ese modo; sin embargo, en la práctica tántrica, estas cualidades también se reevalúan como aspectos del Sugatagarbha absoluto, que a su vez son cualidades de los kāyas últimos de la Budeidad y las sabidurías de las deidades absolutas. Esta perspectiva nos permite trabajar con las kleśhas como partes integrales del camino.

cualidades puras de las deidades y su entorno tal como son, y que luego empleemos medios hábiles para trabajar con ellas.

Decir que la ira surge de la aversión es cierto en términos de causalidad relativa. Sin embargo, para comprender el tantra, es crucial entender que la aversión, la ira y los fenómenos relacionados son aspectos de la energía en desarrollo de la mente absoluta. ¿Cómo pueden considerarse malos estos aspectos de la mente última, que es fundamentalmente virtuosa? Si la ira fuera una falta desde el punto de vista que percibe lo último, entonces los aspectos absolutos de los cinco venenos, las cinco sabidurías, también se percibirían como faltas, lo cual es imposible.

"¿Cómo puede clasificarse como algo bueno a la malicia, el querer dañar a los demás?" La ira maliciosa surge debido al aferramiento ignorante y a la estimación propia de un yo relativo que busca perjudicar a quienes considera como obstáculos para sus deseos. Sin embargo, esto no significa que la ira y la malicia sean siempre negativas. ¿Es un defecto la valentía ejemplar de grandes heroínas y héroes? Su valentía es una gran fuerza de espíritu que les permite enfrentarse a enemigos malignos. Cuando en su mente sienten una malicia justificada hacia esos enemigos, ¿cómo se puede considerar un defecto esa resolución heroica?

Si esa malicia invalida el valor de estos héroes y heroínas, ¿son cobardes? Por supuesto que no. Los cobardes son incapaces de luchar contra los enemigos. Por muy poderosos que sean sus adversarios, los héroes y heroínas les harán frente sin miedo. Los héroes y heroínas supremos son los bodhisattvas, porque en la profundidad de sus corazones albergan una actitud heroica que ha tomado la resolución, "Conduciré a todos los seres al estado de la budeidad perfecta". Sólo a través de una percepción pura es posible apreciar el verdadero alcance de sus cualidades trascendentes y heroicas.[137]

---

[137] En el glorioso *Tantra de Kālachakra* se explica que los supremos guerreros bodhisattva son los Reyes y Reinas Kalkī de Śhambhala. Ellos nos guiarán para superar los obstáculos para la llegada de una segunda Edad de Oro en nuestra Tierra. Según Rinpoché, ha

---

llegado el momento de que todas las personas compasivas nos preparemos para unirnos a ellos. Si seguimos el ejemplo de estos héroes y heroínas tántricos en superar con compasión el enfoque egocéntrico de los opositores de la Edad de Oro, sabremos cómo incorporar la ira al camino.

2

Llevar el orgullo al camino

El capítulo anterior sobre la ira es más detallado que los siguientes debido a que la ira es una emoción con la que nos enfrentamos constantemente en nuestra vida diaria. Podemos ver con nuestros propios ojos las malas consecuencias que se derivan de su manejo inadecuado. Está claro que la mayoría de nosotros no sabemos utilizar la ira apropiadamente, por lo que he considerado que sería beneficioso escribir sobre ella en detalle. A pesar de esto, las siguientes kleśhas, que se presentan a continuación de manera más concisa, también son medios poderosos que podemos incorporar en nuestra práctica. Una vez que comprendemos cómo llevar la ira al camino, podemos aplicar principios similares a otras kleśhas como el orgullo, evitando la necesidad de repetir detalladamente cada explicación previa de estos principios.

Mucha gente afirma que el orgullo consiste en sentirse satisfecho de sí mismo o en enojarse e indignarse cuando nos contrarían. En realidad, el orgullo es una especie de arrogancia. Cuando alguien piensa, "soy mejor que los demás", o los mira por encima del hombro, eso es arrogancia, orgullo saṃsārico.

¿Es siempre el orgullo una kleśha y una falta? No. *El orgullo realista es una buena cualidad. Sin orgullo por lo que es valioso y apropiado, no podríamos reconocer la virtud en absoluto.* No ocurre lo mismo con la ira. Aunque cierta ira, como la ira heroica ante la injusticia, puede ser virtuosa, no siempre es el caso. Por otro lado, la ira no es necesaria para reconocer la virtud.

Por otra parte, el orgullo irreal e inapropiado siempre es una falta. Por ejemplo, si una persona tiene cien buenas cualidades, pero con un orgullo equivocado afirma tener doscientas, su orgullo es inapropiado. En este caso, ya que la verdad es claramente evidente, no es necesario explicar el ejemplo en detalle.

El orgullo valioso y apropiado es necesario porque las personas lo requieren para reconocer las buenas cualidades que poseen en su interior. Sin ese reconocimiento, se produciría una gran pérdida en el mundo. Por ejemplo, una persona pobre que tenga 500 piezas de oro, pero no se dé cuenta de su valor, no estará en una mejor situación que si las hubiera tirado a la basura. Del mismo modo, *primero debemos reconocer nuestras virtudes internas para saber cómo utilizarlas.* Ese reconocimiento es una especie de orgullo.

El orgullo valioso y adecuado también se conoce como "fortaleza mental" y "confianza". Ninguna acción que merezca ser emprendida se realizaría sin él. Por ejemplo, los practicantes del Tantra Yoga Supremo desean alcanzar rápidamente la Budeidad. Para llevar a cabo la práctica que conduce a la Budeidad, es necesario tener una fuerte confianza en que la naturaleza búdica existe intrínsecamente en su interior. El orgullo de poseer las cualidades positivas que son importantes para progresar en el camino es absolutamente necesario para cualquier práctica.

Además, durante la práctica del camino del Tantra Yoga Supremo, el orgullo trascendente de que nuestra verdadera naturaleza es idéntica a la de la deidad yidam, cuya realización es la misma que la de Buddha, se denomina orgullo divino u orgullo de la deidad yidam. Sin tener esa percepción pura como base y raíz de nuestra práctica, no hay forma de que practiquemos las etapas de generación y consumación en un nivel elevado. Todos los demás aspectos de la práctica dentro del camino del Tantra Yoga Supremo también suponen igualmente la percepción pura.

3

Llevar la envidia al camino[138]

Cuando aparecen las kléshas de la envidia o los celos típicos, la percepción de las cualidades o logros excelentes de los demás se torna tan intolerable que apenas podemos soportarlos. Es como si los sentimientos de envidia fueran objetos sólidos, y nuestros hombros *(phrag)* fueran demasiado estrechos *(dog)* para cargar con ellos; por eso, en tibetano, la envidia se denomina *phrag dog.*

Puesto que podemos evitar sentirnos abrumados por esas comparaciones, podemos decir que la envidia es menos realista que la ira. Esta última suele surgir de la aversión hacia algo de nuestro entorno que puede resultar perjudicial, y a lo que debemos enfrentarnos de alguna manera.

En el tantra, la envidia, al igual que la ira, debe ser incorporada en el camino. Por lo tanto, podemos utilizar nuestra insoportable incomodidad ante las buenas cualidades y posesiones de los demás para crear una aspiración a que surjan en nosotros cualidades aún mejores.[139] De esta manera, ya no tendremos que sentir envidia.

---

138 En el capítulo una de la Quinta Parte se tratará de nuevo cómo llevar la envidia al camino.

139 Esto es similar a lo que algunos llaman "envidia de la buena".

El enfoque principal debe pasar de resentir las cualidades y posesiones aparentemente superiores de los demás a intentar mejorar nuestras propias virtudes. Este sentimiento de "competencia" nos proporciona energía. Aunque no deseamos que fracasen, el éxito de los demás impulsa nuestra determinación y disciplina para progresar en el camino aún más rápidamente que ellos, de modo que podamos brindarles ayuda. Como consecuencia, nuestra visión egocéntrica y estrecha se ampliará hasta convertirse en benevolencia.

El antídoto habitual para superar la envidia es alegrarse por el éxito y las buenas cualidades de los demás. Al hacerlo, el éxito de los demás se convierte en causa de nuestra propia felicidad y, además, acumulamos méritos en nuestro continuo mental. Pero en este caso no sólo nos alegramos de lo que los demás han logrado o poseen, sino que también nos volvemos mucho más diligentes para alcanzar metas similares.

En particular, aunque alcancemos un nivel superior en nuestras buenas cualidades, nunca debemos pensar "esto es suficiente" antes de alcanzar la iluminación completa. Antes de que eso ocurra, la insatisfacción debe seguir motivándonos a esforzarnos más para que podamos realizar rápidamente el camino.[140]

---

140 Si deseas profundizar más, para conectar con el aspecto último de la envidia puedes meditar en ella bajo el aspecto de Buddha Amoghasiddhi (Logro Infalible), quien encarna la sabiduría que todo lo logra. Puedes consultar los consejos del capítulo anterior en relación con la meditación sobre el aspecto último de la ira en la forma de Vajrasattva.

4

Llevar la avaricia al camino

La avaricia es una estimación excesiva de uno mismo, un signo directo de un apego desmesurado a las posesiones y los deleites. La kleśha de la avaricia, la tacañería o la codicia típicas, no son uno de los venenos raíz o principales, sino una de las veinte aflicciones secundarias. A pesar de esto, he decidido abordar brevemente este tema aquí, ya que suele causar daño en la vida humana y resulta muy útil cuando se lleva al camino.

Las kleśhas de la avaricia y la virtud de la frugalidad comparten una esencia similar, pero sus causas, condiciones, enfoques y acciones son diferentes. Cuando la avaricia se convierte en parte del camino observa las situaciones con una visión de futuro, por ejemplo, contemplando planes a gran escala para producir riqueza para todos. Implica atención a los pequeños detalles y un esfuerzo considerable para asegurar una buena administración de las posesiones. Su enfoque se centra en evitar el derroche y el mal uso de la riqueza. Sus frutos se asemejan a la generosidad ya que proporcionan extensos deleites y beneficios. *El objetivo final debe ser crear las condiciones favorables para que todos los seres puedan alcanzar estas metas de riquezas y beneficio.*

Si intentamos cumplir con estos requisitos sin un examen adecuado, podrían parecer difíciles, pero a medida que los consideramos con detenimiento, hasta que comprendemos todos los aspectos relevantes, los métodos necesarios se vuelven más accesibles. Con suficiente familiaridad, la frugalidad se convierte en un hábito autónomo. Saber cómo actuar para evitar que nuestra frugalidad caiga en los extremos del exceso o la insuficiencia, es fundamental para tener éxito al incorporar la avaricia en el camino.

5

Llevar la ignorancia al camino

Es más difícil comprender cómo puede llevarse la ignorancia al camino, pero merece la pena intentarlo porque ninguna aflicción es más básica y omnipresente que la ignorancia, y la victoria completa sobre ésta es sinónimo de la Iluminación.

Desde el punto de vista que percibe la verdad absoluta, la verdad relativa del camino es algo no existente. Las personas que tienen ignoran la verdad absoluta no pueden ver las cosas como realmente son, pero sí pueden ver lo relativo circunstancial,[141] incluyendo la manera en que debe practicarse el camino hacia el conocimiento absoluto. Por otro lado, es algo positivo ignorar cosas tales como razones para recurrir a engaños crueles o querer asesinar a alguien en beneficio propio.[142]

Si consideramos el modo absoluto en que son las cosas, en el glorioso *Tantra de Kālachakra*, entre tres cualidades tomadas de la escuela Sāṅkhya—energía, oscuridad o inercia, y poder espiritual[143]—la oscuridad se

---

141 Se refiere a la verdad relativa.

142 Por ejemplo, el protagonista de la tradicional balada "Down in the Willow Garden" se habría salvado de un terrible destino. Bill Monroe and the Bluegrass Boys, *Willow Garden*, https://www.youtube.com/watch? v=5xgwiFg-kzw. Recurso en inglés.

143 O calor, oscuridad y luz.

identifica con la ignorancia. Desde este punto de vista, no aparece ninguno de los fenómenos engañosos del saṃsāra. Al igual que en el ejemplo anterior, esto puede considerarse una condición favorable.[144]

Para una mente ignorante que no se percata de cómo son las cosas, lo absoluto no se manifiesta; pero que una mente no advierta el estado natural absoluto en este momento no significa que no pueda seguir un camino que conduzca a esa realización posteriormente. Por definición, nosotros, que estamos en el camino relativo, ignoramos el estado natural último, pero aún así tenemos un sendero para alcanzarlo. De lo contrario, se seguiría absurdamente que no existen caminos hacia la iluminación y, por lo tanto, que nadie la ha alcanzado jamás. La ignorancia de un fenómeno específico no implica la ignorancia de todos los fenómenos. Por lo tanto, no excluye un camino hacia el conocimiento de ese fenómeno. Si así fuera, ni siquiera podríamos buscar información en internet.

Además, los seres saṃsāricos que desconocen su esencia última e iluminada pueden manifestar, sin saberlo, aspectos virtuosos de esa esencia. Aunque no conozcamos la iluminación en sí, podemos manifestar sus buenas cualidades en el camino hacia la iluminación y, finalmente, realizarla. Ese potencial es la naturaleza búdica. Puesto que las personas ignorantes pueden dejar de serlo al alcanzar la Iluminación, ¿cómo podría esta ignorancia de la iluminación ser absoluta e inmutable como un diamante? Esa ignorancia es necesariamente relativa y circunstancial, y por lo tanto, cambiante. Los únicos argumentos que sostienen que algunas personas nunca puedan alcanzar la Iluminación se basan en inferencias literales y verbales con poco significado real.[145]

Existen diferentes posibilidades para incorporar la ignorancia en el camino. Cuando practicamos la motivación altruista de la bodhichitta

---

144 Si los ignoramos, ninguno de ellos podrá corrompernos.

145 Incluso si un determinado ser no puede alcanzar la iluminación en la vida actual, finalmente alcanzará la iluminación completa en renacimientos futuros, porque todos los seres sensibles poseen la naturaleza búdica de manera innata.

relativa, deseamos alcanzar la iluminación completa para poder guiar a todos los innumerables seres sensibles hacia la iluminación. Esta poderosa y virtuosa motivación será la causa de que alcancemos finalmente la Iluminación completa, aunque, desde el punto de vista de la realidad última, no haya seres sensibles verdaderamente existentes a los que salvar.

La concentración meditativa unipuntual ignora todo excepto su objeto focal. La devoción del Guru Yoga se centra únicamente en el Guru, "ignorando" prácticamente todo lo demás. Una devoción tan fuerte hacia los propios Guru raíz, linaje y Saṅgha, sin saber nada de otros maestros y tradiciones, es un tipo de ignorancia que puede permitir a los practicantes profundizar en su práctica rápidamente al tener un enfoque claro.[146] En el Tíbet, por ejemplo, increíbles beneficios espirituales provienen de la devoción hacia Padmasaṃbhava, aunque algunos historiadores cuestionen su existencia.

---

146 En un conocido relato tradicional, un hombre que se encontraba de peregrinación prometió llevar a su abuela uno de los dientes de Buddha. En realidad, le entregó un diente que sacó del cráneo de un perro cerca de su choza. Puesto que la abuela lo ignoraba, ella tenía una fe y una devoción ilimitadas hacia la supuesta reliquia. Como resultado, el diente manifestó todos los signos milagrosos de una verdadera reliquia y la anciana alcanzó la iluminación.

6

Llevar la duda al camino

Existen tres clases de duda: (1) la duda que se inclina a la verdad; (2) la duda que se inclina a la falsedad; y (3) la duda neutral. Cuando dudamos sobre si el sonido es impermanente, en el primer caso, tendemos a pensar que esa afirmación es verdadera; en el segundo, que es falsa, y en el tercero, no nos decidimos por ninguna de las dos.

En el Abhidharma, la duda se clasifica como una de las seis kleśhas raíz. Al estudiar objetos desconocidos, es posible que cualquiera de estos tres tipos de duda estén presentes hasta que el conocimiento las elimine. Aunque puede motivar la búsqueda de ese conocimiento, no podemos clasificar la duda como una cualidad buena únicamente por eso. Que la duda se clasifique entre las kleśhas sugiere que conlleva más cualidades negativas que positivas, pero estas cualidades negativas se eliminan al alcanzar el conocimiento sobre lo que antes se dudaba.

Además, ¿es preciso mencionar que cuando se practica el Tantra Yoga Supremo, la duda es lo último que necesitamos? La práctica del camino del Tantra Yoga Supremo se basa en el Sugatagarbha, la naturaleza búdica que existe naturalmente en nuestro interior. Sin embargo, hasta que realmente realicemos el Sugatagarbha en nuestra propia experiencia, es poco probable que tengamos la motivación para recorrer ese camino si no tenemos fe y confianza en que está presente. Incluso cuando empezamos a vislumbrar el Sugatagarbha, no tendremos la motivación para practicar el camino de la fructificación, sin una fe y confianza firmes en que nuestros actuales atisbos fugaces de percepción pura pueden expandirse hacia un resultado universal.

Si somos principiantes en este camino del tantra, es esencial que tengamos confianza y fe en el Maestro Vajra, quien en un principio nos otorgó el empoderamiento que madura nuestra mente y nos introdujo en el camino del fruto que libera. Incluso en la vida diaria, si dudamos de que alguien sea una buena persona con un buen corazón, podemos estar perdiendo la oportunidad de establecer una relación preciosa.

Si la duda fuera una de nuestras características esenciales, no podríamos eliminarla de ninguna manera. Entonces no podríamos avanzar en el camino. No obstante, la duda no es necesariamente mala. Que la duda conduzca a resultados negativos o positivos depende del objeto de la duda. Si dudamos del buen camino hacia la iluminación, nos privamos de sus buenas cualidades. Si cuestionamos si podemos beneficiarnos a largo plazo de las acciones negativas, nuestra duda es provechosa. Por ejemplo, consideremos la situación de una persona que está convencida de que es bueno matar, robar, etc., porque no cree en la causa y el efecto kármicos. Su convicción errónea seguramente la conducirá a los reinos inferiores. Si le surge una duda, como, "si no siguiera haciendo estas cosas, tal vez mi vida sería mejor", puede decidir dejar de realizar tales acciones y, en su lugar, conectarse con la virtud.

Si no podemos percibir el estado natural, pero deseamos encontrarlo, es posible que entre nuestros pensamientos sobre ese tema se halle alguna duda. La duda sobre las cualidades del Sugatagarbha puede motivarnos a "saborearlo" mediante la práctica diligente de la etapa de consumación. A medida que avancemos en el camino, sustituiremos los fenómenos relativos de la duda por los fenómenos últimos de la sabiduría prístina. Finalmente, poseeremos lo opuesto a la duda, el verdadero conocimiento del estado natural.

Conclusión

Una vez más, si tomamos el trabajo con la ira como analogía, explorar detalladamente cómo ser hábil con nuestra ira puede proporcionarnos la base para convertir también las demás kleśas en nuestras aliadas. Lo mismo puede decirse del deseo, que es el tema principal de los capítulos siguientes. Como consejo adicional, puedes observar tu mente cuidadosamente y descubrir cuáles son las kleśhas que se manifiestan con fuerza en tu vida actual. Algunas pueden tener un significado personal especial o consecuencias importantes para tu vida y la de quienes te rodean. ¿Por qué no investigarlas más a fondo y explorar cómo trabajar con ellas e incorporarlas en el camino?[147]

Resumen en verso

Desde el excelente punto de vista de nuestra naturaleza autoexistente,
"transformar las kleśhas en el camino" es saber cómo utilizarlas.
No desperdicies este cuerpo, con sus dones y libertades,

---

147 Parafraseando un mensaje enviado por el Dr. Adrian Hekel en abril de 2023: en la actualidad, por ejemplo, muchas personas luchan con sentimientos de soledad y depresión. Aunque puedan ser duras consigo mismas, esto puede abrir sus corazones para ser más compasivas hacia el sufrimiento y las limitaciones de los demás. Aceptar honestamente este "lado oscuro" constituye un ejemplo inspirador para los demás, en la medida en que la depresión saṃsárica, que se basa en la estimación propia, puede reconocerse y superarse. Del mismo modo, el miedo y la ansiedad pueden ayudar a las personas a ser precavidas y cuidadosas en el trato con los demás. El miedo puede motivar la prudencia para huir rápidamente de situaciones inmanejables y encontrar soluciones hábiles sobre cómo sustituirlas por otras manejables. De este modo, el miedo puede incorporarse al camino como valentía y orgullo apropiados para superar los desafíos.

en debates sobre términos como cuál es la definición real de kleśhas.

Aunque en los tantras más elevados se expone cada paso sobre cómo traer las kleśhas de los tres venenos al camino, no me extenderé en la descripción de cada uno de ellos. Aquí trataré únicamente los puntos esenciales.

Con la ira colérica del valor de un guerrero,
orgullosas y celosas, las tropas dispuestas en la gran guerra[148]
dejen caer una lluvia de armas sobre las kleśhas venenosas,
conquistando todo lo que es accesorio, no su naturaleza.[149]

Sostén esa encarnación de la Budeidad que todo lo impregna,
la naturaleza completamente pura y libre de impurezas circunstanciales,
que goza de los dos kāyas, con dos purezas y dos sabidurías,[150]
de una sola base, un solo camino y un solo fruto.[151]

---

148 Aquí las kleśhas se han reorientado hacia una guerra contra sus propios aspectos nocivos.

149 Cuando se han eliminado los aspectos relativos "malos" de las kleśhas, estos se develan como manifestaciones de su naturaleza absoluta, el Sugatagarbha.

150 Los dos kāyas son el Dharmakāya y el Rūpakāya. Las dos purezas son las de la naturaleza absoluta y la relativa circunstancial. Las dos sabidurías son las de la naturaleza y la extensión de los fenómenos.

151 Los tres son aspectos de la única naturaleza última, el Sugatagarbha.

CUARTA PARTE

El Camino del Deseo

Con restricciones ascéticas insoportables,

puede haber práctica, pero no habrá logros.

Entregarse a todas las cualidades del deseo,

es la forma en que pueden alcanzarse los siddhis.

Tantra de Guhyasamāja

Así, en el gozo se halla la esencia del gozo.

Por eso, se puede alcanzar el gozo más elevado.

Tantra de Chakrasaṃvara

1

El deseo impregna nuestra vida humana

Introducción

En términos generales, el Camino del Deseo ocurre dentro del camino del tantra. Dado que este camino debe abarcar todos los fenómenos, no se puede recorrer trabajando únicamente con el deseo. Por lo tanto, las enseñanzas tibetanas del tantra abarcan más que el Camino del Deseo. No obstante, *el Camino del Deseo es la quintaesencia, la médula y la raíz de todos los caminos del Tantra Yoga Supremo*. Especialmente nosotros, como seres del reino del deseo, no deberíamos albergar ninguna duda sobre la importancia de incorporar hábilmente la pasión del deseo a nuestro camino.

Identificar la esencia del deseo y sus distintas manifestaciones

Cuando hablamos de "deseo", mucha gente está acostumbrada a pensar que se trata de "deseo sexual". En realidad, existen muchos tipos de deseo. Todos experimentamos la manera en que el deseo satura nuestra vida, al igual que el aceite impregna las semillas de sésamo. En pocas palabras, podemos decir que cada acción de nuestra vida está impulsada por el deseo. Es cierto que el sexo es el tema principal del Camino del Deseo, pero como todos vivimos en el reino del deseo, donde todos los aspectos de la vida están regidos por diferentes deseos, no podemos satisfacernos únicamente con el deseo sexual. Por lo tanto, sería apropiado hablar primero del deseo en general y luego examinar el deseo sexual como su manifestación más poderosa.

En general, los textos del Dharma definen el deseo tal y como se entiende en el vehículo de la liberación individual, es decir, las kleśhas del deseo deben abandonarse siempre como un enemigo,[152] "Cuando nos enfocamos en un objeto contaminado, nos apegamos ilusoriamente a él como algo placentero, y por eso lo deseamos y lo buscamos". Aunque en el tantra también se encuentran los fenómenos no contaminados y no engañosos de la Iluminación y los deseos no engañosos de lograrlos, éstos no son el único centro de atención. En el tantra, el deseo puede definirse *como el anhelo de obtener tanto lo contaminado como lo no contaminado, porque ambos se perciben como agradables y atractivos.*

¿Por qué? Para los tantrikas, todos los deseos, contaminados o no, son fuentes de energía que pueden utilizarse para avanzar en el camino. *Percibir cualquier objeto deseado como placentero o, a veces, inconcebiblemente gozoso, es la característica más significativa del camino tántrico, que utiliza el gozo como medio principal para alcanzar la realización.* Así, cualquier tipo de deseo y, en particular, el deseo sexual, se integra al corazón del camino *mediante la percepción pura de su esencia* inmaculada. De este modo, los tantrikas dejan de ser individuos ordinarios controlados por la pasión de sus deseos.[153]

---

152 En este sentido, todos los deseos son kleśhas que deben ser abandonadas, y todos los objetos de deseo son engaños saṃsāricos contaminados que nos incitan al sufrimiento. En este entorno, abandonar las kleśhas como el deseo pasional es la única alternativa buena, y se alaba por su falta de pasión a los *arhats* que lo logran.

153 En la medida en que hacen esto, los practicantes son individuos que ponen sus potentes

Los seres saṃsāricos ordinarios viven bajo el control del deseo contaminado y dualista que está separado del camino. Los auténticos tantrikas controlan su deseo, transformándolo en parte del camino. "Dejarse llevar", simplemente relajarse y hacer lo que nos gusta, *no es* suficiente para llevar adecuadamente el deseo al camino. Para ello, es necesario seguir las instrucciones especiales que se presentarán a continuación.

Como todos sabemos, existen diversos tipos de deseos para muchas cosas. Entre los diferentes objetos de deseo de la vida ordinaria podemos distinguir el deseo de poder, riqueza, logros, estatus, reconocimiento, deleites, comodidades, entre otros. Prácticamente, todas las personas de este mundo deben enfrentarse de alguna manera a la pasión de sus múltiples deseos. Los individuos comunes están esclavizados por sus deseos, y es esa esclavitud la que produce el sufrimiento del *saṃsāra*. Por esta razón, los practicantes del sūtra consideran al deseo como un enemigo. Ellos creen que si logran abandonarlo, podrán liberarse de la dolorosa esclavitud del *saṃsāra* y alcanzar el *nirvāṇa* en forma de la ausencia del deseo. Sin embargo, aquellos que logran vencer a los enemigos de las kleśhas mediante la práctica de este camino son extremadamente escasos. Eso se debe a que abandonar las kleśhas no es el camino más adecuado para los seres humanos, cuya naturaleza genera constantemente kleśhas. Este hecho es especialmente cierto en la actual era oscura, en la que las kleśhas corren desenfrenadas. Como menciona el Paṇḍita Dönyö Dorje en sus *Instrucciones orales para adentrarse en el yoga de la talidad mediante la unión apasionada*:[154]

En este acercamiento, los que tienen kleśhas,
tienen las kleśhas de abandonar las kleśhas.

---

deseos al servicio del camino. Se dice que los sostenedores del vajra que han perfeccionado esta capacidad han realizado el gran deseo último más allá de la existencia engañosa del deseo apegado ordinario y de la vacuidad del deseo abandonado.

154 D 1745 Tengyur, rgyud, sha, f113b.

Sería como despreciar la comida cuando se tiene hambre,
o darle la espalda al agua cuando se tiene sed.
Por ejemplo, cuando no está a la mano
es necesario juntar la leña para el fuego,
y si éste no se mantiene vivo, se apaga.
Así pues, con la mente causal[155] de los transmigrantes
pasará lo mismo si abandona el deseo.
Esta mente, impulsada por deseos extremos hacia los objetos,
quedará aniquilada cuando se renuncie al deseo.
Estos métodos son inferiores, pues en vez de cambiar la mente
no hacen otra cosa más que aumentar las kleśhas.[156]

Es como alguien completamente esclavizado
por sus pasiones a los objetos externos,
que se ha vuelto completamente adicto a ellos.
Entre más se dirige al infierno con cuerpo y mente,
más desesperadamente se esfuerza por alcanzar el cielo.
Conforme continúa fracasando en su intento,
más se incrementan sus pensamientos conceptuales
y su mente nunca reposa en el estado natural.

El *Tantra que establece la sabiduría prístina* señala que la liberación producida por todos los caminos consiste en la experiencia que la sabiduría
prístina tiene de la naturaleza de los fenómenos:[157]

---

155 La mente saṃsārica relativa se rige por la originación interdependiente y causal. La
mente iluminada inmutable está más allá de la causa y el efecto.

156 Los antídotos que no pueden eliminar por completo las kleśhas sólo las hacen más fuertes, al igual que tomar una dosis insuficiente de antibióticos sólo elimina las bacterias
más débiles, haciendo que las demás sean más fuertes que antes.

157 *Ye shes grub pa'i rgyud.* La referencia bibliográfica de este texto no ha sido encontrada.

El océano de lo que enseñó el Maestro, el Buddha,
se encarna, poniendo de manifiesto la esencia de su corazón.
Este es el gran secreto verdadero. Si que aparezca,
no puede haber experiencia de la liberación.

En pocas palabras, lo que se enseña allí y en otros pasajes es que un camino de la liberación que depende de alternar interminablemente entre
opuestos relativos—como las kleśhas y sus antídotos—, no es el mejor tipo
de camino. Si somos capaces de practicar correctamente el camino del
Tantra Yoga Supremo, no estamos bajo el poder de la pasión, por lo que
no necesitamos abandonar el deseo. El deseo sigue existiendo en nuestro
interior, pero está bajo control. Así, no es necesario controlarlo con hostilidad, como si se tratara de un enemigo, sino que podemos transformarlo
en nuestro amigo.

Es posible que nos preguntemos cómo podemos hacerlo. Tal vez tengamos numerosos anhelos, tales como riquezas, deleites, comodidades,
reconocimiento, alabanzas, o incluso deseamos el éxito con pretensiones
hipócritas y falsa humildad. Si logramos alguno de estos objetivos, pensamos, "¿Qué tiene de malo?", y naturalmente no deseamos abandonar
lo que antes habíamos querido obtener. En el camino del abandono, debemos renunciar a todo *porque* ya no lo queremos. En el camino del deseo, podemos dejar todos esos deseos tal como están, y no necesitamos
abandonar ninguno de ellos. Eso se debe a que somos nosotros quienes
sujetamos las riendas, no nuestros deseos. Convertimos a nuestros deseos
en amigos, cambiando su enfoque y su dirección.

Normalmente, cuando las personas están ávidas de riqueza, placeres y deleites, su objetivo a largo plazo es simplemente complacerse a sí
mismas. Sólo desean poder deleitarse y presumir de un estilo de vida lu-
joso, empeñándose en él a pesar de, por ejemplo, la rivalidad de los demás. Si practicamos el Tantra Yoga Supremo, la dirección de estos deseos
evoluciona. Como tenemos una intención pura, nuestros deseos se trans-

forman en condiciones favorables para beneficiar a los demás. Nuestra codicia, corta de miras y ansiosa de riqueza, se convierte en una visión de largo alcance que observa la riqueza como un medio para practicar la generosidad hacia todos. Nuestras aspiraciones mezquinas, superficiales y egocéntricas evolucionan naturalmente hacia aspiraciones vastas, profundas y universales. Estos cambios son el comienzo del estilo especial de la práctica del Tantra Yoga Supremo.

Con este cambio de perspectiva, no es necesario que abandonemos como si fueran nuestros enemigos a ninguno de los deseos que existen naturalmente en nuestro continuo mental. Al liberar su naturaleza autoexistente y última, todos ellos se convierten en nuestros aliados en el camino tántrico puro y verdadero.

En este mundo, la vida se basa sólo en el deseo;
la pasión del deseo conforma la naturaleza humana.
Actuar de acuerdo con nuestra naturaleza es muy sencillo;
actuar en contra de nuestra naturaleza es muy difícil.

Por lo tanto, dado que la gloria y el dominio sobre todos los
deseos
son los elementos que conforman el nivel del Rey Omnisciente,[158]
no rechaces el deseo de tu corazón como si fuera un veneno
mortal;
no lo consideres un enemigo, sino abrázalo como tu amigo.

---

158 Metáfora de un ser completamente iluminado.

2

El gran poder del deseo

Respecto al deseo sexual omnipresente, el *Tantra de Guhyasamāja*[159] afirma:

Con restricciones ascéticas insoportables,
puede haber práctica, pero no habrá logros.
Entregarse a todas las cualidades del deseo
es la forma en que pueden alcanzarse los siddhis.

También, Gendün Chöpel dice en su *Kāma Śhāstra*:

88. El amor por lo deseado es apego apasionado,
y por tanto, el amor por lo deseado también es fe en eso.
El temor a lo indeseable se conoce como aversión,
y por tanto, el temor a lo indeseable es renuncia a eso.[160]

---

159 En varios textos encontramos versos sueltos de esta estrofa, pero no todos juntos.

160 Esta estrofa explica la anterior. Si lo analizamos detenidamente, los vehículos inferiores no "destruyen" la pasión, como afirman, sino que la incorporan al camino como una pasión por la renuncia. Por lo tanto, todos los vehículos budistas traen las kleśhas al camino, pero el tantra lo hace de manera mucho más hábil.

Lo que se enseña allí sobre la verdadera forma de ser de las cosas es extremadamente profundo, y es fundamental contar con un entendimiento igualmente profundo de esto.

En este mundo del reino del deseo, donde todos anhelamos con fervor alcanzar lo que queremos, de entre todos los objetos que deseamos y por los que luchamos, existe uno que es primordial y que no puede ser erradicado. No es la belleza, la juventud, la riqueza, las propiedades, el éxito, el estatus, la reputación, la fama ni la comodidad personal, como podría suponer la mayoría de la gente común. Si hablamos de la forma más profunda de deseo, aunque muchos dirían que se trata de la fe o la aspiración, hay otro candidato aún más esencial: el sexo.

¿Por qué? Sin sexo, no podría haber seres sensibles y, sin ellos, no podrían existir los fenómenos de este reino del deseo. Estos fenómenos se establecen gracias al sexo, lo cual no ocurre con ningún otro objeto de conocimiento relativo. Dado que los seres humanos se originan a partir de la unión sexual de mujeres y hombres, es fácil entender que todos los deleites relacionados con la actividad sexual humana son extremadamente valiosos.

El sexo nunca excluye a ninguna persona, ya sea rica o pobre, o valorada por la sociedad en mayor o menor medida. Tanto las personas de clase alta como las de clase baja tienen la misma capacidad de disfrutarlo. Además, el acto sexual no depende de muchas condiciones establecidas mediante esfuerzos laboriosos. Las condiciones para disfrutarlo son simplemente el encuentro de un hombre y una mujer, o en un sentido más amplio, el encuentro de los principios masculino y femenino. Sólo el sexo incluye en sí mismo sus propias condiciones favorables.

Además, la necesidad mutua de lo femenino y lo masculino no se limita al ámbito del sexo, sino que se extiende a todas las actividades humanas. Aunque existen personas con órganos sexuales no binarios o cromosomas atípicos, sus acciones siguen estando motivadas por la interacción de los principios masculino y femenino. Esto es cierto, independientemente de su orientación sexual. La existencia de alguna forma de esta interacción en todas las personas es incuestionable, por lo que no hay necesidad de decir mucho. Al respecto, el señor de los sabios, Gendün Chöpel afirma que:

90. El beneficio personal, el beneficio del país,
    el dominio del rey, y los medios de subsistencia del mendigo,
    y cualesquiera acciones, grandes o pequeñas, que se realicen
    y cuya ausencia sería lamentada, son tan indispensables como
    las mujeres.

La palabra tibetana para mujer, *bud med*, significa literalmente "indispensable". Según este pasaje, todas las acciones indispensables son como las mujeres, en el sentido de que encarnan a *prajñā*, el principio femenino. En términos generales, podríamos argumentar que todos los hombres requieren de algún tipo de principio femenino que motive la acción. La afirmación análoga es igualmente válida para las mujeres.

Además, el hecho de que hombres y mujeres se sientan atraídos por personas del mismo sexo no debe ser condenado como algo antinatural. La razón de ello, como ya se ha explicado, es que en los hombres no sólo existe la naturaleza masculina, y en las mujeres, no sólo la femenina. Por ejemplo, algunas personas pueden presentar aspectos masculinos externamente, pero internamente la naturaleza femenina puede ser más dominante, lo que podría explicar su atracción hacia otros hombres. Por otro lado, algunas personas pueden exhibir rasgos femeninos externamente, pero internamente la naturaleza masculina puede ser más fuerte, lo que podría explicar su atracción hacia otras mujeres.[161] Los matices sutiles de estas combinaciones son innumerables, y dependen del karma específico

---

161 O una mujer así puede sentirse atraída por un hombre cuyo carácter interno es de naturaleza femenina y viceversa, etc.

de cada individuo.

Estas diversas formas y grados de atracción se manifiestan mediante diferentes interacciones humanas, las cuales pueden incluir o no la actividad sexual. Es fundamental comprender que, si consideramos las atracciones hacia personas del mismo sexo como algo pervertido y antinatural, esta creencia no se ajusta al camino del mundo moderno ni a la esencia del Dharma. Las mujeres y el principio femenino poseen la naturaleza sagrada de prajñã; por lo tanto, tachar de "pervertidos" a los hombres bendecidos con una mayor cantidad de esta naturaleza femenina no concuerda con la visión tántrica.[162]

En general, si reflexionamos sobre el valor del sexo, el deseo de elementos como la riqueza, los placeres, la comida, la ropa, la casa y la cama simplemente no puede compararse con la intensidad del deseo sexual. Es innegable que su intensidad no tiene rival. Sin embargo, en este mundo, el deseo sexual se ve contaminado por revestimientos de vergüenza culturales, pretensiones de estar por encima del deseo, etc. La mayoría de las personas son impostores que llevan una máscara de decencia, pretendiendo que no existe algo que realmente sí existe. Esta actitud impide que el deseo mutuo que se expresa en la unión sexual se manifieste como debería. Además, en comparación con los occidentales, los orientales suelen ponerse más máscaras, y en mi observación, los tibetanos, en particular, parecen tener particularmente arraigada la hipocresía.

El sexo es una virtud muy fuerte y poderosa que debe formar parte del camino hacia la liberación en cierto sentido. *Ese camino de unión no dual debe poseer las buenas cualidades del amor* y, por lo tanto, la coerción burda y la explotación sexual no consentida nunca pueden tener cabida en él. Estas acciones y los sentimientos asociados con ellas contradicen todas las virtudes del Camino del Deseo. Al manifestar las buenas cualida-

---

162 La afirmación análoga se aplica a las mujeres respecto a la naturaleza masculina de la compasión como medio hábil.

des del amor y expresarlas con confianza incondicional, nuestro camino será muy poderoso. Naturalmente, sabremos deleitarnos con la excelencia de estas buenas cualidades innatas de un poder maravilloso. Aunque este es necesariamente así, aquellos que fingen no tener ningún deseo de disfrutar de tales cosas se autoinfligen un daño continuo. Quienes se obsesionan con tales enfoques antinaturales pierden el valor de la vida humana y sus vidas se vuelven prácticamente inútiles. El estéril escuadrón mojigato de monjes que proclaman que la abstinencia es necesaria para evitar los tormentos del infierno, sólo nos hiere con su intimidación inútil. Crean demasiados obstáculos innecesarios con sus engaños hipócritas.

Lo opuesto a esta disimulación hipócrita, es decir, una asertividad desconsiderada, también resulta problemática. En general, esta actitud es lo contrario de la timidez. Aunque la asertividad puede ser positiva o negativa, siempre es malo forzar el sexo en los demás. Aquellos que convierten la lujuria en un hábito descaradamente presuntuoso de codicia egocéntrica y desconsiderada, sin percatarse en absoluto de la naturaleza sagrada de lo que explotan y de los profundos secretos que profanan, deberían tener cuidado. Su compulsión por cazar como animales irracionales los condena a malgastar sus vidas en una mala conducta retorcida. Por otro lado, al adoptar el deseo compartido, podrían descubrir la esencia de la iluminación oculta en sus corazones. Como afirmó Padmasaṃbhava, el segundo Buda de Uḍḍiyana, en el *Camino de los medios, la esencia del gran Gozo*:[163]

En el tantrayāna que produce el camino del gozo,
las impurezas se lavan con impurezas,
las concepciones se purifican con las concepciones mismas,
y el saṃsāra se abandona con el saṃsāra mismo.

---

163 No se ha encontrado la referencia bibliográfica exacta de este texto de Padmasaṃbhava.

Al igual que el fuego puede encenderse con fuego,
también puede extinguirse con fuego;
Así, lo que se enciende con el fuego del deseo,
puede extinguirse con el fuego del deseo.

3

El deseo sexual es natural en la vida humana y las faltas de luchar en su contra

Los monjes de la liberación individual continúan viendo el sexo como un enemigo y un veneno, por lo que siguen predicando su disciplina del celibato. Esta actitud antinatural es la fuente de su orgullo y autoestima, la roca que les sirve de baluarte.

Como parte de su vestimenta tradicional—su *fashion statement*, podríamos decir—, los monjes portan tres hábitos de Dharma de color azafrán. En el Tíbet, la virtud de los monjes quedó codificada en los doscientos cincuenta y tres preceptos del vinaya, excluyendo únicamente los votos de las *cuatro derrotas y las trece faltas con remanente*. Los practicantes más débiles de esta tradición nunca se esfuerzan por liberarse de corazón, sino que malgastan sus vidas siguiendo simples costumbres culturales. Al analizar este tema detenidamente, resulta evidente que experimentan escaso sentido de plenitud en su vida humana.

Cuando se practica esta tradición con diligencia y responsabilidad, muchos logran superarse a sí mismos. *Si alguien es un monje enfocado en la liberación individual y verdaderamente cree que los deseos son perjudiciales, y tiene la certeza absoluta de haberlos abandonado, debemos respetarlo profundamente y alegrarnos por sus logros.* Sin embargo, aquellos con una dedicación menor no muestran el menor interés en buscar la plenitud de la vida a través de la liberación. Ignorantes intencionalmente de tales cosas, simplemente evitan lo que temen, como conejitos asustados por el sonido del agua.

Para aquellos cuyas obsesiones morales[164] son especialmente fuertes, poner a una mujer delante de ellos es como agitar un paño rojo frente a un yak.[165] Aunque su disciplina esté intacta, las *ocho preocupaciones mundanas* están a su servicio como un séquito durante los seis periodos del día y la noche.[166] Aunque abandonen el hogar que les brindaron sus amorosos padres, no obtienen nada a cambio, ya que se aferran a un monasterio como un segundo hogar.[167] Envidiosos de los superiores, competitivos con sus iguales y despectivos con los inferiores, estos monjes se dedican únicamente a servir a las 84,000 kleśhas.[168]

Si tienen que relacionarse con mujeres, se obsesionan con ellas en todo momento y ocasión, ya sea verano o invierno, todo el año, e incluso en sueños. Como no le han dado la espalda al saṃsāra ni por un segundo, su ansia es más intensa que si hubieran materializado sus fantasías más perversas. Si no son conscientes de este punto crucial, las consecuencias

---

164 Estos monjes se esfuerzan enormemente por renunciar a todos los deseos de la gente común. Aunque pueden lograrlo externamente, la mayoría de ellos no pueden eliminar el deseo internamente. Sin embargo, no quieren que los demás lo sepan, y ni siquiera pueden admitirlo ante sí mismos. Por lo tanto, pasan gran parte de su tiempo proclamando a cualquiera que quiera escuchar lo repugnantes que son esos deseos.

165 Responden como un toro en una corrida al capote rojo del matador.

166 En general, se supone que ciertas prácticas deben realizarse regularmente en las tres divisiones de cada día y noche, *dus drug*. Esta expresión poética significa que para estos desafortunados practicantes, el surgimiento de las ocho preocupaciones mundanas es igual de regular.

167 El problema aquí no es vivir en un monasterio, sino aferrarse al propio monasterio como si fuera un hogar o un nido. Algunos monjes están tan apegados a sus condiciones particulares que ni siquiera visitan otros monasterios cercanos para aprender o intercambiar con otros linajes de práctica.

168 Una forma de decir que existen casi infinitos tipos de kleśhas sutilmente diferentes.

serán graves. A lo largo de toda una vida humana, a partir del deseo obsesivo por cientos de mujeres, multiplicado en intensidad mil veces por la frustración, se acumulará en sus mentes un inmenso mal karma de ansia profunda, mientras continúan sembrando todo el tiempo estos profundos potenciales habituales. La mayoría de estos monjes tibetanos dedicados a la liberación individual y los renunciantes semejantes a ellos en todo el mundo—que externamente parecen ser devotos puros del celibato—, nunca fueron aptos para seguir ese camino de negación. ¿No resulta evidente que nunca podrán alcanzar ni siquiera una fracción del objetivo previsto?

Resulta difícil evaluar la mente de los demás, por lo que es incorrecto juzgar su valía final. Sin embargo, no podemos ocultarnos nuestra propia mente, así que seamos objetivos. Si examinamos nuestra propia mente y reflexionamos detenidamente, sabremos si encajamos en la categoría que acabamos de describir. Si llegamos a la conclusión de que no tenemos más que una hipócrita pretensión de renuncia, ¿por qué rechazamos nuestro deseo innato como si se tratara de un enemigo? Aceptemos como amigos a esos deseos que están más cerca de nosotros que nuestra propia familia. Utilicemos métodos para convertirlos en aliados en nuestro camino. ¿No es esa una mejor opción?

Los inteligentes investigan qué camino es apropiado para ellos, ya que creen en la causa y el efecto kármicos. Según todas las tradiciones budistas, el karma se acumula en la mente. Si no se pacifica, incluso un poco de karma negativo nos corrompe constantemente. Por lo tanto, todas las actividades del cuerpo deben ser vigiladas cuidadosamente, como un gobierno vigila a su país. Cuando la disciplina debe movilizarse contra una horda de criminales, como una fuerza policial, ¿no está ya quebrantada más allá de toda reparación? En tales casos, es esencial examinar si ha perdido la esencia de su objetivo. ¿No es dudoso que se siga manteniendo la disciplina del celibato? Aunque esta disciplina tiene sin duda sus beneficios, es necesario analizar cuidadosamente lo que está sucediendo.

Si se está rechazando la esencia de esa disciplina, ya no se obtendrán los beneficios asociados con ella.

Al describir los linajes de las enseñanzas budistas tibetanas, suele considerarse suficiente afirmar que, en su estilo externo, la comunidad monástica tibetana ha vivido de acuerdo con las enseñanzas del vinaya de Buddha desde su fundación hasta la actualidad. Si además mencionamos que muchos practicantes del Dharma guardan los preceptos vinaya del sagrado Dharma con tanto cuidado como protegen sus ojos, ¿por qué no sería esto suficiente? Consideremos, por ejemplo, las condiciones para restaurar los votos de los monjes que han cometido las trece faltas con remanente según lo enseñado por Buddha en el *Vinaya Piṭaka*. El vinaya deja claro que la concepción que Buda tenía de los buenos monjes no se limitaba al porcentaje infinitesimal que nunca rompía ninguna de las cientos de reglas. Su ideal incluía a practicantes escrupulosamente honestos y humildes que confesaban voluntariamente sus faltas para poder restaurar sus votos. El Buddha enseña tres pasos que la Saṅgha debe seguir para restaurar una caída moral, después de que los monjes transgresores se confiesen ante ellos de forma voluntaria, preferiblemente antes de que sus faltas hayan sido descubiertas. Los tres pasos son:

1. Retirar la buena reputación de un monje que ha cometido la falta.
2. Hacer que la Saṅgha se regocije mediante la práctica penitencial, normalmente durante un número de días especificado por la Saṅgha.
3. Otorgar de nuevo, mediante una ceremonia especial, el estatus de monje respetable.

De este modo, los monjes caídos renuevan formalmente sus votos. No tengo conocimiento de disputas sobre estos requisitos. Aunque los textos principales del Vinaya enseñan que estos pasos son necesarios para enmendar estas violaciones específicas, ¿existen actualmente monjes tibetanos que los practiquen? No, que yo sepa. Sin estos tres medios de corrección, si se comete una de las trece faltas con remanente, la disciplina monástica queda arruinada de manera permanente. No se menciona ningún otro medio de restauración en los textos raíz y comentarios del Vinaya, y es evidente para cualquier persona familiarizada con el Vinaya que no existe otra forma de hacerlo.

Estas violaciones incluyen los delitos sexuales. Si nos guiamos por los escándalos en Internet en los que han estado involucrados monjes tibetanos, estos no son poco frecuentes y es probable que los infractores reincidan. Dado que estas violaciones se repiten una y otra vez a lo largo de toda la vida humana, al momento de la muerte, la acumulación de violaciones será una carga más alta que una montaña y más profunda que un océano. En lugar de cargar con esa montaña de transgresiones hasta la muerte, si estos monjes fallidos transformaran sus deseos en sus parientes y amigos cercanos, ¿cómo podría ser malo eso? Seguramente sería mejor que convertirlos en enemigos implacables en esta vida y en las siguientes.

Además, debemos recordar que los sūtras enseñan que los monjes que disfrutan de ofrendas a la Saṅgha a pesar de carecer de una disciplina ética pura incurren en una deuda con Buddha. *El Sūtra de las cien acciones* dice que cuando se está muy cerca de alcanzar la liberación, se puede disfrutar de los deleites de todo el universo como si fueran propios. Pero si aún no se ha alcanzado la liberación, no hay falta en utilizar algo que te hayan dado como monje, siempre y cuando tu disciplina ética esté intacta. De lo contrario, se crea una deuda kármica que eventualmente se cobrará. Por lo tanto, ¿no se encuentran en una situación terrible los hipócritas con una disciplina impura? *Los Puntos claros del camino de los medios* del glorioso Shepe Dorje dice:[169]

Hoy en día, la mayoría de nosotros practicamos lo que no es el

---

169 Vol. 60, pp. 17-138. BDRC, purl.bdrc.io/resource/MW3PD982_D6A2D5, f60a.1. 60a.3.

Dharma.

Los seguidores del sūtra desprecian la vida tántrica.

Los que se dicen "educados" dejan la conducta tántrica para vidas futuras.

Los discípulos de los charlatanes se entregan a una vida desenfrenada,

pensando que el sūtra y el tantra son opuestos, como el frío y el calor.

Sin aceptar distinción alguna entre lo que debe y lo que no debe hacerse,

vemos cómo se lanzan por caminos distorsionados.

Por lo tanto, estos argumentos de peso se exponen como una palabra a los sabios.[170]

Si analizamos esta situación, ¿quién puede negar que "no ver el deseo como un enemigo sino considerarlo como un amigo", es un camino de excelentes medios hábiles? Es posible que seamos más hábiles para hacernos amigos de algunas kleśhas que de otras. Cuando nuestra práctica no va muy bien, podemos crear algunas amistades relativamente "malas" en las que las kleśhas siguen perjudicándonos en cierta medida; pero normalmente estamos mucho mejor con estas malas amistades que con los enemigos que eran originalmente. Al igual que en la vida ordinaria, podemos tener alguans amistades relativamente "malas" que a veces nos tienen envidia, dicen palabras groseras innecesarias, etc.; aún así, nos ayudan en situaciones de emergencia. Es mucho mejor aprender a trabajar con estas amistades desafiantes que dejar que nuestras emociones sean nuestros enemigos acérrimos.[171]

---

170 Como se dice, "al buen entendedor, pocas palabras".

171 Por ejemplo, previamente hemos discutido cómo la ira y la ambición asertiva pueden llevarse al camino convirtiéndose en un valor heroico que sirva loablemente a la virtud. Podemos tener distintos grados de éxito o fracaso en este proceso. Si el índice de fracaso

Si sólo nos basamos en las escrituras, son permisibles otras formas de pensar, pero si lo examinamos según un razonamiento correcto, sin duda hay medios de transformar a los enemigos en amigos y viceversa. Resulta excesivo tener incluso un solo enemigo en el mundo, y por muchos amigos que tengamos, cuantos más, mejor. Dado que este camino del tantra transforma a todos nuestros enemigos en amigos, ¿qué consejo sabio sería mejor que decir que esto es lo que debemos hacer?

Quienes conocen la tradición textual del Tantra Yoga Supremo saben que, de entre todas las kleśhas, la pasión del deseo es potencialmente nuestra mejor amiga porque puede proporcionar el camino más elevado y rápido hacia la realización. Eso pueden comprobarlo aquellos que realizan el significado interno de los cuatro empoderamientos superiores del Tantra Yoga Supremo, y también existe como algo que se aprende de los textos tántricos.[172]

---

es relativamente bajo, a veces no podemos confiar del todo en nuestro "amigo", pero en general nos ayuda y nos protege para superar los obstáculos. De este modo, Kṛiṣhṇa insta a Arjuna en la *Bhagavad Gītā* (11.34) a luchar contra sus enemigos humanos, venciendo a los espirituales. "No te sientas abatido. Lucha y prevalecerás sobre los enemigos de tu mente porque Dios quiere que triunfes. Tu esfuerzo será instrumental, mientras que Dios forjará tu victoria por su gracia", https://www.holy-bhagavad-gita.org/chapter/11/verse/34. Recurso en inglés. Si el índice de fracaso es relativamente alto, nuestra ira no es una amiga en la que podamos confiar en absoluto, y no hemos sabido incorporarla al camino. Si no somos lo suficientemente cuidadosos, nuestro gran heroísmo puede verse superado por un trágico defecto de ambición valiente pero egoísta. Es como cuando en *Macbeth* de Shakespeare, Macbeth mata a su rey: podríamos terminar asesinando en beneficio propio a quienes hemos jurado proteger. Al final, el valor malogrado de Macbeth sólo le condujo a la locura y a una muerte vergonzosa.

172 Véase el capítulo siete más adelante y las citas pertinentes del *Tantra de Kālachakra* en el Apéndice II.

Vivimos disfrazados de los modos externos del mundo,
y así, cada día, perdemos el control de nuestros sentimientos
   naturales.
Nuestra bolsa llena de años y meses inútiles,
se desgasta un día y parece carecer por completo de sentido.[173]

Por lo tanto, el surgimiento espontáneo del estado natural,
que se manifiesta en toda la verdadera pasión del deseo
como la realización de la base y la raíz del ser humano,
sostenido por la gran pasión sexual:[174] ése es el objetivo.

---

173 La gente intenta abandonar emociones como el deseo o la ira, pero no puede hacerlo
   porque éstas siempre surgen de forma natural. Intentar reprimirlas, como si las escon-
   dieran en una bolsa, conduce al sufrimiento. Al hacerlo constantemente, experimentan
   un creciente nivel de estrés. Eventualmente, la bolsa se rompe y se dan cuenta de que
   sus esfuerzos han sido en vano. En lugar de eso, deberían considerar las emociones
   como manifestaciones naturales y tratar de canalizarlas hacia propósitos positivos, tal
   como se practica en el tantra auténtico.

174 El "gran" deseo sexual va más allá del sexo literal en todas sus implicaciones más profundas de unión y gran gozo. En última instancia, se encarna en la realización de cómo
   son las cosas, el Sugatagarbha.

4

Todos podemos comenzar
con las capacidades que tenemos

Cuando se comprende la intención del Victorioso con respecto a este profundo tema del deseo, ésta concuerda con las siguientes palabras del texto *Eliminación del tormento del deseo sexual en los seres* del glorioso Shepe Dorje:[175]

> Conozco lo que está prohibido y por qué está prohibido,[176]
> así como un par de cosas sobre la esencia y su aplicación.[177]
> También he adquirido cierta experiencia de primera mano.[178]

> Hoy en día, los que se han adiestrado en esto son excesivamente reservados;

---

175 *Rgyo 'dod skye bu'i gdung sel*, f15b.1. 15b.6.

176 Shepe Dorjé afirma conocer lo permitido y lo prohibido por la conducta ética y las instrucciones prácticas, así como las diversas razones por las que lo hacen.

177 Asimismo, conoce la esencia más profunda de estas normas y, por tanto, sabe cómo aplicarlas adecuadamente en distintas situaciones.

178 Además, no sólo comprende estos conceptos en teoría, sino que también tiene una sólida experiencia práctica.

mientras que otros, que pretenden conocerlos bien, ignoran las
reglas.[179]

Quienes demuestran el equilibrio adecuado, sin contradecir los
tantras,

y que poseen cualidades deseables, son tan raros como las
estrellas durante el día.[180]

Algunos, aunque conocen la práctica, son incapaces de
realizarla correctamente.

Dejan atrás esta vida y depositan sus esperanzas en la
siguiente.[181]

Como no tengo ni expectativas ni miedos,[182] haga lo que haga,
mi experiencia es mejor que la de aquellos que aún los tienen.

Aunque todos debemos relacionarnos con el sexo, mi forma de
hacerlo es diferente:[183]

---

179 La mayoría de las personas que se han adiestrado en la teoría y la práctica del tantra
caen en los extremos. Por un lado, algunas personas son demasiado "reservadas" y enfa-
tizan en exceso las normas de conducta externa, lo que lleva a reprimir sus verdaderos
sentimientos y experiencias meditativas para cumplir con las expectativas de los demás.
Otras personas ponen demasiado énfasis en expresar externamente sus experiencias,
pero hacen caso omiso de la mayoría de las normas de conducta ética. Hemos observado
que ninguno de estos dos extremos conduce a grandes frutos.

180 Como las estrellas en el día, rara vez se observan personas que sigan a la perfección el
enfoque tántrico enseñado en las escrituras, y que, para que su deleite se convierta en
un medio perfecto de realización, controlen su conducta sin ser ni demasiado rígidas ni
demasiado laxas.

181 Algunos poseen un buen conocimiento de las enseñanzas orales y las instrucciones técnicas, como los yogas sutiles de los aires y las gotas, entre otros, pero no saben aplicarlas
correctamente, lo que resulta en una práctica sin éxito. Otros fracasan a menudo por estar preocupados por expectativas y temores sobre sus propias capacidades, postergando
así la práctica real para sus vidas futuras.

182 En el sentido de estar libre de expectativas fijas y dudas.

183 La comprensión de la sexualidad es fundamental en el Camino del Deseo. Todos nos relacionamos con la sexualidad de alguna manera, pero los yoguis expertos, como Shepe

mis seguidores que tienen interés en la unión sexual
y consultan las instrucciones que he compuesto al respecto,
al aprenderlas adecuadamente, podrán comprender cómo
proceder.

Todas las apariencias que se ven son de la naturaleza del
sexo.[184]
Suspendido en el espacio abierto, en medio de esta dinámica
encantadora,[185]
ardiente de gozo natural, todo el cuerpo alcanza el clímax.[186]
Deja que la dulce fragancia del deseo lo impregne todo.[187]

La meta purificada de la generación y la consumación
se libera de este modo como un cuerpo de luz.[188]

Dorje, saben cómo hacerlo de una manera que les conduzca hacia la iluminación. Aunque la actividad sexual de diferentes personas pueda parecer similar externamente, internamente no son iguales; en particular, la actividad sexual de estos yoguis no es saṃsárica. Este es, precisamente, el tema de este libro.

184 Esto también lo explica Gendün Chöpel en el Apéndice I. En resumen, lo que quiere decir aquí es que, una vez comprendida correctamente la unión sexual sagrada, los practicantes perciben la interacción gozosa de los principios femenino y masculino, y todas las apariencias, incluso las que se encuentran "fuera de la cama", como si tuvieran la misma naturaleza que el sexo sagrado, en términos de ser gozosas, deleitantes e inspiradoras.

185 La interacción de los principios masculino y femenino nos saca de nuestro yo normal, dejándonos suspendidos en el espacio ilimitado de la mente entre pensamientos.

186 Todo el cuerpo estalla espontáneamente en un gozo que se extiende por todas partes. Se acumula hasta alcanzar un momento climático que detiene el flujo de los aires kármicos internos, similar al momento previo a un estornudo o a un orgasmo.

187 La naturaleza interna del deseo comienza a manifestarse como el gozo del Sugatagarbha.

188 De este modo, se alcanzan los objetivos de las etapas de generación y consumación, y finalmente, el practicante se convierte en un Buddha con un cuerpo de luz, un cuerpo arcoíris, aunque externamente el cuerpo aparezca como un cuerpo saṃsárico ordinario.

Que en los campos de un maravilloso y prodigioso despliegue,[189]
el dominio de las irreversibles enseñanzas vajra,
los sostenedores de la gran conciencia de la unión sexual
alcancen y establezcan los kāyas últimos.[190]

Estos son sólo algunos de los muchos puntos que se explican ahí. En términos generales, *debemos mejorar nuestra práctica tántrica, incluida la práctica sexual, tanto como podamos para beneficiarnos a nosotros mismos y a nuestra sociedad.* Sin embargo, hasta que no eliminemos los obstáculos problemáticos para ello, no podremos hacer realidad la felicidad que el Camino del Deseo promete para todos. Para ennoblecer este camino de la actividad sexual abandonando la corrupción y aceptando la esencia pura y verdadera de la realidad, sin duda necesitamos limpiarnos de impurezas contaminantes. Entre ellas, podemos encontrar tres malentendidos fundamentales sobre el camino tántrico del deseo:

1. En su mayoría, los indios, los chinos y otros orientales persisten en mantener viejas creencias que sostienen que los caminos que involucran la actividad sexual no sólo son inmorales, sino mortales como el veneno.

2. Muchos occidentales, en cambio, piensan que el tantra sólo implica destreza sexual, sin implicaciones más profundas.[191]

3. La mayoría de los tibetanos contemporáneos, independientemente de su educación o estatus, piensan que sólo grandes yoguis que han

---

189 En este punto, el entorno se transforma en un maravilloso y encantador despliegue de campos búdicos, deidades tántricas, etc.

190 Esto equivale a alcanzar el nivel último e inmutable de la Budeidad, manifestando espontáneamente los kāyas y las sabidurías prístinas.

191 Es esencial distinguir la literalidad sexual del "tantra de Internet" en contraste con la profundidad de múltiples capas de la auténtica sexualidad tántrica. En la primera, la técnica sexual es un fin en sí misma; la segunda busca la esencia de la iluminación en el corazón de la unión sexual.

avanzado hasta niveles inconcebiblemente altos pueden practicar el auténtico Camino del Deseo que incluye la actividad sexual y que nadie más puede seguir con éxito su ejemplo.

Cuando las personas no logran liberarse de este tipo de sopor engañoso que resulta de los malentendidos, no importa cuántas veces los textos acerca del Camino del Deseo afirmen que es valioso, ni siquiera aquellos con comprensión y experiencia en meditación podrán avanzar en este terreno. Para aquellos que están atados a las ideas preconcebidas de su tradición textual, resulta sumamente difícil hacer algo al respecto. Incluso aquellos que se autodenominan eruditos que han alcanzado la visión más elevada o yoguis que han dominado las más altas habilidades yóguicas, nunca tendrán los medios suficientes para unirse con la verdadera forma de ser de las cosas hasta que superen estos obstáculos.

Consejos directos para poner en práctica tanto como podamos

El tercer punto de la anterior lista de malentendidos es de suma importancia. Por lo tanto, si primero no lo discutimos un poco, no habrá manera de adentrarnos en este camino.

Para aprender sobre las cualidades y caminos mundanos y supramundanos[192] que deseamos conocer y practicar, es necesario mirar, en primer lugar, en la dirección correcta. Por lo tanto, comenzando por pequeños pasos, debemos tornar en esa dirección y practicar todo lo que podamos, no importa si podemos hacerlo perfectamente o no.[193] Comen-

---

192 Lo mundano corresponde a lo relativo y lo supramundano a lo absoluto. Por lo tanto, los caminos mundanos son aquellos cuyas actividades son medios causales que apoyan la realización. Un camino supramundano es aquél que utiliza la realización absoluta como camino, tal y como se ha comentado anteriormente.

193 Rinpoché señala que debemos avanzar paso a paso y tener clara la dirección que tomamos en el Camino del Deseo, siguiendo las instrucciones que nos da en este libro. Él enfatiza la importancia de centrarse en la dirección correcta y de no rendirse nunca,

zamos con todo lo que sepamos acerca de transformar las kleśhas en el camino. Hasta que alcancemos el último nivel de la unión yóguica, hemos de intentar llevar las kleśhas al camino tan bien como podamos en el entorno de la visión genuina.

¿Cómo podemos hacer esto pretendiendo que el camino del sūtra es el camino tántrico? No se puede. No hay forma de que simplemente repetir una y otra vez que "el sūtra es el tantra" como si estuviéramos recitando un mantra, y luego no realizar ninguna práctica tántrica más allá de acumular mantras, pueda actuar como un auténtico camino tántrico. Si nos quedamos esperando, porque tememos no saber lo suficiente para progresar, nunca estaremos preparados para comenzar con la práctica del tantra. Esta tonta creencia de que no podemos comenzar el camino tántrico *hasta que dominemos los caminos del sūtra no está justificada ni por las escrituras ni por el razonamiento.*

Toda persona que se inicia en la práctica del tantra debe empezar por lo básico. Al igual que los niños cuando aprenden a leer y escribir, no importa cuántos errores cometan, primero deben aprender a reconocer cada letra. Después, una a una, deben unir las letras que han aprendido para formar palabras cuyo significado ya conocen. Sólo entonces, a pesar de los errores que puedan cometer, podrán comenzar a leer palabra por palabra; nadie puede leer desde el principio. Del mismo modo, cuando nos adentramos en el camino del tantra, *a pesar de los errores y fracasos que cometamos, hemos de intentar llevar las kleśhas al camino, paso a paso, sin abandonarlas.*

Observa una y otra vez lo que tienes que hacer. *Incluso si fracasamos al principio, podemos aprender de esas experiencias de derrota, y mejorar.* ¿Cómo podría ser correcto sostener que, desde el principio, es imposible incurrir en errores y fracasos? Al igual que al aprender a andar en bicicle-

---

en lugar de frustrarse si no podemos comprender los principios a la perfección o si no tenemos éxito de inmediato al emprender la práctica real.

ta, los errores son inevitables. Pensar que no podemos cometer errores es el error definitivo. No debemos limitarnos a una opinión sin fundamentos sobre nuestras capacidades, tanto en lo que podemos lograr como en lo que no. Si nos quedamos en la mera perspectiva de que un día repentinamente alcanzaremos el poder, el éxito es imposible. No te desanimes por contratiempos temporales. Las acciones bien realizadas suelen recompensar a quienes siguen intentándolo: esa es la naturaleza de las cosas.

Aunque esto pueda parecer evidente, los tibetanos contemporáneos, con una actitud de soberbia por su conocimiento, convierten la ciertamente elusiva tradición textual que dice que esto puede y debe hacerse, en su contrario. Muchos de ellos se centran en su propia visión conceptual o en un determinado tipo de conducta moral, considerándolas lo más importante y olvidando el punto principal. Además, creen que sin haber alcanzado un gran progreso en los caminos del sūtra, carecen de los requisitos previos para practicar el tantra, y mucho menos el Camino del Deseo. Este concepto erróneo se ha repetido una y otra vez durante siglos y permanece como un dogma ampliamente aceptado.

Al construir un castillo con piedras pesadas y sólidas, es fundamental que lo hagamos sobre cimientos igualmente sólidos y firmes. Si amontonamos piedras pesadas sobre cimientos frágiles, como el papel, el castillo colapsará. Esta situación es similar a las dificultades que enfrentan aquellos que se preparan para el tantra, dedicándose extensamente a una versión meramente intelectual del camino del sūtra del segundo giro de la rueda del Dharma. Este enfoque es tan "fácil de manejar" como el papel, ya que cuando se trata de kleśhas y oscurecimientos, su enfoque principal es demostrar su vacuidad inherente. Pero, más tarde, cuando intentan adiestrarse en las diversas prácticas tántricas "pesadas" y sustanciales para incorporar las kleśhas al camino, no estarán en absoluto preparados para trabajar con sus emociones reales. El resultado será tan catastrófico como si hubieran amontonado piedras pesadas sobre algodón.

La transición del sūtra al tantra implica una diferencia fundamental: en lugar de simplemente *abandonar* las kleśhas mediante antídotos, se requiere *incorporarlas* al camino. Si, durante toda tu vida, has practicado el camino del sūtra, que considera el deseo como un enemigo, es posible que creas que practicas el tantra con destreza.[194] Sin embargo, es probable que tus esfuerzos por adentrarte en el tantra sin una preparación adecuada sean similares a forzar a soldados acostumbrados a combatir a sus enemigos a convertirse de repente en sus amigos. Es posible lograr que una niñera anciana cuide a un niño travieso o que señores y damas arrogantes actúen como sirvientes, pero probablemente fracasarán. La mayoría de los tantrikas tibetanos actuales que confían en el enfoque del sūtra de abandonar las kleśhas y usar antídotos se encuentran en esta situación. Los métodos que emplean simplemente no pueden sostener una práctica tántrica genuina.

Si nos adentramos en el Tantra, debemos adiestrarnos desde el principio en sus enseñanzas especiales, comenzando por las más sencillas. Si alguien que sólo está familiarizado con el camino del sūtra debe funcionar repentinamente como un tantrika en un solo día, naturalmente resulta imposible que lo haga correctamente. Por lo tanto, si queremos adentrarnos no sólo en el camino del Tantra, sino también en el Camino del Deseo y su manifestación principal, el camino de la unión sexual, debemos adiestrarnos adecuadamente y de manera gradual desde el momento en que comenzamos. Además, debemos hacerlo con un plan a largo plazo adecuado para la consiguiente manifestación de la realidad vasta y profunda que se encuentra detrás de todo esto. De lo contrario, con solo palabras vacías en una boca vacía, estaremos realizando un mero simulacro de adiestramiento. Cuando algunos que se presentan a sí mismos como grandes lamas de monasterios venerados afirman estar enseñando el camino tántrico pero nunca dan ninguna instrucción práctica, pode-

---

194 Rinpoché aboga por una educación tántrica más temprana para que los practicantes tengan mayores posibilidades de éxito.

mos estar seguros de que sus enseñanzas no son completas.

El deseo más elevado de entre todos los deseos
es el camino de la sabiduría, la unión de héroes y heroínas.
¿Quién elegiría un camino inferior que reniega de nuestra
 naturaleza
rechazando así el camino más elevado del gran gozo innato?

La familia de la esencia más íntima de la práctica del tantra
es el gran secreto último completamente profundo.
Es la quintaesencia suprema que colmala gloria de los
 estudiantes.
Si deseas ser parte de ello, más vale que te adentres en él;
meras palabras y sueños nunca alcanzarán la meta, la esencia.

5

La naturaleza sagrada del sexo
y las percepciones preliminares

El primer y más importante punto del Camino del Deseo es reconocer que todos los diferentes tipos de seres sensibles en este mundo poseen tanto cualidades masculinas como femeninas en diversos grados. Además, todas sus acciones, interacciones y metas requieren de la integración de ambas cualidades. Cuando una de estas naturalezas falta o no coopera armoniosamente, los objetivos no se alcanzan de manera efectiva.

Cuando se habla de las cualidades masculinas y femeninas, no se hace referencia únicamente a los aspectos físicos burdos que pueden distinguirse a simple vista en hombres y mujeres. Estas cualidades abarcan aspectos sutiles, como las esencias rojas y blancas de nuestro cuerpo, que dan lugar a diferencias en múltiples niveles. Todo lo indeseable y caótico surge de la falta de equilibrio y coordinación entre las cualidades masculinas y femeninas. Todos los aspectos de la virtud y la felicidad perfectas emanan del equilibrio y la coordinación entre ambas.[195]

Dado que los aspectos masculino y femenino presentan manifesta-

---

195 Rinpoché señala que, antes de comenzar la práctica real del Camino del Deseo, es fundamental desarrollar una actitud adecuada que surja de la comprensión de la interacción entre estos dos principios.

ciones tanto burdas como sutiles, concebir que el Camino del Deseo en su totalidad se refiere exclusivamente a la actividad sexual es completamente inapropiado. Comprender la práctica del Camino del Deseo como algo que consiste únicamente en la práctica con una consorte física, o Mudrā de Karma, también es incorrecto. Como se explica más adelante en el libro, en términos de *mudrās* o *consortes*, el Camino del Deseo no se limita al Mudrā de Karma humano, sino que también incluye los Mudrās mentales de Sabiduría, Dharma y Samaya. El resultado es el amor incondicional y la alegría de la gran consorte de la forma vacía, Mahāmudrā.

Consejos iniciales para establecer una unión sexual sagrada

Si se practica con una Mudrā de Karma, no es apropiado entablar una unión sexual de inmediato.

1. En primer lugar, disfruta del simple acto de mirarse el uno al otro.
2. A continuación, saborea el placer de sonreír y reír juntos.
3. Después, si sabes aumentar el placer mutuo tocando poco a poco partes del cuerpo de la consorte, comenzarás a avanzar en este excelente camino.

Ya sea que puedas o no enlazar correctamente todas estas etapas en secuencia, los siguientes son consejos sobre el objetivo deseado de la unión sexual:

4. Si eres mujer, reconoce como más valiosas que el oro esas cualidades especiales que son casi inexistentes en una mujer, pero que predominan en un hombre. Si eres hombre, considera que todas las cualidades especiales que predominan en una mujer no tienen precio. Establecer esta percepción es necesario, pero no suficiente. Ambos miembros de la pareja deben sentir que relacionarse con las cuali-

dades especiales del cuerpo y la mente de su consorte es realmente una gran bendición, y deben saber que se trata de una práctica sagrada muy delicada y sensible que puede estropearse con facilidad.

5. En la medida de lo posible, abre tu mente a la percepción pura de que el cuerpo y la mente de tu pareja contienen los innumerables maṇḍalas del océano de los Victoriosos.[196]

6. A medida que percibes gradualmente el cuerpo, la palabra y la mente de tu consorte como los infinitos maṇḍalas de los inagotables círculos de ornamentos del cuerpo, la palabra y la mente iluminados,[197] aprecia lo auspicioso de tu buena fortuna al participar en tal realización.

En resumen, mientras disfrutas la experiencia de la unión con la percepción de que se trata de una bendición supremamente grande, sagrada y preciosa, reflexiona, no sólo con palabras sino desde el corazón, "Lo que

---

196 Si estás comenzando en el Camino del Deseo y estas ideas resultan difíciles de asimilar, enfócate mejor en los demás requisitos previos descritos aquí y en pasajes posteriores. En general, aprecia a tu pareja como a un ser "divino" tanto como puedas, y siente gran admiración y gratitud por esta valiosa oportunidad de práctica. Trata de sentir este aprecio no sólo como un pensamiento, sino como una emoción profunda. Para una explicación detallada, consulta la siguiente nota a pie de página.

197 *Sku gsung thugs mi zad pa rgyan gyi 'khor rab byams kyi dkyil 'khor:* Como parte del fruto de las prácticas tántricas, tales como el Camino del Deseo, todos los fenómenos del cuerpo, la palabra y la mente se perciben como sonidos de forma vacía, que son aspectos de la naturaleza absoluta y gozosa de las cosas. Desde la perspectiva última, todos los fenómenos se comprenden como meros aspectos de la naturaleza verdaderamente existente de las cosas, el Sugatagarbha. Más allá del cuerpo físico, se pueden percibir reinos búdicos ilimitados, y dentro del cuerpo, centros de energía capaces de manifestarse como el entorno y los habitantes de infinitos maṇḍalas de deidades tántricas con todas sus cualidades puras y actividades iluminadas. Esta es la percepción de Akaniṣṭha, el reino de la forma más elevado. Los principiantes en el tantra se adiestran recordando esta pureza subyacente hasta que pueden experimentar atisbos de ella y, finalmente, alcanzarla. Véase "percepción pura" y "maṇḍala" en el glosario. (Como se mencionó anteriormente, si acabas de comenzar, es mejor concentrarse en los requisitos previos con los que puedas relacionarte).

está sucediendo en este momento no es simplemente sexo, sino el verdadero empoderamiento del Camino del Deseo que madura la mente para conectar con los fenómenos absolutos". *Puedes estar seguro de que estas son las instrucciones excelentes y especiales sobre cómo practicar el Camino del Deseo liberador.* Sin duda, para experimentar tal bendición, tú y tu pareja deben tener un karma excepcionalmente bueno y haber acumulado méritos a lo largo de muchas vidas. Son, sin duda, individuos de excelente discernimiento. ¿Cómo podrían personas con mentes pequeñas y escasas acumulaciones de mérito experimentar una práctica tan elevada? Sería extremadamente improbable.

Aún más sorprendente que encontrar oro puro en la arena ordinaria o un loto puro creciendo en el fango, es la excelencia de saborear la sabiduría iluminada del gran gozo absoluto en el corazón de la actividad sexual. Las personas con una actitud samsárica no pueden experimentar esto ya que piensan que el sexo es como comer alimentos deliciosos o beber bebidas agradables, como lo hacen a diario. No tienen ni idea de que su esencia es tan elevada y sagrada. Ni siquiera pueden imaginar tal posibilidad, y mucho menos saber por qué es motivo de alabanzas tan exaltadas. Su disfrute del sexo es egoísta y de vista corta, similar al de los animales, por lo que ¿por qué habrían de considerarlo un culto sagrado? Para todo es algo tan conocido como el viento que, apoyándose en su degenerado punto de vista, se han entregado y continúan entregándose a semejante conducta repugnante, inapropiada y explotadora.

Algunas personas disfrutan del sexo con entusiasmo cada vez que tienen la oportunidad, pero se muestran públicamente como defensores de la "decencia" cuando otros lo hacen. Consideran que es algo vil y bajo, y los acusan de inmoralidad, entre otras cosas. Sin embargo, actúan hipócritamente al participar en diversas formas de engaño y ocultamiento, lo que hace que sus palabras externas choquen con su realidad interna. Son numerosas las personas con esta mentalidad y se pueden encontrar en cualquier parte del mundo, aunque los países orientales, como el Tíbet, pueden ser los peores en este sentido.

No obstante, algunos de ustedes pueden estar considerando la posibilidad de practicar correctamente la actividad sexual del Camino del Deseo. Por lo tanto, ofreceré más consejos sobre cómo establecer una unión sexual sagrada.

Consejos adicionales para establecer una unión sexual sagrada

1. En primer lugar, en la medida de lo posible, *abandona las percepciones dualistas fijas sobre lo que se considera puro y lo que se considera sucio*, que a menudo existen como puntos de referencia en la mente de las personas. Al hacerlo, es importante no categorizar ninguna parte del cuerpo, ya sea interna o externa, como pura o impura.[198] Estas condiciones mínimas pueden chocar con la cultura local en ciertos países, mientras que en otros, instrucciones tántricas como estas pueden resultar incomprensibles.

2. Mientras realizas esta actividad sagrada, *es crucial desechar cualquier preocupación o pensamiento vacilante acerca de la calidad o nivel de tu participación*. Las expectativas de desempeñarse bien o los temores de hacerlo mal, entre otros, *están completamente fuera de lugar* en el Camino del Deseo. En resumen, cuando la mente está dando vueltas y produce una masa de pensamientos distractores de expectativas o dudas, no estás integrando tus sentimientos y acciones en el camino. Estos pensamientos representan grandes obstáculos para la práctica tántrica.

3. Muchos practicantes no logran alcanzar la liberación debido a que se dejan desviar por los pensamientos, por lo que estos son un obstáculo a tener en cuenta. Por lo tanto, durante la práctica del sexo

---

198 Por lo menos, hasta que termine tu actividad sexual, no te fijes en nada como limpio o sucio.

sagrado, en la medida de lo posible, *relájate unipuntualmente en lo que está sucediendo*. Permite que tu mente se sienta satisfecha, libre de las múltiples elaboraciones mentales.

En pocas palabras, es fundamental tener una visión vasta y, al mismo tiempo, una mente concentrada en lo que estás haciendo, pero sin expectativas, dudas ni temores. Si no puedes lograr esto, por muy buenas cualidades que tengas y por muy buena que sea tu práctica en otros aspectos, *no* estás practicando el camino del tantra.[199] Sólo estás teniendo sexo mundano ordinario, con sus conceptos y sentimientos dualistas habituales.[200]

Muchas personas en el Tíbet afirman que antes de que los practicantes disfruten de este tipo de prácticas con consorte, deben esforzarse mucho en las prácticas preliminares formales, incluyendo prácticas extensas para purificar el karma acumulado y hacer súplicas de manera unipuntual al Guru, como en el Guru Yoga. Después de esto, deben visualizar perfectamente a la deidad yidam y a la consorte en *yab-yum* y acumular un mínimo de mantras de la deidad. Es entonces que los practicantes autorizados pueden participar en la unión sexual sagrada mientras mantienen una visualización deliberada.

Si realmente puedes emular este enfoque con una motivación pura, ciertamente parece que debe tener como resultado la acumulación de virtudes. Sin embargo, también parece razonable decir que al pensar erró-

---

199 Es importante ser consciente de uno mismo, del compañero y de la calidad de la interacción entre ambos. El problema surge cuando el practicante se queda generando dudas conflictivas, expectativas y otros pensamientos respecto a su propia capacidad o desempeño, ya que esto le impide adentrarse en niveles más profundos de experiencia.

200 Incluso si reconoces que estás cayendo en esta categoría, no hay razón para rendirse. Puedes prepararte y entrenarte una y otra vez, y aunque el progreso sea lento, debes ser amable contigo mismo y aceptar tu situación actual. Si sientes que aún necesitas desarrollar una comprensión más profunda e integrarla en tu práctica, no te preocupes ni te desanimes por tus limitaciones temporales, sigue avanzando tanto como puedas.

neamente que toda esta "palabrería" es absolutamente necesaria para realizar tu propia naturaleza, crearías obstáculos para esa realización. En cualquier caso, ésta no es definitivamente la mejor manera de llevar la actividad sexual al camino. Podemos experimentar mejor la realidad sagrada dentro de la propia unión sexual con menos distracciones simbólicas. Por lo tanto, presentaré a continuación un nuevo enfoque para facilitar una experiencia directa del gozo de la unión sexual, llamado aquí "Percepciones Preliminares".

Percepciones Preliminares

A continuación, presento un resumen de las cinco Percepciones Preliminares excelentes para avanzar en el Camino del Deseo, seguido de una explicación detallada de cada percepción:

1. Percibir el Camino del Deseo como un camino natural e innato.
2. Percibir con certeza que todas las experiencias temporales de gozo encarnan la esencia última.
3. Percibir que las experiencias temporales de gozo son capaces de incrementarse hasta convertirse en ilimitadas.
4. Percibir que todas las acciones en el camino del tantra deben estar motivadas por la bodhichita.
5. Percibir los aspectos masculinos y femeninos primordiales del *Dharmakāya* no dual como el poder de expresión natural de nuestra propia naturaleza.

Explicación

1. *Este Camino del Deseo es un camino innato* que desarrolla tanto nuestra naturaleza incidental como nuestra naturaleza última. Percibir ese camino como un desarrollo natural implica reconocer que es

un camino mucho mejor que uno que lucha constantemente contra nuestras emociones naturales.[201]

2. Así como el sabor de un solo grano de azúcar nos permite conocer el sabor de todo el azúcar del universo, otorgándonos la capacidad de reconocerlo en caso de que lo experimentemos nuevamente, lo mismo ocurre con nuestra verdadera naturaleza, el Sugatagarbha. *Por tanto, a través de nuestra práctica, percibimos con certeza que todas nuestras experiencias de gozo encarnan la esencia última del camino.*[202]

3. Aunque la esencia gozosa sólo se perciba brevemente, gracias a esa

---

201 Esta percepción tiene múltiples niveles, pero comenzarás a observarla con certeza tan pronto como experimentes el alivio del conflicto con las kleśhas que se produce cuando las traes al camino. Aquellos que rechazan este camino por considerarlo deplorable argumentan que, hasta que los practicantes de la liberación individual no alcanzan un nivel muy elevado, el mérito obtenido en la práctica es proporcional a la dificultad de negar los "vergonzosos" impulsos naturales. ¿No sería preferible cultivar el deleite en lugar de la agonía?

202 Quizás pienses que esto suena a una realización muy elevada y te preguntes cómo es posible que tal experiencia se considere "preliminar" en el Camino del Deseo. Es similar a cuestionar cómo la fructificación puede ser el corazón de la práctica tántrica que busca alcanzar ese mismo fruto. Si la experiencia del fruto es preliminar a la práctica tántrica, ¿no sería necesario estar iluminado antes de comenzar? Este es precisamente el error común entre muchos tibetanos con respecto a la práctica del tantra. Se enfocan en el hecho de que nuestro karma saṃsārico, que se perpetúa a sí mismo, nos atrapa en una red impenetrable de percepciones engañosas y actividades compulsivas que bloquean la experiencia realizada. Según esta perspectiva, la percepción pura de las cosas tal como son sólo puede iniciarse tras la completa aniquilación de esa red saṃsārica mediante la comprensión de que todos los fenómenos están vacíos de existencia verdadera, como se explica en los sūtras del segundo giro. Sólo unos pocos seres excepcionales pueden lograrlo en una vida, mientras que el resto de nosotros no tenemos más remedio que continuar en nuestra percepción engañada de la existencia cíclica. El camino tántrico se fundamenta en la visión del tercer giro, que sostiene que la realidad última es el Sugatagarbha, la Budeidad compasiva. En comparación con esta realidad eterna, el mecanismo del saṃsāra es temporal e imperfecto. Sin embargo, nuestras nubes de oscurecimiento presentan frecuentemente pequeñas aberturas que nos permiten vislumbrar el sol de la sabiduría detrás de ellas. Es así como la gracia incondicionada de la Budeidad posibilita la práctica de la fructificación para los seres sensibles.

experiencia surgirá la fe de convicción de que, con el tiempo, tales experiencias momentáneas de gozo pueden expandirse y enlazarse. Cuando percibimos que los atisbos de gozo van madurando continuamente hacia la experiencia de nuestra naturaleza última e ilimitada, *también percibimos que nuestras experiencias temporales de gozo son capaces de aumentar ilimitadamente.* En consecuencia, nuestra mente se llenará de confianza.[203]

4. *Percibimos que todas las acciones que se realizan en el camino del tantra deben estar motivadas por la bodhichita.* Al recorrer verdaderamente el camino del deseo, nos percatamos de que nuestro objetivo último, el fruto de este camino, sólo puede alcanzarse plenamente con el objeto de conducir a todos los seres sensibles ilimitados[204] hacia ese mismo nivel de gran gozo inmutable. Esto se debe a que, para trascender las fijaciones dualistas del *yo* y del *otro*, es necesario abandonar todas las motivaciones egoístas. Por lo tanto, percibimos con certeza que para practicar auténticamente este camino, primero debemos cultivar la bodhichita.

5. *Los aspectos masculino y femenino primordiales e inseparables del Dharmakāya no dual se perciben como la expresión natural del poder de nuestra propia naturaleza,* la sabiduría inmutable del gran gozo. Esta sabiduría se expresa naturalmente como la dupla padre y ma-

---

203 Es posible alcanzar esta fe si integras en tu mente una clara comprensión de lo que las escrituras enuncian sobre las cualidades puras de la naturaleza búdica y la percepción pura del Guru y la deidad yidam como ejemplos de estas cualidades en el mundo fenoménico. En el Camino del Deseo, incluso los breves atisbos de gozo comienzan a disolver las ilusiones dualistas de que debemos buscar la realización última en algo externo a nosotros en el espacio y el tiempo. Cuando tú y tu pareja se convierten en la realidad eterna de la deidad no dual y su consorte, experimentan el sabor del gozo eterno, aunque sólo sea por un instante. Posteriormente, podrán reposar en breves visiones recurrentes de esto. Al hacerlo, podrán percibir cómo la realidad de estos atisbos se expande sin un límite fijo.

204 Podemos empezar, por ejemplo, por un sincero aprecio por tu pareja o consorte, quien es tu acompañante cercano en este profundo viaje.

dre, completamente perfectos en su gran pureza, reconociendo que contienen la asamblea de deidades del vasto océano de maṇḍalas del Victorioso.[205] Aunque pueda sonar intimidante, eso es precisamente lo que experimentaremos ser si eliminamos los obstáculos y cumplimos con las condiciones previas, así que dejemos que se quede ahí.

Conclusión y consejos complementarios

Los practicantes que deseen progresar en el Camino del Deseo deben asimilar estas cinco Percepciones Preliminares. Por lo tanto, *si realmente deseas alcanzar una realización elevada en el Camino del Deseo, asegúrate, como mínimo, de integrar gradualmente todas ellas en tu práctica.* Si prestan atención a estos puntos, los principiantes pueden practicar con cualquier atisbo de lo último que se les presente. Si acabas de empezar, no tienes por qué sentirte abrumado e intimidado por estos cinco requisitos. *Simplemente percibe tanto de ellos como se manifieste naturalmente con tu capacidad actual.* Se dice que, gracias a la compasión de Buddha, lo que experimentes siempre será adecuado a tu nivel.

¿Qué sucede con aquellos que no tienen intención alguna de practicar formalmente el tantra tibetano? Todo el mundo posee la misma naturaleza última, y como deseo que manifiesten esa naturaleza tanto como sea posible, escribí este libro con la intención de que cualquiera pudiera leerlo. Las parejas que tienen escasa o nula práctica budista podrían aprender a valorarse más y a estar menos inclinadas a discutir si comprenden cómo los principios masculino y femenino colaboran en todas las interacciones.[206] Esa percepción puede generar numerosos beneficios prácticos

---

205 Véase "yab-yum", "deidad" y "maṇḍala" en el glosario.

206 Eso también puede compararse con saborear la esencia de todo el azúcar en un solo grano. Muchas mujeres expresan que sus parejas no comprenden la experiencia física y psicológica femenina, lo que les impide conducir a cualquiera de los dos al verdadero sabor azucarado. Seguir las instrucciones de este libro puede ayudar a resolver ese problema. Muchos hombres necesitan aprender a no precipitarse para disfrutar plenamente de ese sabor; del mismo modo, muchas mujeres pueden beneficiarse al acoger la

en esta vida y establecer buenos potenciales kármicos para practicar el camino tántrico en vidas futuras. Por lo tanto, independientemente de los antecedentes o aspiraciones de las personas, aprender estas enseñanzas puede, sin duda alguna, representar numerosas ventajas y ningún inconveniente.

En cualquier caso, con una mínima elaboración de los vastos y profundos puntos presentados, este capítulo ha ofrecido instrucciones únicamente sobre el significado esencial del Camino del Deseo, mismas que todos los lectores pueden emplear según sus aspiraciones y capacidades.

Sin adornar este tema con finas elaboraciones,
en preparación para el gozo del sexo trascendente,
se deben abandonar por completo las apariencias indiferentes
captadas por el yo personal de las mentes pequeñas e inferiores.
Al captar el amor inmutable como el valor de la apariencia
   pura,
llegarás a disfrutar la gran pureza de lo último,
con todas sus gloriosas cualidades de dicha y gozo ilimitados.

La forma de adiestrarse en la práctica de los canales,
   aires y gotas,
cuyo proceso es necesariamente autónomo,
se describe a través de una congregación de numerosas
   palabras agradables.
Aunque los medios secretos de la práctica del deseo,
tanto con el propio cuerpo como con el ajeno, son difíciles de
   dominar,

---

energía masculina de sus parejas una vez que se logra una comprensión más profunda de la interacción entre ambos principios. Este proceso puede llevar a los practicantes más allá del sexo ordinario, ya que esta interacción se manifiesta en los niveles más profundos de toda nuestra existencia.

el objetivo es comenzar con la práctica real.[207]

Si no se poseen todas las cualidades necesarias para la práctica
principal,[208]

gracias a la asimilación de estas cinco Percepciones
Preliminares,

incluso sin conocer las técnicas del deleite,

se alcanzarán, con el tiempo, las cuatro dichas del gozo y
vacuidad

que conducen a lo último, el nivel puro del gran gozo.

---

207 Al comienzo de esta estrofa, Rinpoché se refiere a los ejercicios yóguicos de la etapa
de consumación, los cuales trabajan con los aires, canales y gotas del cuerpo sutil. La
mayoría de los tantrikas creen que su objetivo debe ser dominarlos; sin embargo, preocuparse en exceso por ellos puede convertirse fácilmente en una distracción respecto a
la realización de los puntos principales durante la unión sexual. En su lugar, Rinpoché
nos anima a comenzar con la práctica directa del Camino del Deseo con base en los preliminares que se acaban de describir. La siguiente cita de Shepe Dorje en el capítulo seis
abordará temas similares.

208 Esto significa la práctica auténtica y formal del tantra tibetano, que abarca el cumpli-
miento de las prácticas preliminares formales tradicionales, los empoderamientos y los
niveles más elevados de experiencias, como la capacidad de controlar los movimientos
de diferentes tipos de *thigle* en partes específicas del cuerpo sutil, entre otros aspectos.
Aunque la mayoría de nosotros no alcanzamos este nivel tan avanzado de práctica, podemos confiar en que las Percepciones Preliminares descritas en este libro constituyen
una base sólida sobre la cual edificar nuestra práctica del Camino del Deseo.

6

Aclaración de conceptos erróneos mediante una presentación detallada de los distintos tipos de thigle

En *Eliminación del tormento del deseo sexual en los seres,* el glorioso Shepe Dorje, menciona lo siguiente:[209]

¡A HO! En la vacuidad, la naturaleza de la vagina,
a partir del juego del pene, la apariencia sin obstrucciones,
nace el bebé, la unión de saṃsāra-nirvāṇa.
Al comprender esto, todas las cosas son de la naturaleza del
sexo.

Establecer el vajra como lo último
es imposible más que por este medio supremo.
Por lo tanto, esta ofrenda al desnudo de la práctica sexual,
se dispone para una mujer deseosa de sexo.

Ahora, emergiendo en forma de una doncella solar

---

209 *Rgyo 'dod skye bu'i gdung sel,* f15b1. 15b6.

que brinda refugio a los yoguis, la ḍākinī vajra
habla de acuerdo con el significado invocado por la palabra,
a través de las acumulaciones de la joven del deseo vajra.

Aunque aquí no se encuentra eso que la gente puede considerar
maravilloso,
las habilidades efímeras que involucran los aires yóguicos y el
sexo físico,
como el empuje hacia adelante y hacia atrás, y los ejercicios de
trulkhor,
conozco bien el funcionamiento de los puntos cruciales del
sexo.[210]

---

210 Esta canción expresa poéticamente el profundo significado de la unión sexual tántrica.
En el mundo fenoménico, **la naturaleza de la vagina es** *prajñā*, la vacuidad, el principio
femenino como fuente fértil de los fenómenos. Por otro lado, **el pene es el juego de**
las **apariencias** no conceptuales y **libres de obstrucciones**, el principio masculino, el
poderoso medio hábil. De la unión gozosa de los principios masculino y femenino **nace**
el bebé, la unión de saṃsāra-nirvāṇa. Este **bebé** metafórico refleja la experiencia iluminada del Dharmadhātu, el espacio fundamental donde se **unen** todos los fenómenos
de saṃsāra y nirvāṇa. **Al comprender esto, se reconoce que todas las cosas son de la**
naturaleza del sexo, en el sentido de que todos los fenómenos se producen a causa y
en forma de la unión de los principios masculino y femenino. En la práctica, la naturaleza **vajra** indestructible, el Sugatagarbha, que la percepción directa de la realización
establece como la verdad última, sólo se manifiesta mediante la unión gozosa de los
principios masculino y femenino. Es **imposible que ocurra de otra manera que no**
sea a través de este medio supremo. Se trata de una **ofrenda al desnudo**—percibida
directamente tal como es, sin un contexto conceptual—de la unión gozosa de la mente
iluminada compasiva con la consorte de los fenómenos. Esta experiencia puede lograrse
mediante la **práctica de** la unión **sexual** sagrada. En este sentido, Shepe Dorje, desde su
perspectiva masculina de yogī, comparte esta **ofrenda** de gozo dispuesta **para** cualquier
mujer consorte que un yogī tenga la fortuna de encontrar, ya que una consorte vidyā
abierta y **deseosa de** participar en esta práctica **sexual** sagrada es extremadamente preciosa. La afirmación análoga femenina es válida también para las yoginīs. El gozo de la
unión se experimenta comúnmente por primera vez literalmente a través del sexo con
una consorte vidyā humana o un Mudrā de Karma, pero también puede encontrarse o
perfeccionarse al trabajar más con los mismos principios en el contexto de otros tipos
de mudrās más refinados. Los siguientes versos evocan probablemente la práctica del

Introducción a una comprensión más sistemática sobre el thigle

Muchas personas creen que para practicar el camino de la actividad sexual a un nivel avanzado, es necesario dominar los diversos ejercicios físicos del *thrulkhor*.[211] Además, suponen que practicar el camino de la unión sexual implica una variedad de técnicas sexuales maravillosas que mejoran la experiencia de lo último.

La técnica tibetana conocida como "conducir el *thigle* hacia arriba" es algo que se discute ampliamente,[212] pero la mayoría de las veces se hace

tummo, el yoga del calor interno. En esa práctica, tanto yogīs como yoginīs pueden visualizarse a sí mismos como una **ḍākinī vajra**. El calor del tummo emerge cuatro dedos debajo del ombligo, tomando la forma de un sol de sabiduría, ardiente y de color rojo. Por ende, esta ḍākinī es una **doncella solar**. La sílaba A, la semilla de la facultad de la **palabra**, invoca su calor para que ascienda a través del canal central y transmute los fenómenos ordinarios en el verdadero **significado** percibido por la sabiduría. En el Camino del Deseo, la diosa puede manifestarse literalmente como **una joven que brinda refugio** del **saṃsāra** a ambos yoguis. Lo mismo es cierto para la deidad principal. Entonces, las **acumulaciones de deseo vajra**, el gozo sexual sin apego a objetos particulares—lo que conduce a la acumulación pura de mérito y sabiduría en la mente de los yoguis—ascienden por el canal central e impregnan el cuerpo, transmutando todas las percepciones en sabiduría **vajra** indestructible, la satisfacción de todo **deseo**. Esta visión es la palabra última de las ḍākinīs, que está más allá de conceptos y expresiones.

En el proceso de manifestar esto, se identifican tres fases yóguicas: descenso, retención y "esparcir lo esparcible", las cuales se abordarán de manera concisa más adelante en este libro. Estas fases pueden potenciarse mediante el **empuje hacia delante y hacia atrás**, a través de técnicas yóguicas en las que las gotas se empujan en varias direcciones dentro del cuerpo, así como mediante ciertas posturas sexuales que generan un efecto similar. Los **ejercicios** yóguicos conocidos como **thrulkhor** o yantra yoga trabajan con las energías internas de los **aires yóguicos** sutiles y las **habilidades sexuales físicas** que potencian la dicha y el gozo. Si bien muchas **personas piensan** que estas **habilidades efímeras** son **maravillosas**, es importante no obsesionarse con ellas, ya que esto podría desviarnos fácilmente de la realización del punto principal. Por lo tanto, **aquí no se encuentran** explicaciones respecto a éstas. **Sin embargo**, yo, Shepe Dorje, **poseo un profundo conocimiento sobre los aspectos fundamentales del sexo**, los cuales se exploran en esta canción.

211 Para controlar sus aires internos y demás.

212 Rinpoché se refiere aquí a lo que piensan los practicantes en general cuando hablan

desde la perspectiva masculina de los practicantes de tantra. Esto se debe a una visión anticuada y culturalmente condicionada que considera a los hombres como los candidatos más importantes para la práctica. Piensan erróneamente que el único significado del thigle es el semen de los hombres. De ese malentendido se deduce que nunca han experimentado adecuadamente el camino del tantra y su fruto, el estado natural.

¿Por qué? En los textos tántricos, el término thigle se utiliza a menudo para referirse a una naturaleza, energía o elemento sutil (*khams*) presente en el cuerpo, que es sinónimo de la bodhichitta relativa. Ese elemento o naturaleza sutil se siente como un fluido energético que impregna el cuerpo y la mente, similar a la manera en que el aceite impregna las semillas de sésamo. En la experiencia última del fruto, los términos como "bodhichitta absoluta", "thigle' o 'khams" se refieren todos a la conciencia iluminada que impregna todo el saṃsāra y el nirvāṇa.

Si el semen del hombre, también conocido como "bodhichitta del elemento *kunda*",[213] fuera realmente el único significado relevante de thigle en este contexto, no habría una conexión causal entre el thigle y la bodhichitta relativa y absoluta, ni con las esencias sexuales sutiles masculinas y femeninas, blancas y rojas, cuya existencia sustentan. Khams significa elemento o naturaleza en sentido general.[214] Cuando se utiliza en un sentido sinónimo de thigle, khams puede referirse al semen, pero más a menudo se refiere a los thigles rojos y blancos más sutiles de la bodhichitta relativa en los canales sutiles, o incluso de manera más sutil, a la

---

superficialmente de estas cuestiones, en lugar de reflejar el pensamiento de los tantrikas auténticos que llevan a cabo estas prácticas de manera adecuada.

213 *Kunda*, una flor de jazmín blanca que florece a la luz de la luna, aquí se utiliza poéticamente para hacer referencia al fluido sexual masculino de color blanco, es decir, al semen. En ocasiones, esta misma palabra se refiere a una kumud[a], un loto blanco de floración nocturna.

214 Por ejemplo, *khams drug* puede hacer alusión a los elementos como la tierra y demás, del sistema del *Kālachakra*.

bodhichitta absoluta, la naturaleza absoluta de las cosas.[215]

No queda duda de que, en este contexto, resulta completamente erróneo equiparar estos términos únicamente con el semen.[216] El semen del hombre se produce y se almacena en los testículos, un hecho conocido por los tibetanos y corroborado por la ciencia médica occidental. El semen físico y burdo no puede impregnar el cuerpo. Por otro lado, khams, en el sentido de bodhichita relativa, impregna todo el cuerpo, como podemos comprobar fácilmente a través de nuestra propia experiencia. Cuando estamos a punto de llorar o experimentamos algún sentimiento de gozo, por ejemplo, durante el acto sexual, puede haber una sensación de un fluido potente que se mueve dentro de todo el cuerpo y lo energiza. Se trata de una experiencia del thigle en movimiento. La unión sexual, en particular, tiene un gran potencial para activar y mover estas sutiles esencias "ocultas". Sin embargo, es importante saber que tales sensaciones pueden lograrse no solo a través de la unión sexual, sino también a través de cualquier experiencia intensa e inspiradora, y especialmente mediante la devoción al Guru, que abre la puerta al camino tántrico auténtico.

Presentación breve de los distintos tipos de thigle

A continuación presentaré un resumen de los distintos tipos de thigle:

1. Para dedicarte a la práctica sexual apropiada del tantra budista, es fundamental cultivar de manera constante la bodhichitta relativa

---

215 Dentro de la expresión *khams bde gshegs snying po*, "khams" significa la naturaleza de las cosas, la naturaleza búdica o el Sugatagarbha.

216 El semen material no es la causa sustancial de las formas más sutiles de bodhichita, pero algunas personas, de manera superficial, concluyen que, en este contexto, el término thigle sólo se refiere a las esencias sexuales físicas burdas, blancas y rojas: el semen y la menstruación, que los tibetanos creen que es la contribución femenina a un embrión. Una definición que ignore otros sentidos relevantes de la palabra hace que las presentaciones más sutiles de este tema en los textos sean imposibles de entender.

mediante el amor y la compasión. Esta actitud altruista y los sentimientos asociados a ella tienen un impacto en las esencias sutiles (thigle) del cuerpo.

2. En el tantra, el semen es el *signo* o indicador sustancial de la bodhichita relativa o el "thigle indestructible relativo",[217] pero no es su *causa* sustancial. Este tipo de thigle debe ser entendido como la bodhichitta relativa "real" que tanto se valora.

3. El "thigle indestructible primordial"[218] es la bodhichitta absoluta, es decir, la naturaleza absoluta de las cosas, el Sugatagarbha. La realización de esto va acompañada de una fe espontánea e indestructible.[219]

La práctica del Camino del Deseo requiere comprender cómo surgen e interactúan entre sí estos tres aspectos de la bodhichita. Una vez completadas todas las condiciones de su surgimiento interdependiente, con certeza surgirá la sabiduría del gran gozo. Al surgir, continuará aumentando hasta alcanzar la realización completa. A medida que aumente, los oscurecimientos opuestos se purificarán gradualmente hasta que desaparezcan por completo. Es fácil entender que los líquidos en el lugar secreto de los cuerpos masculino y femenino sólo pueden ser un signo o

---

217 Podría parecer que "thigle Indestructible" se refiere siempre a lo último y eterno. Sin embargo, también alude a la bodhichitta sutil, relativa, la cual puede ser potente y duradera, pero no es permanente en el sentido literal. Del mismo modo, cuando los bodhisattvas finalmente alcanzan el último nivel de bodhisattva, se dice que su bodhichitta relativa es indestructible desde ese momento. Esto no significa que su bodhichitta relativa no cambie y siga aumentando a medida que avanzan por los distintos niveles del bodhisattva.

218 En tibetano, *khams bde gshegs snying po.*

219 "Fe indestructible" en que lo que se experimenta es realmente la naturaleza absoluta de las cosas y la verdadera mente de uno mismo. Al principio, esta experiencia suele consistir en atisbos temporales, pero quien la experimenta adquiere gradualmente una fe estable en que estos atisbos son realmente la experiencia de la naturaleza eterna de las cosas.

condición de todos estos procesos superiores. Sin embargo, debido a que muchas personas parecen confundidas al respecto, analizaré estos puntos con mayor detalle.

Cuando nos referimos a los elementos blanco y rojo,[220] es reductivo identificarlos únicamente como el semen del hombre y la sangre menstrual de la mujer, respectivamente. Como ya se ha dicho, estos términos también aluden a las esencias sexuales como fenómenos sutiles y secretos. Si bien tanto el hombre como la mujer tienen solamente la esencia sexual material de su sexo, ya sea semen o sangre menstrual, las escrituras y el razonamiento demuestran que las esencias sutiles roja y blanca existen tanto en el hombre como en la mujer. Limitarse a identificar el elemento blanco sólo con el semen del hombre y el elemento rojo solo con la sangre menstrual de la mujer oscurece la relación causal entre los aspectos burdos y sutiles de estas esencias y los niveles sutiles y secretos de experiencia que ocurren cuando estos dos elementos interactúan en las prácticas del Tantra Yoga Supremo.

Esta definición incorrecta parece ser un indicio muy revelador de las faltas de no conocer las distinciones entre lo sutil y lo burdo, el soporte y lo soportado, así como la apariencia y la realidad en el tantra en su conjunto. Cuando hacemos las distinciones correctas, nuestra visión será exacta, nuestra meditación infalible, y nuestra conducta precisa, lo que resultará en beneficios importantes y provechosos.

Aquellos cuya comprensión está divorciada de la práctica y la realización, y cuyas mentes sólo se extravían aún más al tomar literalmente las palabras de su tradición textual, suelen ignorar tales sutilezas. Trazan el límite entre si un samaya tántrico se mantiene o se rompe únicamente por si se eyacula semen o no.[221] ¿No muestran una gran ignorancia quie-

---

220 *Khams dkar y khams dmar* en tibetano.

221 El quinto samaya raíz del Tantra Yoga Supremo enseña que aquellos que practican este sistema no deben perder la bodhichitta o thigle. En el texto tradicional sobre los tres votos, *Conducta perfecta*, escrito por Ngari Panchen y con un comentario de Dudjom

nes se obsesionan únicamente con no emitir semen externamente, desconociendo todos los demás aspectos de este profundo tema?[222] A mi juicio, resulta claro que la presentación de estos temas requiere una revisión detallada.

Rinpoché (pp. 118-119), se menciona, "El quinto [samaya] es, con una mente deseosa y en un momento inapropiado, liberar semen intencionalmente, abandonando así la bodhichitta generada para los seres sensibles". Luego, el comentario al respecto de Dudjom Rinpoché dice que, "Esto también incluye el abandono de [la mente de] la bodhichitta para cualquier ser sensible porque [esta] bodhichitta y el fluido esencial se consideran como uno en el nivel de la práctica de la etapa de generación (del tantra interior)".

Los comentarios de otras escuelas, como la Gelug, explican este quinto samaya raíz de acuerdo con este segundo significado. En cuanto a las excepciones, Dudjom Rinpoché dice, "Los momentos apropiados para permitir que el fluido seminal abandone el cuerpo son durante el empoderamiento secreto como una ofrenda a las deidades, al aumentar la línea familiar de herencia ancestral, y al fabricar píldoras especiales u otras medicinas [...]". Otros textos tradicionales como Ética budista (Jamgön Kongtrül, p. 482) añade también, "...como medio para eliminar obstáculos [a la propia vida]", como una excepción permisible basada en el *Kālachakra*.

En el tomo tres de *Develando tu verdad sagrada*, el autor Khentrul Rinpoché presenta el enfoque tradicional de este y otros samayas raíz y secundarios del *Kālachakra*, junto con las cuestiones asociadas a su ruptura y reparación, abordando su explicación de manera contextualizada para un público moderno. Además, ofreció una descripción más concisa en su folleto *Los siete empoderamientos de un niño en crecimiento. Guía para entrar en la etapa de generación de Kālachakra* (Tibetan Buddhist Rimé Institute: Belgrave, 2016). En este folleto, la descripción de este samaya se enfoca en animar a los practicantes a considerar "el sexo como algo sagrado". El consejo es evitar tener relaciones sexuales mientras se está dominado por estados mentales aflictivos o simplemente por el deseo de obtener el placer ordinario del orgasmo, entre otros.

222 Los practicantes serios, al menos, conocen estos sentidos más sutiles de thigle, ya sea por haber leído sobre ellos o por haberlos experimentado directamente al realizar las prácticas yóguicas correspondientes. Sin embargo, cuando se enfocan en este samaya específico de no perder thigle, algunos parecen olvidar lo que saben y reducen el significado de thigle principalmente al semen. Rinpoché cuestiona directamente esta interpretación limitada de este samaya, la cual se ha arraigado a lo largo de generaciones debido a una adhesión excesivamente rígida a una comprensión superficial.

Ejemplos de las escrituras y explicación detallada sobre el thigle y la actitud apropiada para participar en la unión sexual

Cuando se resumen los sentidos de thigle en el *Tantra de Guhyasamāja*, se enseñan tres clasificaciones de thigle o gotas, y otros tantras presentan un sentido similar. Estos son:

1. El thigle de la base absoluta. Esto equivale al Sugatagarbha.
2. El thigle relativo de la ignorancia engañada.
3. Los thigles sustanciales y relativos, que incluyen las naturalezas sutiles, khams, de los cinco elementos.

Nadie que comprenda verdaderamente la terminología y la práctica del Tantra Yoga Supremo afirmaría en ningún contexto que sólo existen dos tipos de thigle, el semen y la sangre menstrual. Tampoco dirían que los hombres y las mujeres carecen por completo de la esencia del sexo opuesto. Quienes piensan de esa manera malinterpretan completamente lo que se debe hacer en la práctica tántrica.[223] Como se dice tradicionalmente:

Aunque el dios se encuentre en el oriente, te postras hacia el poniente.

Aunque el demonio se encuentre en el poniente, lanzas una *torma* colérica hacia el oriente.

---

223 Si ninguno de los dos existiera en ambos sexos, ¿cómo podrían unirse en forma del elemento de la sabiduría no dual (*ye shes khams*) mediante la práctica yóguica? En el yoga tántrico de los canales, los aires y las gotas (*rtsa rlung thig le*), por ejemplo, los khams o thigles rojo y blanco se unen en el canal central para generar el elemento de la sabiduría (*ye shes khams*). Cuando esto ocurre, los yoguis son capaces de superar sus oscurecimientos y experimentar los fenómenos absolutos. Si los hombres y las mujeres sólo tuvieran una de estas dos naturalezas, y éstas sólo pudieran existir en los órganos sexuales, eso no sería posible. La práctica tántrica busca exaltar las esencias sexuales roja y blanca sutiles hasta un nivel en el que los practicantes, tanto hombres como mujeres, compartan una experiencia de sabiduría y gozo no dual.

Esto es similar a ignorar una pepita de oro que se encuentra directamente frente a ti y prestar cien veces más atención y esfuerzo a una piedrita en la esquina de tu casa porque piensas que es mucho más importante. El *Tantra de la expansión brillante* dice:[224]

> Estando motivado por la bodhichitta,
> mediante pensamientos de esforzarse por el beneficio de los demás,
> no es ninguna falta producir Nirmāṇakāyas.[225]

En Puntos claros del camino de los medios, Shepe Dorje menciona:[226]

> Gracias a seguir el camino del vajra, llegó al palacio del vientre de una mujer, en el centro de su luminosidad. Al percibir que él permanecía allí, liberó thigle, el semen del hombre y la sangre

---

224 Según lo citado en Klong chen rab 'byams pa dri med 'od zer, *Snying thig ya bzhi,* img. 319. En este texto se utiliza nyes *pa med* en lugar de *nyes byas med.* El texto electrónico cita la fuente como *kun tu bar ma[g]po klong gsal nyi 'a'i rgyud a (sic).* Esto podría referirse al *klong gsal nyi ma'i gsang rgyud,* que se encuentra en la colección *rnying ma rgyud 'bum,* Dg.445, en la base de datos de la BDRC con el código de escaneo UTIE0OPI-7944B80B_I1KG12052.

225 Las primeras líneas se refieren a la bodhichitta relativa, no sólo como un deseo de beneficiar a todos los seres, sino también como un elemento sutil en el cuerpo, el thigle sutil. La última línea es ambigua y puede interpretarse de dos maneras. La primera interpretación es que cuando se retienen y unen los thigles relativos, se genera el thigle absoluto, lo que lleva a convertirse en un Buda Nirmāṇakāya. La segunda interpretación es que crear bebés mediante la eyaculación de semen no es una falta si se hace con una motivación pura basada en la bodhichitta, y la pérdida de semen en este caso puede ir acompañada de una ganancia neta en bodhichitta relativa. Incluso cuando no sea así, podríamos deducir que la pérdida ocasional de semen es un tropiezo insignificante siempre que se pueda confiar en la acumulación de bodhichitta relativa mental.

226 El texto dice *thabs lam gnad* sel. Parece que debería ser *gsal* en lugar de *sel,* lo que sugiere una referencia al *thabs lam gnad gsal* de Shepe Dorje, mencionado en otra parte del texto. No obstante, no se ha logrado localizar este pasaje allí.

de la mujer se mezclaron y, al transformarse, se convirtieron en la sílaba semilla de la deidad yidam, a partir de la cual aprehendió la apariencia de la deidad.

Según ese y muchos otros pasajes, existen situaciones en las que la emisión intencional del fluido sexual es la respuesta apropiada para un yogui tántrico. Sin embargo, por lo general, cuando tradicionalmente se enseña que hay siete ocasiones de pérdida de thigle, esto se refiere principalmente a la emisión de gotas esenciales en los yogas de los canales y los aires. De ello se deduce que el sentido correcto de thigle, así como el hecho de si se viola o no el samaya al liberar thigle, debe entenderse en función del contexto.[227]

Si resumimos algunos principios generales que subyacen a los diversos puntos que he mencionado, el enfoque principal del Tantra Yoga Supremo no radica en realizar una gran cantidad de entrenamiento físico con ejercicios de thrulkhor, entre otros. Lo esencial es guiarse por una visión, meditación y conducta correctas.[228] De lo contrario, caeremos en una visión dualista que sólo verá el lado samsárico. Como resultado, estaremos motivados por un burdo deseo egoísta y aprehenderemos con un dualismo egoísta el gozo y la dicha ordinarios que nuestros objetos de meditación han generado. Si sólo vemos en términos de las formaciones

---

227 ¿No queda claro que el thigle no se reduce únicamente al semen, por lo que no necesariamente se pierde el thigle en su totalidad al perder semen? Incluso si el semen se escapa, es seguro que seguirá produciéndose, por lo que el hecho de que también se pierda el thigle sutil o la bodhichita sutil, de que su pérdida sea beneficiosa o no, y de que se mantenga el progreso general de su acumulación (aunque se haya perdido un poco), depende de muchos factores como la visión, la actitud, la motivación y el nivel de práctica del individuo. Por lo tanto, si alguien preguntara, "Si, como se afirma, otras sustancias burdas como las lágrimas también pueden considerarse un signo burdo de thigle, y generalmente se recomienda evitar perder thigle, ¿qué decir de los devotos que pasan mucho tiempo llorando por devoción?". Esto constituiría un ejemplo de cuando resulta apropiado emitir thigle basándose en una razón justificada.

228 Rinpoché los presenta en el tomo tres de *Develando tu verdad sagrada.*

kármicas dualistas de nuestro camino de medios burdo, cuando intentemos discernir entre mantener y violar el samaya no comprenderemos los principales samayas tántricos, que son el punto esencial de la práctica. Como resultado, nos aferraremos intensamente a samayas menos significativos, a los que consideraremos como si fueran los más importantes.[229] Como habremos perdido completamente la dirección, será imposible realizar correctamente la fructificación. Incluso si nos adentramos parcialmente en ella, seguiremos teniendo una comprensión errónea causal y enrevesada de la misma. Considerar que los fenómenos temporales causan el fruto eterno, la naturaleza absoluta de esos fenómenos, es tan absurdo como pensar que el sol y la luna salen por el oeste y los ríos fluyen cuesta arriba.

En lugar de seguir ese enfoque mal planteado, hemos de esforzarnos por establecer una visión correcta, cuya pureza sutil esté libre del aferramiento dualista de la mente burda. Hemos de mantener una percepción pura que reconozca que nuestros cuerpos están llenos de maṇḍalas de deidades. Desde un principio Iluminados por el estado libre de fabricaciones, debemos abrirnos a los sentimientos y percepciones de amor bondadoso y compasión que surgen de forma innata de la base pura.

Entonces, al estar libres y purificados del egoismo burdo de una mente dualista, nos dirigiremos naturalmente sólo a beneficiar a los demás. *Debido a la generación de la naturaleza excelente de la bodhichita, nuestra motivación será pura. Como fruto de ello, las esencias roja y blanca del cuerpo circularán adecuadamente, y es seguro que finalmente surgirá la perfecta realidad última.*

---

229 Los samayas tántricos raíz más importantes según el Tantra Yoga Supremo son cultivar la devoción genuina, la percepción pura y otros aspectos hacia el Maestro Vajra y los propios hermanos vajra (aquellos que han recibido el empoderamiento del mismo Maestro Vajra, ya sea al mismo tiempo que uno o no). No mantener correctamente estos samayas principales y aferrarse estrictamente a una interpretación literal de otros samayas menos importantes equivale a intentar mantener sanas las pequeñas ramas de un árbol cuya raíz está podrida.

En este caso, el poder de la bodhichita relativa servirá para facilitar algo similar a lo que sucede con los objetos ordinarios del mundo, que se calientan al frotarlos, como la mantequilla que se obtiene de la leche batida. Lo que ocurre en la práctica tántrica es algo similar a extraer las semillas del gozo absoluto a partir de la esencia de los fenómenos ordinarios mediante diversas acciones de práctica como agitar, frotar, y otras. Cuando esas condiciones favorecen que madure y se derrita la naturaleza burda sustancial de estas semillas, se produce entonces el surgimiento causal interdependiente de un nivel sutil de la mente que puede experimentar el punto principal.

Para comprender este proceso, es necesario familiarizarnos con los puntos principales y correctos de la visión, la meditación y la conducta del camino del tantra dentro de nuestro propio continuo mental. De lo contrario, estaremos fundamentalmente equivocados sobre el origen de estas etapas y, por lo tanto, sobre cómo debemos practicar para hacerlas realidad. Por otra parte, si se cumplen estas condiciones excelentes, nos volveremos flexibles, rápidos y enérgicos, como si hubiéramos llevado a cabo el mejor de los ejercicios físicos de thrulkhor para lograr la destreza física de los Victoriosos. Es igual de imposible pretender obtener este resultado trabajando sólo con semen burdo y físico, que querer tener la capacidad de lanzar semen a la altura de un edificio de nueve pisos sólo gracias a posturas físicas e intención mental. Si se cometen errores de comprensión impura, como en el ejemplo anterior de las personas que descartaban las raíces del tantra y se aferraban a las ramas, será inevitable terminar decepcionados.

Aclararé un poco más el resultado de estos errores. Los individuos engañados, después de adiestrarse inicialmente en el tantra de manera tradicional, pueden pensar, "debo manifestar el Camino del Deseo no dual"; pero pensar de esta manera no evita que su motivación sea un mero deseo intenso y egocéntrico. Pueden repetir como loros pensamientos elevados como, "mi percepción pura hacia mi compañera de medios debe ser impecable y debo considerarla como alguien digna de la más alta estima". Sin embargo, debido a su intenso y egocéntrico deseo de encontrar gratificación en los fenómenos de la forma, el sonido, el olor, el sabor y el tacto gozoso, en realidad están guiados por el deseo ordinario y ansioso. Pueden pensar, "debo meditar en mi experiencia fresca y pura de las deidades", pero, de hecho, las contemplan centrándose rígidamente en clichés, conceptos e imágenes anticuadas que fueron creadas hace mucho tiempo. Al practicar el Camino del Deseo, pueden pensar, "¡Perder semen es siempre una transgresión!" y practican una caricatura obsesiva de los medios hábiles para retener cada gota, sin darse cuenta de que sus expectativas y temores intensos están drenando todas las manifestaciones sutiles de thigle.[230] Tales individuos no se encuentran realmente en el camino del tantra. Puesto que es probable que de sus malentendidos resulten grandes faltas, necesitan ser mucho más cuidadosos con su enfoque.

Algunas personas que afirman permanecer en el orgullo divino de la deidad piensan que, al hacerlo, todos los demás son inferiores a ellas, acumulando así error tras error. Lo que se requiere en el tantra, incluso

---

230 Es cierto, incluso por observación del sentido común, que los hombres, en general, experimentan una disminución de capacidad y energía después de las liberaciones orgásmicas ordinarias. Sin embargo, Rinpoché no pretende decir que no sea importante estimar la "bodhichitta del elemento kunda", es decir, el thigle burdo; sin embargo, obsesionarse rígidamente con la idea de nunca perder el semen bajo ninguna circunstancia, descuidando otros puntos importantes de la práctica, es una actitud limitada que no conducirá a la realización. Como él menciona, desafortunadamente, los practicantes a menudo malinterpretan la intención de este samaya, equiparándolo con la mera habilidad técnica de ser capaz de retener el semen externamente durante la unión sexual. Por desgracia, los textos tradicionales no abordan claramente cómo y por qué el samaya raíz de no perder el thigle físico burdo se aplica también a las mujeres. En términos generales, conservar y acumular el thigle sutil es tan importante para las practicantes como para los hombres. Perder involuntariamente la sangre menstrual y otras formas de thigle burdo no suele considerarse una violación del samaya. Rinpoché dice que, desde un punto de vista práctico relativo, el orgasmo no inhibe la energía de las mujeres para seguir el Camino del Deseo tanto como en el caso de los hombres, por lo que las mujeres no deben preocuparse demasiado por este asunto.

en la etapa de generación, es la apariencia pura *universal*. Para percibir todos los fenómenos con pureza, los practicantes deben meditar en que todas las apariencias de sí mismos y de los demás son iguales en la pureza universal, que es la naturaleza de las cosas. Considerar a los demás como inferiores en cualquier práctica tántrica obstaculiza la propia pureza que se desea experimentar; y más aún cuando se ve a la consorte como alguien inferior en las prácticas sexuales. Las personas con esa perspectiva no cumplen ni siquiera los requisitos mínimos para la visualización en la etapa de generación.

Si cuando reflexionas sobre la práctica real del camino tántrico del deseo, con arrogancia prepotente piensas, "ahora manifestaré las habilidades más elevadas del Camino del Deseo", con tales pensamientos engreídos nunca alcanzarás ninguna parte de ese camino.[231] Ese tipo de engreimiento y de autocomplacencia poderosa garantizará que nunca surja en tu continuo mental una experiencia genuina del tantra, así que procura evitarlo. Esta clase de pensamientos codiciosos también es señal de un arrogante alejamiento del reconocimiento de la naturaleza universal de los seres humanos, de donde surge la capacidad para practicar el tantra, hacia fantasías sobre tus propias cualidades incidentales superiores. En consecuencia, el fruto que obtengas no será más real que las causas imaginadas.

En lugar de eso, mantén la modestia. Recuerda refranes y proverbios como, "la humildad es la morada de los antepasados", pero no cedas a pensamientos de desánimo como, "en esta excelencia no puede haber alguien tan indigno como yo". Reconoce que ha surgido una oportunidad maravillosa. Piensa que tu sabiduría innata se oculta en el capullo de tu pasión sexual natural en forma del thigle indestructible, y siente una profunda confianza en tu naturaleza búdica innata.

---

231 El problema radica en la actitud arrogante. Si una persona sincera y respetuosa tuviera el mismo pensamiento, sería virtuoso.

Aquellos que practican el Camino del Deseo deben deleitarse en la actividad sexual de manera devota, recibiendo los cuatro empoderamientos superiores de un compañero de medios que esté por encima de ellos, del mismo modo que si estuvieran sirviendo devotamente a un Maestro Vajra perfectamente cualificado. Es crucial estar seguro de que la percepción pura es necesaria y suficiente para recibir realmente el empoderamiento.[232] Si consideras a tu compañero como alguien inferior a quien se puede explotar, será imposible recibir estos empoderamientos. En resumen, cuando la conducta de los practicantes está impulsada por una estimación propia impura y una visión dualista potente, incluso si hay momentos de percepción del estado natural en la práctica, pronto será destruida por la conceptualización.

---

232 Los practicantes tántricos se adiestran primero en la percepción pura mediante la práctica de Guru Yoga, y luego expanden el mismo principio de "fe en la pureza" a sí mismos, a sus hermanas y hermanos vajra, y finalmente a todos los seres sensibles. Aquí el consejo es adiestrarse en la percepción pura en relación con la propia consorte, quien, como al igual que un Maestro Vajra otorga formalmente los empoderamientos durante una ceremonia, ahora está otorgando lo mismo a través de la práctica directa.

Conclusión y resumen de los verdaderos requisitos previos para el Camino del Deseo

He aquí un resumen sobre la actitud necesaria para practicar el Camino del Deseo. Es importante adoptar estos puntos incluso si no se planea adiestrarse formalmente en la etapa real de consumación.

1. Si tienes fe en que todos, tanto tú mismo como los demás, gozamos de la naturaleza búdica absoluta, el deseo de experimentarla será la piedra angular de tu práctica.

2. Por lo tanto, acostúmbrate a percibir tu cuerpo como si contuviera todos los maṇḍalas de los Victoriosos.[233]

3. Si ha llegado el momento de practicar la actividad sexual del Camino del Deseo, no te desvíes hacia características impuras debatiendo los pros y los contras de las aparentes faltas y virtudes ordinarias de tu consorte. En cambio, percibe a tu compañera de medios como alguien incomparablemente sagrada e invaluable.

Cuando se cumplen estos requisitos previos, se está capacitado para participar en la práctica sexual sagrada. Incluso si aún no tienes el mérito y la buena fortuna de practicar la auténtica etapa de consumación tántrica,[234] la experiencia sexual seguirá mejorando enormemente. Si es posible llevar una vida marcada por la felicidad y la dicha que eso conlleva, ¿cómo podría la vida sexual ser algo no virtuoso? A pesar de las duras críticas que suelen acompañar a este tipo de actividades, es importante tener la

---

233 Es poco probable que, como principiantes, comprendamos plenamente este requisito en un principio. Si ese es el caso, relájate y contempla la idea de éste y otros requisitos previos, y toma la decisión de estar abierto a la experiencia real cuando ocurra. Entonces podrás avanzar paso a paso. Más información en el capítulo cinco anterior. Véase también "percepción pura" y "maṇḍala" en el glosario.

234 Véase la nota 208.

certeza de que son beneficiosas para la vida humana.

Si todas las condiciones favorables como la visión, la percepción, los objetos focales, y demás están en su lugar, haz oraciones una y otra vez para tener la buena fortuna de adentrarte en el gran camino tántrico. Mientras realizas estas oraciones de aspiración, mantén una atención y una vigilancia constantes, pero permite que tu deseo sexual sea tal como es, con cierta autonomía. Sin tratar de forzarlo hacia un objeto "adecuado" ni de refrenarlo para que se ajuste a un ideal moral preconcebido, piensa, "¡Esta es mi sabiduría innata!".[235]

Al hacer esto, nunca te permitas caer bajo el poder del ansia del apego, evitando pensar que la satisfacción sólo puede provenir de un determinado objeto externo. Reconoce también que ahora mismo, como individuo ordinario, tienes poca autonomía; por lo tanto, si te encuentras completamente bajo el poder del ansia, no serás capaz de controlar las kléshas resultantes. Es crucial que seas consciente de esto, de lo contrario, no podrás acercarte en absoluto al camino tántrico.

Al permitirte experimentar el auténtico sabor del camino tántrico, ingresarás en esa gran realidad. Esto es debe a que se cumplen las condiciones previamente mencionadas que te hacen capaz de alcanzar el camino de la liberación. En el camino auténtico, que no es una mera imitación, se produce la apariencia pura y la dignidad divina. Pero es fundamental contar con una determinación poderosa para atravesar sus etapas; de lo contrario, si te extravías en fuertes sentimientos de ansia por los objetos imaginarios que te encantan, corres el riesgo de quedar atrapado rápidamente en un capullo de loto dualista, alejado de la realidad que habías vislumbrado. Aquellos que se centran en tales pensamientos de expectativas y temores son incapaces de desarrollar el esfuerzo apropiado y no logran

---

235 En el mejor de los casos, experimentarás realmente el sabor del gozo primordial en la pasión de tu deseo. Incluso si no ocurre en un principio, al dejarlo fluir, conectarás con tu naturaleza real a medida que recuerdes experiencias anteriores, similar a la analogía anterior de saborear un grano de azúcar.

reunir otras condiciones favorables; por lo tanto, son incapaces de volver a alcanzar el fruto del Camino del Deseo.[236] Este tipo de ansia apegada *sólo* puede conducir al fracaso.

En la interdependencia mundana, que es la mano del
    Conquistador,
al conocer las características del soporte y lo soportado
en el camino del Gran deseo, donde el Gran deseo es el Gran
    gozo,
se disfruta del gozo inspirado, en forma del Gran gozo en su
    Gran pureza.

De una gran[237] codicia no puede resultar el estado natural.
Cuando hay gran egoísmo, no pueden surgir sus bendiciones.
Sólo con pensamientos no se recorre el Camino del Deseo.
Con el no-pensamiento no-apegado, disfruta del Gran Deseo.

---

236 Son incapaces de "volver a alcanzar" el azúcar del fruto mientras ansían el "sabor del azúcar" que se experimentó en una ocasión anterior, basada en sentimientos de esperanza y miedo. Este tipo de expectativa elimina cualquier posibilidad de éxito en la práctica, ya que se centra en el recuerdo de apariencias relativas incidentales en lugar de enfocarse en la apertura a percibir las manifestaciones siempre cambiantes de la realidad última. Para realmente "volver a alcanzar" y aumentar el sabor azucarado que se ha experimentado anteriormente, es necesario dejar de lado las expectativas y los temores.

237 En la primera estrofa, la palabra "Gran", en Gran deseo, Gran gozo y Gran pureza hace alusión a las cualidades del fruto absoluto que trascienden las distinciones entre deseo y no-deseo relativos. En el primer verso de la segunda estrofa, esta misma palabra se emplea para contrastar estas excelentes cualidades con lo que ocurre cuando simplemente hay una gran cantidad de codicia y egoísmo saṃsárico.

7

La unión sexual real

Introducción a la unión sexual y su motivación adecuada

El *Tantra raíz de Guhyasamāja* menciona:[238]

> Al unir los dos órganos,
> se pueden examinar todas las cosas.[239]

El *Tantra raíz de Chakrasaṃvara* dice:[240]

> Se han elevado alabanzas para los dos sexos.

---

238 BDRC D0443 Kangyur rgyud, ca 90a.1-157b7, f105.b.

239 En lo relativo, como señalaron Gendün Chöpel y Shepe Dorje, se puede observar cómo todas las actividades están motivadas por los principios masculino y femenino. Además, la práctica adecuada del Camino del Deseo produce la realización de los fenómenos absolutos, por lo que también éstos pueden ser examinados.

240 La cita //*mtshan ma gnyis la bsngags byas te*// *sngags pa mkha' 'gro ma la sbyor*// no se encontró en esta obra. Sin embargo, se encontraron los versos similares //*mtshan ma gnyis la sngags sbyor te*// *mkha' 'gro dpa' bo gnyis med pa*// en el *Tantra abreviado de Cakrasaṃvara* D0370, vol. 77: 211b.1-244.b7, p. 235 a.

Los tantrikas están unidos a los ḍākinīs.

El noveno capítulo del *Tantra abreviado de Chakrasaṃvara* afirma:[241]

El que surca los cielos, manifestándose en la forma del rey de las aves, el garuḍa,[242] es en realidad el glorioso Chakrasaṃvara, cuyo rostro se dirige hacia las ḍākinīs, visibles a sus ojos. Gracias a las bendiciones previas, y demás, a partir de los tres tiempos se forma un tiempo igual, para que todos los reinos se pacifiquen ahora en la forma de bodhichitta. Además, en el pasado también fueron bendecidos para que las ḍākinīs[243] divinas y el glorioso Chakrasaṃvara entren en gran unión de modo excelente en todas las actividades. Debido a esa unión, todas las cosas valiosas existen en la palma de la mano, en consonancia con su gran gloria, y esa realidad inalienable no puede ser arrebatada por ningún pensamiento que se aferre a las características conceptuales.

Conforme a lo expuesto en ese pasaje y en otros similares, podemos establecer fundamentalmente la evidencia principal de las realidades tántricas de los principios sexuales y su unión. Ésta se expresa en términos de comprensión intelectual, experiencia no conceptual y liberación.

Una vez que se cumplan las condiciones favorables mencionadas en los capítulos anteriores, se puede iniciar la unión sexual propiamente dicha. Al leer los detalles que se exponen a continuación, existe el riesgo

---

241 No se ha podido hallar este texto para proporcionar una referencia bibliográfica exacta.

242 Los garuḍas son toda una raza de seres alados e invisibles que guardan rivalidad con los *nāgas*, seres invisibles marinos con forma de serpiente o dragón.

243 Según Rinpoché, en este contexto, ḍākinīs significa deidades iluminadas, como Tārā, pero también otros tipos de manifestaciones divinas, como los ángeles en otras religiones.

de que mis palabras sugieran que sólo importan las acciones y la actitud mental del hombre. Sin embargo, no es así en absoluto. Lo que quiero decir es que en este camino hay muchas cosas que es necesario que los hombres comprendan. Además, como yo mismo poseo un cuerpo masculino en esta vida, no he experimentado directamente lo que las mujeres necesitan aprender. Al explicar primero los puntos fundamentales que los hombres necesitan saber, los significados esenciales coincidirán en su mayoría con el siguiente tema—las cosas que las mujeres necesitan saber—y aquí pueden hacerse los ajustes adecuados a la explicación. Los puntos fundamentales del Camino del Deseo son apropiados tanto para hombres como para mujeres, ya que ambos sexos son relevantes para el camino tántrico. El gran ser Je Tsongkhapa dice en su Explicación extensa del *Tantra abreviado de Chakrasaṃvara*:[244]

> Aunque la pareja de un hombre siga siendo una dama mensajera,[245] mediante amabilidad y ternura, como la que se tendría con una hermana, una hija o una esposa, siempre se le deben hacer ofrecimientos con una actitud muy cortés.

Como se ha enseñado previamente, no importa qué otras cosas haga un hombre en el Camino del Deseo, si disfruta de su consorte meramente como un objeto que utiliza para su propio placer egocéntrico, está completamente equivocado. Por el contrario, debe mantener la gran aspiración de ofrecer sus acciones de cuerpo, palabra y mente a su compañera de una manera que ella valore y encuentre sumamente placentera.

Para ello, no es necesario realizar cánticos y rituales formales. La motivación debe surgir de lo más profundo de su corazón de forma natural. Dicha motivación debe alimentarse con una atención continua y

---

244 *Rje tsong kha pa'i gsung 'bum*, 18 volúmenes, 8.10.f145a, adarshah.org texto electrónico.

245 *Pho nya mo*, otra palabra para designar a una consorte tántrica.

vigilante al comienzo, en medio y al final de la unión sexual. Evita utilizar clichés vacíos que no expresan más que las ideas, sentimientos y percepciones de una persona corriente, como "¡No sabes cuánto te amo!"[246] o "me acordé de ti esta mañana".[247] No te limites a repetir palabras ajenas; puedes hacer algo mucho mejor hablando desde el corazón. Según el *Tantra de la realización de la sabiduría*:[248]

> Todo el océano de enseñanzas del Maestro, el Buddha,
> se combinaron y se pusieron a disposición de la experiencia:
> la realidad del gran secreto es esta verdad misma.[249]
> No hay liberación cuando esto no aparece.

El *Tantra de Guhyasamāja* dice:[250]

> No se alcanzará nada, aunque uno se someta
> a las torturas de la disciplina ascética.
> Confiarse a todas las cualidades del deseo
> es la forma en que se recibe el logro.

El *Tantra de Chakrasaṃvara* indica:[251]

---

246 En el sentido de que este "amor" es sólo una expresión que se usa a la hora de besar.

247 La actitud es lo más importante, por lo que una persona sincera podría decir las mismas palabras.

248 *Ye shes grub pa'i rgyud.* No se ha encontrado el pasaje ni el texto, por lo que no podemos proporcionar una referencia exacta.

249 La esencia de la realización tántrica.

250 Citado en el *Precioso tesoro de la doctrina*, en *Klong chen pa dri med 'od zer gyi gsung 'bum.* BDRC: texto electrónico lccw.0424, vol 15: p.227.

251 Citado en el *Precioso tesoro de la doctrina*, en *Klong chen pa dri med 'od zer gyi gsung 'bum.* BDRC: texto electrónico lccw.0424, vol 15: p.227. Justo después del pasaje anterior.

Así, en el gozo se encuentra la esencia del gozo.
Por eso, es posible lograr el gozo más elevado.

Según lo dicho en esa fuente y otras, si un día tienes la suerte de dedicarte a la práctica sexual tántrica o al sexo en general, debes enfocar tu mente en acciones que traigan placer a tu pareja. Un hombre que solo desea introducir de inmediato su *liṅga* en el *loto* de una mujer, resulta egoísta y codicioso, y desconoce la naturaleza de las mujeres. Un comportamiento así es tan bajo como el de un perro o un cerdo, y puede causar un sufrimiento cruel en la mujer. No sólo le niega la experiencia de gozo, sino que también puede causarle una angustia física y mental tan grande que, en algunos casos, no podrá olvidarla en toda su vida. Esta es una acción no virtuosa muy grave que conlleva consecuencias negativas para todos los involucrados, tanto en esta vida como en las siguientes.

A diferencia de los hombres, que a menudo se excitan rápidamente, el deseo de las mujeres es algo a lo que no se accede tan fácilmente. Por lo general, se encuentra en un nivel más profundo y no puede florecer en un instante. Por lo tanto, *antes de la unión sexual, es importante que el hombre domine varias técnicas para despertar el deseo en su consorte.*

Estos conocimientos básicos pueden ser algo jamás soñado para muchos hombres de países con un nivel inferior de conocimientos y educación y para individuos con actitudes patriarcales o egocéntricas que han sido educados para pensar que a los "hombres de verdad" no les importan los sentimientos de las mujeres. Sin embargo, esa falta sistemática de compasión no es exclusiva de los países en desarrollo, y sigue siendo un problema en las sociedades más avanzadas, donde se supone que la gente es más progresista. Eso se explica por sí solo, por lo que no es necesario discutir más el problema que supone. Sin embargo, para aquellos que aspiran a practicar este Camino del Deseo del tantra y para aquellos que además esperan tener una experiencia sexual significativa, presentaré brevemente algunos puntos importantes y habilidades clave del Camino del Deseo. Gendün Chöpel, el señor de los sabios, dice:

358.   En suma, a menos que mediante una variedad de prácticas
surjan fuertes deseos de unión sexual en la mujer,
los hombres no deben practicar el coito real.
Esa es la esencia de todos los tratados sobre el deseo.[252]

Etapas graduales de la práctica sexual y consejos adicionales

Introducción

El camino del Tantra Yoga Supremo ofrece grandes oportunidades. Este libro busca beneficiar no sólo a quienes aspiran a ser auténticos tantrikas, sino también a aquellos que no están debidamente informados sobre los fundamentos del Camino del Deseo y no tienen la aspiración de practicarlo como un camino de liberación. Pueden confiar plenamente en lo que pueden lograr con las habilidades del deseo que se enseñan aquí. Para aquellos que desean ser personas genuinamente valientes y hábiles, este libro también les será de beneficio. Sin embargo, el siguiente contenido no está dirigido a aquellos que ya están muy versados en las habilidades sexuales o a quienes prefieren el lenguaje refinado del Camino del Deseo clásico que se encuentra en los textos tradicionales.

Etapas graduales de la práctica sexual

Cuando te encuentres con una consorte tántrica, nunca es correcto buscar tener "un rapidín"[253] como un "perro devorando un pulmón exquisito".[254]

---

252 En el sentido de que el gran aprecio hacia la consorte y la consideración por su excitación son puntos esenciales para la práctica.

253 Semejante a la comida rápida, en la que la velocidad y la conveniencia son más importantes que la calidad.

254 No se trata de que el perro sea tan glotón que devore hasta los despojos más repugnantes. Los tibetanos consideran el pulmón frito un manjar exquisito que hay que saborear.

Cuando estés por primera vez con una mujer que sea una pareja potencial, pasa mucho tiempo con ella, y realiza diversas actividades hasta que establezcas su confianza y aprecio hacia ti. Recuerda que, en general, las mujeres se sienten más atraídas por una personalidad atractiva que por simples características físicas.

Al principio, mientras disfrutan de una conversación agradable, corteja a la mujer mostrándole afecto y aprecio, impulsado por el deseo de complacerla con tus atenciones. Gracias a este deseo y a la conversación amena y cariñosa, empezarás a cautivar su mente. Es importante mantener esta actitud a lo largo de diversas actividades, posiblemente durante un período prolongado de tiempo. Cuando la mujer comience a expresarse con frases románticas y sus gestos faciales indiquen claramente que desea intimidad física contigo, date cuenta que ese anhelo preciado y valioso que has tenido en mente durante mucho tiempo está a punto de hacerse realidad, dirige lentamente tu mirada hacia su rostro y recíbela con una sonrisa.

Primero, expresa palabras agradables y muestra tu afecto de otras maneras. Toca suavemente su ropa, siempre recordando que hay algo invaluable debajo, algo poderosamente sagrado y sensible. Debes alegrarte de la buena fortuna de tocar su ropa. Tocarla por dentro de manera ansiosa y con conflicto interno sobre si ha llegado el momento, arruinará el estado de ánimo. Entra en cada una de estas etapas progresivas pensando que deben experimentarse plenamente como las etapas preliminares del profundo Empoderamiento de la Vasija y del conjunto de los cuatro Empoderamientos Superiores reales,[255] tal como se describe en este capítulo.

El perro comete un error alr no tomarse su tiempo para disfrutarlo. (Puedes buscar "pulmón tibetano", *lowa katsa*, para la receta).

255 Cuando Rinpoché habla de "empoderamiento real", se refiere al nivel máximo de experiencia que un practicante completamente preparado podría alcanzar en estas ocasiones, recordando al mismo tiempo que, en el pasado, éste era el proceso real que los mahāsiddhas indios empleaban para otorgar los empoderamientos superiores. No significa que todo aquel que realice esta práctica con consorte necesariamente reciba un

Solo cuando la excitación haya aumentado gradualmente, tendrás el honor de tocar su cuerpo sagrado bajo sus ropas. No intentes colocar la joya[256] en su loto de inmediato, ya que esto requiere una bendición muy poderosa y delicada. Piensa, "la estoy tocando", mientras permaneces en una absorción meditativa unipuntual.[257] Esta etapa de tocar no se refiere sólo al tacto, sino también a la percepción de los olores, sabores y otras sensaciones. Áryadeva dice:[258]

Al actuar para alcanzar el fruto del gran gozo,
no hay más medio hábil que el gozo del gran gozo en sí mismo.
Gracias a los medios de invocar el gozo de la comida, el entorno,
    y demás,
se logra el gozo que posee las ocho grandes maestrías.

Como se indica con la expresión "y demás", toca las diferentes partes del cuerpo de la mujer. Comenzando por lugares que no sean demasiado sensibles, toca gradualmente su cuello, alrededor de la base de las orejas, la nariz, la boca y otras zonas donde las sensaciones sean más intensas. No olvides besar esos lugares mientras avanzas hacia la boca. Durante todo el proceso, permanece en la misma absorción meditativa unipuntual so-

---

auténtico empoderamiento al hacerlo, sin importar su comprensión, adiestramiento previo y de si ha establecido samaya con un sostenedor del linaje. Para aquellos que no están completamente preparados, la práctica con consorte descrita aquí funciona como una especie de "ejercicio", en el que maximizan su experiencia sagrada del sexo tanto como les es posible. Aquellos que ya han recibido un empoderamiento formal de un sostenedor del linaje pueden aplicar los principios aprendidos anteriormente aquí y profundizar en la materia por medio de la práctica directa. Este enfoque hace que esta práctica sea adecuada para diferentes niveles de practicantes.

256 También conocido como liṅga.

257 Un poco más adelante se dan más instrucciones.

258 Citado en el Precioso tesoro de la doctrina, en Klong *chen pa dri med 'od zer gyi gsung 'bum*. BDRC: texto electrónico lccw.0424, vol 15: p.227.

bre lo que está sucediendo.

Mientras lo haces, permite que los sentimientos expansivos se desarrollen de forma espontánea al percibir que en cada poro de sus cuerpos se encuentran todos los mandalas de las deidades de todos los Victoriosos del universo. Esto ocurre de verdad cuando todo está en armonía, y es una experiencia que no se debe perder por nada en el mundo. Nunca es apropiado sentir ansias por "adelantarse"[259] a etapas posteriores, como colocar tu linga en su loto. Para experimentar verdaderamente el empoderamiento, las etapas posteriores deben desarrollarse de manera natural y continua a partir de las anteriores, similar a un capullo de rosa que se abre gradualmente hasta desplegarse por completo como una flor.

Al ver esta ocasión de tocar todas las partes del cuerpo de la consorte como una oportunidad rara y preciosa, piensa que experimentar realmente estos primeros empoderamientos es algo muy afortunado y auspicioso, y deja que se desarrollen lentamente y naturalmente. Si actúas con esta percepción, es muy posible que experimentes el río de bendiciones del verdadero Empoderamiento de la Vasija.[260] *Si no cultivas esa actitud de aprecio, el apego voraz a cualquier otra cosa que hagas sólo te alejará cada vez más del Camino del Deseo.*

Más tarde, poco a poco, con un reconocimiento estable de la naturaleza altamente sagrada de este acto, toca suavemente los senos y los pétalos externos del loto de tu pareja. En estas ocasiones, es fundamental y necesario que emerjan profundas percepciones y sentimientos de devoción. Tu pareja se revela ahora como una manifestación del sagrado Guru, dotada de la poderosísima bendición de otorgar los cuatro empoderamientos supremos.[261] Esta bendición es altamente delicada y sólo funciona si tu

---

259 Al igual que las películas digitales se pueden "adelantar" hasta las escenas más emocionantes.

260 Véase el Apéndice II para una cita de las escrituras que hace referencia a éste y los siguientes empoderamientos.

261 Véase la nota 232.

actitud es digna de recibirla. Reconoce que encontrarte ante un ser así es extremadamente raro, y el precioso karma de recibir estos sagrados empoderamientos es de una excelencia suprema. Mientras acaricias poco a poco sus senos y su loto, reconoce que estas caricias son representaciones sagradas y sustancias de empoderamiento.[262] A medida que se funden en una única actividad de empoderamiento, la totalidad de tu experiencia se convierte en el verdadero *Empoderamiento de la Vasija.*

Por último, no sólo debes tocar ligeramente, sino frotar lentamente, presionar y masajear suavemente. Luego, muy gradualmente, masajea lentamente las anteras[263] del loto. Tocar y masajear estos sitios suele ser placentero para la mujer. Sin embargo, no hay garantía de que la misma acción tenga siempre el mismo efecto.[264] El conocimiento íntimo y especial entre los miembros de la pareja debe desarrollarse con el tiempo, y es un error pensar que existe una fórmula que siempre funcionará.[265] Es importante aplicar este mismo consejo a todas las instrucciones siguientes.

Cuando tu preciosa consorte está fervientemente ebria de deseo, su rostro se ruboriza, y sus pezones y su loto se endurecen y se hinchan. Nunca inicies el acto sexual real hasta que el *amṛita* del gran deseo esté fluyendo de su loto. Debes lamer este néctar con la lengua y saboreado. Esta es la verdadera sustancia del *Empoderamiento Secreto.* Debes saber que saborear esta sustancia sagrada de empoderamiento, extremadamente poderosa y delicada, es infinitamente superior a recibir la sustancia de

---

262 Este reconocimiento ayuda a mantener una percepción pura.

263 La zona circundante y, por último, cerca del clítoris.

264 El objetivo aquí es recordar al lector que, aunque estas instrucciones funcionen en la mayoría de los casos, cuando se tiene la fortuna de estar con la consorte, es crucial ser lo suficientemente empático como para percibir si resuenan positivamente en ella. Si no es así, hay que probar otras formas que le resulten más placenteras. Este principio se aplica también a las mujeres con respecto a los hombres.

265 Por ejemplo, la sensibilidad de las anteras varía ampliamente. A veces, la estimulación directa del clítoris resulta placentera sólo después de haber acumulado suficiente excitación, o puede no serlo en absoluto.

empoderamiento de un ritual simbólico de empoderamiento.

Si, con sólo hacer eso, tu consorte gime o grita espontáneamente, emite sonidos suaves por la nariz, su rostro se ruboriza de deseo y el amṛita fluye de su loto, entonces puedes entrar en la actividad sexual real de gran gozo. En ese momento, mientras te embriagas locamente con cien mil dichas, percibe con deleite que estás a punto de tener la buena fortuna de recibir el verdadero *Empoderamiento de Sabiduría*.

Ahora, con el deleite de tu consorte,[266] la joya vajra o el glande del pene se coloca muy lenta y suavemente en la boca de su loto. Finalmente, con mucha sensualidad se introduce sólo un poco y luego se retira. Mientras se repite rítmicamente esta acción una y otra vez, piensa algo así como, "¡E MA! ¡Qué maravillosa fortuna! Ha llegado la oportunidad de presentar este rey de todos los ofrecimientos a esta sagrada consorte humana, que tiene la naturaleza de prajñā". Continúa también reconociendo, con inmensa gratitud, "¡Esta es la buena fortuna del verdadero Empoderamiento de Sabiduría!".

El surgimiento de tales percepciones extraordinarias cuando tu cuerpo experimenta estas sensaciones especiales es el resultado de la activación de potenciales kármicos establecidos previamente en los niveles profundos de tu mente. La maduración de este increíble karma en esta ocasión particular sólo puede ocurrir si reposas adecuadamente en la absorción meditativa unipuntual. No es apropiado hacer girar una rueda mental que genere muchos pensamientos discursivos.

Ahora, conforme tus percepciones se van desarrollando naturalmente, mientras permaneces en la absorción meditativa unipuntual, gradualmente entras más y más profundamente en su loto hasta donde sea placentero para ella. Mientras lo haces, ten la profunda certeza de que, por medio de muchos millones de sustancias de empoderamiento, estás

---

266 Como consejo general, asegúrate de que tu pareja esté disfrutando tanto como tú. Muestra reconocimiento a tu pareja, por ejemplo, mediante la mirada, entre otros gestos.

recibiendo incontables y auténticos Empoderamientos de la Sabiduría.

Luego, cuando el deseo de hacerlo se vuelva irresistible, frota muy lentamente el vajra en el loto, atrayéndolo de nuevo hacia la boca del loto. Para su deleite, el vajra debe entrar más profundamente con cada repetición. Al mantener este ritmo, las sensaciones y percepciones espontáneas de que el océano de maṇḍalas de los Victoriosos reside dentro de sus cuerpos[267] pueden surgir cada vez con mayor intensidad desde lo más profundo de sus mentes.

Finalmente, cuando en la mente sólo ocurran estas percepciones y comprensiones especiales, podrás disfrutarlas en un estado de embriaguez irresistible. Esto sucede porque reconoces que estás experimentando la gran sabiduría de la gozosa talidad mediante el gozo de la fusión del thigle.[268] *Si logras reposar en ello por mucho tiempo, ése es el camino.*

Si puedes avanzar hasta este punto en el Camino del Deseo, serás capaz de hacer lo que resulta difícil para muchos otros. Sin preocuparte en absoluto por qué hacer antes o después, tus sensaciones y percepciones profundas serán la experiencia de la sabiduría del gozo. No permitas que pensamientos de otra índole te distraigan ni por un instante. Estás experimentando la verdadera sabiduría del cuarto empoderamiento trascendental, el *Empoderamiento de la Palabra*, o algo muy similar a él. Reconoce esto como la sabiduría prística, sin aferramientos dualistas y libre de elaboraciones. *Reposa en ella de forma natural, sin fabricar nada en absoluto.* Con esto concluye la exposición de los pasos básicos de la actividad sexual.

Consejos adicionales

El gran gozo inagotable de la fusión del thigle se experimenta en el lugar

---

267 La percepción de sus cuerpos y de lo que están sintiendo no debe perderse ni debilitarse al intentar forzar una visualización deliberada. A medida que aumenta el deleite, de forma natural se comienza a experimentar lo que está presente a un nivel más profundo.

268 O *khams*.

secreto, la *bhaga*, que es la fuente del gozo profundo.[269] Sin embargo, no es adecuado concentrarse y reposar largo tiempo únicamente en el lugar secreto, ya que es necesario maximizar la experiencia. La sabiduría de gran gozo del chakra protector del gozo en el lugar secreto debe esparcirse por todas partes—exterior, interior y zona intermedia—, a la vez que se mantiene la aprehensión de los maṇḍalas del Victorioso en todos los chakras del cuerpo.[270] Si te concentras demasiado en el lugar secreto, perderás el control de la bodhichita, ya que tus sensaciones especiales de gozo no lograrán esparcirse a ningún otro lugar y se sofocarán hasta desaparecer. En ese caso, tu experiencia de la unión sexual será meramente la de un ser ordinario y no habrás ingresado en el camino del tantra, ni siquiera de modo parcial. *Para experimentar adecuadamente el Camino del Deseo, debe producirse la experiencia del gran gozo de la fusión esparciéndose por todo tu cuerpo, tanto por fuera como por dentro, por arriba, por abajo y en el medio.*

Por lo general, en los textos del Tantra Yoga Supremo se menciona que el thigle desciende, se sostiene sin pérdida y se esparce; esto es fácil de comprender. De acuerdo con las instrucciones extraordinarias y directas, aunque la intensidad del descenso del thigle[271] puede ser superior,

---

269 Rinpoché escribió la palabra "loto" en tibetano, que en este contexto significa "bagha". Bagha se refiere literalmente al útero, incluyendo la vulva y la vagina. La practicante experimenta un gran gozo en su órgano sexual, al igual que el hombre cuando se une con la bagha. Ambos perciben también el nivel más sutil de esa experiencia como la naturaleza primordial, que es la fuente de los fenómenos, otro significado de bagha.

270 Rinpoché afirma que cuando se esparse la sabiduría del gran gozo de la fusión, percibimos espontáneamente todo nuestro cuerpo como un maṇḍala iluminado. No se trata de una visualización deliberada ni de una contemplación conceptual, sino que sucede en el sentido del reconocimiento. La aprehensión de los fenómenos de la sabiduría se maximiza, y la percepción samsárica estrecha y egocéntrica disminuye.

271 En el caso del hombre, a medida que la sensación aumenta hacia el punto del orgasmo, hay una sensación de thigle concentrado que desciende hasta la punta de la joya del vajra. Quienes están en posición de saberlo, afirman que también hay un descenso análogo hacia las anteras del loto.

intermedia o menor, su descenso hasta la punta de la joya es comparativamente fácil. Aunque es un poco más difícil sostener el thigle concentrado en la punta de la joya sin eyacular, existen técnicas para lograrlo, y no es extremadamente complicado.

La etapa más difícil de las tres fases es la de "esparcir lo esparcido",[272] pero también es la más importante y beneficiosa. Es la reina de las instrucciones que abarca todas las demás y, si se domina, todo se liberará. Una vez que se experimenta el gran gozo del Camino del Deseo, "esparcir[273] lo esparcido"[274] es la última etapa en la secuencia de todos los eventos de la unión sexual. Sin embargo, el éxito o fracaso de todas las etapas preliminares y finales de la unión sexual depende no sólo de si el "esparcir lo esparcido" se realiza hábilmente, sino también de la preparación y motivación de los practicantes para practicar el Camino del Deseo, entre otras cosas. De hecho, *si se construye una base sólida trabajando con los puntos clave esbozados aquí y en los capítulos anteriores, es probable que esta etapa final se produzca de forma natural.* En cuanto a la motivación, las principales faltas que pueden ocurrir son las faltas fundamentales del aferramiento propio y de la estimación propia, las cuales conducen a la visión saṃsārica impura de sólo ver el lado mundano. *Si tu actitud es incorrecta, no importa qué instrucciones sobre la técnica llegues a recibir, no experimentarás estos empoderamientos.*

Desafíos comunes para los hombres y la manera de ser un guerrero moderno

---

272 En tibetano, '*grem bkrams*, un verbo y su participio que comparten el mismo significado de raíz.

273 En este contexto, "esparcir" se refiere a un proceso en el que gotas sutiles se expanden desde las joyas del vajra y el loto, impregnando todos los chakras y, finalmente, todos los canales del cuerpo sutil.

274 "Lo esparcido" se refiere a las gotas, thigle, que se esparcen por todos esos lugares mediante ese proceso.

En un principio, nunca se tiene control sobre las características de la naturaleza del practicante humano, como su edad, capacidades y demás. *Lo más importante es la motivación, por lo que no tiene sentido hacer demasiado énfasis en que sea joven o posea ciertas habilidades*; de lo contrario, no te animarías a practicar el Camino del Deseo si eres mayor o no tienes mucha habilidad en las técnicas sexuales. El deseo, incluyendo algunas formas de deseo sexual, existe mientras haya vida. Además, conforme aumenta la edad, se tiene una perspectiva más amplia al respecto.

Por lo tanto, aunque haya limitaciones físicas graves que te impidan la práctica sexual descrita, simplemente haz lo que te permitan tus capacidades actuales. Sin duda, cultivando la motivación y las percepciones puras, obtendrás beneficios y sembrarás buenas semillas para el futuro. Dado que son muy pocas las limitaciones físicas o las deficiencias mentales insuperables que impiden por completo todo tipo de actividad sexual, la mayoría de los problemas difíciles de los practicantes pueden resolverse ajustando sus actitudes.

Si hablamos de los requisitos físicos exclusivos de los hombres, que no tienen equivalentes exactos en las mujeres, los principales problemas en la actividad sexual a los que pueden enfrentarse son:

1. El liṅga no se pone erecta.
2. Hay erección, pero no está suficientemente firme.
3. La erección se mantiene suficientemente firme durante un tiempo limitado y no dura lo suficiente.
4. El liṅga es capaz de mantenerse bastante firme durante mucho tiempo, pero eyacula precozmente.
5. La erección es muy firme y dura mucho tiempo, pero el semen sale casi de inmediato.

Para remediar los primeros problemas, se enseñan diversas técnicas. Aquellos que conocen el camino correcto del gozo no necesariamente tienen que depender únicamente del liṅga para practicarlo. Es factible utilizar el gozo sexual como vía hacia el gozo último más allá del coito normal. Siempre y cuando se cumplan cabalmente las condiciones y requisitos previos del Camino del Deseo, la experiencia del gozo no está en absoluto fuera del alcance de alguien que sea completamente impotente o no pueda consumar la unión sexual.

Sin embargo, si se pierde el semen con demasiada facilidad, se carece de una condición física importante para la práctica. Entre las pocas cosas que pueden hacerse al respecto, antes de reunirse con su preciada consorte, el hombre puede eyacular semen mientras está solo y, motivado por su propia dicha, beberlo y tragarlo.[275] Como resultado, es probable que su rendimiento mejore cuando se encuentre con su consorte. Sin embargo, el grado de beneficio es incierto y algunos hombres pueden perder por completo el deseo sexual durante un tiempo.[276]

---

275 En el *Tantra de Kālachakra* se afirma que si el hombre pierde semen durante la unión, debe recuperarlo del loto de la consorte con la lengua. "Beber" con alegría el semen eyaculado demuestra una actitud de respeto hacia la bodhichitta física relativa, o thigle, que se considera como algo muy precioso en este camino. Si bien beber el thigle de un hombre no garantiza necesariamente su restablecimiento, la instrucción de hacerlo es un importante recordatorio de que el semen, también conocido como la "bodhichitta del elemento kunda" o thigle burdo, está estrechamente vinculado a la energía del cuerpo. Por lo tanto, perderlo no siempre carece de consecuencias, como en el caso de la orina. La medicina ayurvédica y la tibetana también tiene una larga tradición en la preservación del semen para una buena salud.

276 Como método alternativo, trabajar directamente con la propia mente puede ser muy útil. Cuando el hombre puede abandonar por completo la idea ordinaria de que la relación sexual debe concluir siempre con la eyaculación, puede resultar mucho más fácil evitar la pérdida de semen. Con práctica y paciencia, puede resultar natural hacer esto. (Para mejorar este proceso, se pueden practicar además ejercicios para fortalecer los músculos en el suelo pélvico, lo que permite un mayor control del propio cuerpo. Estos ejercicios pueden mejorar la calidad de la erección y también otras habilidades, por lo que tienen el potencial de proporcionar una mayor satisfacción a la consorte de diversas maneras. Dominar este grupo de músculos en la región pélvica es la base de la técnica del pompoir, practicada tradicionalmente por las mujeres en Asia para estimular el pene. Además, tiene diversos beneficios tanto para mujeres como para hombres. Otras técnicas similares son las llamadas *kabasa*, presionar, en árabe, y *kabza* en hindi).

Además de la sugerencia anterior, o tal vez como remedio en sí mismo, cuando frotes el vajra sobre el loto, no lo hagas como si fuera una carrera para llegar a la meta. En su lugar, hazlo lenta y conscientemente. Si sientes que estás a punto de perder el control del thigle y tu objetivo es una práctica que evite el orgasmo por completo o al menos el orgasmo prematuro, reduce la velocidad aún más o detente por un momento, sintiendo cómo el gozo se esparce por todo el cuerpo. Si eso no ayuda, deténganse por completo y, mientras se abrazan, dejen reposar sus mentes en el no-pensamiento de manera unipuntual y permanezcan así por un rato.

Otra alternativa sería que el héroe lamiera y saboreara repetidamente el loto de la heroína, así como sus "anteras", el clítoris y otras partes, sucesivamente. También puedes disfrutar de otras variantes como observar, tocar, frotar, masajear y pellizcar ligeramente los pezones. En estas situaciones, al experimentar mutuamente una y otra vez los olores, sabores, sensaciones táctiles y formas relacionadas con sus cuerpos, genera un profundo sentimiento de anhelo. De esta manera, esos intervalos entre las relaciones sexuales no serán algo separado de tu práctica. A continuación, vuelve a unir el vajra y el loto, y frótalos durante un rato. Alterna estas actividades según resulte adecuado.

En cualquier caso, antes de iniciar la unión sexual, deja que los demás pensamientos se vayan para estar claramente preparado para comenzar. El sexo debería fluir de forma natural y esto ocurrirá si lo permites. En ese momento, evita tener pensamientos rígidos como, "ahora debe pasar esto y luego aquello", o "tengo que hacer esto y no puedo hacer aquello". Tu mente debe alcanzar naturalmente un estado de enfoque unipuntual, así que darle vueltas a pensamientos discursivos como, "sólo puede ser así y no asado", sólo estorba en el momento de la unión. Prepárate para estar completamente libre de expectativas o temores intensos, como "debo hacer esto" y "realmente quiero hacer aquello, pero me da vergüenza".

Ya sea que tu objetivo sea experimentar un sexo que genere una alta realización tántrica o simplemente busques un encuentro sexual ordinario pero significativo, es importante familiarizarte previamente con todo lo necesario para que los pensamientos perturbadores se desvanezcan de forma natural. Las expectativas y los temores sobre la aceptabilidad de tus acciones pueden resultar especialmente problemáticos. Si tienes que pensar en esas cosas, ocúpate de ello con antelación.[277] *Durante el acto sexual en sí, procura no hacer ninguna distinción entre lo bueno y lo malo.* Puedes permanecer tranquilo y despreocupado en una naturaleza espaciosa, abierto a lo que surja de manera espontánea. *Mientras tu mente flota sin ninguna "tarea" que realizar, permite que se estabilice en ese espacio de lucidez despierta, vasta y que lo abarca todo.* En este caso, nunca es correcto tener una conciencia con un enfoque estrecho, egocéntrico y orientado a objetivos. En pocas palabras, evita sumergirte en pensamientos deliberados sobre la presencia o ausencia de ciertas acciones, o en calificarlas como elevadas y sagradas, o bajas y sucias. *El Camino del Deseo no funciona cuando te centras en tus expectativas de disfrutar de cualidades deseables.*[278]

Dicho esto, cuando se mantienen relaciones sexuales, la mente, los ojos y los aires nunca deben orientarse únicamente al lugar secreto. En su lugar, (1) *percibe que la consorte humana* que tanto estimas es un ser extremadamente sagrado. No tengas apariencias impuras, ordinarias y llenas de apego. Lo mejor sería si puedes experimentar espontáneamente tu unión como si fuera la unión de las deidades padre y madre que son inseparables, como por ejemplo, Kālachakra y Viśhvamātā.[279] Si no puedes

---

277 Posiblemente sea conveniente comunicarlos abiertamente a tu consorte antes de empezar.

278 A veces, el ansia por las ricas cualidades deseables del reino del deseo, 'dod 'dun, se clasifica como una de las cinco ataduras, *kun sbyor lnga*, que impiden la iluminación.

279 Cuando los auténticos tantrikas participan en la unión "sacramental", sus cuerpos mundanos encarnan deidades iluminadas. Pueden manifestarse, por ejemplo, como Kālachakra y Viśhvamātā en unión, mientras crean, sostienen y disuelven el universo que manifiesta su amor y compasión últimos. Tales deidades son la manifestación más

hacerlo, (2) *genera la percepción de que ofreces tu cuerpo*, palabra y mente a la consorte que tienes frente ti, como si se tratara de un Guru que puede concederte los cuatro empoderamientos superiores. (3) Como mínimo, *trata de no pensar, con aferramiento y estimación propias, en explotar a tu pareja* para conseguir algo para ti solo.

Si un hombre desea disfrutar de la mejor vida sexual posible, debe estar dispuesto a explorar y descubrir qué enfoque resulta más efectivo. Para determinar qué debe investigar, es fundamental que reflexione sobre la naturaleza del sexo. En particular, es crucial que comprenda que la mejor unión sexual se logra cuando ambos miembros de la pareja están ebrios de deseo. Por lo tanto, no solo basta con embriagarse de deseo él solo, sino que también es importante saber cómo embriagar de deseo a la mujer.

En las civilizaciones antiguas, los "guerreros" se seleccionaban principalmente a partir de sus habilidades de combate y su ambición de poder, ya que defender, combatir y conquistar eran sus deberes fundamentales.[280] Hoy en día, se pueden utilizar los dos criterios siguientes para clasificar a alguien como un guerrero moderno ejemplar:

1. Todo lo hace con audacia y determinación, sin miedo ni pánico.
2. Cuando un guerrero moderno se enfrenta a los poderes de otros, no pierde el control sobre su propio poder.[281]

---

elevada de las cualidades masculinas y femeninas que crean todo y realizan todas las acciones en este mundo.

280 Los principios de la ética y las relaciones humanas se basan en los mismos fundamentos, como se ejemplifica con un toque de parodia en este diálogo de la película *Conan el Bárbaro*, producida por Universal Pictures y 20th Century Fox (1982): "General bárbaro: Conan, ¿qué es lo mejor de la vida? Conan: Aplastar a tus enemigos, ver cómo huyen ante ti y oír los lamentos de sus mujeres. General bárbaro: ¡Muy bien! ¡Muy bien!".

281 Por ejemplo, un guerrero no pierde sus propios poderes ante una mujer a la que considera atractiva; aún puede controlar sus propios impulsos sin dejarse abrumar

Estos ideales se aplican en todos los ámbitos de la vida, incluyendo el cortejo y la actividad sexual. Lamentablemente, muchos hombres de la "vieja escuela" continúan pensando en las mujeres únicamente en términos de asegurar su propia satisfacción. Este prejuicio se refleja en numerosos textos tántricos antiguos que surgieron en sociedades patriarcales. Estos textos tienen mucho que decir sobre los defectos de diversos tipos de consortes femeninas, mientras que los defectos de los hombres que se deleitan con ellas se consideran irrelevantes. Por tanto, al tratar este tema, tengo la intención de centrarme aquí en los defectos comunes de los hombres para restablecer un enfoque equilibrado.

Si se encuentran en una posición de poder o confianza con respecto a una mujer, utilizan su estatus para presionarla y someterla. En caso de que todo lo demás falle, recurren a la coerción. Estos individuos representan lo más bajo, ya que solamente ostentan la apariencia externa de un hombre. Cuando están con una mujer, se precipitan hacia su único objetivo: el orgasmo. Como dicen las mujeres en todos lados, "Sólo quieren una cosa". Estas conductas son manifestaciones externas y físicas de un hombre con un carácter inferior, sin ningún sentido de posibilidades más delicadas.

Por lo general, los hombres que consideran que las mujeres valen menos que ellos son los que pierden el autocontrol de esa manera, como suele ocurrir en Asia. Su falta de caballerosidad en esta área es señal de una ausencia total de las virtudes de un guerrero compasivo. Por otro lado, quienes tienen a las mujeres en alta estima no pierden el control en presencia de una mujer a la que consideran atractiva, sino que saborean la experiencia. Esto denota un hombre con la virtud de un verdadero guerrero. En la actividad sexual, los hombres inferiores, llenos de acercamientos egocéntricos, se precipitan rápidamente hacia su propio

por la pasión.

orgasmo, perdiendo todo interés en cuanto dejan escapar el semen.[282] No están interesados en compartir una dicha y un gozo más profundos con una mujer y se asemejan más a animales en su comportamiento. ¿Es necesario mencionar que se privan a sí mismos de la buena fortuna de este maravilloso sendero del gran gozo?

Aunque muchas de estas personas no tienen la suerte de recorrer el Camino del Deseo en la actualidad, nunca es correcto afirmar que alguien está excluido del tantra para siempre. No hay individuo en esta Tierra que no pueda mejorarse a sí mismo. Con la determinación de adiestrarse adecuadamente, cualquier persona puede aumentar su propio placer y el de sus parejas sexuales. Con suerte, acabarán preparándose para ser capaces de practicar el auténtico Camino del Deseo del tantra en el futuro.

Etapas de la unión sexual desde la perspectiva femenina y conclusión

En mi opinión, aunque los individuos pueden variar, las mujeres son más aptas que los hombres para el camino tántrico. En general, las mujeres tienen la naturaleza de prajñā, y su tendencia a estar más orientadas a los sentimientos complementa la naturaleza del tantra de trabajar con las emociones, la empatía y la creatividad, entre otros aspectos. Físicamente, también son más aptas que los hombres para un encuentro sexual continuo o repetido. Al no tener que preocuparse por los problemas mencionados que afectan a los hombres, es probable que les resulte más fácil practicar la actividad sexual del Camino del Deseo.

Esto no implica que las mujeres no enfrenten problemas. Su desafío

---

282 No es raro que los hombres pierdan energía después de la emisión orgásmica. El punto aquí radica en que este tipo de hombre inferior sólo piensa en su propia lujuria; se apresura, termina tan rápidamente como puede, y después de eso, pierde por completo cualquier interés, incluida la empatía hacia los sentimientos y deseos de su pareja porque ha logrado su "propósito".

más común radica en que, a diferencia de los hombres, las mujeres suelen requerir un esfuerzo y persistencia mayores para que el thigle descienda y proporcione la lubricación adecuada a medida que el deseo se despierta y se lleva a su punto máximo. Además, los intensos cambios hormonales del ciclo menstrual también pueden influir en el deseo y el desempeño sexual.[283] Aun así, estos problemas suelen resolverse con mayor facilidad y eficacia que los de los hombres, sobre todo si el consorte masculino presta su apoyo.

Si eres una mujer que practica el Camino del Deseo, puede resultar beneficioso despertar tu propio deseo antes de encontrarte con tu consorte. Ten la disposición de apreciar e integrar, tanto como puedas, todas las cualidades masculinas que él posee de forma natural, y permite que tu mente se regocije ante la oportunidad de unirte con él. Si en un principio no experimentas tal deleite, no hay problema en explorar fantasías seductoras sobre ser una consorte sagrada. Dado que la mente es muy poderosa, es probable que su capacidad para despertar exitosamente el deseo sea efectiva.

Si el consorte con el que tienes la oportunidad de practicar es demasiado mayor, no es demasiado atractivo físicamente, o simplemente no es muy bueno haciendo el amor, es posible que necesites utilizar más recursos para excitarte.[284] A veces emplear medios para aumentar el deseo cuando estás con el consorte puede funcionar, pero si no es así, sólo esta-

---

283 Comparativamente, la vagina es más propensa a inflamaciones, y cuando estas ocurren, puede ser necesario posponer el encuentro sexual.

284 Por ejemplo, una mujer y un hombre pueden formar una pareja armoniosa, ser grandes compañeros de vida, apreciarse mutuamente, etc., y, sin embargo, es posible que no surja entre ellos un gran deseo sexual. Además, dado que no todos los hombres son hábiles en el arte del amor o del cortejo, ciertamente no todas las mujeres tienen la suerte de encontrarse en esta vida con un hombre hábil en dichas artes. En tal caso, si ella desea practicar con el consorte que ha tenido la oportunidad de conocer, puede requerir más esfuerzo para despertar su propio deseo (o ayudar a que él la excite); de lo contrario, la práctica podría fracasar. El Camino del Deseo no funciona adecuadamente si ambos practicantes no están ebrios de deseo.

rás fingiendo, y entonces será bastante difícil despertar un deseo genuino por el consorte. Si aprendes a utilizar recursos para despertar tu deseo de antemano, tus posibilidades son mucho mejores.[285]

En cuanto a las formas de seguir despertando el deseo en ti y tu consorte, tocar áreas como el pecho, los muslos y otras zonas mientras admiras y aprecias su naturaleza y poderes masculinos, puede despertar un profundo anhelo en ambos. Puedes explorar con suavidad áreas muy sensibles que, por esa misma razón, no suelen tocarse en otros momentos. Sin embargo, si ciertas partes del cuerpo de tu consorte son extremadamente sensibles o propensas a cosquillas, evita tocarlas, ya que esto no servirá para excitarlo. En su lugar, puedes rozar suavemente áreas como su pecho, mejillas, lóbulos de las orejas, entre otras. Utiliza tus pechos, cabello, boca y mejillas para acariciarlo suave y repetidamente. Por ejemplo, puedes acariciar a tu pareja pasando suavemente tus pechos por la parte superior e inferior de su cuerpo, evitando inicialmente el contacto directo con el liṅga. Comienza tocando y deslizando delicadamente las uñas por diferentes partes del escroto. En ocasiones, puedes rascar ligeramente y arrastrar tus uñas, como si fueran garras, de manera suave y gradual.

Muchas de las otras cosas con las que ambos compañeros pueden deleitarse son similares a las mencionadas anteriormente en las instrucciones para los hombres. Si los medios para excitar a tu pareja también te excitan a ti, mejor aún. Pero si algunas técnicas excitan a la otra persona, pero a ti no te gustan o simplemente te parecen una tarea desagradable, será mejor evitarlas por el momento en favor de otras alternativas acordadas mutuamente.

Tú y tu pareja pueden hacer todo tipo de sonidos de excitación: gemidos, ronroneos o gruñidos. Debes sentirte cómoda haciendo cualquier

---

285 Sin duda, es posible que el empleo de técnicas mentales o físicas pueda despertar el deseo de antemano. Sin embargo, también puede ser conveniente comunicarle abiertamente o mostrarle a tu consorte lo que puede hacer físicamente para despertar tu deseo.

ruido que te salga de forma natural, incluso gritar está bien. Sin embargo, en lugar de centrarte sólo en lo que haces con el cuerpo, *debes hacer todo con una mente unipuntual,* como se describió más arriba. Sería un error olvidarlo.

A la hora de entregarse de lleno a estas experiencias, tanto el hombre como la mujer deben evitar dogmas mojigatos, como "Ahora me voy a poner en práctica los métodos tradicionales para encender el deseo hasta convertirlo en el gozo sagrado, mediante el cual, de manera sucesiva, las cuatro dichas... bla, bla, bla". Piensa en algo más genuino como, "Entregarnos mutuamente es la mejor práctica de todas, ¡y ahora tenemos una oportunidad increíble de hacerlo!". Mientras piensas eso, debes saber que al potenciar tu propio deseo tienes la capacidad de regalar la dicha y el gozo que llevas dentro. Si tu motivación tiene genuinamente este enfoque, nunca se desperdiciará en los demás, ni será de benficio sólo para los demás sin hacer nada por ti.

En tu interior se encuentran los medios para producir la dicha y el gozo innatos del sexo. No hay nada que sea más adecuado de producir que aquéllo que hace gozar a ambos, por eso, el anhelo por lo que deseas se produce más intensamente al saber que eso también es lo que desea tu compañero. Entonces, al descubrir los medios reales para excitarte a ti misma hasta estar loca y ebria de deseo, puedes estar segura de que tu compañero de medios también se siente así. Esa es la mejor manera de hacer realidad la pasión del deseo.

En resumen, cuando se practica con otra persona, considerar al otro como la figura principal es el mejor medio para que ambos se embriaguen de deseo.[286] Que tú y tu pareja avancen juntos por el Camino del Deseo y se embriaguen mutuamente de deseo es el mejor acercamiento. *Indepen-*

---

286 "La figura principal" significa considerar a tu compañero como un ser completamente iluminado, como tu deidad de meditación principal, o como una emanación de tu propio Guru, quien te otorgará los cuatro empoderamientos superiores, tal como se ha descrito anteriormente.

dientemente de cómo se manifieste el gozo de la fusión al hacer esto, lo más
probable es que conduzca a las sabidurías de las cuatro dichas y, en última
instancia, a la experiencia de la sabiduría innata del gozo y la vacuidad.
Ambos practicantes deben entender que esto es sumamente importante.

En cuanto a otros métodos para aumentar el tiempo de erección
del liṅga, a menudo ayuda que, después de tocar las diversas partes del
cuerpo, finalmente, en el momento de tocar realmente el liṅga, al mismo
tiempo se toquen otras áreas del escroto. El tronco del liṅga se toca con las
manos y otras partes, pero es preciso tener cuidado al tocar directamente
el ornamento dorado en la zona superior del liṅga,[287] ya que es posible
que sea demasiado sensible. A veces puede tocarse cuando está cubierto
por la funda del prepucio, si lo tiene, o con algún medio de lubricación.

Por último, toca suavemente el liṅga y, si te apetece, frótalo dentro
de la boca. Si disfrutas del sexo oral, eso puede ser de gran ayuda. Si pre-
fieres otras alternativas, no dudes en utilizarlas. Sin embargo, en caso de
que resulte extremadamente difícil conseguir que el liṅga de tu consorte
se ponga duro, si lo deseas y te parece preferible realizar esta práctica a
tener un completo fracaso, puedes intentarla, aunque al principio no la
disfrutes tanto.[288] Si decides hacerlo, acumula bastante saliva en la boca,
humedece el liṅga y luego realiza movimientos de frotación suaves y largos, una y otra vez. Al principio, hazlo muy despacio y con mucha atención. Luego, si esto funciona para él, aumenta gradualmente la velocidad,
como un raga indio.

---

287 La cabeza del pene, también llamada joya vajra, se compara con el ornamento dorado
que adorna la zona superior de un monasterio, ya que tienen una forma más o menos
semejante.

288 Si la mujer tiene un fuerte deseo de entrar en unión con su consorte pero resulta difícil
que su liṅga se ponga erecto a menos que haya el sexo oral—y si ella prefiere este método antes que perder la oportunidad de entrar en unión con su consorte—, puede decidir
intentarlo, aunque no le guste mucho al principio. La misma instrucción vale para el
hombre en caso de que a su consorte le guste el sexo oral como medio de excitación, algo
común en muchas mujeres, aunque no en todas.

Cuando tanto el interior como el exterior del loto estén lo suficientemente húmedos, es el mejor momento para dar la bienvenida al liṅga de tu consorte en la boca del loto. Introdúcelo sólo un poco, penetrando la boca del loto con un roce suave y luego acaricia toda la vagina mientras te mueves hacia atrás lentamente. Repite esto una y otra vez. Finalmente, cuando la pasión se vuelva irresistible, introduce la joya vajra justo hasta la mitad de la bhaga, sácala y repite este proceso una y otra vez. Si tu consorte no puede mantener su liṅga erecto durante mucho tiempo, no necesitas prolongar este proceso más allá del tiempo que pueda mantener su erección.

Tanto el hombre como la mujer pueden llevar a cabo muchos de los puntos descritos anteriormente. Como se ha explicado anteriormente, es muy importante despertar el deseo de la mujer antes del sexo, pero normalmente es menos relevante para el hombre, ya que el deseo de él suele estar en la superficie y se despierta con facilidad. Si es posible realizar prácticas que funcionen para ambos, eso puede servir para que el deseo del hombre se profundice y armonice con el de la mujer.

En particular, si el hombre es mayor o, para empezar, no tiene mucho deseo, es útil que su consorte sagrada emplee estas técnicas de medios hábiles. Es necesario aprender gradualmente por medio de la experiencia lo que mejor se adapte a las necesidades y deseos de cada individuo y de cada pareja. Obviamente no será lo mismo para todos, ni igual en todas las ocasiones. Hay mucho que aprender sobre los deseos de cada uno a medida que se avanza progresivamente.

En resumen, si mediante las técnicas empleadas mutuamente por el hombre y la mujer, se ha logrado que el thigle de la mujer descienda bien, entonces se "esparcirá lo esparcido" de manera natural y sencilla. A diferencia de los hombres, las mujeres no necesitan hacer un esfuerzo para retener el thigle físico durante la unión sexual. Dado que, en general, el thigle de la mujer no se reduce mucho durante el orgasmo, es capaz de experimentar orgasmos múltiples, por lo que su situación es diferente.

Aparte de esta diferencia, la visión, los sentimientos, la motivación, las percepciones, etc., que debe tener la mujer son similares a los del hombre, tal y como se ha expuesto en el apartado anterior.

En el mejor de los casos, en estos encuentros de unión tántrica, ambos compañeros deben considerarse a sí mismos como la deidad yidam en yab yum, como Kālachakra y Viśhvamata.[289] Sin embargo, si prestas demasiada atención a una visualización hasta el punto de que se convierta en algo separado de la unión real, existe el peligro de que las condiciones favorables acumuladas no se hagan realidad. *El reconocimiento de la unión debe ser espontáneo, directo y no conceptual.* Proyectar a la fuerza los modelos de meditación de la etapa de generación sobre la experiencia no conceptual de la etapa de consumación probablemente sea más un obstáculo que una ayuda. Es más importante cultivar la sensación de la naturaleza búdica y las cualidades puras, como el amor y el gozo, representadas por estas deidades.

Además, según se enseña, los verdaderos tantrikas no deben permanecer en los templos y monasterios de personas que, como los expertos en lógica y los eruditos literales, no entran en la mentalidad del tantra. Esto se debe a que las actitudes y actividades de estas personas estarán en conflicto con las de los tantrikas practicantes. Por otro lado, también se dice que los seres sensibles que con una actitud de devoción ven, escuchan, recuerdan y tocan a los yoguis que mantienen una disciplina tántrica genuina se liberarán rápidamente de sus propias acciones negativas. Como dice el *Tantra raíz de Chakrasaṃvara:*[290]

---

289 Debido a nuestras percepciones habituales, normalmente uno tiende a visualizarse a sí mismo como la deidad de su propio sexo y a la pareja como la deidad del sexo contrario. Sin embargo, esto puede invertirse y, aún mejor, ambos pueden visualizarse como ambas deidades en unión, yab yum. Si se ha realizado correctamente una buena cantidad de práctica de la etapa de generación, esto se expresará de forma natural en términos de percepción pura, acompañada del orgullo divino de las deidades.

290 Encontrado en el *Tantra abreviado de Chakrasaṃvara*, p. 245.b.

Al ver y tocar,
al escuchar y recodar,
se liberan de las malas acciones.
De eso no hay duda.

Muchos otros pasajes de las escrituras, como el de Shepe Dorje que se citó previamente, afirman lo mismo. Así pues, mientras reposas en la base cuya virtud trasciende las delimitaciones conceptuales, contémplala naturalmente desde las profundidades de tu mente, pero no te detengas considerablemente en ella mediante pensamientos discursivos e imágenes conceptuales en la superficie de tu conciencia. Si lo haces de esta forma, tu experiencia, potenciada al máximo de tu capacidad y desarrollada con todas las cualificaciones apropiadas, puede alcanzar la experiencia de la etapa de culminación real.

Más allá de si determinadas personas pueden captarlo o no, este camino recorre toda la etapa de consumación. Aquí no es adecuado generar deliberadamente los pensamientos e imágenes conceptualizados rígidamente que serían apropiados para la etapa de generación. En la etapa de consumación, lo principal es entrar en la absorción real, no conceptual; por lo tanto, si generas a la fuerza pensamientos e imágenes, sólo permanecerás en su preludio, la etapa de generación. Lo último que necesitas en este momento es hacer un esfuerzo adicional para eso.

Además, algunos textos tántricos tradicionales explican detenidamente que, en la medida en que la consorte ha madurado hacia cierto grado de autenticidad y capacidad en las técnicas del deseo, es posible decir que es superior, inferior, y demás. Probablemente tales conceptualizaciones sean más un obstáculo que una ayuda para el enfoque no conceptual que se requiere en el Camino del Deseo, por lo que no las abordaré más que para reconocer su existencia.

Si no nos detenemos a considerar lo suficiente los antiguos rituales y la tradición textual del tantra, podría parecer que sólo los hombres pueden ser practicantes de tantra, y que las mujeres no son practicantes como tales, sino que simplemente se utilizan para el beneficio de ellos. Sin embargo, más que una característica intrínseca del tantra, tal enfoque es una ilustración de la debilidad prejuiciosa de la sociedad de la época en que se escribieron esos textos.

La tradición tántrica expone una naturaleza muy profunda y estable de las cosas, en la que todas las acciones, incluidas las de la práctica tántrica, surgen de la combinación de los principios masculino y femenino. ¿Cómo podría dejar de reconocer las naturalezas y cualidades tanto masculinas como femeninas? Se requiere de ambos sexos para practicar el tantra, y es imposible que uno pueda hacerlo y el otro no. Además, las cualidades particulares de hombres y mujeres suelen manifestarse de forma más evidente en su propio sexo y estar ocultas en el sexo opuesto. Estas cualidades suelen existir de forma burda en un sexo y de forma sutil en el otro. Todo el mundo tiene ambos tipos de cualidades en cierto grado. No hay que ignorar estos puntos en la práctica del tantra.

Algunos textos tántricos afirman que el tantra se difundirá mucho más extensamente en esta Era de Riñas.[291] Por la naturaleza del Camino del Deseo, tendrá que extenderse entre hombres y mujeres por igual. Desde el principio del camino tántrico, se requiere tener sensibilidad tanto del cuerpo como de la mente, con sentimientos como la devoción, entre otros. Como el tantra mismo, estas cualidades deben ser estables y continuas, como la corriente de un río que nunca se detiene. Es posible que estos requisitos sean más compatibles con quienes actualmente tienen un cuerpo de mujer. Por lo tanto, no es de extrañar que, aunque en el pasado la práctica del tantra puede haber sido dominio de los hombres, algunos

---

291 Las cinco degeneraciones [de la Era de Riñas], [*rtsod dus kyi] snyigs ma lnga*. Degeneración de: (1) duración de la vida, *tshe'i snyigs ma*; (2) tiempo (proliferan las guerras y las hambrunas), *dus kyi snyigs ma;* (3) seres (cada vez es más difícil ayudarlos en el camino), *sems can gyi snyigs ma;* (4) visiones (proliferan las creencias falsas), *lta ba'i snyigs ma*; y (5) emociones negativas, *nyon mongs kyi snyigs ma.*

textos sugieren que el tantra pronto proliferará entre las mujeres.[292] Sin duda, esto será muy beneficioso para el futuro de la realización budista.

Si pensamos en las personas que se adentran en el camino del tantra, hay cierto tipo que se esfuerza intensamente en dominar las numerosas técnicas sexuales que se enseñan en el Camino del Deseo clásico, pensando que si las conocen, entonces conocerán el Camino del Deseo. Sin embargo, a menudo ese enfoque lleva a equivocarse en el punto principal. En ese caso, introducir técnicas sexuales avanzadas y ejercicios de thrulkhor no tiene sentido. Sería como si un campesino tuviera el trono de un rey, el manto real, la corona y el sello. Poseer el traje de un rey no te convertirá en un monarca con sirvientes a quienes dar órdenes. Del mismo modo, si cuentas con un gran repertorio de técnicas sexuales, es posible que tu sexo ordinario sea mejor, pero más allá de eso, tu actividad sexual no te conducirá a la sabiduría del gran gozo del estado natural. Incluso si tu vida sexual es fantástica, el placer sexual ordinario nunca podrá llegar a trascender lo mundano.

Puesto que la visión, *la meditación y la conducta fundamentales son las principales condiciones necesarias para tener éxito en el tantra*, quienes se enfocan únicamente en las prácticas sexuales nunca alcanzarán el genuino Camino del Deseo, donde podrían aplicarse dichas prácticas.

Los brahmanes indios y los eruditos del Tíbet, entre otros,
hablan ampliamente sobre las cualidades de las auténticas
consortes vidyā.
Según su pensamiento, primero es necesario que cada hombre o
mujer
desarrolle por completo sus propias cualidades.

---

292 Quizás las practicantes tantrikas en Occidente son ya más numerosas que los practicantes tantrikas, según se observa, por ejemplo, en los índices recientes de su participación en empoderamientos, enseñanzas, retiros, actividades de voluntariado en la Saṅgha, entre otros.

Asimismo, los hombres que poseen bodhichitta,[293]
al considerar como importante y sagrada la dignidad de las
mujeres,
les permiten que sean consortes que manifiestan el excelente
camino del gran gozo
y no sólo a aquellas que tienen juventud y belleza físicas.[294]

Aunque se enseña que una consorte requiere muchas virtudes,
en suma, si ella goza de gran fe, aspiración y diligencia,
y, sobre todo, siente pocos celos hacia otras mujeres,[295]
esa mujer es de la familia de las consortes auténticas.

---

293 Aquí significa que son compasivas y consideradas con los demás. De esta manera, crean un entorno en el que cualquier mujer puede manifestarse como una auténtica consorte espiritual. Del mismo modo, una mujer lúcida y compasiva puede "hacer un hombre" de su compañero.

294 Desde el punto de vista masculino, los textos tradicionales suelen describir a una consorte perfecta como una mujer apasionada y llena de juventud enérgica. Como ya se ha explicado anteriormente, las cualidades más importantes son las mentales. Esto es cierto tanto para las mujeres como para los hombres. Las cualidades como la juventud y la belleza mencionadas en los textos tradicionales son un extra. Si están presentes, pueden ser beneficiosas, pero no son necesarias. En la práctica, siempre se han empleado consortes de diferentes edades, y el *Tantra de Kālachakra* incluso recomienda seguir esa costumbre para ampliar la experiencia propia.

295 La fe y la diligencia en el Dharma, idealmente, no deben estar acompañadas de celos saṃsāricos, especialmente hacia otras mujeres. Las virtudes que requieren los consortes masculinos se han presentado anteriormente.

8

Diferentes tipos de Mudrās y las cuatro dichas

Diferentes tipos de Mudrās o consortes

Mudrā[296] es el nombre general que se da a las consortes espirituales o de "conocimiento", también llamadas "consortes vidyā" (*rig ma*, en tibetano). El sentido de practicar con dichas consortes es que, al relacionarnos adecuadamente con ellas, podemos llegar a conocer el gozo de la sabiduría prístina que realiza la realidad absoluta.

Existe una amplia variedad de enseñanzas sobre los diferentes tipos de consortes mudrā tales como los cuatro mudrās. Al relacionarlas con los diferentes contextos de visión y práctica, es posible que las distintas enseñanzas parezcan desconcertantemente inconexas entre sí. Primero, presentaré brevemente cómo identificar los diferentes consortes mudrā que se utilizan para el gozo:

---

296 Phyag rgya ma

1. Mudrā de Sabiduría[297]
2. Mudrā de Karma [298]
3. Mudrā de Dharma [299]
4. Mahāmudrā[300]

Todos los diferentes tipos de consortes mudrā pueden clasificarse dentro de estas cuatro categorías. Es importante tener en cuenta que las diferentes listas de cuatro no son arbitrarias, sino que se basan en enfoques filosóficos o sistemas de práctica específicos. Así, en términos generales, el Mudrā de Sabiduría, el Mudrā de Dharma y el Mudrā de Samaya tienen diferentes aspectos y cualidades según los sistemas y niveles de práctica particulares.[301]

---

297 *Ye shes phyag rgya,* una consorte visualizada. Cuando se lleva a cabo en la etapa de generación, estas visualizaciones también se llaman Mudrā de Samaya (dam tshig phyag rgya). Ya que hemos enumerado el Mudrā de Sabiduría como el primer tipo de consorte y el primero que deben practicar los principiantes en el tantra cuando comienzan a practicar la etapa de generación, el nombre Mudrā de Sabiduría parece paradójicamente elevado para una manifestación tan pedestre. A veces, los lamas que tienen la misma reacción sustituyen *ye rgya* (Mudrā de Sabiduría) por *yid rgya* (mudrā imaginado mentalmente).

298 *Las kyi phyag rgya*

299 *Chos kyi phyag rgya*

300 *Phyag rgya chen po,* a menudo traducido como "el gran sello".

301 En la clase de Tantra de Yoga, por ejemplo, se menciona que los cuatro mudrās son Karma, Dharma, Samaya y Mahā. Las diversas listas de los cuatro mudrās también se pueden resumir bajo tres principios no arbitrarios enseñados en La *brillante claridad de la unión,* de Tāranātha como tres tipos de compasión (*snying rje gsum*) que revelan el gozo último: (1) El Mudrā de Karma es una consorte "real" que presenta la sabiduría del gozo en la vida humana. (2) El Mudrā de Sabiduría es una consorte visualizada que representa a una deidad de sabiduría (Mudrā de Sabiduría). En este caso, incluye todos los demás tipos de consortes visualizadas o generadas, como el Mudrā de Dharma, el Mudrā de Samaya y el Mudrā de vacuidad. Aquí se comienza con una visualización conceptual del gozo de la unión con una deidad de sabiduría, y esa visualización inicial se intensificará gradualmente. (3) El Mahāmudrā presenta el gozo inmutable de la sabiduría absoluta del fruto.

Mudrā de Sabiduría

El "Mudrā de Sabiduría" se refiere principalmente a una consorte de sabiduría visualizada o generada deliberadamente, misma que, al menos en un principio, es meramente un objeto conceptual visualizado como una deidad de sabiduría de la etapa de generación.[302]

Aunque existen muchas divisiones y niveles diferentes, podemos agrupar los Mudrās de Sabiduría en tres tipos o etapas principales según nos acercan sucesivamente más a la meta de la auténtica experiencia de sabiduría.

1. La etapa más baja de un Mudrā de Sabiduría es una deidad (ser de sabiduría) simplemente imaginada o visualizada, creada como un objeto conceptual en el sentido mental. Cualquier sensación de gozo y pureza, así como cualquier sentido de movimiento e interacción asociados con la visualización, serán deliberadamente conceptuales.[303]

2. La segunda etapa de un Mudrā de Sabiduría sigue siendo una deidad visualizada, es decir, surgida como un objeto conceptual. No obstante, este tipo de consorte tiene una presencia muy clara y vívida para lo que se requiere una considerable habilidad en la etapa de generación.[304]

---

302 ¿Por qué a una visualización conceptual de la etapa de generación se le da el grandioso título de "Mudrā de Sabiduría?" En términos del objeto, dicha visualización—también llamada *samayasattva*—es una representación de una verdadera deidad de sabiduría. Aunque es una representación conceptual, la deidad visualizada representa diferentes aspectos de la propia naturaleza iluminada; la identificación con ellos contribuye al desarrollo de la percepción pura y ayuda al practicante a disminuir el apego a su limitada forma humana actual. Los demás seres son percibidos del mismo modo, y los fenómenos se perciben de manera pura como el entorno de las deidades.

303 Debido a que no es una percepción de la sabiduría prístina, *ye shes.*

304 Aquí, la percepción, los sentimientos y el sentido de interacción con la deidad tienen una inmediatez más espontánea que comienza a trascender las limitaciones conceptuales.

3. La etapa más elevada del Mudrā de Sabiduría es todavía una consorte de la meditación que habitualmente se hace en la etapa de generación, pero esta vez tiene una claridad tan vívida y una sensación de tanta pureza que es casi indistinguible de un ser de sabiduría real. Estas consortes pueden ser objetos tanto de la vista como del tacto, transmitiendo una profunda comprensión y experiencia de la forma vacía de la deidad.[305]

Incluso en el más bajo de estos niveles, la visualización puede ser mucho más vívida que una *thangka* pintada. Cabe mencionar esto porque, desafortunadamente, existe la idea errónea de que el practicante debe visualizar a la consorte como una representación bidimensional e inmóvil, como una imagen.

En resumen, el objetivo de la práctica con mudrās visualizados es la percepción pura de la consorte como una deidad de sabiduría auténtica, al igual que el de la etapa de generación.

Mudrā de Karma

Cuando hablamos del "Mudrā de Karma", el término se refiere a que, gracias al poder del *karma*, el practicante de tantra tiene la buena fortuna de unirse con una consorte *mudrā* humana, o que el practicante realiza una actividad, *karma*, con semejante *mudrā* de una "familia compatible".[306]

Según otra forma de entender estas palabras, el objeto de la acción

---

305 En general, la visualización tiende a ser deliberada y conceptual al principio, pero a medida que se invocan las energías internas del practicante y éstas se refinan en la energía de sabiduría, el nivel de la visualización también tiende a aumentar hacia la percepción del gozo de la sabiduría. Esto explica cómo las consortes conceptuales clasificadas como Mudrās de Sabiduría pueden manifestarse como experiencia realizada en prácticas muy elevadas de la etapa de consumación, como se describe en el capítulo siguiente.

306 Según Rinpoché, en este caso, "familia compatible" se refiere a las cualidades de un ser humano como uno mismo, no a las familias búdicas tántricas compatibles con las disposiciones actuales particulares del practicante.

(*karma*) de la unión relativa ilusoria es el *mudrā* humano con el que se realiza, y existe una conexión *kármica* con la consorte *mudrā* específica. En esta interpretación, incluso una consorte humana "real" es ilusoria, en el sentido de que todos los fenómenos que surgen del karma relativo no son fenómenos de la verdad última.

Muchas clases de seres no humanos, como las ḍākinīs o los ḍākas, que se manifiestan con un cuerpo aparentemente material, visible y tangible como el de un ser humano, también pueden ser consortes o Mudrās de Karma. Tal experiencia suele surgir sólo para yoguis muy avanzados. Como seres reales, dichas consortes son un tipo de manifestación muy diferente a la de un mudrā visualizado.[307]

---

307 Algunos dicen que el Mudrā de Karma es el tipo de consorte que es "más fácil" practicar y por eso suele ser el primero con el que que se practica en el método de gozo de la etapa de consumación. Sin embargo, esto no significa necesariamente que sea la primera práctica del estudiante. Si se practica el tantra tibetano, normalmente se dedica primero a otras prácticas, como la práctica ordinaria del Mudrā de Sabiduría de la etapa de generación, con el fin de establecer una buena base antes de poder relacionarse adecuadamente con el gozo de un Mudrā de Karma. En la antigüedad, cuando se utilizaban Mudrās de Karma en los empoderamientos superiores del Tantra Yoga Supremo, el estudiante participaba en la práctica sexual sagrada con una consorte humana durante el empoderamiento de Sabiduría, siguiendo las instrucciones conferidas por el Guru (ver detalles en el Apéndice II). De este modo, la práctica del Mudrā de Karma se empleaba como una forma directa y eficaz para invocar el gozo. En general, trabajar con una compañera "real" minimiza las dificultades de visualización, pero esto no significa que esta práctica no pueda elevarse a niveles más altos. Para que tenga éxito, tú y tu consorte deben mantener siempre motivaciones y actitudes puras. De lo contrario, la unión física degenerará fácilmente en sexo ordinario, con los habituales dramas emocionales saṃsáricos que se dan entre los miembros de la pareja. Las instrucciones ofrecidas en los capítulos anteriores deben ayudarte a evitar tales obstáculos. Si sigues las instrucciones correctamente, no hay desventajas y los beneficios son seguros. Si en el futuro deseas profundizar más en este tema, necesitarás que tu Lama raíz te proporcione instrucciones de la etapa de consumación. Entonces podrás experimentar niveles más altos del Mudrā de Karma que preceden a la experiencia de otros tipos de mudrās cercanos al fruto de la etapa de consumación.

Mudrā de Dharma y otras clasificaciones

Cuando un Mudrā visualizado es considerado como un fenómeno mental que es un objeto dentro del campo de objetos de la facultad mental,[308] dicho objeto se denomina "Mudrā de Dharma".

Se clasifica así porque aparece como el contenido de un pensamiento que describe las cualidades de un determinado fenómeno imaginado, *dharma,* que fue visualizado o generado primero como una consorte *mudrā* en el campo de objetos de la facultad mental.

Aunque al igual que con el mudrā de sabiduría, tal consorte se genera deliberadamente en un principio, en sus niveles superiores se manifiesta como vacía pero "real", como la forma vacía de un espejismo o un arco iris. Puede manifestarse en numerosos niveles de experiencia, y los niveles superiores pueden implicar tipos cada vez más vívidos de experiencia sensorial, como el oído, el tacto, y demás sentidos.

El Mudrā de Sabiduría descrito anteriormente se considera una visualización generada de un ser de *sabiduría* como *consorte*, mientras que el Mudrā de Dharma se considera un *dharma* mental visualizado que es la imagen de una *consorte*. Se denominan así por la forma en que se clasifican, de modo que la misma visualización podría ser sucesivamente un Mudrā de Sabiduría y un Mudrā de Dharma, cambiando el contexto a través del cual se considera.

Cuando se enumeran las diferentes formas de clasificar los objetos de la etapa de generación mencionados en los textos tradicionales, aparecen el Mudrā de Sabiduría, el Mudrā de Dharma, el Mudrā de Vacuidad y el Mudrā de Samaya. En estos casos, "mudrā" siempre se refiere a una consorte tántrica. De esa lista, la que se describe aquí es el Mudrā de Dharma. Cada uno de estos mudrās tiene niveles superiores e inferiores, y no es posible reducirlos a un solo tipo de clasificación. Es probable que el nivel superior o inferior de un mudrā dependa del contexto de

---

308 *Chos kyi skye mched,* dharma āyatana.

un caso dado.[309]

Mahāmudrā

El Mahāmudrā, el gran sello o gran consorte, es la experiencia de todos los fenómenos como el poder del propio despliegue del Sugatagarbha, la naturaleza innata de las cosas. Es la realidad absoluta que los demás mudrās deben alcanzar como meta.[310] Por lo tanto, alguien que logra el Mahāmudrā ya no necesita los demás mudrās, porque tal practicante ya ha hecho realidad la unión perfecta de los principios femenino y masculino. Sin embargo, pueden utilizarlos de manera meramente externa como un requisito de prácticas particulares que traerán beneficio a los demás.

---

309 El Mudrā de Vacuidad obtiene su nombre al considerar la propia visualización como forma vacía. En el nivel más bajo, esto es algo principalmente conceptual. En el más alto, es la experiencia de la unión de la apariencia y la vacuidad descrita en los Sūtras del Prajñāpāramitā. El Mudrā de Samaya considera los objetos de la etapa de generación desde el punto de vista del compromiso tántrico. Los practicantes se comprometen a visualizarse como una deidad tántrica para superar los obstáculos conceptuales por medio de la percepción pura. En el momento culminante de la práctica de la etapa de generación en el Tantra Yoga Supremo, las verdaderas deidades de sabiduría (*jñānasattvas*) con formas similares a las de las deidades conceptuales (*samayasattva*) que uno ha visualizado primero, descienden para bendecir a las deidades visualizadas, como el objeto real. Este descenso de la sabiduría puede compararse al de los cazadores que colocan en un lago señuelos en forma patos de madera, con la esperanza de que los patos reales los vean y desciendan para unirse a ellos. Esa experiencia ocurre, al principio, en un nivel conceptual en cuanto a la visualización original. Sin embargo, cuando se experimenta la auténtica sabiduría, se refiere al elevado samaya de percibir todos los fenómenos desde el punto de vista puro de la verdad última, la vacuidad que posee todos los aspectos supremos. Como se describe en el capítulo siguiente, en una cita del *Tantra de Kālachakra*, cuando el Mudrā de Samaya se refiere a niveles elevados de la etapa de consumación, el nivel de percepción puede aumentar mientras no viole el samaya último.

310 Como el Mahāmudrā no es un objeto conceptual, no puede surgir en la etapa de generación. Surge sólo de los niveles más altos de la etapa de consumación.

Resumen de las cuatro dichas

Cuando se produce la experiencia de unión con los mudrās, surgen percepciones de sabiduría prístina como resultado de las cuatro dichas. Tanto si se manifiestan de forma conceptual o no conceptual, su presencia purifica las manifestaciones impuras burdas y sutiles del karma saṃsārico. Por lo tanto, estas experiencias tienen un valor incalculable en el camino tántrico. Las cuatro dichas son:

1. Dicha[311]
2. Dicha Suprema[312]
3. Dicha Especial[313]
4. Dicha Innata[314]

Cada una de ellas se subdivide a su vez en cuatro, lo que resulta en un total de dieciséis dichas, desde la Dicha de la Dicha, la Dicha Suprema de la Dicha, y así sucesivamente, hasta la Dicha Especial de la Dicha Innata y la Dicha Innata de la Dicha Innata. Si se presentan de forma tradicional, pueden ser difíciles de entender para la mayoría de las personas, ya que no han experimentado los sentimientos que involucran. Intentaré explicarlas de una manera un poco más fácil de entender:

1. La Dicha se refiere a la dicha y el gozo mutables de la fusión de los *thigle* o *khams* relativos, tal como los experimenta una persona común.
2. En la Dicha Suprema, esa misma dicha y gozo mutables de la fusión se elevan y estabilizan mediante la absorción meditativa en esa di-

---

311 *Dga' ba*

312 *Mchog dga'*

313 *Khyad par gyi dga' ba*

314 *Lhan cig skyes pa'i dga' ba*

cha y gozo. En ese sentido, no es exactamente la misma dicha de la fusión del thigle que experimenta la gente común.

3. En la Dicha Especial, ese gozo de la fusión se vuelve "inmutable". No es sólo la dicha y el gozo de la fusión, sino el gozo especial o particular que se experimenta cuando el khams o thigle desciende, se sostiene, se esparse, se distribuye y demás.[315]

4. La Dicha Innata surge del thigle indestructible e inseparable del espacio absoluto del Dharmadhātu. Su gran gozo es un aspecto intrínseco del Sugatagarbha. Sólo un ser completamente iluminado lo experimenta plena y constantemente. Sin embargo, dado que todos los seres poseen naturaleza búdica, pueden experimentar atisbos cada vez más extensos de ella a lo largo del camino.[316]

Estas cuatro dichas son, de hecho, cuatro experiencias diferentes de dicha. Como se explicó anteriormente, según las cualidades particulares de cada dicha individual, éstas pueden dividirse a su vez en cuatro, lo que suma un total de dieciséis. Sin embargo, cuando se dividen no podemos designar ningún objeto real que se esté dividiendo. La forma en que cada una de las experiencias de sabiduría de las cuatro dichas se produce se explica tradicionalmente, pero no hay un origen compartido que los principiantes puedan comprender. Como he escrito esto pensando principalmente en los principiantes, no hay mucha necesidad de detalles elaborados sobre este tema, por lo que no los presentaré. Esta breve presentación

---

315 Para evitar confusiones, se dice que el gozo relativo aquí descrito es "inmutable" porque dura mucho más que el gozo momentáneo que la gente común experimenta, por ejemplo, en un orgasmo. La Dicha Especial no es permanente en el sentido literal y no es inmutable en todos los sentidos de la palabra. Este gozo relativo e inmutable puede oscilar o aumentar.

316 El gozo absoluto del estado natural es literalmente inmutable, en el sentido de que es perfecto por toda la eternidad. No aumenta, ni disminuye, ni cesa. Sin embargo, también en este caso, la experiencia de éste en el camino dura sólo mientras los atisbos de ese estado natural absoluto sustituyen a la experiencia relativa ordinaria.

de las cuatro dichas será suficiente.

Como los lectores de este libro sólo necesitan comprender lo esencial para la práctica, muchos temas del tantra no se tratan aquí en absoluto. Tampoco se han incluido explicaciones extensas con muchas citas textuales para los temas que he tratado, ya que los estudiantes principiantes a quienes se dirige principalmente este libro tienen poca necesidad de tales elaboraciones. Espero que mis lectores no se sientan defraudados por esto.

Cuando decidí escribir este libro, investigué si el beneficio y la felicidad que se producirían serían suficientes para justificar el esfuerzo requerido. Luego, consideré si al añadir cierto material extra se obtendrían mayores beneficios. Mis reflexiones confirmaron la necesidad de escribir el libro, pero sin el material extra. Supe entonces que la escritura se llevaría a cabo de ese modo, y nunca lo perdí de vista. Al mismo tiempo, empecé a albergar la esperanza de que escribir sobre el Camino del Deseo sería muy beneficioso, y así aspiré a esa buena fortuna.

> Incluso los dioses de Tuśhita carecen de un camino de deleite
> semejante.
> El oro precioso y los diamantes brillantes e indestructibles,
> las diversas joyas de valor incalculable y otros objetos preciosos,
> no ascienden ni a una fracción de su valor.[317]

> No se recibe mediante la unción de reyes poderosos,
> ni se obtiene nunca comprándola con una gran riqueza;
> insondable ante el análisis de grandes intelectos,
> es esta sabiduría del gran gozo libre de contaminación.

---

317 **Tuśhita** o el Cielo de la Dicha es la morada más elevada del reino del deseo. Se dice que el futuro Buddha Maitreya reside allí hasta que encarne en la Tierra como Buddha. A excepción de él o de otros altos bodhisattvas que se manifiestan en forma de dioses, los dioses nacidos ahí no tienen el buen karma de practicar el tantra.

La corriente del río del mérito, de donde fluye la buena fortuna de la esencia de la tierra, restaura la juventud de la Tierra.

La esencia innata y pura de todos los seres mundanos produce las cuatro y dieciséis dichas, como un manantial que cura el saṃsāra.

Con miradas, carcajadas y risas, lamiendo, sorbiendo y chupando,

la consorte danzante, con una abundancia perfecta de baile y música,

puede tocar, tirar, sonar y frotar, agitar y sostener lo que desciende,

y esparcir lo esparcido, en un círculo gozoso de dieciséis dichas.

Sobre la diosa de la Tierra, rica en oro con sus vestiduras oceánicas,[318]

enloquecidos por el calor del gozo-vacuidad, la pareja de yoguis,[319]

ebria de pasión libre de deseo, hace que el dios de los siete caballos

se oculte con una vergüenza insoportable en la cubierta de Varuṇa.[320]

---

318 Cuando se visualizan los maṇḍalas elementales del mundo según el *Tanta de Kālachakra*, en la parte superior se encuentra la tierra dorada, por lo que se dice que **la diosa de la Tierra es rica en oro**. Debajo de ésta se encuentra el maṇḍala de agua, por lo que se dice que lleva **vestiduras oceánicas**.

319 La **pareja de yoguis** que practican el Camino del Deseo quedan tan **enloquecidos con el calor del gozo-vacuidad** que realizan muchas acciones gozosas, como las que Gendün Chöpel describe en los versos presentados en el Apéndice I.

320 El **dios de los siete caballos**, el dios hindú del sol, Sūrya, cuyo carro es tirado por siete caballos, lo ve al pasar por encima de ellos. Siente una **vergüenza insoportable** ante esta dicha embriagadora que debe **ocultarse** en las montañas donde habita la pare-

ja. Aunque las montañas forman parte del maṇḍala de tierra, debajo del océano del maṇḍala de agua, también se elevan por encima, fuera y en el centro de éste. Por eso se les llama **la cubierta de Varuṇa**, el dios del océano.

9
Explicación complementaria y conclusión sobre los mudrās, respaldada por las escrituras y el razonamiento

Mi objetivo es que este libro se traduzca a muchos idiomas, con un estilo claro y directo que todo el mundo pueda entender, independientemente de su nivel educativo. Es probable que mucha gente que podría estar interesada en el Camino del Deseo llegara a malinterpretar o rechazar mis enseñanzas si no se presentaran de un modo con el que puedan identificarse. Por lo tanto, he utilizado diferentes estilos de explicación en distintas partes de este libro para asegurar que mis enseñanzas sean accesibles para todos los lectores.

La escritura tibetana en su forma tradicional utiliza muchas citas de las escrituras para respaldar la evidencia lógica de lo que se niega o se establece. Aunque esta forma no es adecuada para la mayoría de los lectores que tengo en mente, en algunos puntos de este libro hago una presentación lógica para ayudar a quienes sean receptivos a ella. También cito algunas escrituras por razones similares. Quienes no tengan interés en estos aspectos—como los que se presentan en este capítulo—no necesitan preocuparse demasiado por leerlos y comprenderlos y, como ya he dicho, simplemente pueden saltárselos.

Asimismo, también menciono algunas fuentes de confusión particulares que deseo abordar. Por ejemplo, cuando la mayoría de los tibetanos hablan sobre la manera de practicar el Camino del Deseo, piensan que es incorrecto que los estudiantes practiquen diferentes tipos de mudrās en diferentes órdenes y estilos, de acuerdo con sus capacidades específicas. Aquellos que pertenecen a los linajes de práctica tibetana entienden estos mudrās principalmente a partir de explicaciones textuales. La mayoría de los eruditos tibetanos afirman que cada uno de los cuatro mudrās *debe* practicarse en un orden particular y en niveles específicos del camino.

Aunque es posible concebir que algunos de ellos puedan explicar de forma clara y coherente la manera de practicar estos cuatro mudrās, eso es algo que rara vez he visto. Hablan sobre el punto de partida, el orden correcto de las etapas, etc., meramente en términos verbales que se resisten a la aplicación en la práctica real. Son muy raros los que pueden hablar con seguridad sobre el aspecto experiencial de los cuatro mudrās. Aquellos capaces de dar instrucciones claras y directas sobre la práctica nunca han sido numerosos, y ahora parecen ser casi completamente inexistentes.

Por ejemplo, cuando las supuestas autoridades en la materia explican qué mudrā debe practicarse en cada etapa del Camino del Deseo, más allá de ejecutar una danza montada a partir de frases memorizadas de libros, sólo ofrecen trozos dispersos de instrucciones directas sobre lo que hay que hacer. Las instrucciones más claras sobre la práctica del Camino del Deseo se encuentran escritas en las enseñanzas de Gendün Chöpel, algunas de las cuales se pueden leer en el Apéndice I de este libro. Ju Mipham también dio enseñanzas, aunque sólo unas pocas. Sin embargo, ambos escribieron principalmente sobre técnicas sexuales, sin hablar mucho sobre cómo relacionar la experiencia sexual con el camino y el fruto. Como todos los interesados saben claramente, no existe un "conjunto de herramientas" completo que contenga instrucciones escritas claras y directamente aplicables, así como los pasos en los debe hacerse esa práctica.

Es muy difícil acceder y comprender las biografías secretas de Jet-sun Tāranātha; no son aptas en absoluto para principiantes. Aunque no enumeran explícitamente las etapas de este camino de medios hábiles, las personas extremadamente inteligentes y conocedoras que tengan la suer-te de leerlas en tibetano pueden comprender cómo es el verdadero Cami-no del Deseo. Además, estas personas sumamente inteligentes también pueden obtener una comprensión correcta del tantra en general a partir de otros pasajes de las extensas enseñanzas que dio Tāranātha sobre los textos tántricos. De esta manera, será posible comenzar un nuevo capítu-lo en la historia del Camino del Deseo.

Hoy en día, los tibetanos que se consideran eruditos creen que para practicar los diferentes tipos de mudrās y el tantra en su conjunto, es ne-cesario alcanzar un nivel extremadamente alto de logros, con los poderes milagrosos de un mahāsiddha. Parecen tener la visión errónea de que, mientras no posean tales poderes, no hay manera de que puedan comen-zar adecuadamente a practicar el Mudrā de Karma y los sucesivos mu-drās. Además, esto es un claro indicio de su comprensión endeble y falta de experiencia práctica en el tantra en general.

Parece que estos errores han surgido de la confusión sobre la na-turaleza, las divisiones, los niveles y las acciones de práctica de los tres primeros mudrās. Los puntos clave de las enseñanzas sobre los tres pri-meros mudrās, presentados de vez en cuando en las explicaciones de los cuatro mudrās, suelen entenderse mal, lo que conduce a confusiones y contradicciones. En general, es aceptable la manera en que estos textos clasifican a los tres mudrās en niveles superiores e inferiores, pero resulta confuso lo que dicen al presentar las características de cada mudrā, así como sus similitudes, diferencias y la clasificación de sus subdivisiones.[321]

---

321 Como se mencionó anteriormente, los niveles del Mudrā de Sabiduría y de los demás mudrās de visualización van desde las visualizaciones conceptualizadas ordinarias has-ta los atisbos de la sabiduría prístina. Los eruditos que afirman que la gente común no puede practicar estos mudrās parecen haberse sentido confundidos e intimidados

Es indiscutible que los cuatro mudrās se ayudan entre sí. Además, en su nivel más elevado, manifiestan diferentes aspectos de la manera última en que son las cosas. Por lo tanto, si consultamos las exposiciones razonadas proporcionadas por los textos que tratan de estos mudrās, éstas dicen que si no se logra uno de los cuatro mudrās, no surge el siguiente. Estos deben practicarse de acuerdo con las relaciones interdependientes de su surgimiento. Eso es cierto como regla general, pero estos eruditos no permiten casos excepcionales ni múltiples contextos de referencia.

En general, como se ha explicado en los capítulos anteriores, el Mudrā de Karma es el más fácil para practicar.[322] Puesto que éste es el mudrā más adecuado para los principiantes sin ningún conocimiento, conviene que sea el primero de los tres mudrās para practicar. Sin embargo, hoy en día, eso no es lo que suele oírse en el discurso de aquéllos que afirman entender el tantra.

---

por los pasajes textuales que presentan sus niveles más elevados. Según Rinpoché, esto sucede porque tienen poco o ningún conocimiento detallado de que estos niveles más elevados son el fruto de la práctica gradual en el transcurso de las etapas de generación y consumación. Como en el fondo son practicantes de sūtra, esos críticos del tantra se han pasado la vida considerando el sexo como un enemigo, y les resulta difícil aceptar los elementos sexuales de la práctica tántrica. Piensan que sólo un gran siddha podría superar el apego al deseo sexual y alcanzar la sabiduría mediante la práctica del Mudrā de Karma. Tales prejuicios les impiden comprender lo que realmente sucede en la práctica tántrica. Por poner sólo un ejemplo, algunos monjes critican a los practicantes tántricos avanzados por practicar el sexo "sin fin", pues evitan el orgasmo y retornan el thigle hacia arriba, a los centros superiores, donde se expande en una gozosa absorción no dual en la que reposan durante mucho tiempo. Ser capaz de reposar en el estado natural de esa manera realmente requiere un grado de realización más elevado, así que cuando condenan esta acción como signo de codicia y corrupción, resulta como un chiste privado para los yoguis competentes. Lo que aquellos consideran despreciable es en realidad algo muy loable.

322 En la práctica del Mudrā de Karma, los practicantes pasan de la percepción del sexo ordinario con una consorte humana ordinaria, al sexo sagrado que incluye la percepción pura de uno mismo y de su consorte como la deidad principal, con la experiencia del gran gozo último. Si sigues las instrucciones presentadas en este libro, puedes realizar esta práctica directamente, sin necesidad de haber practicado anteriormente otros tipos de mudrās.

Muchas divisiones son aceptables para el Mudrā de Sabiduría. Unas veces precede al Mudrā de Karma,[323] y otras veces debe considerarse como posterior y superior al Mudrā de Karma, dependiendo, por ejemplo, del nivel del Mudrā de Sabiduría.

Además, a los individuos que aún no tienen la habilidad o capacidad suficiente para practicar con un Mudrā de Karma,[324] o para quienes tal práctica violaría sus votos pues han tomado el vehículo de la liberación individual como su camino y compromiso *principales,* se les permite co-

---

323 Una secuencia común para aquellos que ya estudian y practican la etapa de generación del tantra tibetano es comenzar primero con un nivel inferior del Mudrā de Sabiduría. Normalmente, esta práctica está permitida siempre y cuando se haya recibido el empoderamiento de la deidad visualizada. Sin embargo, hay excepciones para casos e individuos específicos, y dependiendo del sistema y el nivel de práctica. Rinpoché tiene un enfoque flexible que permite a algunos de sus seguidores, en casos específicos y siempre que el beneficio sea considerable, realizar tales prácticas sin haber recibido el empoderamiento formal. Según él, si las razones o las cualidades personales son lo suficientemente buenas, sería aceptable llevar a cabo dichas prácticas incluso sin haber recibido el empoderamiento asociado, siempre que la persona tenga una buena motivación e, idealmente, una aspiración genuina a recibir el empoderamiento en el futuro. Su consejo es evaluar cada caso de manera individual. Su propia Sādhana de los *reyes del Dharma de Śhambhala* (Dzokden: San Francisco, 2022), muestra una forma única de guiar al practicante hacia la práctica de la autogeneración sin emplear una deidad autogenerada específica.

324 El Mudrā de Karma es relativamente más fácil para los principiantes, ya que implica relacionarse con una persona real que no necesita ser generada, en lugar de con algo que existe principalmente en niveles sutiles. No obstante, por la misma razón y como se explicó anteriormente, esto también implica un mayor potencial de complicaciones debido al ansia, el apego emocional, etc. Por lo tanto, para algunos individuos, prepararse primero con el Mudrā de Sabiduría podría funcionar mejor. Esto también podría ser el caso para aquellos que actualmente no tienen la oportunidad o las condiciones para practicar con una consorte humana, o bien debido a razones de salud, entre otras. La práctica personal del Mudrā de Karma descrita en este libro está disponible como una introducción al Camino del Deseo para cualquier persona. Sin embargo, sería peligrosamente poco realista hacer esta práctica del Mudrā de Karma a un nivel de principiante y pretender que se está practicando el Mudrā de Karma de alto nivel de la etapa de consumación. Si no reconoces que montar en bicicleta en tu jardín es diferente a participar en el *Tour de France*, corres el riesgo de sufrir un grave accidente.

menzar meditando con las prácticas del Mudrā de Sabiduría.[325]

Cuál de los dos se practica primero depende del contexto y de la situación. La experiencia del Mudrā de Karma puede ser superior a la experiencia del Mudrā de Sabiduría, pero también puede ser inferior. Entonces, ¿por qué algunos eruditos afirman que si los cuatro mudrās no se practican en estricto orden, no surgirá el mudrā siguiente? Esta es la forma de pensar de alguien con comprensión limitada, por lo que correr a unirse a su grupo sería un error.

En cuanto al orden tradicional de la práctica de los mudrās en la tradición de *Kālachakra*, según se cita en La brillante claridad de la unión, de Jetsun Tāranātha,[326] el *Tantra de Kālachakra* dice:

རྣལ་འབྱོར་པ་ལ་འདི་ནི་འཕེལ་བའི་དོན་སླད། དང་པོ་ལས་ཀྱི་ཕྱག་རྒྱ་
བསྟེན་པར་བྱ། (5.73.1)

Con el fin de aumentar el gozo coemergente de los Victoriosos, primero habrá de otorgarse el Mudrā de Karma.

Según este pasaje, la práctica con un Mudrā de Karma es permisible y adecuada para los principiantes, por lo que definitivamente no es cierto que los practicantes deban haber alcanzado un alto nivel del camino para hacerlo. Este pasaje también establece que dicha práctica está permitida para desarrollar el potencial en el Camino del Deseo.

En general, lo que ocurre en el mundo es que, *sean cuales sean las*

---

325 Los monjes comprometidos con el *vehículo de la liberación individual como su camino principal* no pueden practicar el Mudrā de Karma en absoluto, ya que esto se considera una violación a su voto de celibato. Otros seguidores de la vida monástica que genuinamente se centran en el *vehículo tántrico como su camino principal*, pueden practicar el Mudrā de Karma, como se discute en detalle en el capítulo seis de la Segunda Parte. Incluso para los monjes que se centran en el tantra como su camino principal, es posible que, en ocasiones, no sea adecuado realizar la práctica del Mudrā de Karma debido a diversas razones, como la falta de circunstancias de apoyo en su entorno.

326 *Zung 'jug rab gsal*, BDRC scan W22276-v4, img559.5

grandes metas que deseemos alcanzar, debemos empezar por las circuns-
tancias que tenemos y lo que podemos hacer con ellas. Si pensamos que
no podemos comenzar hasta que ocurra algo enorme que nunca antes
ha sucedido, este planteamiento garantizará el fracaso. ¿Cómo podría ser
apropiado para el camino del tantra una forma de pensar tan derrotista?
Además, está claro que están permitidos los mudrās inferiores que ayudan a los superiores, y que siempre es apropiado buscar estrategias para
hacerlo. Así, el resto de esa estrofa del glorioso *Kālachakra,* con el comentario de Ju Mipham, dice:[327]

དེ་ནས་ནི་མའི་གཟུགས་ནི་ལས་དང་གདོང་དང་རྐང་པ་གཙུག་ཏོར་ཡན་ལག་ཐམས་
ཅད་རྫོགས་པ་སྟེ། (5 73.2)

Entonces se debe confiar en la diosa surgida de la mente, el Mudrā
de Sabiduría, una visualización de la variedad de consorte que asemeja a la **forma del sol** brillante. Esto se logra mediante la meditación en su **cuerpo, rostro, piernas, coronilla** y **todos** sus **aspectos**,
completa y **perfectamente** visualizados.

གློག་གི་དབུག་པའི་རྫས་མཐན་འབོ་མེད་བདེ་བ་སྐྱེད་པར་བྱེད་མ་མཆན་ཉིད་ཡན་
ལག་རབ་ཏུ་རྫོགས། (5.73.3)

Entonces, como la descarga—literalmente, la vara o *mazo*—de un
relámpago, cuando arde el fuego del tummo, ella[328] es *la creado-*
ra del gozo inmutable. Como posee las **características** de la forma

---

327 Rimé Lodrö tr., Ju Mipham, *Comentario sobre el Tantra abreviado de Kālachakra,* capí-
      tulo cinco, p. 98. Nota: Rinpoché citó sólo el texto raíz en su manuscrito original, pre-
      sentado aquí en caracteres tibetanos y en español en negrita. Como el texto raíz es muy
      intrincado y difícil de entender, el traductor pensó que sería útil proporcionar a los
      lectores un comentario sobre el texto raíz escrito por Ju Mipham, que se inserta en texto
      plano en la cita.

328 Gramaticalmente, "ella" sólo puede referirse al Mudrā de Sabiduría, pero este nivel más
      elevado del Mudrā de Sabiduría es como un relámpago que, con su gran gozo intrínseco,
      puede transmutar la forma ordinaria en la forma vacía del Mahāmudrā.

vacía, ella es el Mahāmudrā, **completamente perfecta en todos los aspectos.** Se debe encomendar a ella para manifestar el Mudrā de Samaya. Con eso, en la joya, los thigles son inmutables e inalterables.

རྗེ་རེ་རྣམས་ཀྱིས་རབ་ཏུ་སྤྱང་བར་བྱེད་མ་སྲིད་གསུམ་གནས་ལས་ཆོས་ཀྱི་
དབྱིངས་ནི་དེ་ནས་གྲུབ། (5.73.4)

El Mudrā de Samaya es la **consorte que hace** que los **tres reinos** sin oscurecimientos **aparezcan** plena y continuamente como el reino último. Esa inmutabilidad se logra **mediante** los cuatro **vajras** en el momento de la fructificación. Estos vajras son de la naturaleza de la cesación, y en ellos, las gotas de los cuatro vajras del cuerpo, la palabra, la mente y la sabiduría son siempre inalterables. Como **existe** en los **lugares** sin oscurecimientos de los tres reinos, el **cuerpo** (los kāyas) está unido con el gozo inmutable. La vacuidad que posee todos los aspectos supremos, la naturaleza del **Dharmadhātu,** es el samaya, [el compromiso de aprehender todos los fenómenos en términos de lo último]. Al no transgredir nunca ese samaya, **se convierte entonces** en el Mudrā de Samaya que nunca se destruye ni se desintegra.[329]

En ese apartado del capítulo cinco del *Tantra de Kālachakra,* también se exponen las etapas del Camino del Deseo en conjunto, aunque no hemos citado esos pasajes aquí.

En general, es sumamente importante no mezclar pescado e inmundicia en tales explicaciones. No saber ver la naturaleza de las cosas de

---

329 En esta presentación única de los mudrās, el Mudrā de Samaya estabiliza inmutablemente al Mahāmudrā, la experiencia de la fructificación, mediante los cuatro vajras como el fruto atemporal de los Buddhas. De otro modo, el Mahāmudrā sería meramente un atisbo temporal del fruto. Este es otro ejemplo de cómo el significado de los mudrās puede variar según el contexto, nivel de práctica, etc., ya que aquí el Mudrā de Samaya tiene un significado mucho más elevado que en el contexto de la etapa de generación.

tal manera que se pueda distinguir las verdades de las falsedades sobre cómo son las cosas, es como mezclar cosas sanas y podridas sin saber cuál es cuál. No sólo serás incapaz de reconocer cuáles son buenas, sino que las podridas acabarán corrompiendo a las buenas.

Cuando se quiere llevar a cabo un cometido, se pueden emplear muchas herramientas disponibles. Teniendo en cuenta las capacidades que han surgido de tu mérito individual y las habilidades particulares que puedes haber adquirido debido a un adiestramiento especial en esta vida, puedes seleccionar y emplear estas herramientas según sea necesario. Del mismo modo, aunque los tres primeros mudrās suelen practicarse en un orden determinado, es posible que, en un momento dado, el más apropiado para tus circunstancias no coincida con ese orden habitual. Jetsun Tāranātha dice en La *brillante claridad de la unión*:[330]

Además, aunque es posible practicar el camino del gozo del Mudrā de Sabiduría antes que el del Mudrā de Karma, en ese caso, la práctica del Mudrā de Sabiduría se considera como preliminar a la del Mudrā de Karma, por lo que se incluye dentro de ella.[331] Cuando ocurre esto, desde que se comienza el yoga de Retención hasta la primera parte del Recogimiento,[332] el practicante se encuentra en situaciones en las que el thigle es [todavía] débil, o las facultades son [todavía] inferiores[333] para involucrarse con el Mudrā de Karma de inmedia-

---

330 BDRC escaneo W22276-v4, img559.5-560.2.

331 Según Rinpoché, cuando en este caso se considera al Mudrā de Sabiduría como preliminar al Mudrā de Karma, esto significa simplemente una consorte visualizada, y no una de un nivel muy elevado.

332 La Retención y el Recogimiento son, respectivamente, el cuarto y el quinto de los Seis Yogas Vajra de *Kālachakra*, cuya estructura general se describe en el tomo tres de *Develando tu Verdad Sagrada*, de Rinpoché.

333 Según Rinpoché, aquí "débil" o "inferior" se refiere a que el thigle aún no se ha purificado o adiestrado lo suficiente. Aunque se trata de prácticas muy elevadas, dentro de su contexto, esta ocasión se considera inferior.

to. Sin embargo, todavía es necesario que practique el camino del Mudrā de Karma.

Por otra parte, cuando se emplean formas y prácticas del camino que son diferentes a los enfoques habituales para obtener los frutos de la práctica, ¿no son éstas enseñanzas especiales del tantra en general o las enseñanzas maravillosas y poco comunes del Tantra Yoga Supremo en particular? De igual manera, *en la práctica del Mudrā de Karma, debes empezar donde y cuando puedas, con la capacidad que tengas, y mejorar gradualmente a medida que te adiestras.* Sería un error no empezar nunca. Simplemente no empezar debido a una fantasía absurda de que, de manera milagrosa, se manifestará un nivel elevado con el que no tienes conexión es una receta para la derrota. El cielo vacío de la luna nueva nunca se ve seguido por una media luna al próximo día. El oro, la plata y las joyas preciosas nunca aparecen sin motivo en el espacio vacío. Si aún así te niegas a empezar, ¿no eres como un mendigo ocioso que espera ser, de repente y sin motivo alguno, el rey del mundo y los océanos?

Con respecto a las etapas superiores de la práctica del Mudrā de Karma que se utilizan como medio para avanzar en los Seis Yogas de *Kālachakra* hacia la experiencia directa del fruto del Mahāmudrā, *La brillante claridad de la unión* afirma:[334]

[...] Estas tres subdivisiones—(1) la práctica del Mudrā de Karma cuando es necesario sujetar con fuerza los aires, (2) la práctica del Mudrā de Karma en el momento del gozo sin derrame, y (3) la riqueza de reposar en la esencia del camino del Mahāmudrā a medida que se transforma en el gozo inmutable y apacible—, se refieren a tres ocasiones: (1) la ocasión de sujetar la Fuerza Vital con pensamientos individuales—esta es la ocasión en la que es necesaria la

---

334 BDRC: Escaneo W22276-v4, img560.2-560.5.

unión con fuerza para familiarizarse con la nāda[335]—, (2) la ocasión de la Retención,[336] (3) la primera ocasión del Recogimiento.[337]

Cuando es necesario realizar acciones mundanas difíciles, es importante empezar por lo que se puede hacer. Por ejemplo, cuando intentamos aplicar la bodhichita por primera vez, comenzamos tratando de realizar pequeñas acciones de la primera perfección, la generosidad, en lugar de intentar empezar con la sexta perfección, prajñā. Si fracasamos, debemos seguir adelante, haciendo todo lo posible para tener éxito, o estaremos rechazando el camino del bodhisattva por completo. Del mismo modo, en la práctica de los mudrās, debemos saber con certeza que, en un principio, no se practica el nivel más alto de cada mudrā. Tāranātha dice además,

---

335 El tercero de los Seis Yogas Vajra de *Kālachakra*, prāṇāyāma, *srog rtsol*. Si has practicado bien los dos primeros yogas, durante esta ocasión puedes experimentar la nāda como la unión de sonido, habla, aires, y demás elementos—algo difícil de describir pero que en esta etapa se siente claramente como una experiencia de todo en uno. La "unión con fuerza" significa que sostienes y unes los vientos de manera enérgica, no de forma espontánea. Esto se logra mediante ejercicios especiales de respiración y técnicas corporales que constan de numerosas repeticiones de sostener la respiración durante mucho tiempo, con una extenuante respiración de la vasija para reunir los aires superiores e inferiores. Todo ello se realiza junto con instrucciones de meditación. Esta unión y contención de los aires con fuerza ayuda a familiarizarse con la nāda.

336 El cuarto de los Seis Yogas Vajra de *Kālachakra*, dhāraṇā, *'dzin pa*. En este yoga, se potencia el thigle acumulado en el ombligo, y esta energía debe esparcirse a los chakras superiores, moviéndose y permaneciendo en zonas específicas sin dispersarse. Los practicantes aprenden a disolver sus aires en sus gotas (thigle), y los aires se experimentan como algo inseparable de ellas. En etapas posteriores, el logro conducirá al pleno control de las propias gotas o esencias y al comienzo de la experiencia de la consorte de la forma vacía, que se refina y estabiliza en el quinto yoga.

337 El quinto de los Seis Yogas Vajra de *Kālachakra*, anusmṛiti, *rjes dran*. Aquí, los practicantes profundizan su experiencia del fruto autoexistente. En las etapas posteriores, se alcanzará la experiencia del Mahāmudrā, que luego se logrará por completo en el sexto yoga. En el quinto yoga, sólo se alcanza la primera de las doce etapas del gozo inmutable.

en el mismo texto:[338]

> En estos casos, se producen muchas situaciones que suscitan el gozo
> mediante el Mudrā de Sabiduría, pero éstas son aspectos del Mudrā
> de Karma. La ocasión media del Recogimiento de los Seis Yogas es
> la ocasión del thigle y las facultades medias. Aquí, el Mudrā de Kar-
> ma [ya no] es necesario, y es imposible el Mahāmudrā solo. Esta es,
> por tanto, una ocasión en la que debe practicarse principalmente
> el Mudrā de Sabiduría, por lo que esta ocasión es la del camino [de
> las etapas más elevadas] del Mudrā de Sabiduría [o Mudrā de Dhar-
> ma].[339] Las últimas ocasiones del Recogimiento y la Absorción[340] son
> las ocasiones del thigle fuerte y las facultades agudas. Este es el ca-
> mino de Mahāmudrā en sí.

¿No es obvio que los principiantes no tienen las cualidades necesarias
para llevar a cabo los Mudrās de Sabiduría o de Dharma tan elevados que
se requieren en este caso? ¿No está también claro que, para avanzar a lo
largo de estas etapas, es necesario realizar la práctica del Mudrā de Karma? En resumen, después de ver en detalle, aquí y en el capítulo anterior,
que las clasificaciones de los mudrās tienen muchas capas y niveles de
comprensión, resulta claramente inapropiado tener una visión fija sobre
cómo deben practicarse.

El significado definitivo de los diferentes mudrās lo enseña claramente Tāranātha, un māhasiddha que los practicó ampliamente. Sin embargo, las enseñanzas de aquéllos que carecen de una realización verdadera no se corresponden con la verdadera naturaleza de éstas. Ellos sólo

---

338 *La brillante claridad de la unión*. BDRC: Escaneo W22276-v4, img 560.5-561.1.

339 Hasta que se produzca el fruto del Mahāmudrā, según se describe en la cita pasada del
Kālachakra.

340 Samādhi, *ting nge 'dzin*, el sexto de los Seis Yogas Vajra de *Kālachakra*.

ofrecen engaños nacidos de la fantasía ignorante, supuestamente establecidos mediante razonamientos lógicos que resultan espurios. Tratar de practicar el tantra según meras descripciones escriturales también es así. Además, Tāranātha dice en el mismo texto:[341]

Así, el Yoga de los Seis Miembros incluye el camino de los tres primeros mudrās.[342] Para aumentar los fenómenos innatos [puros] de las deidades, se practica el Mudrā de Karma; al hacerlo, las formas vacías de las partes de sus cuerpos, como rostros, brazos, y todas las demás características, se maduran al ser incrementadas y enriquecidas. Mediante el enriquecimiento de [los Mudrā de Sabiduría o de Dharma como] un sustituto visualizado del propio cuerpo del practicante, el gozo surge de visualizarse a uno mismo como la deidad en unión con la propia consorte de forma vacía; luego están "la forma del sol", el padre, yab, y "la similitud del mazo de un relámpago" y demás, que enseñan la forma de la madre, yum [al transmutar la experiencia del Mudrā de Sabiduría en el Mahāmudrā].

Dichas enseñanzas presentan un resumen de muchos otros pasajes de las escrituras y establecen claramente que está permitido adaptar la secuencia de cada práctica de mudrā para ajustarla a la situación. Quienes deseen saber más sobre esto deberían consultar textos como *La brillante claridad de la unión* de Tāranātha, así como su *Comentario sobre Alabanza a la ofrenda del gozo* y sus biografías secretas. Aquellos que quieran experimentar los cuatro mudrās en el contexto de los Seis Yogas Vajra de *Kālachakra* deberían dedicarse a la práctica real de los mismos bajo la guía de un Maestro Vajra cualificado.

---

341 *La brillante claridad de la unión*. BDRC: Escaneo W22276-v4, img561.1-561.3.

342 El Mudrā de Samaya no se incluye aquí porque, como se ha explicado anteriormente, en realidad está relacionado con aspectos de otros mudrās.

Al considerar sólo una clase de escritura como suprema,
¿no deberían aquellos adictos al árido sendero del razonamiento
entrar en la libertad del camino hacia la liberación,
en lugar de estar atados por sus rígidas cadenas de disciplina?

A los insatisfechos con el enfoque del razonamiento conceptual—
el análisis obsesivo de lo que "es" y lo que "no es" en las escrituras—
se les debería permitir plantear algunas preguntas pertinentes
respecto a sus palabras huecas en torno a la profunda etapa de
consumación.

Quienes piensan que, en el tantra, sólo debe confiarse en el thigle
y luego sostienen como definitivo el error de que el thigle es el semen,[343]
con un montón de contradicciones respecto a guardar el thigle,
roban, en consecuencia, toda coherencia al Camino del Deseo.

Inconscientes de que el camino de las y los sostenedores de la conciencia
es un océano de dicha y gozo, prefieren la esclavitud ascética.
Aquellos con mentes pequeñas y mal karma, perdidos como están,
de todos modos desean entrar en el camino del gran gozo autoexistente.

---

343 En el sentido de que creen que el thigle es sólo semen o que éste es la causa del thigle.
De hecho, es correcto considerar el semen como un signo del thigle en su manifestación
burda. Véase la presentación detallada en el capítulo seis de la Cuarta Parte.

QUINTA PARTE

CAPÍTULOS FINALES

Que algo sea esencialmente venenoso es imposible.
Saber utilizar el veneno como medicina es suficiente.
No hay más enemigos dentro del saṃsāra.
Saber transformar los enemigos en amigos es la cúspide de la sabiduría.

1

La vida humana se vuelve dichosa al comprender el Tantra

La manera en que la gente quiere alcanzar la felicidad, sin conseguirlo

Si no logras tener una comprensión adecuada del tantra, como se ha explicado anteriormente, no sabrás cómo transformar tus kleśhas en el camino. Pensar que no puedes practicar el tantra en absoluto también tendrá un efecto negativo general sobre tu mente. Además, si no sabes transformar tus kleśhas en el camino, no sabrás disfrutar de la verdadera felicidad. Sin embargo, aún tienes la capacidad de alcanzarla, y sólo necesitas descubrir cómo hacerla realidad. Por lo tanto, hablaré un poco más sobre la manera en que las personas pueden disfrutar de la felicidad incluso en situaciones difíciles.

Las personas que saben cómo transformar sus kleśhas en el camino pueden gozar de una felicidad temporal excepcional, pero eso no es todo. También pueden alcanzar el gozo inmutable y último, como el océano. ¿Cómo es posible obtener tanta felicidad y beneficios para esta vida y la siguiente, así como para el *bardo*? La respuesta breve es que entre más practiques, conforme vayas adquiriendo experiencia y familiaridad, se crearán más beneficios y felicidad.

La naturaleza humana hace que todas las personas busquen la felicidad. Sin embargo, como la mayoría de la gente no sabe cómo incorporar sus kléshas al camino, en su lugar, encuentran miseria. Esto ha sido así desde la antigüedad. Las diversas estrategias que han empleado estos buscadores fallidos de la felicidad son todas muy similares, y al imitarse unos a otros, no hacen sino empeorar las cosas. Persiguen la riqueza mundana, la comodidad, el éxito, el estatus o la fama, entre otras cosas, y, como parece razonable, también emplean estrategias para evitar lo opuesto. Los que buscan el deleite y la comodidad no quieren dificultades ni miseria; los que desean el respeto y la alabanza no quieren encontrarse con la condena y la crítica. Por lo tanto, si no obtienen lo que esperan, se sienten infelices. Turbados por las ocho preocupaciones mundanas, corretean como hormigas en un hormiguero o se agotan como arañas con una bola de seda más grande que ellas. En esa futilidad sin esperanza, desgastan sus vidas.

La mayoría de personas ha prestado poca atención a los consejos religiosos que su cultura ofrece sobre la muerte y el más allá. Como no saben claramente a dónde irán después de la muerte, no saben qué deben hacer. Sin saber qué ocurre ni por qué, carentes de refugio ni protector, su miedo y ansiedad son mil veces peores que los de un ciego abandonado en medio de una llanura vacía. Deben dejar atrás sus vidas humanas para dirigirse hacia una miseria inconcebible, sin alternativa alguna. Aunque sólo han sembrado las semillas de las preocupaciones mundanas, ninguno quiere recoger la cosecha de sufrimiento. Está claro que la manera en que la mayoría de la gente busca la felicidad no es la correcta, ya que no produce felicidad duradera.

Si tienes un buen ejemplo de cómo vivir, a pesar de no saber cuándo llegará el momento de la muerte, puedes morir con alegría. Si también sabes qué hacer después de la muerte, puedes estar completamente seguro de alcanzar tus objetivos. Caminar por esta tierra y respirar el aire de este mundo cobra sentido. Sin embargo, para que eso ocurra, debes ver la vida humana de manera diferente a la mayoría de la gente, porque la vida de la mayoría de la gente no está de acuerdo con las causas de la felicidad genuina.

Si la riqueza y las posesiones, el éxito y el estatus, la reputación y la fama no son las causas de la felicidad última, ¿debería estar prohibido perseguirlas? Evidentemente, todo el mundo necesita algo de riqueza y demás condiciones para vivir. No hay ningún problema per se en buscar estas buenas condiciones. Sin embargo, no basta perseguir sólo estas condiciones para disfrutar de una felicidad genuina. "Si creo riqueza, placer, poder y alabanza, y además elimino todos sus opuestos que no deseo, ¿no voy a disfrutar de la verdadera felicidad?" Eso tampoco es suficiente. En tu dolor sabrás que estas metas no son más que sueños insustanciales. Puedes perseguirlas, pero necesitas saber que *estas metas son, en el mejor de los casos, sólo las condiciones de un poco de felicidad temporal.* Si, además, reconoces que ni siquiera eso está garantizado, habrás dado los primeros pasos en dirección a las verdaderas causas de la felicidad.

Ejemplo de que trabajar con las kleśhas es el camino hacia la verdadera felicidad

Incorporar las kleśhas al camino es una estrategia que puede superar todos los problemas mundanos. En lugar de luchar contra los enemigos, esta estrategia los transforma en amigos.

Por ejemplo, imagina que después de mucho tiempo, con grandes esfuerzos y sacrificios, logras obtener por fin una riqueza y un deleite inmensos. Entonces, un día, tu mejor amiga, a la que quieres como a tu propia hija y en la que confías sin reservas, te roba todo lo que tienes mediante un plan increíblemente tramposo e hipócrita. ¿Vas a atacarla heroicamente para recuperar todas tus cosas? ¿Vas a rezar una oración piadosa y ofrecerle a la ladrona lo poco que te queda? Si ninguna estrategia funciona, ¿te vas a suicidar? Pasar tu vida sumido en el odio feroz puede matarte de todos modos.

Voy a decirte claramente cuál podría ser tu respuesta. Tan pronto como te des cuenta de lo que ha pasado, ríete mientras piensas algo como esto, "JA JA JA, nunca podría haberme imaginado que estar totalmente destruido de esta manera. Este es el resultado de mi karma, y no hay forma de evitarlo. Se ve como mal karma, pero si lo pienso dos veces, en realidad es una oportunidad. Si mi amiga no hubiera creado estas circunstancias únicas para mí, nunca habría tenido esta oportunidad única".

"Oportunidad" se refiere a circunstancias inusualmente buenas. Encontrar una oportunidad es algo raro y maravilloso. Es una suerte inmensa si una oportunidad se presenta sin que tengas que hacer nada o ni siquiera pensar en eso. Sin embargo, sólo tienes una oportunidad si sabes cómo aprovecharla. Si no sabes cómo hacer realidad el potencial de felicidad que te ofrece, no tienes ninguna oportunidad. Seguirás sumido en tu sufrimiento presente.

Por lo general, la gente pensaría en esta situación, "La traidora de mi ex-amiga me ha despojado de toda mi riqueza, deleite y reputación. Ahora estoy condenado a la desgracia y la miseria". El resultado de este tipo de razonamiento será un dolor extenso e insoportable, así que es mejor intentar pensar de otra manera. "Las acciones despreciables de mi amiga me ayudaron a abandonar una forma ilusoria de buscar la felicidad que me condenaba al sufrimiento. Yo solo nunca habría podido romper con mi apego a las preocupaciones mundanas. Ella provocó un desastre que me obligó a buscar una mejor forma de vida. Si no puedo encontrar la manera de aprovechar ese desastre como una oportunidad, nunca dejaré de estar arruinado y el resto de mi vida será una derrota intolerable. En lugar de dejar que arruine mi vida, debo iniciar una lucha heroica que supere todos los obstáculos". Con inmensa gratitud hacia la persona que te atormenta, piensa, "Ella me ha hecho más grande y más fuerte".

Cuanta más leña seca se ponga al fuego ardiente, más grande se hará. Cuanto más serio sea el desafío al que te enfrentes, más heroica debe ser tu mente para superarlo. Si tu mente permanece abatida y con el ánimo bajo, la derrota será inevitable. Sin embargo, no hay que temer. *Las limitaciones de la mente son pasajeras y temporales, por lo que pueden eliminarse. Todas las virtudes verdaderas son aspectos intrínsecos de la eterna naturaleza primordial de la mente, por lo que no es posible destruirlas,* sino sólo descubrirlas y potenciarlas. Cuando consigues comprender esto, estás empezando a aprender cómo traer las kleśhas al camino.

Después, piensa un poco más en la oportunidad que te ofrece tu amiga, "Si no hago esto, porque creo que sería una locura tener una respuesta tan poco usual, estaría rechazando esta maravillosa oportunidad. Estaría cediendo al desastre que ella ha creado. No podría haber una pérdida mayor. Aunque mi amiga fue quien creó esta oportunidad para mí, ni las bendiciones de los Buddhas y Bodhisattvas podrían haberlo hecho mejor. De hecho, mi amiga podría ser una emanación de los Buddhas y Bodhisattvas. Su bondad podría haber creado esta posibilidad para mí, para que pudiera progresar rápidamente al superar semejante desafío. Lo que al principio parecía un daño terrible puede ser en realidad una guía compasiva".

"Estar tan apegado a mi riqueza y posesiones anteriores me alejaba de todo lo que realmente quería y necesitaba. Eliminar ese apego podría terminar siendo una inesperada bendición de liberación. Si percibo mi situación como mala, mi destino seguramente será trágico. Si percibo mi situación como buena, mi futuro será fantástico. ¿No sería un tonto si no elijo la visión en la que mi vida será buena? Las enseñanzas budistas dicen que la manera en que los fenómenos aparecen y la manera en que existen realmente son diferentes. Lo que actualmente me aparece como un sufrimiento ineludible no es la forma en que realmente son las cosas. Son fenómenos relativos engañosos, así que ¿por qué me aferro a ellos?"

"En la manera en que son las cosas, el bien y el mal se unen en la pureza universal. Allí, mi situación es indestructiblemente buena. Ahora bien, esta situación aparece como algo horrible que no podría ser peor. La gente llama a esa forma deprimente de ver las cosas 'ser realista', pero si soy verdaderamente realista, sé que ceder a esa negatividad seguramente me perjudicará el resto de mi vida".

"¿Qué ocurrirá si acepto la virtud última que sólo tiene la naturaleza de beneficio y felicidad, incluso aunque me pregunte si es demasiado buena para ser verdad? Lo que hoy parece sufrimiento, mañana se manifestará como gozo indestructible. Podría ir de un gozo ordinario a un gozo superior, en lugar de ir del dolor a la perdición. Está claro que nadie diría que el sufrimiento sin fin es mejor que el gozo eterno. Si realmente puedo elegir entre ver esta situación como sufrimiento o felicidad, ¿por qué no querría verla como algo bueno? ¿Debo creer a la gente común que no ha encontrado la felicidad y que llama a este punto de vista positivo algo poco realista, o debo creer a los seres iluminados y omniscientes como el Buddha, cuya confianza en este punto de vista lo llevó a la iluminación perfecta?"

A menudo, los acontecimientos catastróficos nos hacen reevaluar nuestra vida y, cuando los recordamos mucho tiempo después, podemos ver que nos permitieron hacer grandes progresos. A veces, las situaciones que parecían buenas en su momento más tarde se ven como algo que condujo a grandes pérdidas. Una vez que nos demos cuenta de que sólo nos quedamos atrapados en situaciones dolorosas porque no sabemos ver todas las perspectivas, será fácil cambiar nuestra visión negativa y engañada por una visión verdadera, pura y positiva. Entonces, será fácil progresar, ya que la visión pura concuerda con la comprensión de Buddha sobre cómo son las cosas.

Ahora imagina que, después de todo, tu mejor amiga también te roba a tu pareja, o que, aunque se supone que es tu amiga, siempre está compitiendo contigo y señalando cómo ella es mejor, más influyente, más lista, más fuerte, más guapa y más simpática. En esta competencia que tienen entre ustedes, siempre te hace quedar como idiota e incompetente. Con un punto de vista ordinario, no podrías evitar sentir celos, envidia, enfado, disgusto, etcétera. Sin embargo, si reflexionas que tú mismo has producido todos estos sentimientos de infelicidad porque no sabes cómo afrontar situaciones como ésta, te das cuenta de que *simplemente dejando de obsesionarte con ella hará que deje de ser una causa de sufrimiento para ti*. En cambio, si sigues empeñándote en tu actual actitud autodestructiva, ella se convertirá en tu entorno exclusivo, causándote una agonía constante, como si te hubieras ido al infierno.

La desesperación por los inevitables defectos de la realidad relativa es lo contrario del punto de vista tántrico. Si analizas las aparentes calamidades de la vida ordinaria desde este último punto de vista:

1. Son apariencias ilusorias de lo que no existe intrínsecamente.
2. Todas tus apariencias "dolorosas" son en realidad despliegues del poder de manifestación de la realidad absoluta y, como tales, no implican nada de faltas ni traiciones.

Si tomamos los celos como ejemplo, cuando el dolor de los celos normales nos hace querer competir con un rival, el objetivo es tan limitado que, incluso si ganamos, es poco probable que disfrutemos de felicidad. Una vez que comprendemos que el dolor insoportable de los celos ilusorios no es la forma real en que son las cosas, los celos se expandirán de forma espontánea hasta transformarse en una apreciación de las cosas tal como son. De esta manera, la esencia de los celos perderá la dirección y las cualidades saṃsāricas que tenía previamente. Nada te parecerá un problema o un obstáculo. La perseverancia en esta alegre perspectiva hará que superes tu ilusión temporal de competencia. Si aspiras a triunfar sobre la rivalidad, cambia tu enfoque de modo que ya no establezcas una rivalidad maliciosa con la persona que te perjudicó. Redirige tu malicia hacia las ilusiones ignorantes de las kleśhas que causaron que cada momento de tu vida estuviera impregnado de sufrimiento. Para potenciar tu poder natural, concéntrate en las condiciones favorables que te permitirán llevar a cabo esta gran empresa y da la bienvenida al vasto fruto de tu práctica tántrica.

Cuando la kleśha de los celos se maneja de esta manera, seguramente pasarán al lado de la virtud. Cuando los celos se integran en el camino, en lugar de causar sufrimiento, se convierten en la causa de un valor y una diligencia entusiastas. Sin embargo, es ingenuo pensar que se obtendrán buenos resultados de inmediato. La virtud prevalecerá finalmente, pero las experiencias desafiantes pueden seguir apareciendo como una forma para que mantengas tu integridad, ya que se trata de un proceso de aprendizaje y transformación. Incluso ante resultados difíciles, no debemos dejar que los celos que se han expandido en la visión vasta de la sabiduría degeneren de nuevo en celos venenosos.

No importa si son seres superiores o personas ordinarias, toda la gente quiere disfrutar de una vida feliz. A pesar de ello, debido a sus puntos de vista limitados, la gente común piensa que simplemente debe rendirse al daño continuo de las indignantes faltas y transgresiones de este mundo, aunque esto haga imposible gozar de felicidad. Para alcanzar la verdadera felicidad, es necesario que tengan una visión más elevada de su situación. *Deben aprender a vivir los desafíos relativos como oportunidades supremas.* Una vida feliz es imposible cuando nuestra visión ordinaria nos convierte en mujeres y hombres con una pesadumbre constante. En cambio, esa vida se manifestará si dependemos de la extraordinaria visión, motivación y percepción pura del tantra. Nunca más tendremos que experimentar una vida de sufrimiento, sino de felicidad.

Resumen de cómo disfrutar de una vida humana feliz

Si hacemos un breve resumen de los pasos para las condiciones de la auténtica felicidad, estos son:

1. **Conocer las condiciones de la felicidad**
   Las verdaderas causas de la felicidad no son ciertamente las que todo el mundo cree que son, como la juventud, tener buenos amigos

y cónyuges agradables, o disponer de éxito, riquezas, deleites, fama, etc. En el mejor de los casos, éstas son condiciones para una felicidad temporal. Saber que no son las verdaderas causas de la felicidad implica también saber que las verdaderas causas deben producir una felicidad duradera y libre de su opuesto. Reconocer que las condiciones que la mayoría de la gente busca, como la riqueza y demás, sólo pueden producir el tipo más bajo de felicidad es el primer paso para alcanzar la felicidad verdadera.

2. **Fortalecer nuestro convencimiento**

   Después, hay que aceptar que la vida humana no responde a nuestras expectativas. Incluso cuando logramos conseguir riqueza, no hay garantía de que ésta produzca siquiera una felicidad temporal. A veces, incluso es posible que resulte en infelicidad. Reconocer que las estrategias saṃsāricas son poco fiables y fortalecer es convencimiento es el segundo paso.

3. **Cambiar de perspectiva**

   Generalmente, buscamos riquezas, deleites y demás condiciones porque esperamos que nos proporcionen una felicidad auténtica. Reflexiona sobre la manera en que esa esperanza es como un sueño que nunca se hará realidad. Cuando reconoces que no puede tener éxito ninguna estrategia basada en las causas deficientes que la mayoría de la gente aprueba, te das cuenta que debes buscar más allá para encontrar la causa de la felicidad. Si ocurre lo contrario de lo que deseas, ¿puedes avanzar hacia la verdadera felicidad? ¿Puedes enfrentarte a los desastres sin sufrir? Cuando surgen obstáculos e impedimentos que se oponen a tus expectativas y deseos, no tienes por qué sentirte impotente. Cuando se produce una calamidad, puedes seguir sintiendo la esencia de la felicidad porque verdaderamente estás protegido con tu armadura dhármica. En resumen, cambiar de perspectiva aceptando plenamente que no hay nada que puedas hacer para garantizar que nunca experimentarás infelicidad en el saṃsāra, y luego renunciar a tu apego saṃsārico, es el tercer paso para una felicidad fiable.

4. **Identificar las oportunidades**

Como nos guían hacia el conocimiento de que existe una forma de progresar más allá de la búsqueda inútil de la felicidad saṃsārica, los resultados "desfavorables" que experimentamos pueden convertirse en las condiciones favorables de una felicidad más profunda. Si se encuentran estrategias viables para evitar caer por descuido en el sufrimiento, la probabilidad de éxito aumenta. En particular, en lugar de utilizar antídotos para destruir los fenómenos que te hacen sufrir—como ocurre en el camino del sūtra—, convierte dichos fenómenos en oportunidades. Reconoce que al traer tus kleśhas al camino según el enfoque tántrico, lo que necesitas para alcanzar tu meta de felicidad ya está a tu disposición. Identificar la oportunidad que tienes de practicar el camino tántrico es el cuarto paso.

5. **Adquirir confianza y pasar a la acción**

Una vez que sabemos que, gracias a los medios hábiles, podemos transformar las causas de infelicidad saṃsārica en causas de felicidad última, nuestros antiguos problemas imposibles de resolver se convierten en preciosas oportunidades de crecimiento espiritual. Si, cuando experimentas dificultades y miseria, surgen al mismo tiempo alegría y confianza, porque sabes que puedes superarlas, has dado otro paso hacia la verdadera felicidad. En resumen, el quinto paso consiste en adquirir la confianza suficiente para poner en práctica el camino tántrico. Probablemente no te salga bien en los primeros intentos, pero no te desanimes. Como con cualquier nuevo enfoque en la vida, podemos aprender de nuestros fracasos y, con el tiempo, hacernos más hábiles.

6. **Alcanzar la felicidad auténtica**

Cuando se comprenden y practican en su totalidad estos pasos, la mente puede descansar, ya que sabe cómo convertir todas las causas relativas y poco confiables en condiciones seguras para alcanzar finalmente la felicidad última. Por ejemplo, imagina que durante toda tu vida nunca has hecho daño a nadie y siempre has ayudado a la gente en la medida de lo posible. Sin embargo, todo el mundo te falta al respeto sin ninguna razón válida, y no sólo eso, sino que exageran y critican desdeñosamente los pocos defectos que tienes. Además, la gente se deleita inventando historias falsas que te ponen en el peor lugar posible. Si en ésta y en todas las situaciones semejantes puedes reaccionar inmediatamente con la misma alegría que si te hubieran colmado de elogios y afecto, habrás establecido la auténtica felicidad en esta vida. Este es el sexto paso. Ahora ya sabes cómo incorporar al camino tanto las circunstancias que se oponen a la engañosa felicidad saṃsārica, así como las kleśhas resultantes, para transformarlas en causas incuestionables de la verdadera felicidad.

Resumen en verso

Si queremos que crezcan un millón de hojas de virtud
en el árbol de una vida humana real y feliz,
sin crear el karma que todo el mundo crea,
hemos de entender lo que nadie más entiende.

Si damos la espalda al camino donde todos han sido destruidos,
y nos dirigimos a la placentera arboleda del sol naciente de
   sabiduría y bondad,
en una nueva juventud totalmente adornada con hermosas
   flores,
podemos abrazar la dicha imperecedera de la eterna juventud.

Ahí es feliz la doncella de prajñā de nuestra propia mente,
pues abraza a su alegre compañero, el guerrero de la

compasión.[344]

El tesoro del reino más elevado y feliz, Śhambhala,
con su millón de excelentes cualidades, nace de esa dulce
unión.

---

344 Otra forma de referirse a los bodhisattvas.

El Precioso Lama Lobsang Trinlé, Guru Raíz de Shar Khentrul Rinpoché

2

Una nueva forma de ver la relación Guru–Estudiante

Introducción y explicación[345]

Si bien este libro ofrece un análisis detallado del tantra y su esencia, dado que los caminos y métodos del tantra tienen elaboraciones muy extensas, no es posible que esta explicación las abarque por completo. Como este libro reexamina la tradición tibetana y critica las distorsiones que han llegado a existir, no sigo la manera habitual de mi tradición de presentar formalmente cada detalle. No obstante, también presento la manera en que se pueden conservar y aprovechar los buenos aspectos de la tradición tántrica tibetana.

Asimismo, la forma de ingresar en el tantra es importante. Existen muchas personas que tienen gran estima por el tantra, pero no entienden

---

345 Este capítulo es sólo una presentación resumida del tema. Rinpoché ha escrito extensamente sobre la materia, por ejemplo, en sus obras anteriores *El tesoro oculto del camino profundo* y el tomo tres de *Develando tu verdad sagrada*. También se encuentran disponibles un gran número de enseñanzas grabadas que pueden ayudar al lector a familiarizarse con su perspectiva sobre la entrada en el tantra genuino.

correctamente la relación con un Guru tántrico. Como consecuencia, no pueden adentrarse verdaderamente en el tantra. Dado que el estudiante primerizo es una persona ordinaria de este lado de la realidad relativa que aún debe encontrar el fruto absoluto, el camino tántrico también debe comenzar con cualidades y relaciones ordinarias y relativas. Los maestros y estudiantes que no comprenden la vital importancia de esta relación de persona a persona, desperdician el esfuerzo espiritual de cientos de vidas humanas.

Los sistemas religiosos indios suelen tener un gran respeto por los maestros espirituales. Por lo tanto, era de esperar que en la tradición del budismo tibetano, originada en la India, el maestro o amigo espiritual también gozara de gran estima. Los seguidores de los linajes tibetanos del tantra tienen un gran respeto por el Guru, lo que implica una fe genuina, una perspectiva sagrada, dedicación y sacrificio. Esto se describe detalladamente en los textos del Tantra Yoga Supremo. Aunque esta manera de hacer las cosas fue ampliamente adoptada en el Tíbet, rara vez se comprendía su sentido último, ni siquiera a nivel intelectual, y en la práctica sólo se realizaba parcialmente de forma experiencial. Muchos practicantes se limitaban a seguir las costumbres culturales.

Como era de esperar, no sólo muchos no budistas de todo el mundo, sino también algunos budistas que siguen otros sistemas, tienen opiniones negativas sobre la relación entre Guru y estudiante en el tantra tibetano. A sus ojos, la devoción de estos fieles es excesiva y sus acciones caen en los extremos. Estos budistas afirman que sus propias "enseñanzas correctas" no proporcionan ni el más mínimo razonamiento para aceptar la validez del tantra. Aunque personalmente estoy de acuerdo con las escuelas tántricas tibetanas en los aspectos de su visión, percepción, tradiciones textuales, razonamiento filosófico y otros elementos, discrepo en gran medida de la forma en que los estudiantes de tantra y las sociedades actuales se relacionan con las tradiciones de estas escuelas, su forma habitual de hacer las cosas y demás elementos.

De acuerdo con las enseñanzas tradicionales sobre el Guru Yoga, el Guru debe ser considerado como un Buddha viviente, y todo lo que el Guru diga debe ser considerado como el sagrado Dharma. Si el Guru parece haber realizado acciones impropias, éstas deben ser vistas mediante la percepción pura como acciones de sus compasivos medios hábiles. Los estudiantes que ven al Guru como si tuviera faltas rompen sus compromisos de samaya, lo que produce un inmenso karma obstructor que debe ser purificado. De lo contrario, para tales estudiantes no pueden surgir las realizaciones que dirigen el camino del Dharma sagrado a la fructificación. Todas sus acciones serán infructuosas, y sus vidas serán cortas y llenas de enfermedades. Tan pronto como mueran, nacerán en el Infierno Vajra, donde experimentarán los sufrimientos más intensos de todos. Este enfoque es tan común en los textos tántricos que casi todos ellos lo enseñan en en algún momento.

Según los textos tradicionales, un Guru genuino debe poseer de manera íntegra todas las buenas cualidades propias de un Guru, y debe carecer por completo de cualquier falta que las anule. Los estudiantes necesitan analizar cuidadosamente si un Guru en específico posee estas virtudes o faltas antes de establecer samaya con él o ella y considerarle con la percepción pura que se requiere. A su vez, el Guru debe evaluar cuidadosamente a los aspirantes a estudiantes.

Aunque se enseña la necesidad de hacer esto, en la práctica, la mayoría de los tibetanos no aceptan que nadie más que los Lamas de mayor rango tenga la capacidad y el privilegio de evaluar si un Guru cumple con las cualidades requeridas. Por lo tanto, los budistas tibetanos comunes nunca tienen la oportunidad de evaluar si es adecuado un posible Guru. Si una persona común y corriente se atreve a atribuir faltas a un Guru en particular, prácticamente nadie más considera que su juicio sea válido. Incluso cuando la gente llega a tales conclusiones, muy pocos tienen el atrevimiento de declararlas públicamente. Si alguien más está de acuerdo, casi nadie tiene el valor de decirlo. El resultado es que no existe una evaluación eficaz de los Gurus tántricos por parte de sus estudiantes potenciales. Eso también ocurre porque la gente cree estrictamente que tal crítica generaría un karma indescriptiblemente malo. Como suelen decir:

Aquellos que, tras haber recibido una sola estrofa,
no consideren al exponente como su Guru,
después de cien nacimientos en la forma de un perro,
nacerán como un gusano entre la mierda apestosa.

Tradicionalmente, los tibetanos creen que todo el mundo debe seguir estas palabras al pie de la letra para evitar esas consecuencias. Como resultado, nunca se cuestiona a los Gurus. Aunque se enseña que antes de tomar a alguien como Guru hay que examinar durante muchos años si esa persona es adecuada, no existe un procedimiento claro para hacerlo.

Si quieres examinar de manera fidedigna si un determinado Guru es más elevado que una persona corriente, tendrías que pasar un tiempo considerable en su presencia para poder hacer una evaluación cuidadosa de sus enseñanzas. De lo contrario, cualquier observación que hagas se basará sólo en rumores y ninguna evaluación será adecuada. Aunque otros hablen sinceramente de sus propios análisis, sólo están informando de su propia experiencia personal. Puesto que estas experiencias son consecuencia de su karma individual, nunca pueden ser una guía confiable para predecir las tuyas y, por lo tanto, no son razón suficiente para evaluar a un Guru en potencia. Las palabras de los demás no son una base adecuada para elegir un refugio del saṃsāra en esta vida y en las futuras, del mismo modo que no bastarían si buscaras un cónyuge que fuera tu compañero de vida.

Una decisión tan importante debe tomarse correctamente. Si te apresuras a entablar una relación de este tipo sólo por escuchar los rumores de la gente que te rodea, tu actitud no será mejor que la de una oveja que huye instintivamente cuando aparece un perro. Sin embargo, así es como lo hacen la mayoría de los tibetanos. Como la costumbre indica que no pueden dar marcha atrás una vez tomada su decisión, ¿cómo puede ser ésta una estrategia viable? Muchos eligen a su Guru basándose en su nombre o reputación. Nunca intentan evaluar si es posible que una persona sin un estatus significativo sea alguien realizado. Por lo general, no tienen mejores medios para evaluar a los potenciales Gurus que observarlos superficialmente durante un breve período de tiempo. Cuando están con un posible Guru durante este corto tiempo, ignoran las palabras de Dharma que les han enseñado y tratan de examinar las cualidades del Guru en el acto, pero eso no puede ser un examen genuino. Como no tienen otras oportunidades, tratar de hacer un examen adecuado es caso perdido.

Es casi imposible elegir adecuadamente a un Guru de esa manera. Como consecuencia, cualquier respeto que tengan por sus Gurus será inevitablemente una mera muestra de su seguimiento de las normas culturales. Si no es posible evitar que estos estudiantes sólo finjan escuchar el Dharma sin tener un respeto genuino por el Guru que lo enseña, tampoco pueden comprender ni practicar el verdadero significado de lo que el Guru enseña. Además, los tibetanos creen que incluso si han recibido unas pocas palabras de Dharma de cualquier maestro, deben ver a ese maestro como su Guru y, por lo tanto, deben hacer todo lo que el Guru diga. Entonces, ¿cómo pueden establecerse realmente las cualidades necesarias de fe y confianza sobre cimientos tan superficiales?

A diferencia de muchas otras personas, como estudiante, en lo personal nunca he aceptado relaciones *involuntarias* iniciadas por ningún Guru. ¿Por qué? Cuando esto sucede, el Guru y el estudiante tienen una relación inauténtica que destruye el poder de trascender lo mundano en su práctica mutua del Dharma. En este escenario, dichas personas sólo pueden establecer cualidades mundanas y están excluyendo a la fuerza cualquier transformación genuina. Por lo tanto, tampoco he iniciado nunca involuntariamente una relación de este tipo con mis propios seguidores.[346] Dado que, desde que era joven y de capacidades muy limitadas, nunca he aceptado tal compulsión que ignoraba la situación real, como resultado he experimentado intensas dificultades. Algunos de estos "grandes" reyes de un valle pequeño[347] siguen abusando de sus súbditos autodesignados, por lo que aún es necesario hacer progresos en esta materia. *Recibir enseñanzas de un determinado Guru no te obliga a ser su estudiante para siempre. La elección de un Guru raíz debe provenir de tu propio corazón.*

Por otro lado, muchas personas, especialmente en Occidente, cometen otro tipo de error al caer en el extremo opuesto de menospreciar al Guru. Piensan que un Guru tántrico, o cualquier otro maestro espiritual, es algo completamente innecesario, creyendo arrogantemente que leer libros y navegar por Internet es una base suficiente para la práctica. Esta forma de pensar demuestra que tales personas han llegado a la conclusión de que las cualidades del camino del Dharma no son distintas a las de los sujetos mundanos. Sin embargo, las cualidades del nivel de la budeidad perfecta son ilimitadas y van más allá de la esfera mundana.

Un Guru es necesario para que estas cualidades se manifiesten en el continuo mental del estudiante. Para que un estudiante pueda conectar con el Dharma virtuoso, se requiere un maestro que lo encarne. Sólo una vez que se perciben las buenas cualidades del Guru, pueden surgir la confianza, el respeto, la fe y el afecto hacia él o ella, y entonces sus ense-

---

346 Como ejemplo, Rinpoché mismo no ofrece los cuatro empoderamientos superiores de *Kālachakra* en público, sino sólo lo hace previa solicitud individual y tras un cuidadoso examen por ambas partes: del estudiante hacia él y de él hacia el estudiante. Comúnmente aconseja a algunos seguidores que esperen y reúnan más condiciones para asegurarse de que están preparados para establecer samaya. Sin embargo, sí ofrece en público otros empoderamientos, como el empoderamiento extenso de la vasija, que forma parte del empoderamiento o iniciación de *Kālachakra (Los siete empoderamientos de un niño en crecimiento).* De este modo, los estudiantes y el maestro pueden conocerse antes de establecer una relación más profunda de Guru-estudiante.

347 Igual que los "peces grandes en un estanque pequeño", que además no son tan grandes en realidad.

ñanzas pueden dirigirse hacia la manifestación no dual del Guru dentro de la mente del estudiante. *Sin embargo, las cualidades de los estudiantes son aún más importantes en realidad que las del Guru.* Que los estudiantes perciban o no las preciosas cualidades de sus Gurus no depende principalmente de propias cualidades aparentes de él o ella, sino de la propia actitud y mérito del estudiante, y de la conexión kármica entre un determinado Guru y un determinado estudiante.

Cuando la percepción pura y la devoción hacia un Guru externo finalmente florecen, se establecen importantes condiciones internas para las grandes realizaciones. Tal relación interna nunca se desarrolla a partir de una relación con objetos dualistas externos como los libros, por muy buenos que sean. Pensar arrogantemente, "¡Puedo alcanzar la iluminación por mí mismo!" es un gran error.

Además, algunas personas muy orgullosas y egocéntricas afirman con deshonestidad que han establecido cierta relación de Guru-estudiante. En realidad, estos individuos se acercan a un Guru tántrico y luego, fingiendo que el Guru es su amigo íntimo de Dharma, le solicitan muchas instrucciones especiales y enseñanzas elevadas. Finalmente, dicen que son mejores que ese Guru, pensando que reconocer como su Guru a alguien tan inferior sería algo totalmente inapropiado. Es claro que nunca entendieron el significado de la relación Guru-estudiante, o, si lo entendieron, nunca quisieron participar en ella.

Algunas personas hacen afirmaciones erróneas como, "¡No necesito un Guru externo porque tengo el Guru interno de la naturaleza búdica!". Estas no son más que las palabras desvergonzadas de alguien que desconoce hasta lo más mínimo sobre la relación con los niveles externo e interno de un Guru, así como las distinciones básicas entre las dos verdades, etc. Para que tales personas no sigan perjudicándose a sí mismas con sus puntos de vista erróneos, es necesario dar una respuesta como la siguiente.

Superar la opinión errónea de que un Guru es innecesario en el Tantra

"Puesto que tu Guru interior no se manifiesta aún, en este momento sólo cuentas con el Guru sin manifestar de la base. Para que el Guru interior se manifieste, necesitas un Guru que te muestre el camino. ¿No sabes que ese Guru es lo que se llama Guru 'externo'?

Mientras seas un ser humano ordinario y no iluminado, el Guru externo es alguien absolutamente esencial en el tantra. ¿Cómo podrías pensar lo contrario? Si fuera así, se seguirían algunas consecuencias muy presuntuosas. Si un Guru externo no fuera necesario, entonces por el mismo razonamiento se deduciría que tú tampoco necesitarías adherirte a la visión, meditación y conducta externas. No tendrías necesidad de las manifestaciones externas de la luminosidad primordial, la sabiduría y la compasión de tu naturaleza búdica interior, ni del océano de perfectas cualidades búdicas del Victorioso. Tampoco serían necesarias las prácticas de bondad, compasión, fe, perseverancia, concentración, absorción, entre otras, que hacen que tales cualidades se manifiesten, y el Buddha externo y los seres sensibles tampoco serían necesarios como condiciones favorables para tu progreso espiritual. Tal actitud llena de pensamientos arrogantes y falsos nunca ha conducido a nadie a la iluminación.

Si, como dices, la gente no necesitara practicar el camino, sería inútil que hubiera un Guru en el mundo. De ser así, la relación Guru-estudiante sería innecesaria, y todo lo que se explica en las tradiciones textuales asociadas también sería inútil. Sin embargo, no se puede negar la necesidad de un camino, ni la de un maestro que guíe al estudiante por el camino tántrico. El Guru, por tanto, es la raíz de este camino y no se puede practicar ni un solo paso sin uno.

Además, ni siquiera una parte de la fructificación está separada del Guru. Esto se debe a que, en ese momento, el Sugatagarbha se manifiesta como tu mente iluminada, que es también la mente del Guru último y la

mente del Buddha. Aunque tal vez afirmes que el camino y la fructificación existen al margen del Guru, si dices que no quieres un Guru, estás
rechazando automáticamente el camino y su fructificación. El Guru es
necesario como la raíz del camino del tantra y el ser mismo de su fructificación. Si se niega esto, se estaría diciendo de manera absurda que tanto
el camino como su fructificación no son necesarios".

Como seres ordinarios, sólo podemos relacionarnos con la verdad
relativa. La verdad última sólo puede manifestarse trabajando primero
con la realidad relativa en la que nos encontramos en el momento presente. No podemos saltar directamente al Guru interior absoluto sin relacionarnos primero con el Guru humano, que es externo y relativo. Si la
arrogancia le impide a alguien relacionarse con el Guru humano, dicha
persona nunca podrá experimentar lo último.

Aclarar otros conceptos erróneos y encontrar el equilibrio adecuado

Muchas personas piensan erróneamente que la relación entre Guru y
estudiante en el Tantra Yoga Supremo debe ser una relación sexual. Sin
embargo, este es un gran malentendido perpetuado por aquellos cuyo
conocimiento sobre el sagrado Dharma es extremadamente limitado. En
realidad, la práctica genuina del tantra impregna las veinticuatro horas
del día y se mezcla con todas las experiencias y acciones. Esto significa
que la actividad sexual es una parte extremadamente pequeña de la práctica del tantra, por lo que creer que el camino del tantra consiste sólo en
sexo es una distorsión extrema. Además, decir que la relación entre el
Guru y el estudiante en el tantra debe ser sexual es aún peor. Este tipo de
relación sólo se da en circunstancias y entre individuos excepcionales, y
no de otro modo.[348] Es necesario que se reúnan muchas condiciones espe-

---

348 Como Padmasaṃbhava y Yéshé Tsogyal, o Nāropā y Niguma.

ciales para que una relación como ésta sea adecuada.

Aun así, ¿podría ser la sexual el mejor tipo de relación entre el Guru y el estudiante? La respuesta es la misma. Es la mejor sólo en circunstancias muy raras.[349] La relación entre el Guru y el estudiante debe desarrollarse a partir de cualidades ordinarias que están presentes de manera natural. Es importante entender que los aspectos trascendentes de estas cualidades se desarrollan a partir de sus aspectos mundanos. En su mayoría, estas son cualidades deseables en todas las relaciones personales, tales como la confianza y la seguridad.

Una relación que sea extremadamente importante e inestimable se basa en el amor o el afecto genuinos entre las personas. No me refiero a los ideales culturales comunes del amor romántico, nociones que pueden ser una buena inspiración para establecer un hogar y una familia, pero en su mayoría no evocan confianza, seguridad, valor heroico en su sentido *definitiva*. En su lugar, innumerables defectos y ataduras suelen aparecer después, lo que hace que el amor romántico mundano no sea una base suficiente para una relación encaminada a la realización. Sin embargo, es evidente que, en algunos casos, sus cualidades han evolucionado hacia algo más elevado.

Para que la fe, el orgullo apropiado, el respeto y el aprecio entre las personas sean verdaderos, puros, definitivos e indestructibles, estos deben ser autónomos. No pueden manifestarse ni estar condicionados por la presión social o la costumbre. Una vez que estas cualidades existen naturalmente en ti, las condiciones internas para el surgimiento del camino tántrico están completas. Sin embargo, no se puede decir que estas condiciones sean suficientes por sí mismas. La práctica del tantra requiere relaciones externas con un Guru auténtico y una tradición de linaje auténtica, entre otras.

---

349 El mejor tipo de relación entre el Guru y el estudiante es aquella que logra el mejor resultado. El mejor resultado es que las buenas cualidades ordinarias del estudiante se desarrollen hasta convertirse en las buenas cualidades definitivas de la iluminación.

En lugar de intentar basar tu práctica tántrica únicamente en las buenas cualidades mundanas, si en tu corazón surge una profunda confianza de que estas cualidades trascendentes e internas son extremadamente valiosas, como joyas de un valor incalculable que nada en absoluto puede superar, entonces aparecerá ante ti la entrada al camino tántrico y al Guru.

Alcanzar logros en el camino correcto del sagrado Dharma a través del tantra depende de todos estos factores. Al analizarlos con detenimiento, se puede ver que también es necesario contar con un maestro del sagrado Dharma. Incluso para realizar acciones mundanas, es necesario establecer buenas conexiones con objetos externos fiables que generen confianza. Sin embargo, para aquellos que desean alcanzar la Budeidad trascendente, una relación profunda entre Guru y estudiante es crucial para que la práctica del camino del sagrado Dharma sea efectiva. En suma, *esta conexión es una oportunidad preciosa para establecer una relación entre los aspectos últimos de dos seres humanos,* lo que nos permite desarrollar más conexiones perfectas con otros aspectos últimos tanto de los fenómenos como de los seres.

Como ya se ha mencionado, es muy difícil encontrar los medios correctos para evaluar si dos individuos son adecuados para ser Guru y estudiante. Incluso si se encontraran buenos medios de evaluación, aplicarlos sería bastante difícil porque el tantra tiene como base y raíz la percepción pura. Al escuchar las enseñanzas del Dharma de cualquier Guru, la comprensión correcta depende de hacerlo con una percepción tan pura como sea posible. ¿Por qué? No sabemos quién es un Buddha y quién es un ser sensible. Tampoco sabemos con quién tenemos una conexión kármica. Incluso las buenas explicaciones pueden provenir de la boca de los niños.[350]

---

350 Esto es cierto en dos sentidos. Por un lado, las bendiciones de una enseñanza dependen de tu propia percepción pura de los demás. Por otro lado, los Buddhas y Bodhisattvas pueden asumir cualquier forma, no solo la de grandes reencarnaciones con títulos elevados.

Por lo tanto, *para reconocer la verdadera amṛita del sagrado Dharma, es necesario no preocuparse por la reputación, el estatus y demás.* Por esta razón, *relaciónate con todo el mundo lo mejor que puedas y escucha todo el Dharma que puedas asimilar de ellos.* Este es mi consejo práctico. De este modo, podrás progresar en tu camino de buscar, encontrar, examinar y elegir un Guru raíz. Para algunos, este proceso puede ser muy rápido debido a su acumulación previa de méritos, mientras que para otros puede parecer que lleva mucho tiempo. En cualquier caso, cuando el estudiante esté preparado, el Guru aparecerá.

En general, más allá de si el Guru que aparece actualmente puede o no resolver tus problemas mundanos, lo más importante es *que transmita la necesidad de experimentar algo mejor que los objetivos mundanos de esta realidad saṃsārica, y así, muestre al estudiante el camino para alcanzar la iluminación.* En la medida de lo posible, un Guru debería enseñar y manifestar tales cualidades. Debes ser capaz de percibir al menos algunas de ellas para que tu mente se enriquezca con bendiciones. Si logras encontrar un Guru que sea capaz de guiarte a lo largo de este proceso y percibas que posee grandes cualidades que a su vez se reflejan en tu propia mente, debes considerarte sumamente afortunado y sentir una profunda gratitud.

Si resulta que un Guru definitivamente no tiene las cualidades suficientes para guiarte hacia la iluminación, y si no pretendes seguirlo devotamente sólo para mantener las apariencias ante los demás, *no hay ninguna razón válida para que el Dharma no te permita marcharte en paz y continuar tu búsqueda.* Por otro lado, si finges tener más respeto del que realmente sientes, es probable que tu hipocresía te cree problemas. En resumen, si no percibes pureza mental en un Guru, no es necesario que finjas lo contrario.

Sin embargo, en términos generales, a menos que continuar una relación te suponga un obstáculo considerable, *el mero hecho de no tener una fuerte conexión kármica con un Guru no es necesariamente una razón por la que debas romperla por completo.* Como orientación general, es importante ser honesto contigo mismo y con tu Guru, y así buscar el equilibrio adecuado que se adapte a tu situación personal.

¿Y qué debes hacer si te encuentras con un Guru que parece tener un orgullo saṃsārico cien veces más fuerte que sus buenas cualidades, y un odio mil veces más fuerte que su bondad amorosa, y que además muestra un exceso de avaricia, envidia, malicia y control opresivo? Todo eso se manifiesta debido al poder de tu propio karma. Sin necesidad de rivalidad ni agresividad, trasciende lo que el mundo generalmente percibiría de tal conducta. Las peleas o los insultos no son respuestas apropiadas. No obstante, si la relación con este Guru es una gran carga para tus recursos y capacidades, por lógica se establece que no sería una gran falta si dejaras de relacionarte completamente con él. De hecho, si lo haces de manera que no haya daños, asentarás un buen precedente porque hiciste honestamente lo que era necesario para tu progreso espiritual. ¿Por qué seguir fingiendo si tal relación no aporta nada a tu camino espiritual? Nadie sabio y hábil encontraría defectos en esto, siempre y cuando actúes de modo genuino y sin malicia. Si no abandonas tu camino espiritual, tarde o temprano surgirá sin duda una relación Guru–estudiante adecuada para ti.

Si el Guru dice que maten y lo ven como Dharma,
o señala con el dedo al este y dice que es el oeste,
y se tragan esa mierda, es posible que sea beneficioso
para quienes el saṃsāra y el nirvāṇa tienen el mismo sabor,
pero para quienes simplemente lo fingen, el efecto será
   contrario.

Aunque la fe irreversible y la percepción más pura
no surjan naturalmente en tu propio corazón,
tomar como base las virtudes mundanas y hacerlas aumentar
es el comienzo de una buena relación entre Guru y estudiante.

Aunque en el estado natural, no hay ni amo ni siervo,
si desde el centro de la esencia que surge de sí misma
percibes que los demás seres son de gran valor,
emanarán la alegría y el gozo del estado natural.

Este tipo de alegría humana está ausente en los tres reinos.
Al realizar esto se obtiene mérito blanco.
Si se acumula, despertamos del sueño de la ignorancia.
Aspira pues a que todos despierten de esa enfermedad del
   sueño ignorante.

Sin ataduras a una vida de esclavitud a las malas tradiciones,
y sin tener la cabeza empalada en las estacas de las
exageraciones de los necios,
libérate de la prisión de la rígida disciplina concebida como
   suprema.
¡KYE! ¡No actúes como una oveja perezosa hacia la
liberación!

El sublime reino de Śhambhala

3

Breve resumen de la liberación del nacimiento, la muerte y el bardo

Tanto si dominamos plenamente o no la manera de transformar las kleśhas en el camino, ¿cómo podemos dejar de regocijarnos de aquellos que benefician a los seres sensibles? Por lo tanto, si tenemos el coraje para llevar a cabo tal función pero aún no hemos averiguado cómo hacerlo, es de inmenso valor que al menos lo intentemos. Para ello, el camino para ofrecer beneficio en todas las vidas debe comenzar en esta misma vida.

Sin embargo, una serie de vidas en el estado de vigilia no es lo único que hay. Dicho estado de vigilia es uno de los seis bardos[351] *que abarcan la sucesión de nuestras vidas.* Al saberlo, estamos mejor preparados para lidiar con ellas y proporcionar beneficios a los demás. Si no lo reconocemos, creemos que nuestro beneficio proviene de cualidades mundanas como la gloria, la riqueza, el deleite, la reputación, la fama, el éxito o el estatus. En realidad, si consideráramos la totalidad de nuestras vidas, dis-

---

351 Este capítulo es sólo una presentación resumida del tema. Para más detalles, véase el tomo tres de *Develando tu verdad sagrada.*

frutar sólo de estas gratificaciones transitorias sería como gozar de la felicidad durante apenas un segundo de un día entero.

Todas las personas de esta Tierra morirán y dejarán este estado de vigilia. Es lamentable que la mayoría no se prepare en absoluto para lo que les sucederá cuando mueran, ya que, si lo hicieran, podrían evitarse mucho sufrimiento. La muerte no es simplemente desaparecer como el fuego que se extingue o el agua que se seca. Cuando abandonamos nuestros cuerpos externos en el momento de la muerte, nuestras mentes, junto con todo el karma de felicidad y sufrimiento acumulado a lo largo de nuestras numerosas vidas, se ven atraídas irresistiblemente a uno de los seis reinos de los seres debido a sus karmas más poderosos de felicidad y sufrimiento. Debemos ir allí para nacer una vez más en este ciclo continuo de muerte y renacimiento. El cuerpo ciertamente desaparece, pero su continuo mental no. La experiencia iluminada establece esto como un hecho, y eso no es algo conocido sólo por los budistas.

Por lo tanto, las personas que sólo piensan en esta vida son como aquellos que se preparan diligentemente para el día de hoy, pero descuidan los otros 364 días del año. Son como las personas que, si son felices durante la primera hora de cada día, nunca piensan en el resto de la mañana, tarde y noche. Al ignorar las posibilidades buenas y malas del día siguiente, no hacen preparativos. Desde ese punto de vista, son como necios. Si reflexionamos bien sobre esto, ¿no deberían ser las personas que no piensan más allá de esta vida, quienes merecen nuestra compasión?

A lo largo de días y noches, semanas y meses, los años de esta vida y las posteriores nos trituran como una rueda de molino. Actuando como si el "mañana" nunca fuera a llegar, la mayoría de la gente no toma medidas prudentes para el futuro. Sin embargo, según las claras y profundas enseñanzas de Buddha sobre el karma y el renacimiento, ¿cómo no van a llegar a su vez la próxima vida y las vidas futuras? En realidad, la reencarnación es sólo una parte muy pequeña del vasto tema del karma.

Al igual que el verano, el otoño, el invierno y la primavera siempre se sudecen uno tras otro, los seis bardos o "periodos de transición" de la vida también se repiten sin fin. Estos seis movimientos saṃsāricos entre los distintos estados de nuestras existencias se suceden una y otra vez hasta que la realización espiritual rompe el ciclo del sufrimiento:

1. Primero se encuentra el bardo del *estado de vigilia* o vida.
2. En segundo lugar se encuentra el bardo donde la mente se absorbe en la *meditación unipuntual.*
3. El tercero es el bardo del *dormitar profundo y los sueños.*

Estos tres primeros son los *bardos de la vida.* Luego tenemos los *bardos de la muerte y el renacimiento:*

4. 4. El cuarto es el *bardo de la muerte,* donde ocurre la disolución sucesiva de los elementos.
5. 5. El quinto, justo después, cuando todas las etapas de disolución se han completado, surge el estado de luminosidad de la muerte, el *bardo del Dharmatā.*
6. 6. El sexto, posterior a eso y continuando hasta que renacemos, surge la ocasión de recibir un lugar de nacimiento, que es el *bardo de la existencia.*

Conocer estos seis bardos es saber que la experiencia no iluminada consiste únicamente en dar vueltas de vida en vida, en la ignorancia y el sufrimiento, sin ninguna elección. *Los tres primeros bardos representan tres momentos críticos para cumplir los objetivos temporales* y últimos si aprendemos a prepararnos para el futuro. *Las cualidades de los tres últimos bardos surgen de manera natural, una tras otra, dependiendo de los tres primeros.*

En la actualidad, cuando estamos en el estado de vigilia y tenemos la libertad de implementar diversas estrategias, podemos manifestar la budeidad perfecta si adquirimos la comprensión y el dominio de cómo alcanzar la liberación en los tres últimos estados. Si no logramos esto, aún podemos nacer en uno de los reinos puros de los Buddhas o Bodhisattvas y completar allí el camino a la liberación. Como último recurso, al menos podemos obtener un buen renacimiento en la próxima vida. El éxito en estos tres últimos bardos o estados depende de tener un conocimiento correcto de cómo abordarlos. Por lo tanto, intentaré explicar brevemente y de manera clara este tema.

A lo largo de tu experiencia interior de un día, procura mantener tu mente y tus pensamientos siempre atentos y vigilantes de manera unipuntual durante el estado de vigilia. Evalúa con claridad si lo que estás haciendo se encuentra en consonancia con tu objetivo, y así tomarás buenas decisiones. Al centrarte en estas buenas decisiones, te acostumbrarás a la virtud y ésta dominará tu mente. De este modo, poco a poco avanzarás exclusivamente hacia la virtud y, por supuesto, los fenómenos virtuosos aumentarán en número y pureza.

A medida que todas esas virtudes relativas se unifiquen en una esencia más allá del *yo* y *los demás*, por grande que sea tu estimación propia actual, ésta cesará. Tu ejemplo inspirará a otros seres sensibles a pensar de manera similar, y cuando observen los buenos resultados, desearán seguir tu ejemplo. De manera intrínseca, todas las no virtudes se centran en favorecer a uno mismo por encima de los demás, mientras que las virtudes no hacen distinciones entre uno mismo y los demás. Por tal razón, las virtudes no necesitan separarse de la estimación propia, ya que están naturalmente libres de ella. Como consecuencia, tu rigidez egocéntrica se atenuará naturalmente y adquirirás flexibilidad mental.

Para llevarlo más lejos, cuando los fenómenos en la mente son virtuosos, podemos meditar en ellos con una mente unipuntual.[352] Esto ocu-

---

352 Por ejemplo, las meditaciones sobre el Camino del Deseo descritas en el capítulo siete de la Cuarta Parte. No obstante, las formas y los niveles de absorción meditativa son numerosos.

rre porque se entiende que los fenómenos que clasificamos como "yo" o "mío" están libres de la naturaleza dualista y conceptualizada que parecen tener cuando la fijación saṃsārica se aferra a ellos. Al comprender que la verdadera naturaleza de todos los fenómenos es no conceptual, entendemos que los fenómenos no conceptuales están ligados a la dicha y la felicidad, mientras que los fenómenos conceptualizados están ligados al sufrimiento. Gradualmente, nos damos cuenta de que la razón por la que los fenómenos conceptualizados se asocian con el sufrimiento es que los fenómenos aparentes se observan erróneamente como entidades independientes separadas de nuestro yo individual.

Entonces surge la comprensión gradual de que, en realidad, los fenómenos no tienen una naturaleza independiente ni una identidad propia. Cuando digo "no tienen una identidad propia", quiero decir que los individuos y los fenómenos no tienen un *yo* independiente en el sentido en que lo entienden las personas comunes. No quiero decir que no tengan ningún tipo de identidad. Si eso fuera cierto, también estaríamos negando la conciencia pura de la Budeidad que es nuestro *verdadero Yo*.[353]

Una vez que comprendemos que las apariencias en nuestra mente son vacías de existir como las entidades reales independientes que parecen ser, la mente puede descansar en la naturaleza verdadera y gozosa que queda cuando esas apariencias se ven como vacías. Al aprender a reposar de este modo, desarrollamos la capacidad de hacerlo incluso cuando entramos y permanecemos en los estados del dormitar profundo y los sueños. Esto nos prepara mejor para liberarnos cuando nos encon-

---

353 Rinpoché ha escrito extensamente sobre este tema en *The Great Middle Way: Clarifying the Jonang View of Other-Emptiness* [El gran camino medio: clarificación de la visión Jonang sobre la vacuidad del otro] (Dzokden: San Francisco, 2020). Para un comentario tradicional, se puede consultar Dolpopa's *Mountain Dharma: The Ocean of Definitive Meaning* [El Dharma de la montaña de Dolpopa: el océano del significado definitivo] (Dzokden: San Francisco, 2023). Recientemente, Rinpoché sugirió escribir "Yo" con mayúscula inicial cuando se refiere al Yo verdadero y absoluto, pero no cuando se refiere al yo falso y dualista de lo relativo, con el fin de evitar la confusión entre las dos verdades.

tremos con estados similares a lo largo del proceso de la muerte, en el momento de morir, en los bardos después de la muerte o, para aquellos muy afortunados y realizados, incluso ahora en esta vida actual. En este contexto, "liberarnos" significa que alcanzamos plenamente la libertad o la autonomía.

Además del yo ilusorio y saṃsārico, que siempre está bajo la esclavitud del karma, existe el Yo absoluto que es nuestra verdadera naturaleza. En la actualidad, sólo percibimos ese Yo verdadero en nuestro continuo mental en raros destellos que parecen irreales o lejanos, pero, cuando nos damos cuenta de cómo son realmente las cosas, entonces reconocemos el Sugatagarbha, la Budeidad, y lo experimentamos como nuestro verdadero Yo. Cuando estamos cerca de reconocer eso, se pueden recibir atisbos de la realidad verdadera en ciertos momentos de emplazamiento meditativo. Si estos fenómenos se reconocen por lo que son, es excelente. Es posible unirlos y extenderlos en un continuo emplazamiento meditativo. Esa continuidad universal es la continuidad del tantra. Cuando nuestra mente está lúcidamente absorta en esta continuidad de la verdad última, esa ocasión es el bardo de la meditación.

Si la familiaridad con esta absorción surje también durante el dormitar profundo, entonces puede tener lugar la experiencia especialmente exaltada de ser capaz de reconocer "el resplandor de la luminosidad". Cuando podemos experimentar la vigilia, la meditación, el dormitar profundo y los sueños como aspectos del Sugatagarbha, sabemos que estamos experimentando nuestro Yo real. De este modo, todo se transforma en un deleite infalible de la verdadera naturaleza del universo, cuyo valor es incalculable. Si no podemos percibirlo directamente, al esforzarnos por cultivar al menos una buena comprensión intelectual de esto, o tener una fuerte intuición o fe en esa verdad, la práctica del camino será suficiente para manifestarla en el futuro y, finalmente, entraremos en ese mundo iluminado.

Ahora ofreceré un resumen claro de las etapas en las que los elementos del cuerpo se disuelven y se desvanecen antes de la muerte. En lugar de enfocarse en este cuerpo burdo que se experimenta con el tacto y la vista, dichas etapas implican una experiencia de aspectos más sutiles del cuerpo que se disuelve y desvanece. De hecho, todos los fenómenos de nuestros cuerpos externos e internos desaparecen de nuestra conciencia a cada momento. Estas pequeñas muertes de las que la gente común tiene poca conciencia ocurren continuamente. Un ejemplo obvio de esto ocurre cada noche cuando nos vamos a dormir. Con la excepción de que esta pequeña muerte es más corta en su duración y alcance de fenómenos que la "gran muerte" entre las vidas, también ésta es una muerte real. Entonces, ¿por qué no le tememos? No nos da miedo porque tenemos fe en que mañana volveremos a despertar. Si, cuando nos fuéramos a dormir, supiéramos con certeza que nunca despertaremos, probablemente estaríamos aterrorizados.

Del mismo modo, si al estar a punto de morir, estamos seguros de que vamos a renacer de nuevo, como si estuviéramos despertando de un sueño, no tendremos ni siquiera una pizca de miedo. Si bien la muerte tiene un alcance mayor y es más prolongada que el sueño, es igual en todo lo demás. Todos sabemos que cuando nos dormimos, los ojos, los oídos, la nariz, la lengua y todo el cuerpo pierden la capacidad de experimentar formas, sonidos, olores, sabores y sensaciones táctiles. Esto sucede porque las conciencias sensoriales se disuelven en la conciencia mental. Posteriormente, la conciencia mental se vuelve cada vez más sutil hasta que finalmente también se disuelve en la conciencia fundamental.[354] Esta secuencia ocurre también cuando morimos.

Cuando un grado limitado de conciencia burda vuelve a aparecer, ese es el estado del sueño, y tiene mucho en común con el período de transición entre la muerte y el renacimiento. Aunque la mayoría de la gente

---

354 *Kun gzhi, ālaya,* la conciencia fundamental o base, donde se almacena el karma. Cuando se eliminan sus aspectos impuros, se manifiesta la sabiduría base de todo, *kun gzhi ye shes.*

no lo entiende, los aspectos sutiles de los elementos que se disuelven entre sí para producir el dormitar profundo surgen de nuevo en orden inverso, dando lugar a los sueños. En ese momento, parece que experimentamos nuestros cuerpos y el entorno que los rodea de la misma manera que lo hacemos en el estado de vigilia. Sin embargo, como se trata sólo de fenómenos sutiles, nuestros sueños suelen carecer de los fenómenos táctiles, y aparecen sólo al soñador y no a otros seres ordinarios.

En el momento de la muerte, ocurre un proceso similar. Aunque el cuerpo burdo no se disuelve antes de la muerte, sus aspectos sutiles, las esencias de los cinco elementos, sí lo hacen. De manera gradual, cada elemento se disuelve entre sí. Al igual que cuando nos dormimos, a la hora de morir, las cinco conciencias sensoriales asociadas a los cinco elementos se disuelven en la conciencia mental. Luego, la conciencia mental se disuelve en la conciencia fundamental, una conciencia muy sutil pero aún dualista donde se almacenan todos nuestros potenciales kármicos individuales.

Cuando se trasciende incluso esa dualidad sutil, ahí reside el límite del saṃsāra. En este nivel, al menos durante un breve tiempo, hay oportunidad de experimentar nuestra verdadera Identidad liberada. Esa experiencia nos permite reconocer directamente que nuestra verdadera naturaleza está plenamente iluminada. Los seres ordinarios llaman a esto "muerte" y lo perciben como un objeto de inmenso terror. Sin embargo, si se reconoce el límite del saṃsāra como tal, se está reconociendo nuestro verdadero Yo iluminado. Los que se han adiestrado previamente lo reconocerán igual que un niño reconoce a la madre. No hay ocasión más importante y deliciosa en este universo. Cuando nuestro verdadero Yo se reconoce plenamente, lo que la gente común llama "muerte" se realiza como el *Dharmakāya*. Nos damos cuenta de que somos la sabiduría que percibe la realidad tal como es. Después de eso, la muerte nunca más tendrá que ser un objeto de ansiedad y terror.

Si no podemos convertirnos en esa esencia de la liberación suprema, surgirán las diversas apariencias del *Sambhogakāya* a partir de la energía de manifestación del Dharmakāya. En caso de reconocer estas apariencias por lo que realmente son, aún tenemos la oportunidad de liberarnos. Sin embargo, si tampoco podemos hacerlo, por el poder de las raíces de virtud acumuladas a lo largo de todas nuestras vidas, así como el poder de la familiaridad con el bardo entre vidas, aún podemos nacer en un reino puro. Si nuestras raíces de virtud y poder de aspiración son lo suficientemente grandes, podemos nacer en uno de los reinos puros de los Buddhas, como el de Amitābha, uno de los señores de las cinco familias tántricas. Si esto no es posible, es un poco más fácil renacer en un reino puro de los bodhisattvas, como el reino de Avalokiteśhvara. En particular, el sublime reino bodhisattva de Śhambhala tiene una conexión kármica especial con todos los que vivimos en esta Tierra, lo que facilita que renazcamos allí. Gracias a la inconcebible compasión de los bodhisattvas Dharmarājas y los Reyes y Reinas Kalkī de ese reino puro, y a nuestro buen karma surgido de nuestra devoción y aspiraciones puras, es ciertamente posible que podamos renacer allí.[355]

---

355 Rinpoché escribió diversas oraciones de aspiración a Śhambhala con este fin. En ellas también se describe en detalle las etapas a las que se hace referencia en esta sección. Para saber más sobre Śhambhala y su conexión kármica con nuestro planeta, puedes consultar *El reino de Śhambhala: una visión completa de la perfección de la humanidad*.

4

Conclusión con versos auspiciosos y colofón

Aunque soy yo quien ha escrito este libro, los significados internos de estos temas fueron enseñados por el Buddha Perfecto en el glorioso *Tantra de Kālachakra*. Todas las explicaciones que aquí se han presentado están relacionadas con la enseñanza del Buddha en ese Rey de los Tantras y otros textos que enseñan los mismos significados. Por lo tanto, será muy útil solicitar el Empoderamiento de *Kālachakra*[356] y escuchar las enseñanzas relacionadas con ese tantra para comprender lo que he escrito.

Según se enseña, mientras nos adiestramos en el camino hacia la liberación y la omnisciencia, los Buddhas y Bodhisattvas nos proporcionan las experiencias que necesitamos. En particular, los Dharmarājas y los Reyes y Reinas Kalkī de Śhambhala, que ya han realizado el fruto de este camino, han jurado permanecer en la existencia aparente para ayudar a todos los seres sensibles. De vez en cuando, se manifiestan en esta Tierra junto con sus séquitos de bodhisattvas, y, finalmente, guían al mundo entero hacia una segunda Edad de Oro de paz y armonía. Ahora que han

---

356 También conocida como la "Iniciación de *Kālachakra*" aunque Rinpoché prefiere la traducción "Empoderamiento de *Kālachakra*". En sesiones públicas, él y otros Maestros Vajra ofrecen al menos *Los siete empoderamientos de un niño en crecimiento*, que es la forma extensa del Empoderamiento de la Vasija de la iniciación de *Kālachakra*.

leído este libro sobre la esencia secreta del Tantra Yoga Supremo y las instrucciones de práctica directa para alcanzarlo, todos ustedes lectores, queridas hermanas y hermanos vajra, podrán adentrarse, en diversos grados, en los profundos niveles de la mente que estos elevados seres han enseñado.

La manera de corregir las faltas en el vinaya del prātimokṣha,
y sus nociones tradicionales sobre cómo domar el deseo,
las expliqué yo antes, pero nadie lo tomó en serio.[357]
El peso de esta derrota fue mayor que el de una montaña.

Muchos conocidos *sthaviras* sostenedores del vinaya,
desechaban la raíz del prātimokṣha mientras se aferraban a
las ramas;
pero para quienes practicaban el tantra, aquel hecho[358]
se entendió como una lluvia oportuna enviada del cielo.

En cuanto a esta vasta y sutil esencia del tantrayāna,
millones de estrellas de practicantes eruditos y consumados
que siguen sus caminos tradicionales por el cielo

---

357 En el pasado, Rinpoché dedicó grandes esfuerzos al estudio exhaustivo del vinaya y sus comentarios. Descubrió que era necesario corregir la forma en que los monasterios tibetanos aplicaban el vinaya; por ejemplo, el hecho de que ignorasen los procedimientos para enmendar las trece ofensas con remanente, como se expone en el capítulo tres de la Cuarta Parte. Profundamente decepcionado, se dio cuenta de que a la mayoría de la gente no le importaba mucho estos puntos, ya que lo que más le preocupaba era seguir las costumbres tradicionales.

358 Rinpoché quiere decir que muchos monjes que se centran en el camino de la liberación individual "(sthaviras)" en realidad no se centraban en la raíz de los votos vinaya, sino en sus ramas. Por ejemplo, se centraban en si los monjes portaban consigo sus hábitos, pero tendían a hacer la vista gorda si engañaban sutilmente a la gente con falsedades. Después de mucho tiempo observando que esto ocurría en todas partes, llegó a la conclusión de que estos problemas monásticos eran en realidad una oportunidad enviada del cielo, porque el tantra era un camino más adecuado para ellos.

nunca se cruzan con sus muchas mansiones lunares.
¿Por qué habrían de atender a las palabras de este humilde
vagabundo?[359]

Ningún rey me ha dado un estatus elevado para ostentarlo en
el pecho como medalla.
Ningún elevado Lama me ha bajado un trono del cielo.
Carezco de una gran comunidad, con sirvientes que me asistan.
¿Qué súbditos del reino escuchan a simples vagabundos?

No obstante, incluso los viejos campesinos y nómadas son
expertos en sus oficios.[360]
¿Qué falta habría si describo verazmente las experiencias
de los patrones kármicos de mis numerosas vidas,

---

359 Según Rinpoché, muchos eruditos tibetanos y famosos lamas consumados del pasado,
a los que se refiere aquí como "millones de estrellas [...] que siguen sus caminos tradicionales" estaban preocupados por los enfoques tradicionales de las enseñanzas. Por
lo tanto, no explicaban la esencia y la práctica del tantra de una manera práctica y
accesible más allá del aprendizaje académico, y no ponían mucho empeño en abordar
los desafíos señalados por Rinpoché. Rinpoché no juzga a individuos concretos por lo
que hicieron o dejaron de hacer, porque no podemos conocer las circunstancias exactas
de su época. Lo que sí parece claro es que la mayoría de los tibetanos que veneran a los
famosos lamas del pasado como seres maravillosos parecen estar interesados sólo en las
formas tradicionales. No respetan las presentaciones modernas de las enseñanzas que
intentan abordar los problemas contemporáneos.
En cuanto a la siguiente metáfora, a medida que la luna orbita en el cielo, siempre pasa
por una serie de constelaciones del zodiaco lunar. Si se dice que esas constelaciones
lunares representan puntos en la comprensión genuina del tantra, podríamos decir que
estos eruditos son como estrellas cuyos movimientos en la bóveda celeste nunca entran
en contacto con ellas. Rinpoché, describiéndose a sí mismo como un "humilde vagabundo" en el mundo, trató de explicar la esencia del tantra muy claramente porque es
necesario abordar estas cuestiones. Sin embargo, parece que no muchas personas están
interesadas, ya que él no tiene un gran estatus, como lo describe en la siguiente estrofa.

360 Los tibetanos tienden a verlos como gente inferior e inculta, sin embargo, son maestros
en sus propios campos.

acumulados en mi propia familia de nómadas tántricos?[361]

Del complaciente apego a las palabras, puede seguir la
exageración;
de la ignorante burla de los necios, sigue también el desprecio.
Al igual que, sin pensar, las ovejas huyen de los perros,
o los conejos se espantan del sonido del agua chapoteando,[362]
que cada quien haga lo que quiera, en la feliz gloria de la
libertad.[363]

Pues yo también me aferré rígidamente y por demasiado
tiempo,
a muchas prácticas estúpidas y erróneas, glorificándolas como
legítimas,
sin hacer de mis hijas—la introspección y demás—auténticas
consortes.
Aunque lo lamento ahora, ¿quién puede enmendar mis
faltas?[364]

Los hombres y mujeres amantes de la conciencia anhelan la

---

361 Aunque muchos tibetanos de alto rango puedan tachar a Rinpoché de mero vagabundo
debido a que su estatus es inferior al de ellos, él está acostumbrado y conoce bien el
campo del tantra. Esto se debe a que se ha relacionado con él en esta vida y en muchas
anteriores.

362 Ninguno de estos problemas se corregirá si la gente se limita a proclamar y defender sus
doctrinas favoritas, sin considerar si están basadas en la experiencia. En ese caso, son
como una oveja que huye de un perro por instinto, sin importar si el perro realmente
representa un peligro.

363 Independientemente de si los lectores aprueban o no el contenido de este libro, se les
invita cordialmente a hacer su propia evaluación.

364 Rinpoché hace la confesión poética de reconocer ahora que perdió demasiado tiempo
siguiendo una disciplina monástica estricta, sin hacer ningún esfuerzo por unirse con
consortes auténticas ni por cultivar su propio linaje familiar.

sabiduría,

y aspiran también a beneficiar a los amigos que poseen un karma similar.

Con confianza en otros que comparten la misma buena fortuna, actúan para liberar a sus condiscípulos del destino.

Aunque anhelaba escribir sobre cómo atravesar los caminos ilimitados

del tantra secreto, tan vasto y tan profundo,

si no hubiera habido señales de que había llegado el momento de hacerlo,[365]

envejeciendo y muriendo en silencio, simplemente me habría deleitado a gusto.

Que el agua de este mérito,[366] como la madre de la luna,[367]

filtrada al pasar por la tierra dorada,[368]

y mezclada con el cielo de la iluminación, como nubes flotantes,

nos conceda en todos nuestros nacimientos una lluvia de amṛita sagrada.[369]

Que por este mérito, me convierta en el mensajero de confianza

---

365 Aunque los conocimientos compartidos en este libro han estado en la mente de Rinpoche desde hace mucho tiempo, él escribió esta obra sólo después de percibir señales o indicios de que había llegado el momento de difundir el tantra que conducirá a la segunda Edad de Oro.

366 El mérito de escribir este libro.

367 Una expresión poética en tibetano para "océano".

368 Así como el agua se filtra en el suelo de la tierra, que el mérito relativo se filtre por asociación con la naturaleza absoluta de la tierra pura.

369 Al mezclar este mérito puro con todo el mérito de los bodhisattvas de los tres tiempos, que puedan surgir "nubes" del sagrado Dharma, que hagan llover sus bendiciones sobre los seres sensibles.

de los Bodhisattvas Kalkī de Śhambhala en el norte,
y que pueda llevar a cabo su actividad búdica,
anunciando la buena fortuna de una nueva Edad de Oro.

Que aquellos con malos pensamientos que exageran el ver y el
    oír con palabras—
todas las palabras traicioneras que solidifican las cosas como
    buenas y malas—
alcancen los cuatro kāyas y vajras, la meta más allá de las
    palabras,
al aprender cómo traer sus kleśhas al camino.

Incluso si en esta existencia son incapaces de lograr
aquéllos con profunda fe, aspiración, percepción pura y amor,
renacerán en el campo tántrico más elevado, Śhambhala,
donde atravesarán los niveles del tantra en una vida.

Colofón

El autor, un sostenedor del vajra que guarda los tres votos, conocido como Shar Khentrul Jampel Lodrö,[370] *guiado por muchas experiencias y realizaciones especiales, evaluó la situación del sagrado Dharma en muchas partes del oriente y occidente de Jambuling, así como la situación de las enseñanzas del Victorioso en la Tierra de las Nieves del Tíbet. Después de elaborar extensos bosquejos en 2019, comenzó a escribir de nuevo ciertas partes de este libro en 2021, pero, debido a muchos proyectos y actividades, no tuvo tiempo de terminarlo todo de una vez. Aunque durante un largo periodo pareció que no había llegado el momento de concluir este escrito, en 2022, el cuarto día del segundo mes occidental, en el cuarto día del duodécimo mes del año tibetano del Buey de Metal, en un día auspicioso en el que hubo una buena sincronicidad, esta obra se terminó en la región australiana de Melbourne, en Tongzuk Dechen Ling.*[371] *Que todos los hermanos y hermanas vajra de todo Jambuling logren el empoderamiento de incorporar las kleśhas al camino. ¡Sarva mangalaṃ!*

> *Dado que surgen de la causa de puntos de vista discordes y disímiles,*
> *junto con sus condiciones que provienen de diversos hábitos distintos,*
> *y estos hábitos en sí emergen de diferentes costumbres,*
> *lo que es alabado como verdadero por uno es vilipendiado como falso por otros.*

> *Muchos ven cosas buenas como si fueran muy malas.*
> *Lo que algunos alaban como perfecto, otros lo llaman confusión.*

---

370 Otro nombre del autor, Khentrul Rinpoché.

371 Otro nombre del Instituto Rime, o Tibetan Buddhist Rimé Institute, en Belgrave.

Sobre los ojos de la apariencia kármica están las lentes
distorsionadas de los prejuicios.
¿Quién puede albergar la esperanza de complacer a todos?

APÉNDICES

Gendün Chöpel

Pasajes de Gendün Chöpel
y versos de conclusión

Homenaje a Gendün Chöpel por el autor

Aunque no se limitaba a repetir lo que otros decían,
sabía recibir todas las buenas explicaciones de los demás,
como una abeja que lentamente bebe la esencia inmortal de
    un loto.
¡Guerrero de la introspección, te rindo reverencia!

De la nodriza que es la joya de tu excelente explicación—
una joya de valor incalculable, libre de tierra y piedras—,
conforme nuestra fuerza vital se refres
ca con la comprensión que surge por sí misma,
sólo se recibe fe, aspiración y respeto.

Como si del agua extrajeran milagrosamente leche nutritiva,
de los ricos minerales en la tierra de tus elocuentes enseñanzas,
aquellos que saben cómo extraer su significado más profundo,
no sólo se deleitan con el sexo, sino también con la esencia de
    la sabiduría.

Pasajes selectos de Gendün Chöpel

Aunque existen numerosos libros tibetanos sobre sexo, no he abordado este tema en mi libro para evitar una acumulación excesiva de palabras. Aquellos que sientan curiosidad pueden consultar algunos de las estrofas escritas por Gendün Chöpel en su obra *Tratado sobre el deseo*[372] o buscar el texto completo si lo prefieren. Quienes deseen profundizar aún más pueden recurrir a personas expertas y experimentadas en el tema. Aquellos que busquen información adicional sobre técnicas sexuales en otras culturas pueden consultar clásicos ampliamente disponibles como el *Kāma Sūtra* y el *Jardín perfumado*. Mi libro no tiene la intención de ser un manual de habilidades sexuales como esos sino que, con el objetivo de ser de máximo beneficio para avanzar en el Camino del Deseo en mente, he presentado únicamente los puntos esenciales en esta obra para que cada individuo pueda aplicarlos según su propia capacidad.

A continuación se presentan algunos pasajes relevantes del *Tratado sobre el deseo* de Gendün Chöpel,[373] que representan el significado esencial de esa obra, es decir, la unión de hombres y mujeres. [374]

6.[375]   En el *Aṅguttara Sūtra* de Simhala,[376]

---

372 *'Dod pa'i bstan bcos, Kāma Śhāstra.*

373 *'Dod pa'i bstan bcos, Kāma Śhāstra.* Para una traducción de la obra completa, véase la bibliografía.

374 Esta unión no sólo es biológicamente necesaria, sino que la interacción de los principios masculino y femenino es fundamental para las explicaciones tibetanas de la psicología humana y la existencia en su conjunto, tal como se describe detalladamente en el presente libro.

375 En el texto tibetano original, las estrofas no están numeradas. La numeración que utilizamos aquí es un recurso, en cierto modo arbitrario, para facilitar la referencia. Esta división en estrofas equivalentes a párrafos nos permite indicar claramente dónde se han omitido versos.

376 Śhrī Laṅkā.

el Bendito pronunció estas palabras:
"Entre todas las formas físicas, la más bella
a los ojos de un hombre es la formas de una mujer;

7. y a los ojos de una mujer, es la forma de un hombre.
Nunca he visto algo más hermoso que esto.
Entre todos los sonidos, el más melodioso
para el oído de un hombre es el sonido de una mujer;

8. y para el oído de una mujer, es el sonido de un hombre.
No hay otros sonidos más placentero que estos.
Lo mismo para los olores, los sabores y los objetos del tacto,
se dice que se han establecido las tres cualidades más deseables".

11. En ciertos sūtras que enseñan las dieciocho ciencias,
[a-b]
una de ellas es la ciencia del kāma, las técnicas sexuales. [...]

12. El *Lalitavistara*[377] menciona, cuando da una lista de cualidades
adecuadas para la consorte de un bodhisattva:
"Versada en las habilidades descritas en los tratados, como una
cortesana",
La destreza sexual se valúa alto en esa lista.

13. En otra parte, cuando se hace referencia a "una mujer que conoce
el tratado",
el nombre de la obra a la que se refiere es el siguiente:
el *Kāma Śhāstra*, originalmente compuesto por el maestro
Surūpa,[378]

---

377 *Lalitavistarasūtra, El despliegue en su vasta extensión.*

378 *Gzugs bzang zhabs*

del que existe una traducción al tibetano. [379]

14. Hijo de un rey cachemir llamado Paribhadra,[380]
    el erudito brahmán de nombre Koko[381]
    compuso un tratado titulado *Secretos del placer*.[382]
    Aunque nunca se tradujo a la lengua tibetana,
    sobreviven unos pocos fragmentos en sánscrito en el monasterio de
    Ngor.
    También se dice que existe uno de Nāgārjuna. [383]

15. En el país de la India, muy famosos en la actualidad
    son el *Kāma Sūtra*,[384] y el *Tratado sobre el Deseo*.[385]
    Los textos extensos y breves suman poco más de treinta.

76. "Regalar una mujer a un hombre deseoso
    es el mayor de todos los regalos". [386]
    Esto se enseña en el *Capítulo sobre la práctica* en el *Tantra de*

---

379 Véase la bibliografía.

380 *Zhi ba'i blon*

381 Kokkola.

382 El *Ratirahasya*.

383 *Klu sgrub zhabs*

384 El *Kāma-sūtra, Discurso sobre el deseo,* datado entre 400 a. C. y 300 d. C., es un texto
     sánscrito que trata sobre cómo las manifestaciones deseables e indeseables del sexo y
     el amor contribuyen a la satisfacción emocional en la vida ordinaria. En el colofón se
     atribuye su autoría al brahmán Vātsyāyana. El autor destaca que, en la cultura hindú, el
     kāma se considera uno de los cuatro *Puruṣhārtha* u objetivos propios de la vida humana.
     Los otros tres son los valores morales *(dharma)*, los económicos *(artha)* y la liberación
     del saṃsāra *(mokṣha)*. El *Kāma-sūtra* fue traducido por primera vez al inglés por Sir
     Richard Burton en 1883.

385 Compuesto por Maheśhvara.

386 Y viceversa, como en las estrofas 6–8.

Kālachakra.
Si no lo crees, ¡mira! Se enseña muy claramente.

77. Un mendigo puede arrugar la nariz[387] frente al oro,
o un hambriento despreciar y escupir la comida;
aunque con la boca todos desprecian el sexo,
en su mente, es la fuente de toda su alegría.

78. Sólo los ricos adquieren oro, plata, caballos y elefantes;
el sexo puede ser deleite de todos, altos o humildes.
Como el viento y la luz del sol, la tierra, el agua, y demás,
aunque son preciosos, están disponibles para todos.

79. Todas las maravillas de la Tierra son realizadas por humanos.
Los humanos, a su vez, provienen del sexo entre un hombre y una
mujer.
Si se reflexiona sobre esto, ¿podría haber algún acto más valioso
que unir el pene de un hombre con la vagina de una mujer?

80. Para llevar a cabo esta importante tarea
no es necesario instar a practicar austeridades con diligencia.
Todos los hombres y mujeres, por naturaleza, quieren hacerlo.
Esta es la tradición legal del Rey, la Interdependencia[388]

81. Sin necesidad de estudiar artesanías y razonamientos,
sino gracias a la práctica[389] de acostarse durante media hora,

---

387 Como la expresión "levantar la nariz", un gesto de rechazo despectivo.

388 En el sentido de que la interdependencia infalible gobierna naturalmente la realidad
relativa como un "rey".

389 *Sbyor ba*, "práctica" en tibetano, también significa "unión", ya sea la unión yóguica con
el estado natural o la unión sexual con una consorte.

se creó una estatua viviente del señor del Dharma, *Butön*.[390]
¿No es asombroso cómo lo lograron?

82. La unión milagrosa de causas y condiciones es maravillosa,
    pero la unión de hombre y mujer lo es mucho más aún.
    Que cualquier tonto conozca por naturaleza esta ciencia
       maravillosa
    sin necesidad de estudio alguno, es el milagro más grande.

83. No considerar maravillosa una maravilla,
    es signo de estupidez, según enseñó el *Sakya* Paṇḍita.[391]
    Aunque, claro, estos días estoy completamente loco,
    quienes no lo están se reirán a carcajadas al verlo.

84. La experiencia del gozo no es, sin duda, un beneficio menor;
    tampoco es pequeño logro crear una estirpe familiar.
    Si puedes proteger el Camino del Deseo en el gozo-vacuidad,
    ¿cómo podría eso ser menos beneficioso que los otros dos?

85. Para cada mujer hay un hombre a su disposición;
    para cada hombre, hay una mujer a la mano.
    En la mente de ambos, existe el deseo de unión.
    ¿Cuáles crees que sean sus posibilidades de permanecer castos?

86. Aun cuando se prohíban explícitamente las acciones virtuosas,
    es seguro que las acciones viles se llevan a cabo en secreto.
    ¿Cómo pueden las leyes religiosas o seculares

---

390 Buton (1290–1364). Maestro, erudito e historiador tibetano del siglo XIV, uno de los primeros compiladores del *Kangyur* y de numerosos textos sobre el Sugatagarbha. Escribió extensamente sobre *Kālachakra*.

391 Cabeza de la escuela *Sakya*.

suprimir este sincero deseo de los seres?

87. En la ciudad vajra, que posee seis esencias,[392]
     en el sistema de los canales, con sus ornamentos de cinco chakras,
     ¿cómo pueden considerar como una falta al gozo,
     que mora allí naturalmente, y prohibir lo que es correcto?

*Sobre el tema del deseo y la valoración de la pareja, aspectos muy profundos
e importantes, Gendün Chöpel dice:*

88. El amor por lo deseado es apego apasionado,
     y por tanto, el amor por lo deseado también es fe en eso.
     El temor a lo indeseable se conoce como aversión,
     y por tanto, el temor a lo indeseable es renuncia a eso.

89. Como el deseo y la falta de deseo son fenómenos mentales
        intrínsecos,[393]
     pueden ser transformados, pero nunca ser abandonados.
     Por tal razón, transformar las kleśhas en el camino,
     cuando lo analizamos en detalle, es el medio de todos los vehículos.

90. El beneficio personal, el beneficio del país,
     el dominio del rey, los medios de subsistencia del mendigo,
     y cualesquiera acciones, grandes o pequeñas, que se realicen
     y cuya ausencia sería lamentada, son tan indispensables como las
     mujeres.[394]

---

392 Corresponden a los seis elementos, las familias tántricas, los sentidos, etc.

393 En el sentido de que son aspectos de la mente de los seres sensibles.

394 Juego de palabras entre el término tibetano para designar a la mujer, *bud med*, y su
   significado literal, "indispensable", que se explica en el capítulo dos de la Cuarta Parte.

91. El significado del deseo es elevar oraciones
     y hacer ofrendas a tu deidad yidam.
     Se dice que, si los hombres practican esto con las mujeres,[395]
     el fruto no engañoso madurará muy rápidamente.

92. Este vasto mundo es como una gran llanura desértica y temible:
     por la carga excesiva del karma, la gente seguro se entristece.
     Capaz de traer alegría refrescante a esa situación,
     una novia, compañera de juegos, es como un avatar kármico.

93. Es una diosa de la forma que deleita tu mente cuando la ves;
     es un campo para cultivar tu excelente linaje familiar;
     es una enfermera que te cuida en el dolor de la enfermedad;
     es una poetisa que restaura tu mente afligida;

94. Es una sierva que realiza todas las tareas domésticas;
     es una compañera cariñosa que te apoya durante una vida;
     la esposa que está unida a ti por el karma antes reunido,
     es una encarnación de estas seis cualidades deseables.

95. "Las mujeres son muy volubles y tienden a engañar".
     Los hombres que siguen con eso, ¡dicen una mentira infundada!
     Mujeres y hombres no son diferentes a la hora de engañar a sus
        cónyuges.
     Si lo piensas detenidamente, hoy en día, los hombres son los
        peores.

96. Si un rey ha tomado mil reinas,
     eso se proclama como si fuera una virtud.

---

395 Y viceversa.

Si alguna mujer tomara cien maridos,
sería difamada porque "eso no se hace".

97. Si ese rey tiene sexo con cada una de sus mil reinas,
¿cómo podría recibir el nombre de "adúltero"?
Puesto que el sexo con la propia esposa no puede considerarse
engaño,
¿cómo pueden acusar de adulterio a los ricos?

98. Un hombre rico, muy viejo y de cabellos níveos,
al elegir a una tierna doncella, paga gustoso su precio,
considerándola sólo como una mercancía comprada.
¡Kye ma![396] Para las mujeres no hay ni amigos ni protectores.

*Ahora, habla sobre los consortes de maduración, sus características
y demás:*

129. El exterior de un paño enrollado, como de algodón,
se cubre con lubricante, para ablandar su pequeña punta.
Todos los días, una vez despertado el deseo,
coloca el paño ligeramente dentro de la bhaga.

131. Dicen que si se frota el liṅga sobre la piel entre los muslos,
la bhaga crece y madura naturalmente.

151. El ansia de hombre sediento por encontrar agua nunca podrá
rivalizar
con el deseo de una adolescente de tener un hombre.
El ansia de un hambriento por encontrar comida nunca podrá

---

396 Una expresión de lamento, que muestra su compasión por las mujeres en esta situación.

rivalizar
con la lujuria de un hombre que desea tener una mujer.

152. Estar aprisionado en un foso oscuro no se compara
a los jóvenes amantes separados por sus decentes padres.
estar encerrado en el cepo no se compara
a las estrictas leyes religiosas que hacen del dulce amor un crimen.

153. Sin importar cuán perfecto sea el poder de una actitud renunciante,
al igual que el agua sigue fluyendo en un río bloqueado por una
presa,
gravar un impuesto religioso no deseado sobre el sexo,
es como empujar constantemente una roca cuesta arriba.

154. Los cónyuges, unidos por el karma de cada uno,
se tornan en compañeros tan preciados como sus vidas al
compartir la bondad.
Abandonar el engaño y el adulterio
es la cúspide más alta de todos los votos de disciplina.

155. Con las esencias sexuales agotadas y la mente reposando en paz,
un hombre en la estación de las canas, junto a su amada esposa,
se esfuerza en el camino del Dharma dentro de su retiro en el
bosque.
Esa era la conducta de los caballeros en tiempos pasados.

156. Mientras el corcel de sus facultades galopaba salvaje,
y tenía el poder de cabalgar a través de los reinos de sus deseos,
aunque se entregaran por completo al deleite de sus pasiones,
¿cómo podrían los juiciosos culpar por eso a la pareja?

158. Si se adquieren diversas enfermedades terribles,
por relacionarse con mujeres tales como prostitutas,
y se degeneran las condiciones causales del semen,
es seguro que el linaje de la propia familia se verá interrumpido
para siempre.

159. Los padres afligidos de esta manera nunca podrán tener hijos.
Aunque les nacieran cien, morirían rápidamente.
Y aunque murieran, el propio cuerpo seguiría mancillado por las
faltas;
por lo tanto, se requiere un camino de conducta más cuidadoso.

161. Cuando los objetos materiales se frotan y se agitan,
por naturaleza liberan su esencia.
Cuando el viento agita las nubes, cae un torrente de lluvia.
Cuando se frotan palos, se elevan llamaradas de fuego.

162. De igual manera, la mantequilla, que es la esencia de la leche,
al principio se encuentra inseparablemente disuelta en ella.
Sin embargo, cuando se vierte en un recipiente y se bate,
después de que el calor se eleva gradualmente en la leche,
las partes se separan y se extraen trozos de su esencia interna.

163. Del mismo modo, el thigle, que es la esencia de la sangre,
al principio existe en un estado disuelto en ella.
Mas, con la agitación de un hombre y una mujer
por al poder de la pasión, el calor se eleva en la sangre,
y se extrae la esencia, al igual que la mantequilla se extrae de la
leche.

164. Con sólo siete gotas de la esencia de los alimentos

se genera una gota de sangre en el cuerpo humano.
De un tarro lleno de estas gotas de sangre reunidas,
se forma una sola gota de la esencia sutil.

165. En las mujeres, la sangre menstrual desciende cada mes,
por lo que su fuerza física es menor y su carne más relajada y
suave.
Como su piel es más fina, es muy sensible,
y, cuando envejecen, sus cuerpos acumulan muchas arrugas.

166. Sin embargo, más allá de esos simples detalles externos,
los cuerpos de hombres y mujeres no presentan diferencias.
No hay una sola cosa que se encuentre en el cuerpo de un hombre,
que no se encuentre también dentro del cuerpo de una mujer.

180. El deseo de un hombre, en la superficie, se despierta con facilidad,
mientras que el de una mujer corre más profundo y es más difícil
de despertar.
Por lo tanto, diversas técnicas pasionales
se requieren para despertar la pasión de una mujer.

181. Se dice que las anteras de la bhaga y sus partes internas,
al igual que los labios a derecha e izquierda,
la boca de la matriz, así como las puntas de los pezones,
se hinchan y erizan cuando la pasión se despierta.

182. Para los hombres, toda el liṅga es sensible,
desde la entrepierna hasta la punta de los vellos.
Cuando el deseo surge allí, el toque del gozo lo inflama;
el corazón de todo esto es la joya en la punta del liṅga.

183. No obstante, el gozo distinto que se halla en las mujeres
se extiende de manera generalizada, sin un centro definido.
Desde debajo del ombligo hasta la raíz de los muslos,
dentro de la bhaga, y también en las puertas de la matriz,

184. el ano, la superficie amplia y suave de las nalgas, y demás;
en pocas palabras, la parte inferior del cuerpo en su totalidad
se impregna de gozo sexual. Cuando se completa ese proceso,
se dice que todo el cuerpo de la mujer se convierte en su loto.

188. En cualquier facultad donde se concentre el poder de la mente,
debido a que los canales de ese poder se reúnen,
se comprime el fluido dentro de ellos, y éste sale al exterior,
como cuando al recordar comida sabrosa, la saliva humedece la
boca.

189. Cuando se arde de vergüenza, el cuerpo se cubre de sudor.
Con la pasión, un arroyo de montaña bulle del loto.
Con una intensa alegría o pena, las lágrimas salen de los ojos.

190. Así pues, cuando la pasión, la angustia y otras emociones
se detienen en cuanto surgen en la mente,
no causan problema; hacerlo puede ser muy bueno.

191. Sin embargo, cuando surgen intensamente y su poder es grande,
detenerlas con fuerza afecta los aires corazón, y así sucesivamente.
Aunque, visto desde fuera, parezca que no pasa nada,
el exceso de aire en el corazón es la causa de enfermedades
mentales.

192. Las mujeres tienen algo similar al semen,

mas éste fluye gradualmente, como el agua de un glaciar,
en lugar de llegar en gran cantidad de una sola vez,
como es el caso de los hombres.

193. Así, las mujeres no están saciadas tan pronto sale,
ni pierden todo interés, a diferencia de los hombres.
Si el coito continúa después de la emisión de su fluido,
no experimentan una insoportable sensación de espasmos.

Técnicas sexuales, desde los preliminares hasta la actividad principal:

321. Si la embisten con salvaje furia, tan pronto la encuentran,
y luego agotan su semen, tan pronto como entran en ella,
de manera voraz, como un perro devorando un pulmón
exquisito,[397]
no obtendrán ni siquiera la más mínima chispa de gozo.

322. Quien desee que el fuego de la pasión alcance las alturas,
entra en el santuario del rito del deseo,
donde la bella dama está dispuesta como un soporte de fuego,[398]
sobre el lecho preparado para la alegría venidera.

323. Ella coloca el pie derecho sobre el hombro de su pareja,
y deja que sus pechos y bhaga se revelen claramente;
después de haber lubricado las palmas de sus manos,
las usa para golpetear el centro de su punto de nacimiento.

---

397 Véase la nota 254.

398 *Gtsub stan,* soporte donde el sacerdote hace girar un taladro de madera para encender
la flama para el sacrificio de fuego védico.

324. Luego, como si sujetara una *phurba*[399] usada en el tantra secreto,
que de otro modo permanece siempre oculta de diversas formas,
ella agarra el órgano del hombre para que se manifieste la flor de
la dicha[400]
y así comience todo el intenso deleite del juego apasionado.

325. Con la mano izquierda, abraza firme el cuello de su compañero,
y besa a su amo y señor[401]una y otra vez;
extiende su diestra y alcanza el asta de su liṅga,
para ordeñarlo, como si fueran las ubres de una vaca.

326. Asimismo, hace rodar el liṅga entre las palmas de sus manos,
tirando suavemente, lo retuerce a diestra y siniestra;
tras agarrarlo desde la raíz, lo sacude de un lado a otro,
lo golpea contra sus muslos, y luego, contra sus labios y dientes.

327. El liṅga del hombre, ya erguido por completo,
ella lo aprieta entre ambos vientres, como una forma de masaje;
a veces lo sostiene entre sus muslos,
para frotarlo repetidamente contra la boca de su bhaga.

328. Luego, al colocar la liṅga entre sus dedos,
debe mirar al hombre con ojos ardientes de deseo.
Con la palma sujetándolo alrededor del escroto,

---

399 Una daga ritual triangular o kīlaya.

400 *Mngon par dga' ba*, también el nombre del primer nivel del bodhisattva.

401 Como ya se ha mencionado, es un error considerar al consorte como subordinado. Cuando se dice que una mujer considera a su consorte como su amo o que un hombre considera a su consorte como su dueña, se está animando a ambos a valorarse mutuamente como seres muy preciosos, tal y como se describe en detalle en la Cuarta Parte de este libro. Entonces, con una actitud claramente establecida, fluirá naturalmente todo tipo de juego gozoso y consensuado.

frota las venas prominentes de su pene, masajeándolas una y otra vez.

329. Acariciando las nalgas del hombre con su mano,
ella toma la punta del liṅga y la frota
en los sitios donde se engendra el escozor de la pasión:
alrededor del ombligo,[402] la garganta, y debajo de los brazos.

330. El orificio del liṅga de donde brota la semilla del hombre,
lo toca con las puntas de los pezones y lo recorre con las yemas de los dedos.
Cuando el hombre tiembla enloquecido por la pasión,
debe chuparle el orificio y arrastrarle la lengua.

331. Con sus uñas, ella rasca el área de la raíz,
y luego, mientras masajea la suave joya con sus manos,
la siembra en la boca de la bhaga una y otra vez,
introduciéndola hasta la mitad, luego sacándola de nuevo.

332. Ya que otorgan la progenie excelente y las glorias de la dicha,
pues son la fuerza vital y la esencia de las deidades absolutas,
cuando se trata de las actividades extáticas en estas ocasiones de dicha,
¡obstaculizarlos aunque sea un poco se llama sacrilegio!

334. La mujer que rinde culto al liṅga que emergió por sí mismo
con la ofrenda de pétalos de la boca de su loto,

---

402 Literalmente, la zona de los riñones, que no es especialmente sensible. Se refiere a ese nivel particular del torso, incluidas las caderas.

por haber complacido a Mahādeva,[403] la fuente del gozo,
obtendrá gloria, riqueza e hijos supremos.

335. Todo eso se revela en el juego de sus poderes.[404]
Así, los corazones de ambos palpitan de gozo.
Al mirar el rostro sonrojado del otro, ¡pierden toda timidez!
Entonces, con sus manos, ella conduce la joya de su poder
y le ofrece la abertura de su anhelante bhaga.

336. Introduce repetidamente sólo la punta y la saca de nuevo.
Una y otra vez, la empuja hasta la mitad y la saca de nuevo.
Finalmente, los une, empujando el liṅga hasta la raíz misma;
éste apunta hacia arriba, durante un largo, largo tiempo.

337. Al levantar las piernas y doblarlas hacia atrás,
la mujer logra azotar las nalgas del hombre.
Al tocar con sus rodillas por debajo de las axilas de su compañero,
sus muslos y pantorrillas lo sujetan, mientras se frotan suavemente.

338. Cuando, de vez en cuando, se sale el liṅga,
la mujer, después de acariciarlo suavemente con las manos,
lo suelta, y luego lo vuelve a meter dentro de su bhaga,
primero a uno, y luego a dos y tres dedos de profundidad.

339. Gradualmente liberado, se lo lleva a lo más íntimo:

---

403 Śhiva. El liṅga que emerge por sí mismo es su emblema. Aquí y en otras partes, Gendün Chöpel recurre a fuentes hindúes para enriquecer su trasfondo budista. Cuando la mujer se entrega a él como una ofrenda de flores, al igual que el hombre se ofreció a ella anteriormente, ella se manifiesta como su consorte Śhakti, el poder cósmico del deseo. La unión con el principio de Śhiva de la mente cósmica manifiesta el último nivel de plenitud, desbordándose como una bendición universal para los seres.

404 En el plano físico, en el juego del liṅga y la bhaga.

cuando ha desaparecido por completo dentro de su boca,[405]
ella mece suavemente los arrogantes testículos de un lado a otro.
Con dos dedos, ella toma la raíz del liṅga,
lo aprieta bien, y lo agita dentro de su bhaga.

340. Después de dos o tres sacudidas, envuelve la punta del liṅga,
y lo roza con sedas suaves, una y otra vez.
De ese modo, se hará extremadamente grande y duro.
A veces, ella también debe frotar las puertas de su bhaga.

341. Siempre manteniendo húmera la raíz del liṅga,
ella frota repetidamente la punta y el tronco.
Los compañeros que buscan deleite en el poder del gozo,
deben aprender muy bien estas instrucciones especiales.

342. Entonces, mientras arden de anhelo por la unión sexual,
entrelazan sus brazos, y el hombre la penetra desde abajo.
De un extremo al otro de su gran lecho,
viajan y se revuelcan en su abrazo mutuo.

343. Cuanto mayor es su anhelo, más lloran por su satisfacción;
cuanto más silenciosos son con su atención, más desean hablar.
Cuando se han trascendido por completo todas las barreras de la
vergüenza,
la naturaleza del gozo se vuelve extremadamente poderosa.

344. Al actuar de todas las maneras que quieren,
las técnicas del deseo manifestarán su naturaleza.
Tal como se explican en diversos tratados,

---

405 La boca de la bhaga.

llegarán a experimentar todas las distintas clases de dicha.

345. No se requiere ninguna destreza íntima para esto
si ambos están embriagados por la fiereza apasionada.
Cuando se trata de la unión sexual no hay "¿dónde va esto?".
Vayan con todo, sin omitir nada. ¡Den todo de todo!

346. Es impropio que un tercero vea esto,
o que los oídos de alguien más escuchen el menú de antemano.
Relaciones tan extraordinarias y secretas como ésta,
se dan sólo entre las más queridas almas gemelas del mundo.

349. Si el hombre comienza demasiado rápido el coito,
la mujer no estará satisfecha desde el principio.
Quienes tengan suficiente fuerza y suministro de semen
tendrán que hacerlo dos veces o incluso tres veces.

350. También cuando el semen del hombre está a punto de salir,
él puede retrasar su movimiento y permitir que su gozo se esparza.
Entonces, cuando se reavive el deseo, puede reanudar sus
atenciones:
también en este caso, la unión deberá ocurrir dos veces, según se
dice.

351. Tan pronto como expulsa el semen, el pene del hombre
no debe retirarse sino permanecer dentro de la cueva de la bhaga;
mientras la mujer continúe necesitando moverse
hasta que su gozo sea completo, él hace lo que ella desea.

352. Si incluso cuando hace esto, su gozo no es completo,
el hombre pone dos dedos en la bhaga y los hace vibrar

rápidamente.

En general, antes de tener sexo, el hombre no debe olvidar
frotar y acariciar el orificio de la bhaga con un dedo.

353. Además, tras tomar primero un pene de madera,[406]
el hombre ha de frotarlo una y otra vez dentro de la matriz de la
mujer.
Una vez que ella esté ebria de placer, puede comenzar la unión.
Esta es aún hoy la tradición en las regiones del sur.

354. Cuando sus maridos están lejos, con el mismo artefacto
las mujeres se ocupan de su ausencia usándolo ellas mismas.
Se dice que los ricos los hacen fabricar para tal propósito
incluso de oro, plata, cobre y otros metales preciosos.

355. La mayoría de las mujeres en la tierra de la India,
sólo conocen a sus propios maridos.
Como es muy raro que el sexo satisfaga sus mentes,
tienen muchos métodos secretos como el anterior.

356. Incluso los séquitos de reinas, custodiadas por eunucos,
confían del mismo modo en técnicas como éstas.
Ocurren en cuentos tradicionales que se narran en todos los países,
pero se enseñan en el *Kāma Sūtra* como instrucciones.

357. Se dice que la mujer casada con un eyaculador precoz
no experimentará el gozo sexual ni una sola vez en tres años.
Para los hombres que no tienen ni idea de las experiencias de su
compañera de vida,

---

406 Una antigua forma de dildo.

¡esta sería una excelente razón para tomar la ordenación!

358. En suma, a menos que mediante una variedad de prácticas
surjan fuertes deseos de unión sexual en la mujer,
los hombres no deben practicar el coito real.
Esa es la esencia de todos los tratados sobre el deseo.[407]

410. Mientras las parejas juegan alegremente hasta quedar
[d]   satisfechas,

411. las nubes de las viejas esperanzas y temores se desvanecen en el
cielo.
La luna de la naturaleza que surge por sí misma se funde en leche.
El gran gozo del espacio, claro y libre de conceptos,
surge entonces como medicina. ¡Dale ese regalo a las mujeres!
Este fue el capítulo sobre los actos de montar y penetrar.

Otras técnicas sexuales:[408]

423. La mujer apoya sus pies debajo de las axilas del hombre,
y lo monta con la cabeza mirando hacia atrás.[409]

---

407 Véase la nota 252.

408 Esta sección es bastante extensa y puede resultar agotadora leerla de una sola vez.
Puedes considerarla como un acervo de posibilidades y, por ejemplo, leer diferentes
estrofas cada vez que abras el libro. Si dcides saltártela, asegúrate de leer las estrofas
finales (a partir de la estrofa 557), que abordan los significados profundos del Camino
del Deseo.

409 Hacia sus pies, en una variante de la posición de vaquera invertida. Rinpoché ha elegido
pasajes de Gendün Chöpel en los que se anima a la mujer a estar encima del hombre
durante la unión sexual. Esto es poco usual en las costumbres tibetanas, donde las mujeres son vistas como inferiores y siempre por debajo de los hombres, incluso durante las
relaciones sexuales. Una de las razones para elegir estas estrofas es que Rinpoché quiere
contradecir esta visión cultural anticuada y estrecha. (Los tibetanos de la vieja escuela

Doblando la parte superior de su cuerpo, con ambas manos
sostiene los dos tobillos del hombre y se apoya en ellos.

424. Luego mueve sucesivamente las nalgas hacia delante y hacia atrás,
   tirando hacia arriba del liṅga dentro de ella y empujándolo hacia
   abajo.
   A derecha e izquierda, hacia delante y hacia atrás de la bhaga,
   lo presiona y luego lo suelta como si fuera un palo.
   Esto proporciona alegría al hombre vigoroso con un liṅga rígido,
   y, al mismo tiempo, a su apasionada compañera.

425. Sobre un largo lecho, de ancho igual a la longitud de un cuerpo,
   o sobre una pila de cojines largos y delgados,
   el hombre yace acostado.
   La mujer lo monta como antes, colocada de espaldas.

426. Ella coloca el liṅga bien dentro de su bhaga,
   y acomoda sus dos pies, a derecha e izquierda, en el suelo. [410]
   Entonces, como antes, la mujer frota las nalgas con lujuria;
   a veces, mientras cabalga, torna la mirada al frente. [411]

427. Tanto el hombre como la mujer están sentados en la cama:
   el muslo izquierdo de la mujer está presionado por el muslo
   derecho del hombre,
   el muslo izquierdo del hombre está presionado por el muslo
   derecho de la mujer.

---

pueden consolarse con el hecho de que este enfoque hace que la mujer realice todo el
trabajo).

410 Esta es la principal diferencia con respecto a la postura anterior.

411 Ella mira hacia el hombre, en la posición normal de vaquera.

Con la parte inferior de sus cuerpos un poco separados, se unen.

428. Se abrazan mutuamente con las piernas derechas por encima.
De vez en cuando, cambian los muslos que están encima del otro.
Al utilizar como base esta técnica de unión sexual cruzada
se pueden adoptar otras posiciones de pie y acostados.

429. El hombre coloca sus nalgas sobre una silla,
con ambas plantas de los pies sobre el suelo.
La mujer se sienta en su regazo, mientras se abrazan,
y envuelve sus piernas alrededor, por detrás del hombre.

430. Mientras el hombre sujeta con sus manos la cintura de la mujer,
levanta el cuerpo de ella hacia arriba y lo presiona de nuevo hacia
abajo.
A veces, al rotar la pelvis la mujer,
sin empujar ni salirse, frota la bhaga suavemente.

431. Las mujeres apasionadas que viven en la tierra de Persia,
sólo pueden ser satisfechas utilizando esta técnica.
Allí se le ha dado el nombre de "el Jardín Perfumado",
en árabe, se conoce como *kel a kar*.[412]

432. Cuando el hombre tiene poca fuerza, o está acalorado y cansado,
por una mujer cuya pasión es extremadamente grande,
la acción de montarse sobre hombre para la unión sexual
se conoce popularmente como que la mujer hace el trabajo del

---

412 Esto no es árabe. Quizá sea una interpretación árabe de alguna palabra sánscrita. Puede
que haya una referencia a *El jardín perfumado*. Como se dice que Gendün Chöpel era
muy cuidadoso con los términos extranjeros, la mayoría de los errores de transcripción
que encontramos en el texto fueron probablemente errores de los copistas.

hombre.

433. En la India, los ancianos toman mujeres muy jóvenes como esposas
pero no pueden hacer frente a los afanes que requieren sus
vientres.[413]
Por lo tanto, en su mayoría, siguen esa tradición.
Muchos otros países tienen una costumbre similar.

434. El hombre acostado separa los muslos y extiende las piernas por
completo.
La mujer se tumba encima, con las pantorrillas bien juntas,
y coloca la raíz del vajra en sus muslos y bhaga cerrados.[414]
Mientras sus manos sujetan con fuerza la parte superior de los
brazos del hombre,
la mujer hace círculos con las caderas, estrujándolo con fuerza;
esta posición es bien conocida como el "modo de la yegua".

435. En esa postura o montando al hombre como caballo,
la boca de la bhaga se une a la raíz misma del vajra.[415]
Con fuerza, apoyan mutuamente la parte inferior de sus cuerpos
mientras se unen.
Aquí, no se hace el movimiento de entrar y salir.

436. Luego, alternando derecha e izquierda, arriba y abajo,
la mujer debe menear rápidamente la pelvis y luego rotarla.
Esto se llama *bhramaraka*, "el modo de la abeja",

---

413 La cuestión parece ser que ese viejo marido no tiene fuerza ni energía suficientes para
hacer lo necesario.

414 El vajra también se estimula fuera de la bhaga.

415 Se lanzan de lleno.

O "la forma de la abeja cuando está recogiendo miel".[416]

437. Como una piedra de molino en el agujero central,[417] la punta del
    liṅga
    se agita en la cueva de la bhaga y da vueltas en su interior.
    El hombre acostado introduce su pene en la mujer,
    mientras ella extiende sus dos pies sobre el pecho de él.
    Ambos, con las manos unidas, se mecen como un palanquín.[418]
    Esta acción se llama "andar en barco".

438. Tumbado boca arriba con la mujer encima,
    ella pone las manos y los pies en el suelo, se agacha y lo monta.
    Con cada metida y sacada, admira el largo y grueso vajra
    de su compañero, mientras se adentra en ella.
    Esta actividad extática realizada por una mujer,
    se conoce en sánscrito como *gatāgata*, ir y venir. [419]

439. La mujer se sienta sobre el pene de su compañero,
    con sus dos piernas extendidas hasta quedar bajo las axilas de él,
    y sobre el suelo coloca sus manos a derecha e izquierda.
    Hacen, según gusten, los movimientos del mortero y pistilo, y del
    palanquín.

---

416 Este comportamiento se observa comúnmente cuando las abejas se menean y danzan
    en círculos para indicar a otras dónde pueden encontrar néctar.

417 *Rang thag,* concretamente una piedra de molino que se impulsa con viento o agua.

418 El palanquín o silla de manos se balancea cuando los portadores la levantan y la trans-
    portan por sus postes.

419 Perdonen un mal juego de palabras en sánscrito. Una persona que alcanza la Budeidad
    es un *tathāgata,* uno que va "por ese camino", donde "ese" se refiere a la talidad. Si una
    mujer ejerciera esta actividad extática todo el camino hasta la liberación, ¿no sería una
    tathāgatāgatā, "una que va por este camino y por ese camino", a todos los niveles de los
    fenómenos, según le plazca?

Esto se conoce como "la melodía del palanquín".

440. Con las dos piernas de la mujer detrás de la espalda del hombre,
      juntan sus pechos, mientras ella abraza los hombros de su
        compañero;
      acostado de espaldas, la parte superior del cuerpo de él se apoya
      sobre una almohada.[420]
      Esto se llama *rodhanika*, "modo inverso".
      Se realizan los movimientos del pistilo y del palanquín.

441. Con el par [de órganos] bien unidos, las dos piernas del hombre
      envuelven la columna de su pareja, como suelen hacer las mujeres.
      A esto se le ha dado el nombre de "sujetar una bolsa".
      Como es difícil meter y sacar aquí, utilizan el movimiento del
        palanquín.
      También para otros maravillosos métodos de la unión sexual,
      usar el modo del palanquín es un placer absoluto.

442. El hombre se acuesta de espaldas con los muslos separados,
      y ambas rodillas dobladas, casi tan alto como pueda.
      Frente a él, la mujer pone sus nalgas sobre su pene,
      y se estabiliza con sus pies a cada lado de él.

443. La mujer, apoyándose sobre los muslos del hombre,
      realiza los movimientos de meter y sacar.
      De esta manera, el liṅga entra en ella profundamente,
      incluso tocando una y otra vez la puerta del útero.

444. Por lo tanto, esta ténica está contraindicada para las embarazadas

---

420 Eso crea espacio para que la mujer ponga las piernas detrás de él.

y se llama rodhanika, es decir, "el modo inverso".
En el hombre hay un poco de la naturaleza de la mujer,
así como en la mujer hay un poco de la del hombre.

445. Y así, cuando la mujer monta al hombre, en su rostro
puede aparecer una expresión de fiereza que él no haya visto antes.
Sin embargo, cuando una pareja quiere tener un bebé,
y la mujer quiere quedar embarazada, es mejor evitar este estilo.

447. La mujer, de espaldas, se levanta hasta el regazo del hombre,
y estirando las caderas, se une a él con las nalgas.
Con una mano, el hombre la sujeta por el pecho,
con la otra, le aprieta la bhaga por el costado.

448. Manteniendo la tensión justa, el vajra entra y sale suavemente.
A veces, la mujer puede apoyar su mano contra una pared.
Mientras se realiza esta técnica de unión sexual,
el dedo de él roza por encima y al lado de los labios de la bhaga.
Si ambos se acarician suavemente, bajo las nalgas,
donde comienzan los muslos, su gozo aumentará sin medida.

449. La mujer se acuesta de lado y empuja sus nalgas hacia atrás.
El hombre, acostado detrás de ella, se encuentra así con su bhaga.
Coloca su cabeza bajo el brazo de la mujer,
besando y frotando la parte superior de sus pechos.

450. El hombre se sienta en una silla y se echa hacia atrás.
La mujer empuja sus nalgas hacia un lado y se encuentran.
Ella levanta ambas piernas hacia la izquierda, sobre el muslo de él,
mientras se abraza al cuello de su pareja con una de sus manos.

451. Tumbada de espaldas, coloca un cojín bajo sus nalgas.
Sus pies se elevan en el aire mediante una cuerda.
El hombre agarra sus rodillas por delante, y se unen.
Se dice que si, una vez finalizada la unión,
la mujer permanece durante un rato en la posición descrita,
mejorarán las posibilidades de que el útero conciba.

452. El hombre se sienta en una silla y se inclina hacia atrás
y pone firmemente ambos pies en el suelo por delante.
Con los muslos extendidos, coloca las nalgas en el borde del asiento.
La mujer, dándole la espalda, se sienta en el regazo del hombre;
mientras extiende las nalgas hacia fuera, el liṅga entra en su bhaga.

453. Ella apoya ambos pies sobre la base de una pared,
y empuja ferozmente su bhaga sobre el liṅga de su compañero,
frotando y dándole vueltas con sus nalgas.
A veces, apoyando las manos en el peldaño de una escalera frente
  a ella,
repetidamente echa las nalgas hacia atrás y las presiona hacia
delante.

454. O también, apoyando las manos contra una barra de madera,
ella se presiona hasta la raíz del liṅga, como antes.
O cambiando sillas de diferentes alturas, copulan sobre ellas,
mientras la mujer realiza la mayor parte del movimiento rítmico.

455. La mujer se arrodilla y se apoya en la cama,
se dobla por la cintura y extiende su pelvis hacia atrás.
Con los muslos separados, el hombre entra por detrás.
Esto se llama *dhenukā*, "la postura de la vaca".
Extiendiendo la mano por debajo del torso, el hombre

masajea repetidamente los labios hinchados de la bhaga.

456. Una variación: la mujer se levanta y se flexiona hacia delante.
Sus manos se apoyan contra la cama, inclinándose sobre sus codos.
De nuevo, rota la cintura para mantener las nalgas extendidas
hacia atrás.
Se dice que de entre todas las posturas para la unión, ésta es
la mejor
para las mujeres que se sienten atormentadas por una pasión
despiadada.
Por eso, su uso se ha convertido en una institución en muchos
países.

457. Otra alternativa: la mujer coloca sus rodillas sobre la cama
y, como antes, extiende la parte superior de sus nalgas,
recostada sobre una almohada que eleva ligeramente la parte
superior de su cuerpo.
El movimiento rítmico lo realizan el hombre y la mujer por igual:
el hombre abraza el pecho de ella con las manos,
frotándola hacia arriba sobre su vientre.

458. La mujer entrelaza sus dos manos por detrás
y se acuesta de espaldas sobre él, de modo que pueda presentar
sus nalgas.
Ellos se unen por detrás, utilizando el movimiento del palanquín,
para permitirse saborear el gozo embriagador.

459. Por detrás de la mujer, el hombre extiende
ambas piernas por debajo de los muslos de ella.
A veces, ella voltea sus nalgas hacia un lado,
estirando ambas piernas hacia la izquierda del hombre.

460. A veces también las voltea del mismo modo hacia la derecha.
Esta es una forma excelente de evitar que quede embarazada.
Todas las posturas de pie y sentada son también útiles.

461. La mujer, después de apoyar las nalgas en una silla
coloca ambos pies sobre el piso y abre bien las piernas.
Mientras ella levanta la parte superior del cuerpo tanto como
    puede,
el hombre se para frente a ella y se unen.

462. Esta y otras posiciones similares para la unión
son muy útiles para evitar el embarazo.
En resumen, todas las posiciones en las que el lugar de nacimiento
    apunte hacia abajo,
el liṅga entre en la mujer desde abajo,
y la cintura de la mujer no está doblada hacia el frente,
son formas de unión buenas para prevenir el embarazo.

463. En cuanto el hombre haya liberado el semen, ella debe levantarse,
golpear el suelo repetidas veces con los pies
y después lavar su bhaga con agua tibia.
Esto es como una medicina para evitar el embarazo.

464. La mujer coloca una almohada debajo de su vientre,
extiende los brazos y las piernas y se tumba boca abajo en la cama.
El hombre separa sus propios muslos[421] y la monta por detrás,
apoyando su mejilla en medio de la columna vertebral de ella.

465. Tirando de la mujer desde la base de los muslos,

---

421 De este modo, puede doblar las rodillas para alcanzar la altura necesaria.

el hombre atrae sus nalgas repetidamente a su pene y entra en ella.
A veces, con los dedos de ambas manos,
aprieta los labios de la bhaga mientras la penetra.

466. Esta y otras técnicas de penetración por detrás
pueden intercambiarse de diferentes maneras.
Así, la mujer podría extender las nalgas hacia fuera y agitarlas,
frotando y masajeando la parte inferior del torso de su pareja.

467. Inclinando su cabeza hacia abajo, el hombre
debe besar por encima de la pelvis de la mujer.
Asimismo, después de chupar los costados del vientre,
debe deslizar su lengua por debajo de sus brazos y pechos.

468. Realiza esta diversidad de actividades embriagadoras
siempre que te sientas inspirado a hacerlo.
Disfrutando de la mujer por detrás, se pueden frotar la anteras
del loto;
tocándola directamente, es posible despertarla por completo.
Capaz de satisfacerla con una pasión intensa y gozosa,
y eso le otorga un placer desmedido a una mujer.

470. Este refinado deleite que existe como tu naturaleza
indestructible,[422]
este sabor a miel nacido del propio cuerpo que emergió por sí
mismo[423]

---

422 Puesto que tu naturaleza humana relativa se destruye fácilmente, esto sólo puede referirse a tu naturaleza absoluta. El deleite momentáneo de la unión sexual es en realidad
un atisbo del gran gozo del Sugatagarbha y puede expandirse mediante la práctica adecuada, tal como se describe en la Cuarta Parte de este libro.

423 Del mismo modo, el cuerpo en cuestión no puede ser el cuerpo humano impermanente

y que impregna hasta las puntas de tus cien mil poros,[424]
no lo experimenta ni siquiera la lengua del divino Indra.[425]

471. Un viejo que lo ha hecho todo puede decir cualquier cosa.
Alguien que hace todo en secreto puede menospreciar todo.
Aunque este Reino del Deseo tiene muchos placeres de los sentidos,
¿qué podría ser mejor que la vagina de una mujer?

Ese fue el capítulo sobre los diversos medios de unión sexual.
El significado profundo de estas cualidades virtuosas y aspiraciones
finales:

557. Lo que atrae en su totalidad al reino de tres mil millones de
mundos
como una piedra magnética que no puede verse ni tocarse,
si realmente lo pensamos, es el espacio del gran gozo,
conocido por ser el campo donde se disuelve la existencia aparente.

558. Insatisfecha incluso con la riqueza del reino de tres mil millones de
mundos
y famosa por la ardiente codicia de su ambición sin límites,

---

que surge de causas interdependientes. Debe tratarse del indestructible cuerpo vajra
de la iluminación. Como éste también se identifica con el Sugatagarbha, la cuestión es
la misma que antes.

424 "Esparcir lo esparcido", como lo describe Rinpoché con respecto a las etapas finales de
la unión sexual.

425 Las enseñanzas budistas explican que la iluminación completa sólo puede alcanzarse
cuando se practica el camino adecuado como ser humano. Como los dioses de los reinos
divinos, por ejemplo, saborean la amṛita celestial e innumerables delicias de los sentidos, esto les distrae de explorar la posibilidad del gozo último de la iluminación. Se
pueden encontrar explicaciones detalladas al respecto en diversos textos tradicionales
y en el primer tomo de *Develando tu verdad sagrada* de Rinpoché.

en realidad, esta mente—un niño mudo, conocedor de nada—
desea volver a su patria, el espacio del gozo-vacuidad.

559. A los seres excelentes revelas la naturaleza pura y verdadera de las
cosas;
a los niños desconcertados les juegas bromas divertidas.
La indefinibilidad se encuentra entre las cualidades que te definen.
¡Ante ti me postro, deidad de la dicha surgida de sí misma!

560. Apareces en la mente de los necios y de quienes nunca meditan.
Eres amiga de todos y todos son tus amigos.
Aunque todos te han visto, nadie te comprende.
¡Ante ti me postro, deidad de la dicha surgida de sí misma!

561. Bailas desnuda en el espacio, libre de vestiduras relativas.
Todas tus formas milagrosas carecen de colores y formas
mundanas.
Lanzas la estrella de la experiencia que ninguna conciencia puede
captar.
¡Ante ti me postro, deidad de la dicha surgida de sí misma!

562. En ti se disuelven los diversos arco iris de las elaboraciones,
en ti el océano de la ilusión está en calma y libre de olas,
en ti no se tambalean ni siquiera los movimientos de la mente
distraída.
¡Ante ti me postro, gran gozo surgido de sí mismo!

563. Eres vista por el ojo de Buda que nunca parpadea.
Los eruditos te experimentan cuando el habla cesa.
La mente sin fijación te encuentra como no elaboración.
¡Ante ti me postro, esfera del gozo surgida de sí misma!

564. No hay nada aquí que proclame los secretos
de la práctica y la terminología del tantra profundamente secreto.
De todos modos, como esta práctica puede ser vergonzosa,
los tantrikas deben tratar de mantenerla en secreto ante otras
personas.[426]

573. Después de poner nuestras esperanzas en los
[c-d]   fenómenos saṃsāricos,
es cierto que la experiencia no encuentra en ellos ninguna esencia
maravillosa.

574. Aún así, el número de hombres y mujeres es similar
y es fácil para ellos encontrarse si se desean mutuamente.
Como la lujuria frustrada es peor karma que la fornicación abierta,
complacerse en el deleite sexual es sin duda el mejor camino.

575. Si cualquier cosa nos acompaña el tiempo suficiente,
todo en esta vida termina por entristecernos al final.
"La única cura para esa tristeza es el sagrado Dharma",
al menos una vez, de seguro pensaremos.

576. Los necios que se cuidan de cambiar sus falsas apariencias
y los eruditos que generan pensamientos fabricados
siguen caminos diferentes desde la encrucijada de sus
nacimientos,[427]

---

426 Podríamos interpretar esto al menos de dos maneras: los textos tántricos tradicionales
no deben mostrarse a todo el mundo en cualquier circunstancia, ya que sólo son beneficiosos cuando se cumplen unas condiciones específicas; además, cuando los tantrikas
se dedican apasionada y "descaradamente" al Camino del Deseo, es mejor mantener sus
actividades en secreto, para no perturbar las normas sociales de una región y una época
determinadas. Véase el Apéndice II con citas del *Kālachakra*.

427 Desde el punto de vista relativo, los eruditos son mejores que los necios, pero la mayoría

pero se encuentran una vez más al morir, en las orillas del triple
Ganges.[428]

577. Mas si ahora, al ver las profundidades del océano del saṃsāra,
simplemente no puedes soportar tu tristeza desilusionada,
por favor, viste tu cuerpo con los hábitos azafranados de un
renunciante
y esfuérzate nada más por la paz del sagrado Dharma.

578. Los eruditos tibetanos que vinieron a esta noble tierra de la India[429]
en los auspiciosos tiempos de siglos pasados,[430]
dotados con los tres entrenamientos,[431] controlaban sus tres
puertas.
Sus oídos encontrarían mi presente discurso bastante difícil de
escuchar.

579. En cuanto a mí, tengo poca vergüenza pero una fe ilimitada en las
mujeres.
Soy de los que eligen lo malo y rechazan lo bueno.[432]

de ellos siguen aferrados a pensamientos conceptuales. Aunque tienen formas de vida
separadas, ninguno de los dos trasciende el saṃsāra y la muerte, por lo que se dice que
al morir ambos se encuentran a orillas del Ganges, debido a la creencia tradicional india
de que es auspicioso morir allí y que las cenizas incineradas pasen a formar parte del
río.

428 Se dice que hay tres ríos Ganges: (1) el Ganges celestial que fluye desde el nudo superior
del cabello de Śhiva; (2) el Ganges de este mundo; y (3) el Ganges de la Tierra de los
Muertos, en el inframundo.

429 Donde residía Gendün Chöpel en el momento de escribir.

430 Podemos suponer que está pensando principalmente en los orígenes de las escuelas de
la nueva traducción, entre los siglos XI y XIII.

431 Los tres adiestramientos superiores de ética, absorción meditativa y sabiduría.

432 Debido a que Gendün Chöpel finalmente elige seguir su fe innata en las mujeres y
el Camino del Deseo, es consciente de que será considerado una "mala" persona por

Desde hace mucho tiempo, los votos no han guiado mi cabeza,
pero la simulación en mis entrañas es algo que he destrozado
apenas.[433]

580. Bastante profunda es la destreza de los peces en el agua:
todos estamos más familiarizados con lo que hemos
experimentado.
Al considerar esto, me pareció que era mi destino
dedicar un gran esfuerzo a escribir el presente tratado.

581. Si los monjes lo vilipendian, sería algo de esperar.
Si los tantrikas lo alaban, no sería nada inadecuado.
Puede que no le sirva de mucho al viejo Lugyal Bum,
pero al joven Sonam Tar le será de gran ayuda.[434]

582. El autor del presente tratado es Gendün Chöpel,
el lugar de composición es la ciudad de Mathurā.
Un viejo brahmán me explicó los pasajes difíciles,
una joven musulmana me proporcionó instrucción directa.

583. La explicación se fundamenta en los textos indios.
Está escrita en verso al estilo tibetano para facilitar la comprensión.
Así, gracias a la conjunción completa de las causas,
espero que con seguridad aparecerá un fruto maravilloso.

---

su tradición.

433 Se refiere a dejar de centrarse en los votos de liberación individual como su principal
conducta ética.

434 Se trata de nombres tibetanos comunes; es como si un hispano dijera, "Juan Pérez"
o "José López". Estos versos quieren decir que es posible que este tratado no ayude
mucho a los ancianos, pero los jóvenes sabrán qué hacer con él. (También podríamos
interpretar que "viejo" se refiere aquí a personas de mente cerrada y no a una edad
determinada).

584. El monje llamado Mipham[435] escribió sobre el sexo después de leer
     libros;
     el sinvergüenza de Chöpel lo escribió a partir de su experiencia
     personal.
     La diferencia en su poder para conceder las bendiciones esenciales,
     la conocerán en su práctica los hombres y mujeres apasionados.

585. Si parece que hay muchas faltas por exceso u omisión,
     como decir demasiado para quienes carecen de deseo,
     o no lo suficiente para quienes aviva la pasión,
     me disculpo de corazón, sin esconder ni ocultar nada.

586. Soy alguien que destruyó su vida de amigo virtuoso;[436]
     perdí mi traje religioso y toda pretensión de bondad.
     Así que, cualesquiera que sean tus faltas como individuo,
     ¡no las cargues sobre la cabeza de un inferior como yo![437]

587. Que gracias a este mérito, todos los compañeros de la misma
     familia
     atraviesen la nebulosa penumbra que oculta el camino de la
     pasión,
     hasta que, desde las cumbres de las montañas de las dieciséis
     dichas,
     vean el cielo despejado de la realidad verdadera.

588. Que ustedes, Yutrön, Gangā, Asali y el resto de damas
     que conocí mientras nos liberábamos con nuestros cuerpos,

---

435 Ju Mipham, véase el glosario.

436 Un monje que es un buen amigo espiritual.

437 En el sentido de que ya está "deshonrado" y no tiene sentido destrozarlo aún más.

continuando en nuestro camino que va de gozo en gozo,
alcancen el Dharmakāya, el gran gozo último.

589. ¡Que todas las personas humildes que viven en esta vasta tierra
se liberen del pozo de la prisión de leyes despiadadas!
Que sean capaces de conocer, con libertad ordinaria,
esos pequeños deleites que necesitan y son suyos por derecho.

Colofón de Gendün Chöpel sobre las buenas cualidades de las enseñanzas del deseo:

> *Este Kāma Śhastra de Gendün Chöpel, quien alcanzó la otra orilla del océano de campos que posible conocer gracias a la introspección de uno mismo y de los demás, y cortó con las declaraciones exageradas sobre la pasión del deseo mediante la visión, la escucha y la experiencia directa, se completó a finales del segundo mes de invierno del año del Tigre [enero de 1939], en la gran ciudad de Mathurā en Magadha, cerca de las orillas del Glorioso Yamunā, mientras una luz como el resplandor de un amanecer primaveral descendía sobre la casa de Gangādeva, donde me acompañaba Pañchāla, una compañera en la misma práctica. ¡Que todo sea auspicioso! Sarva mangalaṃ.*

Estrofas finales del autor

Todo está bien, se proclame o no la realidad.

Mas, en este reino del deseo, vivimos sólo a través de nuestra pasión.

Sin saber transformar la pasión en el camino,

combatiéndola como un veneno o un enemigo,

¡qué afligidos estamos!

La pasión de unos es la causa del sufrimiento saṃsārico,

y la pasión de otros, el camino hacia la sabiduría y el gran gozo.

De entre abandonar las kleśhas, transformarlas o utilizarlas en el camino,

no abandonarlas, sino utilizarlas, es un deleite sin precedentes.

Que algo sea esencialmente venenoso es imposible.[438]

Saber utilizar el veneno como medicina es suficiente.

No hay más enemigos dentro del saṃsāra.

Saber convertir a los enemigos en amigos es la cúspide de la sabiduría.

La gran[439]*pasión es el camino de la Ḍākinī del gran gozo;*

la gran ira, el camino del Ḍāka con una falda de piel de tigre;

la gran envidia, el de las tropas de perseverancia colérica;

el gran orgullo es el orgullo de la victoria sobre la guerra

en los tres reinos.[440]

---

438 Por ejemplo, que el cianuro sea venenoso no sólo depende de su propia naturaleza, sino de la naturaleza de los seres que son sus víctimas. Existe de forma natural en ciertas plantas, y éstas no se envenenan con él. Del mismo modo, los tres venenos mentales —el apego, la aversión y la ignorancia—, son tóxicos sólo en el entorno conceptual del saṃsāra. En el entorno de la sabiduría no conceptual se convierten en aspectos beneficiosos de esa sabiduría.

439 En este verso y los siguientes, el adjetivo "gran" se refiere a la pasión y las otras kleśhas tal como son percibidas desde el punto de vista de la sabiduría absoluta.

440 Los tres reinos del saṃsāra se experimentan como una guerra interminable entre dualidades de felicidad—sufrimiento, conocimiento—engaño, entre otras, y todas las guerras reales son consecuencia de ello. Cuando se alcanza la iluminación se produce el "gran orgullo" de la victoria sobre esa guerra.

Estrofa adicional

Este sostenedor de la conciencia, un hijo apegado a su noble familia,
por venerar a las deidades sin semejante linaje familiar
y analizar los límites de la familia de buen sentido,
¡se libera dentro del campo puro de los sostenedores
de la conciencia, KYE![441]

La estatua de Kālachakra en Dzokden Kalapa, Austria.

[Citas del Tantra de Kālachakra]

Introducción

A continuación se presentan algunos pasajes que el Buddha enseñó en el *Tantra de Kālachakra*, en una forma a la que podemos acceder en nuestra Tierra. Desafortunadamente, el tantra raíz completo y su comentario, escrito por el Rey del Dharma Suchandra, sólo son accesibles actualmente en Śhambhala. Aquí presentamos el texto del *Tantra abreviado de Kālachakra* compuesto por el Kalkī Mañjuśhrī Yaśhas en su versión en tibetano, seguida de su traducción al castellano, con el texto tántrico resaltado en negrita y un comentario de Ju Mipham escrito en texto sin formato. Las palabras entre corchetes y las notas a pie de página en el comentario han sido añadidas por nosotros para facilitar la comprensión.

El autor, Khentrul Rinpoché, no incluyó ninguno de estos pasajes y explicaciones en el manuscrito original. Sin embargo, dado que podrían aportar claridad sobre las diferencias entre la práctica tántrica en la antigüedad y la actual, el traductor agregó este apéndice con el consentimiento de Rinpoché. A continuación, sólo se presenta una pequeñísima selección de pasajes del *Kālachakra* relacionados con el don del deseo y la práctica sexual literal. Si se desea conocer la amplia gama de temas que allí se tratan, es posible leer todo el tantra y sus comentarios. No obstante, ninguna de estas lecturas es un requisito para adentrarse y progresar en el Camino del Deseo.

En general, el Buddha ofrece a los estudiantes tanto Dharma como pueden asimilar y nada más. Cuando dio el segundo giro de la rueda del Dharma con sus profundas enseñanzas sobre la vacuidad, advirtió a sus seguidores bodhisattvas que no hablaran de estas enseñanzas del Gran Vehículo a los nuevos estudiantes o seguidores del vehículo de la liberación individual, ya que acumularían mal karma por rechazar estas enseñanzas con aversión. Al enseñar el milagro que colma los deseos de la realidad última en los tantras, fue el turno de los bodhisattvas de escandalizarse. Por esta razón, Rinpoché abordó el secretismo del tantra en el capítulo dos de la Primera Parte de este libro. Por lo tanto, si tienes dudas sobre si cumples con los requisitos necesarios para leer tales textos tántricos, es recomendable que consultes primero a las autoridades de tu linaje.

Otorgar el más excelente regalo de satisfacer el deseo, Kāma Dāna

 བ་ལང་སྐྱེན་དང་ས་གཞི་སྐྱེན་པ་དེ་བཞིན་གཞན་ཡང་མི་ཡི་འཇིག་རྟེན་དུ་དེ་ལོངས་ སྤྱོད་སྦྱེར། ༼༣༠༦་༡༽ (4.206.1)

Los regalos de ganado y de tierras, así como otros regalos de alimentos, ropas y demás, **en** este **mundo humano, otorgan** abundantes frutos de **deleite** de alimentos, ropas y demás.

སྨན་དང་ཁ་ཟས་སྐྱེན་པ་དག་དེ་མཐའ་དག་ནད་འཕྲོག་བགྲེས་པ་དག་དེ་སྐོས་པ་ དག་གྱང་འགྲོག། ༼༣༠༦་༢༽ (4.206.2)

Los regalos de medicina y alimentos remueven la totalidad de enfermedades y también quitan el hambre y la sed respectivamente. [...] Sin embargo, estos regalos no otorgan el fruto de la ecuanimidad del gozo.

འདོད་པའི་སྦྱིན་པ་ཐམས་ཅད་དུ་ནི་བདེ་མཉམ་འགུས་སྤྱེར་འགྱུར་བའི་ཉས་ས་
སྩལ་གྱུང་ཆེ་ཞིག་དགོས། ༈ ༢༠༦ ༣ (4.206.3)

Por otro lado, si se concede **el regalo del deseo, el fruto** de
ser de un solo sabor con el gran **gozo** y la **ecuanimidad** inmutables **se otorga en todas las ocasiones.** Qué necesidad
hay de decir que tal regalo debe ofrecerse al Maestro Vajra,
particularmente **en el momento** de los empoderamientos, y
gaṇachakras.[442] [...]

སྦྱིན་ཆེ་སངས་རྒྱས་རྣམས་ཀྱིས་འཇིན་མ་དང་ནི་གླང་ཆེན་རྟ་དང་ཤིང་རྟ་ས་
གསེར་གྱི་ཁར། ༈ ༢༠༥ ༩ (4.208.1)

En **vidas anteriores, los** propios **Buddhas** regalaron **tierras** a
otros, **y elefantes, caballos, carruajes y muchas** otras clases
de cosas. Dieron todo esto y **grandes montones de oro.**

སངས་རྒྱས་ཉིད་ཀྱི་སྣད་དུ་བྱིན་ཞིང་སྤྱར་ཡང་མགོ་དང་ཁྲག་དང་ས་རྣམས་དག
གྱུང་རབ་དུ་བྱིན། ༈ ༢༠༥ ༣ (4.208.2)

Y lo **dieron para** alcanzar **la Budeidad. Ademas, incluso die-**
ron por completo su cabeza, sangre y carne una y otra vez.[443]

འདི་རྣམས་ཀྱིས་ནི་བཞེད་པའི་སངས་རྒྱས་ཉིད་དུ་མ་གྱུར་ཏེ་ནས་འདོད་པའི་སྦྱིན་
པ་རབ་དུ་སྦྱིན། ༈ ༢༠༥ ༣ (4.208.3)

Sin embargo, **como** los mismos Budas del pasado **dijeron,** ellos
no llegaron a la Budeidad otorgando tales regalos. **Entonces,**
otorgaron plenamente el don del deseo.

---

442 Ofrecimiento de varias consortes; en la antigüedad, la práctica incluía ofrecer como
consortes a miembros de la familia del estudiante varón.

443 Estos grandes actos de generosidad se describen en los sūtras mahāyāna. En el caso del
camino tántrico en la actualidad, dichas ofrendas de "cabeza, sangre y carne" son más a
menudo una metáfora de ofrecer servicio devocional al Guru.

གསང་བའི་སྦྱིན་པ་དེ་ཡིས་སྲས་བ་རྣམས་ནི་རྒྱལ་བ་སྐྱེད་བྱེད་རེ་གས་ལ་སངས་
རྒྱས་ཉིད་དུ་འཁྲུངས།། ༤ ༢༠༥ ༤ (4.208.4)

Mediante esos regalos secretos,[444] **las personas** que eran bodhisattvas, gracias al **productor de Victoriosos**—el Mahāmudrā o la Prajñāpāramitā—que posee todos los aspectos supremos, **nacieron en la familia** del inseparable gozo-vacuidad, y por ello, nacieron **en la Budeidad.**

La manera en que debe emplearse un Mudrā de Karma para otorgar los cuatro empoderamientos superiores de Kālachakra[445]

དཔལ་ལྡན་ཤེས་རབ་ཀྱ་མ་ཡང་དང་པོར་རེག་པ་གང་ཡིན་པས་བའི་དབང་ནི་དེ་
ཉིད་དོ།། ༣ ༡༡༩ ༡ (3.119.1)

444   Al igual que una madre o un padre compasivos, el Buddha siempre se comunica con sus hijos de manera acorde a sus capacidades o limitaciones. Estas enseñanzas tántricas eran medios hábiles que buscaban lograr los mejores resultados posibles para un público específico en un tiempo fuertemente patriarcal, donde las mujeres eran consideradas propiedad de los hombres. En aquel contexto, exigir a los practicantes que ofrecieran, por ejemplo, a sus familiares como consortes para el Maestro Vajra, era un medio poderoso para superar el apego. Este método era apropiado para el público de esa época.

445   De acuerdo con Rinpoché, los empoderamientos superiores originalmente se llevaban a cabo tal como se describe aquí, incluyendo la ofrenda real de una consorte humana al Guru y la práctica del estudiante con una consorte. Hoy en día, los Maestros Vajra realizan empoderamientos simbólicos, tal como se describe en el capítulo diez de la Primera Parte. Los estudiantes pueden experimentar hoy la dicha y el gozo que antes transmitían estos empoderamientos reales, elevando su actividad sexual ya existente a la práctica tántrica privada con sus propias parejas, como se describe en la Cuarta Parte y en el Apéndice I de este libro. Rinpoché enseña otros casos en los que se producen buenos resultados cuando no nos aferramos estrictamente al aparente significado literal de las escrituras. De lo contrario, podríamos sentir repulsión al pensar que se trata de una interpretación literal de las escrituras que refleja el patriarcado de su época, y no es así en absoluto. Dado que hoy disponemos de medios más adecuados para transmitir las experiencias que se impartían durante los empoderamientos reales en el pasado, podemos afirmar que la esencia de los empoderamientos reales puede seguir transmitiéndose en la práctica actual.

Con una **gloriosa** consorte **prajñā**, o śhakti, **también** se concede el **primero** de los empoderamientos superiores. Cuando el estudiante **toca** sus **pechos** con las manos, se produce el gozo del elemento blanco en movimiento, **que es** similar al estado de un niño en crecimiento; este es **el verdadero Empoderamiento de la Vasija.**[446]

གསང་བ་དག་ལས་རེ་བོང་འཛིན་པ་སྐྱོང་བ་དང་ནེ་བསྐུ་བ་དག་གིས་གསང་བའེ་
དབང་དུ་འགྱུར། རེ་ ༡༡ ༦ ༣(3.119.2)

Despúés, siguiendo la liturgia, el maestro realiza la ofrenda secreta.[447] El estudiante, con los ojos vendados, recibe en la lengua el amṛita de bodhichitta **desde** el lugar **secreto** de la consorte, mientras que el maestro, con los dedos pulgar e anular de su mano izquierda unidos, vierte la luna **con forma de conejo**[448] en la boca del estudiante. El estudiante **los saborea y** luego le retiran la venda de los ojos. Además, **el** estudiante **que mira** puede apreciar claramente la bhaga del mudrā, produciendo un gozo en movimiento, similar al estado de la juventud. Este es **el Empoderamiento Secreto.**

ཤེས་རབ་ཡེ་ཤེས་དབང་ལ་མཐབ་དག་རྩལ་བའི་རིགས་ཀྱི་ཡན་ལག་ཞལ་ཞེ་སྲུང་

---

446 Se menciona aquí el "verdadero Empoderamiento de la Vasija" supuestamente para distinguir este empoderamiento superior de *Kālachakra* de los *Siete empoderamientos de un niño en crecimiento*, una extensa práctica preliminar al Empoderamiento de la Vasija de *Kālachakra*.

447 Aquí, durante el segundo empoderamiento superior, el maestro entraría en unión sagrada con la consorte que el estudiante ha ofrecido. La bodhichitta resultante sería empleada como sustancia de empoderamiento ("ofrenda secreta"). Posteriormente, en el tercer empoderamiento superior, el maestro entregaría la consorte al estudiante para que entraran en unión.

448 Significa "luna", que, según los tibetanos, muestra la forma de un conejo. No obstante, en este contexto, el significado literal es el thigle burdo del maestro.

བ་བྱུས་ནས་ནི། རེ་༡༡༩་༣ (3.119.3)

Posteriormente, **en el Empoderamiento de Conocimiento–Sabiduría o Prajñājñāna,**[449] todos los **aspectos de las familias del Victorioso** se tocan con el cuerpo del estudiante. Esto se refiere, como se explicará, a la OM y demás sílabas semilla de las cinco familias, y a las cuatro letras **de los rostros** de la deidad.[450] **Tras haber purificado**[451] al estudiante **con estas sílabas,**

རྣལ་བ་དག་གྱུང་འདིར་ནི་རྒྱ་མས་དབང་པོར་བྱས་ནས་སྐྱོབ་མ་ལ་ནི་ཕྱག་རྒྱ་སྟིན་ པར་བྱ། རེ་༡༡༩་༤ (3.119.4)

en este momento, **cuando ha sido testigo**[452] **del Guru,** como el **Victorioso puro** Vajrasattva,[453] la consorte **mudrā debe ser**

---

449 En pocas palabras, el "Empoderamiento de Sabiduría", el tercer empoderamiento superior.

450 En la actualidad, en los empoderamientos simbólicos se suelen pintar las sílabas para la visualización en tarjetas. Algunos Maestros Vajra utilizan, además, objetos sagrados especiales para potenciar la experiencia del estudiante.

451 Según David Reigle en una carta de abril de 2023, la versión en sánscrito del *Vimalaprabhā* (o *La luz inmaculada. Comentario sobre el Kālachakra* escrito por el Kalkī Puṇḍarīka) tiene aquí *śhodhayitvā*, "tras haber purificado". Esto indica que *sbyar ba* (unido) en la copia de nuestro texto tibetano puede ser un error para *sbyang ba* (purificado).

452 Tanto Mipham como la versión tibetana del *Vimalaprabhā* presentan aquí *dbang por byas nas*, que significa "empoderado". Según David Reigle, *ibídem*, el *Vimalaprabhā* en sánscrito tiene aquí *sākṣhiṇam*, "testigo", por lo que la traducción al tibetano debería ser *dpang por byas nas*. No obstante, es posible que los traductores del *Vimalaprabhā* tradujeran *dbang por byas nas* porque pensaron que había un error en la versión sánscrita. Entonces la traducción sería, **"en este momento, cuando ha sido empoderado por el Guru, como el puro Victorioso** Vajrasattva..".

453 Esto recuerda la importancia de la percepción pura del Guru para que el empoderamiento sea efectivo. En este caso aquí se hace referencia al Guru como inseparable de Vajrasattva, el soberano de la sexta familia búdica de *Kālachakra*, unificador de todos sus maṇḍala iluminados. Según Khentrul Rinpoché, esto también implica que el Guru está haciendo lo que hicieron los Budas del pasado. Asimismo, esto hace posible que el Guru empodere a los alumnos con las mismas cualidades, permitiéndoles llevar a cabo

otorgada de vuelta **al estudiante** para que puedan tomarse de las manos[454] y abrazarse. [...]

Dicho empoderamiento no se realiza para el beneficio del maestro que instruye sobre los tantras, dibuja maṇḍalas, y demás, sino para el estudiante. Mediante [...] la consorte mudrā y demás, se despliegan una variedad de manifestaciones ilusorias de gozo. De esta manera, el estudiante reconoce las cuatro dichas y la visión de shunyata se vuelve inseparable para él. [...] Todo esto se explica ampliamente en el quinto capítulo [del *Tantra de Kālachakra*].[455]

La manera en que los hombres y mujeres tantrikas que viven en aldeas se comunican entre sí, utilizando signos secretos para evitar problemas con extraños que, de otro modo podrían, hacerles daño[456]

---

las mismas actividades sagradas que el Guru.

454 De acuerdo con David Reigle, *ibíd.*, la versión sánscrita del *Vimalaprabhā* menciona aquí *pāṇi-vyāpti*, que significa "tomarse de las manos". Esta expresión corresponde a *bcangs* en la versión tibetana. Por lo tanto, en la actual copia del comentario de Mipham, podemos suponer que *lag pa bcings*, "atar las manos", debería ser reemplazado por *lag pa bcangs*, "tomar de las manos". Según D. Reigle, *pāṇi-vyāpti* se refiere a las relaciones sexuales de una clase de dioses. Este es uno de varios pasajes que utilizan términos que aluden a la unión sexual de ciertas clases de dioses.

455 El *Kālachakra* también describe el cuarto empoderamiento superior, denominado el "Empoderamiento de la Palabra", el empoderamiento trascendental de la sabiduría última, que va más allá de lo mundano y capacita a los estudiantes para adentrarse en la etapa de culminación de los Seis Yogas Vajra de *Kālachakra*. Cuando Rinpoché escribió el folleto de *Los cuatro empoderamientos superiores—Guía para entrar en la etapa de consumación de Kālachakra*, lo hizo pensando en los estudiantes a los que había capacitado para recibir estos empoderamientos superiores. Este folleto incluye instrucciones para la práctica personal de meditación y, siguiendo los deseos de Rinpoché, no debe ser mostrado en público.

456 Esta selección se ha incluido para ofrecer una idea de cómo era la vida de los yoguis

མཛབ་མོ་བསྐུན་ན་ལེགས་པར་འོངས་སམ་དག་གྱུང་ངེས་པར་བརྗོད་པར་འགྱུར་ཏེ་ རྡུལ་འཛིར་བ་ལ་ཡད། ༣་༡༦་༡ (3.186.1)

Ahora se enseñan los mudrās [secretos][457] utilizados para la comunicación cuando los héroes y las heroínas se encuentran. Cuando los yogīs se encuentran por primera vez con las yoginīs, [extienden y] **muestran** hacia arriba **los dedos índices** formando un puño vajra, con [los pulgares cubiertos por los dedos de tal manera que los dedos que cubren los] pulgares [se encuentran] en el lado exterior y visible. **Al mostrar** los dedos índices unidos de esta forma,[458] el mudrā **expresa inequívocamente** "Todos son bienvenidos aquí". Las yoginīs **también** realizan este gesto **hacia los yogīs** al encontrarse.

གཉིས་ཀྱིས་ཤིན་ཏུ་ལེགས་པར་འོངས་དང་སྨྲ་བཟངས་དགེ་བ་མཉེ་མོ་བཅེངས་ པས་རབ་ཏུ་བརྗོད་པར་འགྱུར། ༣་༡༦་༢ (3.186.2)

Extendiendo también los **dos** dedos del medio,[459] responden: "Sean **muy bienvenidos**", [...]

སོར་མོའི་སེ་གོལ་རྟབས་པ་ཁྱོད་ནི་འདིར་སྲུགས་པ་མཆོག་ཅེས་ངེས་པར་འགྱུར་ བ་སྟེ། ༣་༡༦་༣ (3.186.3)

Del igual manera, cuando se **chasquean los dedos** con el pulgar e índice, el significado es: "**ustedes aquí son tantrikas excelentes**"; o, a veces, también se expresa **inequívocamente**

tántricos en los primeros tiempos de la difusión del tantra. Los practicantes temían ser castigados debido a su culto "escandaloso" que incluía festines sagrados con comidas y bebidas "prohibidas" y la práctica de la unión sexual más allá de las normas sociales, por ejemplo, mezclando castas o transgrediendo las normas patriarcales de sus sociedades.

457 Aquí la palabra mudrā no se refiere a consortes sino a gestos particulares.

458 Podemos suponer que ambas manos se acercan, de modo que se toquen las dos puntas de los dedos índices.

459 Junto con los dedos índices, que ya están extendidos.

que los tantrikas son muy valiosos.

མཋེ་བོ་དང་ནི་མིང་མེད་དག་གིས་དས་ཆེག་བཙས་པའི་ཆང་གིས་ཁྱོད་ནི་ཚིམ་པར་
བྱེད་པའོ། རེ་༡༠༦་༤ (3.186.4)

Si chasquean así, **con el pulgar y el anular**, significa: "**Con li-
cor y** alimentos de sustancias **samaya**, [los cinco tipos de carne
y amṛitas,] **te saciaremos** en un festín vajra".[460]

སྐྱེ་གནས་དག་ལ་རེག་པས་གཙོ་བོ་མཆོ་དང་ནུ་མ་ཟང་དང་ངེས་པར་སེན་མོ་
འདེབས་པ་གྱུར། རེ་༡༠༢༠་༣ (3.187.3)

Al tocar su **lugar de nacimiento**, una yoginī dice, "tú serás
mi [hombre] **principal**" o esposo. De igual manera, cuando la

---

460 Los cinco tipos de "carnes" se refieren a la humana y las de elefante, buey, perro y caballo, todas ellas consideradas por el público de la época inapropiadas para el consumo.
Si estos seres mueren de forma natural, su carne se convierte en una sustancia samaya
adecuada. Los cinco amṛitas, a menudo traducidos como "néctares", deben ser ingeri-
dos como sustancias samaya sin aversión o ansia saṃsāricas con el fin de erradicar la
parcialidad. Se trata de heces, orina, sangre, médula y semen. El practicante disuelve
primero las carnes y amṛitas burdos, los purifica mediante la meditación en la vacuidad,
luego los hace reaparecer y, finalmente, los transforma en amṛita real. Sin embargo, a
menos que el practicante tenga la capacidad de llevar a cabo realmente esta transformación, estas sustancias no contribuirán al logro de las cualidades iluminadas. Enseñanzas
adicionales sobre este tema pueden encontrarse en *Perfect Conduct* (*Conducta perfecta*),
p. 116, o en *Buddhist Ethics* (*Ética budista*), pp. 472-473. Cabe mencionar que los practicantes avanzados suelen combinar pequeñas cantidades de estas sustancias samaya
en pequeñas píldoras duras. Sin embargo, en la actualidad, tanto los practicantes en
monasterios como los laicos en Occidente suelen utilizar carne y alcohol, los cuales se
pueden adquirir fácilmente en tiendas. Ambos sirven como sustitutos simbólicos de las
diez sustancias mencionadas anteriormente. Cuando los practicantes se aferran a estos
sustitutos simbólicos y a sus propias preferencias personales, pueden obstaculizar el
objetivo de la práctica. Según Rinpoché, los practicantes que no hayan alcanzado logros superiores no necesitan preocuparse demasiado por practicar literalmente con las
diez sustancias tradicionales, las píldoras, o incluso estos dos sustitutos comunes. Para
superar el aferramiento, es beneficioso practicar con cualquier comida o bebida a la
que se tenga aversión. Por ejemplo, los veganos estrictos pueden probar con queso, los
vegetarianos con un trozo de jamón, los carnívoros habituales con papas; aquellos con
pego al vodka pueden probar con jugos, etc.

yoginī **agarra sus labios y pezones** de una yoginī, y **pincha estos lugares específicos con las uñas, también** expresa **inequívocamente** que serás su [hombre o marido] principal.[461]

སོར་མོ་པད་ཚན་བཅིངས་ཤིང་གྱང་མོ་དང་ནེ་མཐེ་བོ་བཀྲང་པས་ནས་ཚིག་བརྗོད་ པར་བྱེད་པ་ཡིན། རེ ? <‹ ‹ (3.187.4)

Cuando los **dedos** de ambas manos se unen y **entrelazan mutuamente,**[462] y así conectados, **extiendien** el **dedo medio y el pulgar, se expresa** que habrá una reunión para un festín **samaya** [o vajra].

Hasta aquí se ha tratado de mudrās relajados y alegres. Ahora se enseñarán los mudrās [asertivos] que utilizan las yoginīs.

མཆེ་བའི་དབས་ས་མཐེ་ཆང་དང་ནེ་སྙིང་ག་ཁ་ར་མཛུབ་མོ་འཛིགས་པ་རབ་ཏུ་ གསལ་བར་བྱེད། རེ ? < < ? (3.188.2)

Si la mujer se coloca **el dedo pequeño entre los dientes caninos** superiores e inferiores y **el dedo índice** apunta **hacia el corazón y la boca**, eso significa muy claramente, "¡Peligro!".[463]

ལག་པའི་རྣ་གྱིས་སོང་ཆིག་ངེས་པར་རབ་ཏུ་བརྟོད་དེ་མཚན་ཏུ་སྦྱགས་པས་ འདག་ཆིག་འདག་ཆིག་གོ། རེ ? < (? (3.189.1)

[Levantar los antebrazos y] **mostrar el dorso de las manos** ex-

---

461 Estos y algunos otros de los pasajes a continuación transmiten el carácter de empoderar a las mujeres de la época para que gozaran de independencia en relación con sus propias elecciones en el ámbito de la sexualidad.

462 Flexionados para formar un puño con las dos manos.

463 Este signo secreto posiblemente era utilizado en situaciones en las que los enemigos podrían oír una advertencia verbal.

presa **inequívocamente**, "¡No te quedes aquí, **vete!**", mientras
que [levantar los antebrazos y] **mostrar** las palmas **de frente**
significa, "¡Quédate, quédate!".

རྐང་པ་རབ་ཏུ་རྐྱོང་བས་གཉིད་དང་པས་མོ་ཐ་ང་དག་རྐྱོང་བ་བདག་ལ་ཤིན་ཏུ་དགའ་
བ་གྲུས། ར་ན(ཕ་ར (3.189.3)

Extender completamente la pierna significa claramente,
"puedes **dormir** aquí", y **extender ambas rodillas** indica, "**me
da mucho gusto**".[464]

ཡན་ལག་ཀུན་ལ་རེག་པར་བྱེད་ཅིང་ཁ་ར་ལག་པ་གཞས་པ་དག་ལ་འཛས་པ་མེད་
པའི། ར་ན(ཕ་ (3.189.4)

Tocar todas sus **extremidades** con la mano izquierda **y dejar
la mano izquierda posada sobre la boca**, cubriéndola, indica,
"Me vigilan las autoridades y otras personas [que sospechan
que soy tantrika], así que es mejor que **no** vaya a **la reunión
de festín**".

པན་ཚན་ལག་པ་བཙངས་པས་བདག་གི་ཁྱིས་ད་དེ་རིང་འཁོར་ལོ་འཛས་པ་དག་དེ་
རོད་པོར་བྱེད། ར་ 9(༠9 (3.190.1)

Sin embargo, **entrelazar** y doblar **las manos** , con el pulgar y
el índice sobresaliendo del centro, **expresa**: "**Hoy, en mi casa,
habrá una reunión de festín** [vajra] a la que deberías venir".

རྐང་པ་ལ་ནི་འཕྲག་པར་བྱེད་ན་ནེ་བཞིན་ད་ནེ་གྲི་རོལ་འཛས་པ་དག་ལ་འགྲོ་བ་
ཡད། ར་9(༠ར (3.190.3)

Si se rascan las piernas, al realizar **tal** acción está diciendo:
"**Voy a una reunión** de festín **fuera** del pueblo, y tú **también**
deberías venir".

---

464 Este secretismo implica que pueden estar anticipando con alegría algo más que dormir.

Ese fue el señalamiento de los mudrās de las reuniones de festines samaya. A continuación se enseñan los mudrās coléricos.

ཀུ་ནི་རང་གི་སོ་ཡིས་གཙོད་ན་མི་ཡི་ཕྱགས་ཆྱོད་འདེར་ནེ་ལྱང་བར་བྱ་བ་རྟོད་པར་ བྱེད། ༈ ༡(༡༡ (3.191.1)

Aquí, cuando un yogui, por un orgullo inapropiado, falta al respeto a cualquiera de las damas mensajeras o a aquel que no ha alcanzado el poder, muestra su propio mantra para disputar el mantra colérico de una yoginī, si una poderosa dama mensajera **se corta el pelo con los dientes**, eso **significa: "¡Estúpido, deberías caer** en mis manos **aquí** y ahora!".[465]

མཆ་ལ་སོ་ནི་འདེབས་པར་བྱེད་ན་ཁྱོད་ཀྱི་རྣ་ལྱོ་བར་གནས་འདི་བདག་གིས་ བཟའ་བར་བྱ། ༈ ༡(༡༡ ༌ (3.191.4)

Si se golpea los labios con los dientes, eso significa "¡KYE! ¿Qué haces, estúpido? **Debería comerme las entrañas que se encuentran en tu vientre".**

Si una yoginī poderosa muestra alguno de estos signos coléricos, es preferible que un yogī que carece del correspondiente poder de realización no responda con un mantra ni discuta de otras formas. Colocando la palma de su mano izquierda sobre su corazón, girando su cuerpo hacia la izquierda, él debe darse

---

465 Este pasaje y el siguiente presentan algunas estrategias de "autodefensa" para las primeras tantrikas, que nos recuerdan la necesidad de brindar a las mujeres herramientas para protegerse de los prejuicios de su sociedad, en el contexto tántrico de un enfoque igualitario a diferentes niveles. Es interesante que cuando el Kalkī Mañjuśhrī Yaśhas abrevió esta sección del tantra, hizo hincapié en mantener esta sección para yoginīs, probablemente porque en ese momento Śhambhala aún estaba iniciando un proceso de transformación más amplio, ya que él fue el primer Kalkī, "sostenedor de la casta (vajra)", que unificó a los habitantes de Śhambhala más allá de las castas y otros prejuicios. Los siguientes dos versos, 3.191.2 y 3.191.3, son similares.

la vuelta por completo; y luego, con su mano izquierda elevándose de manera sumisa, debe retirarse. [...][466]

---

466 La amenaza de matarlos podría ser literal si los resultados finales para todos los implicados fueran favorables. Esta conducta colérica se relaciona con un aspecto de los samayas tántricos que establece que no debemos ser amorosos hacia los seres malévolos, en el sentido de facilitar sus acciones malignas, sino que debemos expresar amor al ayudarles a mejorar. La mejor manera de lograr esto es a través del poder de la concentración meditativa, que permite percibir claramente los resultados kármicos de los demás para comprender a fondo las implicaciones exactas de este acto liberador. Como se explica en *Perfect Conduct* (*Conducta Perfecta*), el samaya secreto de "matar" para *liberar la mente* de un obstructor, corresponde a la naturaleza pura del odio y es el samaya de la familia vajra de Buddha Akṣhobhya. Cuando se cumplen los requisitos previos, como poseer el poder específico obtenido a través de una profunda realización meditativa o haber recibido el permiso de la deidad o del Lama raíz, y tener una motivación de gran compasión, *la actividad colérica correspondiente* libera la conciencia de este gran obstructor del Dharma, quien no pudo ser beneficiado o subyugado mediante medios pacíficos. Un ejemplo específico de esta actividad colérica es cuando un Maestro Vajra prepara el terreno y elimina obstáculos para otorgar un empoderamiento. Si los seres invisibles no están dispuestos a colaborar para el óptimo desarrollo del ritual, el Maestro Vajra, tras hacerles ofrendas y peticiones pacíficas, les advierte de las consecuencias de su comportamiento perturbador. En caso de que prefieran no escuchar tales advertencias, el Maestro Vajra los separará de sus protectores, enviándolos lejos unos de otros, o los liberará directamente, como se ha descrito anteriormente. Dichas actividades compasivas que utilizan medios coléricos por el bien de los seres sensibles aparecen también en las enseñanzas sútricas del Gran Vehículo, como el *Sūtra de los Medios Hábiles* (BDRC: texto electrónico UTIE0OP16440489A_10951_bo pp. 605-607), donde Buddha relata la siguiente historia:

[605] Una vez, quinientos mercaderes ávidos de ganancias navegaban en medio de un vasto océano. Con ellos viajaba en aquel momento un maleante, un malhechor, diestro con el arco y las armas, que estaba allí clandestinamente para robar la riqueza de los demás. [606] Estaba en aquel barco planeando atacar y vencer a aquellos mercaderes. Ese criminal pensó, "Entonces, me llevaré toda la riqueza de esta gente y regresaré a Jambuling [India]". Entre aquellos viajeros también se encontraba un capitán llamado Gran Corazón. Mientras dormía, los dioses que habitaban en aquel gran océano le revelaron en sueños lo siguiente, "Entre tus compañeros de viaje en este barco, se encuentra un hombre con tal y tal nombre que está maquinando, 'Voy a robar la riqueza de todos los demás. Mataré a todos estos mercaderes, me apoderaré de sus riquezas y regresaré a Jambuling'. A causa de esas acciones, este hombre recibirá un castigo terrible. Debido a su corrupción, experimentará una retribución insoportable. ¿Por qué? Porque estos quinientos mercaderes moran en la conciencia iluminada, son bodhisattvas irreversi-

bles. Si este hombre mata a estos bodhisattvas irreversibles, [...] deberá permanecer en los grandes infiernos tanto tiempo como dure el proceso de alcanzar la iluminación perfecta, de manera consecutiva, para cada uno de estos bodhisattvas. Capitán, encuentra algún medio por el cual él no vaya al infierno y que no asesine a todas estas personas". Entonces el capitán despertó y reflexionó [607] durante siete días. [...] Concluyó, "No hay otro medio de impedir que este hombre mate a los mercaderes y vaya a los grandes infiernos más que asesinarlo". Luego pensó, "Si informo de esto a los mercaderes, matarán a ese hombre impulsados por pensamientos iracundos. Entonces todos irán a los infiernos. [...] Si lo mato, yo mismo arderé en los infiernos. [...] Sin embargo, lo asesinaré para lograr un resultado beneficioso para todos los demás involucrados". En consecuencia, el Capitán Gran Corazón, [...] evitó que esos quinientos mercaderes bodhisattvas y el individuo malvado cayeran en los grandes infiernos apuñalando deliberadamente con una lanza al potencial ladrón hasta matarlo.

El Buddha revela que se trata de la historia de una de sus vidas anteriores y narra los buenos resultados que este asesinato compasivo del Capitán Gran Corazón tuvo para todos los involucrados:

"Para mí, esa habilidad en los medios y esa gran compasión bloquearon el saṃsāra durante cien mil eones. El ladrón que murió renació en los reinos celestiales y los quinientos mercaderes serán ahora los quinientos futuros Budas de este buen eón. Hijo de noble linaje, ¿qué opinas? ¿Acaso debería considerarse que impedir el nacimiento y la muerte durante cien mil eones mediante esa habilidad en los medios y gran sabiduría compasiva [...] es un obstáculo causado por mis acciones pasadas? [...] ¡No lo veas así! Considera, más bien, [...] que se trata de la habilidad en los medios en sí".

En el sentido definitivo, donde nunca puede destruirse el verdadero Yo de los seres, o Sugatagarbha, el samaya tántrico de "matar" significa cortar la mente dualista al cercenar el flujo de los aires saṃsāricos que se mueven en los canales laterales del cuerpo sutil, para convertirse en aires de sabiduría hacia el canal central (Jamgön Kongtrül, Buddhist Ethics, p. 253-254). El significado definitivo de este samaya para la práctica meditativa individual está relacionado con las prácticas de la etapa de culminación de los Seis Yogas Vajra de Kālachakra, y no es apropiado extenderse más sobre ellas aquí.

Vajravega, manifestación colérica de Kālachakra

Glosario

ABHIDHARMA, *mngon chos*: Una de las Tres Cestas *(Tripiṭaka)* de las enseñanzas del BUDDHA, que hace hincapié en la psicología y la filosofía budistas. Contiene una descripción del universo, los diferentes tipos de seres, los pasos en el camino a la ILUMINACIÓN, las visiones erróneas, entre otros elementos, en términos de fenómenos o dharmas realmente existentes.

AIRES, *rlung*, prāṇa:[467] Patrones de energías que fluyen en los CANALES internos del CUERPO SUTIL.

AIRES INTERNOS, *nang gi rlung*: véase AIRES.

AKṢHOBYA, *mi bskyod pa*: Un BUDDHA que es el señor de una de las CINCO FAMILIAS [tántricas] DE BUDDHA. Es el jefe de la familia VAJRA.

AMIGO ESPIRITUAL, *dge ba'i bzhes gnyen*: Término del GRAN VEHÍCULO que designa a un maestro BUDISTA ligado a sus estudiantes por la amistad y los valores comunes. Los requisitos para ser un verdadero amigo espiritual incluyen tener más buenas cualidades que el estudiante

---

467 En el glosario, la mayoría de los términos en sánscrito no aparecen en cursiva para diferenciarlos de los tibetanos.

y preocuparse honestamente por los demás, entre muchos otros. Sin embargo, hay menos requisitos para ser un auténtico amigo espiritual que para ser un auténtico GURU tántrico o MAESTRO VAJRA.

AMITĀBHA, *'od dpag med*: Un BUDDHA que es el señor de una de las CINCO FAMILIAS [tántricas] DE BUDDHA. Es el jefe de la familia *padma* o LOTO.

AMOGHASIDDHI, *don yod grub pa*: Un BUDDHA que es el señor de una de las CINCO FAMILIAS [tántricas] DE BUDDHA. Es el jefe de la familia KARMA o de acción.

AMṚITA, *bdud rtsi*: Alimento o bebida de los dioses que conquista la muerte, elixir de la "inmortalidad" que confiere la realización del eterno ESTADO NATURAL. Puede referirse a cualquier sustancia gozosa, como los fluidos seminales en el contexto del Camino del Deseo. Comúnmente se traduce como "néctar".

ANTÍDOTO, *gnyen po*, pratipakṣha: Remedio, medio de supresión o abandono, especialmente de las KLEŚHAS, empleado en la tradición budista del SŪTRA. Por ejemplo, para abandonar el deseo sexual, los practicantes pueden pensar en partes repulsivas del cuerpo, o en cómo los cuerpos sexualmente deseables se convertirán en cadáveres putrefactos. Los antídotos para la ira incluyen pensamientos sobre cómo la ira puede conducir al renacimiento en los reinos inferiores.

ANUTTARA/ANUTTARAYOGA-TANTRA, *bla na med pa'i rgyud*: TANTRA YOGA SUPREMO. Clase tántrica que contiene el Camino del Deseo.

ANUYOGA: Segundo de los tres yogas internos y octavo de los nueve vehículos (yānas), según la clasificación de la escuela NYINGMA. Se centra en la MEDITACIÓN sobre los CANALES, los AIRES INTERNOS y las ESENCIAS SUTILES.

APEGO, *zhen pa*: Incapacidad de separarse de una persona, cosa o emoción deseada, generalmente exagerando las buenas cualidades del objeto. Con el tiempo conduce al SUFRIMIENTO.

ARHAT, *dgra bcom pa*: Aquel que ha vencido completamente al enemigo o las KLEŚHAS, el nivel más alto alcanzado por los seguidores del VEHÍCULO DE LA LIBERACIÓN INDIVIDUAL.

ATIŚHA, *a ti sha*: también conocido como Dipaṃkara, gran erudito indio que llegó al Tíbet en 1042 y fue la causa de una gran purificación del BUDISMO de la época. Fundó la escuela *Kadampa*.

ATIYOGA: El más elevado de los tres yogas internos y el último de los nueve vehículos (yānas), según la escuela NYINGMA. También se denomina DZOGCHEN.

AUTOGENERACIÓN, *bdag bskyed*: Práctica en el TANTRA mediante la cual uno visualiza y se genera a sí mismo como una DEIDAD iluminada.

AVALOKITEŚHVARA, *spyan ras gzigs:* Nombre de un BODHISATTVA, *Chenrezig* en tibetano, que representa la COMPASIÓN de todos los BUDDHAS.

BARDO, *bar do*: (1) Más comúnmente, el estado intermedio de existencia entre vidas conocido como el "bardo de la existencia"; (2) cualquier período de transición incluido en los SEIS BARDOS.

BHAGA: Vientre o vagina, en el TANTRA budista simboliza el espacio primordial que es la fuente de los fenómenos.

BODHICHITTA, *byang chub sems*: La bodhichita absoluta es la mente (*chitta*) de la ILUMINACIÓN (*bodhi*), la SABIDURÍA que conoce directamente la naturaleza de la realidad. La bodhichita relativa es la actitud dedicada a alcanzar la BUDEIDAD para ayudar a todos los SERES SENSIBLES. La bodhichita relativa es de mera *aspiración* o de *aplicación*. La bodhichitta de aplicación (*'jug pa'i byang chub kyi sems*) es la bodhichitta que se sostiene mediante los COMPROMISOS DEL BODHISATTVA, que incluye adentrarse en la práctica real de las SEIS PERFECCIONES, a diferencia de la bodhichitta de aspiración (*smon pa'i byang chub kyi sems*). Otros significados de bodhichitta relacionados con THIGLE se explican ampliamente en el capítulo 6 de la Cuarta Parte.

BODHISATTVA, *byang chub sems dpa'*: (1) Un guerrero de la ILUMINACIÓN, un ser que esfuerza por alcanzar la BUDEIDAD con el fin de ser del máximo beneficio para todos los SERES SENSIBLES. Aquí, la naturaleza guerrera se relaciona con la actitud de no rendirse nunca ante las dificultades, hasta alcanzar la plena ILUMINACIÓN; (2) en general, alguien que ha tomado y mantiene los COMPROMISOS DEL BODHISATTVA, o que actúa de acuerdo con ellos teniendo como máxima prioridad la LIBERACIÓN de todos los seres; (3) más específicamente, un ser que ha asumido previamente ese compromiso y que además ya ha alcanzado al menos la indestructible BODHICHITTA relativa del primer nivel del Bodhisattva.

BÖN, *bon*: La religión nativa del Tíbet, a menudo considerada de naturaleza chamánica. Según se dice, el primero en establecerla fue Shenrab Miwo (*gshen rab mi bo*), fundador del Bön en Zhang Zhung, el antiguo nombre de la provincia de Guge, en el Tíbet occidental, al oeste del lago Mānasarovar. Los seguidores del Bön lo consideran un BUDDHA. Muchos elementos de los rituales budistas tibetanos han sido tomados del

Bön. El Bön moderno tiene mucho en común con el BUDISMO tántrico y, en particular, con la escuela NYINGMA.

BUDDHA, *sangs rgyas*: Iluminado/Despierto/Omnisciente. Aquel que ha purificado todos los OSCURECIMIENTOS y desarrollado todas las buenas cualidades y los dos tipos de omnisciencia: conocer directamente la naturaleza última y el alcance de todos los fenómenos. "El Buddha" suele referirse al ser histórico llamado BUDDHA ŚHĀKYAMUNI, sin embargo, un número infinito de Buddhas en los TRES TIEMPOS ilimitados han alcanzado o alcanzarán la ILUMINACIÓN.

BUDDHA ŚHĀKYAMUNI, *sangs rgyas shā kya thub pa*: Nombre del BUDDHA histórico, que vivió en la India en el siglo VI antes de la era común.

BUDDHA-DHARMA, *sangs rgyas kyi chos*: (1) las enseñanzas de BUDDHA (el DHARMA de escritura); (2) las realizaciones interiores logradas mediante la práctica de las enseñanzas del BUDDHA (el DHARMA de realización).

BUDEIDAD, *sangs rgyas [nyid]*: La ILUMINACIÓN completa u omnisciencia, libre de los extremos tanto del SAṂSĀRA como de la paz individual del NIRVĀṆA, también llamado nirvāṇa sin morada; el máximo nivel de desarrollo de un ser, tras haber eliminado para siempre todos los OSCURECIMIENTOS e impresiones kármicas y desarrollado todas las buenas cualidades y la SABIDURÍA en su máxima extensión.

BUDISMO, *sangs rgyas kyi chos*: Religión "establecida" por BUDDHA ŚHĀKYAMUNI. Existe una gran diversidad de tradiciones budistas, que pueden clasificarse como SŪTRA o TANTRA, o como parte de uno de los TRES VEHÍCULOS.

BUDISTA, *nang pa sangs rgyas pa*: Persona que ha tomado REFUGIO en las Tres Joyas, y sigue al menos uno de los TRES VEHÍCULOS. En un sentido más amplio, toda persona que considera el BUDDHA-DHARMA como referencia principal de su camino espiritual.

CAÍDA MORAL, *lhung ba*: Falta debida a la transgresión de un VOTO, promesa o SAMAYA. El proceso de purificación varía mucho en función de cada vehículo, nivel de práctica, etc.

CAMINO DE LA LIBERACIÓN INDIVIDUAL: Véase LIBERACIÓN INDIVIDUAL.

CAMINO DEL BODHISATTVA: También conocido como GRAN VEHÍCULO o MAHĀYĀNA. A diferencia del VEHÍCULO DE LA LIBERACIÓN INDIVIDUAL, la motivación principal de los practicantes del Gran Vehículo es acabar con el SUFRIMIENTO de todos los seres conduciéndolos a la ILUMINACIÓN. Aceptan la VACUIDAD tanto de un YO personal como de los fenómenos relativos.

CAMINO DEL TANTRA: Véase TANTRAYĀNA.

CANAL, *rtsa*, nāḍi: Canal energético por el que circula la energía sutil o el AIRE interno. Los canales principales "izquierdo" y "derecho" van desde las fosas nasales hasta cuatro dedos por debajo del ombligo, donde se unen al CANAL CENTRAL.

CANAL CENTRAL, *dbu ma*: avadhūti: Canal energético principal del CUERPO SUTIL o su eje central. Comienza en la frente, en el entrecejo, va hacia atrás y hacia arriba por debajo del cráneo y luego baja hasta el nivel del ombligo (y el lugar secreto o más abajo). Su descripción exacta varía según la práctica o la escuela particular. Véase CANAL.

CHAKRA, *'khor lo*: Rueda, círculo. Un centro focal donde los CANALES secundarios (de energía) se ramifican a partir del CANAL CENTRAL.

CHAKRASAMVARA, *bde mchog ['khor lo sdom pa]*: TANTRA de la clase del YOGA TANTRA SUPREMO, y su yidam que muestra las etapas del camino y el fruto de la realización de la SABIDURÍA de MAHĀSUKHA.

COGNICIÓN VÁLIDA, *tshad ma*: pramāṇa: También conocida como "razonamiento válido". Medio de experimentar o establecer el conocimiento como verdadero y cierto, se dice que es, (1) *mngon sum tshad ma*, percepción directa basada en las seis conciencias o discernimiento yóguico; (2) *rjes dpag gi tshad ma*, razonamiento inferencial o lógico; y (3) *lung tshad ma*, autoridad escritural u otro testimonio fiable.

COMPASIÓN, *thugs rje*: El deseo de que los demás se vean libres del SUFRIMIENTO y de sus causas.

COMPROMISO(S) DEL BODHISATTVA, *byang chub sems dpa'i sdom pa*: Compromiso de DHARMA de beneficiarse a uno mismo y a los demás mediante la ILUMINACIÓN. El compromiso implica un fuerte sentido de responsabilidad para conducir a todos los SERES SENSIBLES sin excepción a la ILUMINACIÓN o esforzarse por alcanzarla con el objetivo de conducirlos a la misma realización. Este compromiso altruista supremo se orienta a partir de dieciocho compromisos del BODHISATTVA fundamentales y cuarenta y seis secundarios.

CONSORTE, *rig ma*: también conocida como MUDRĀ, *phyag rgya ma*. En el contexto tántrico, "pareja" con la que se entra en unión para experimentar la naturaleza de la realidad. Puede tratarse de un ser humano, un ser no humano o una consorte visualizada/generada. Véase también CONSORTE VIDYĀ y la explicación detallada en los capítulos ocho y nueve de la

Cuarta Parte.

CONSORTE VIDYĀ, *rig ma*: También conocida como MUDRĀ. Consorte espiritual. Literalmente, "consorte del conocimiento", pero *vidyā* tiene una gama única de significados. Al igual que *prajñā*, puede significar tanto conocimiento mundano ordinario como conocimiento espiritual. También puede referirse tanto a la búsqueda como a la enseñanza del conocimiento, en cuyo sentido una vidyā es una consorte de aprendizaje o enseñanza que encarna el conocimiento aprendido o enseñado. Véase la explicación detallada sobre las CONSORTES o MUDRĀS en los capítulos ocho y nueve de la Cuarta Parte.

CONTINUO, *[sems] rgyud*: El flujo de fenómenos en la mente de un ser individual, incluidas las tendencias kármicas inconscientes.

CUERPO SUTIL: *phra ba'i lus*: El aparato de CANALES, AIRES y ESENCIAS SUTILES o GOTAS (*rtsa, rlung, thig le*) empleado en la práctica del yoga de la ETAPA DE CONSUMACIÓN, tal como se presenta en el capítulo dos del *Tantra de Kālachakra*, titulado el "Capítulo Interior". Esto incluye varias sílabas semilla autoexistentes y MAṆḌALAS de DEIDADES. Se dice que todos los aspectos del mundo externo, como los cinco elementos y los movimientos cíclicos de los planetas y las estrellas, tienen sus equivalentes internos, como los principios elementales sutiles y los movimientos cíclicos de los aires internos a través de diferentes chakras que gobiernan las diferentes etapas de la vida y, a su término, la llegada de la muerte. Asimismo, el cuerpo mental del BARDO también se denomina a veces cuerpo sutil.

ḌĀKA, *dpa' bo*: Equivalente masculino de ḌĀKINĪ.

ḌĀKINĪ, *mkha' 'gro ma, dpa' mo*: Por lo general, un ser tántrico femenino no humano que protege las enseñanzas tántricas y a los practicantes auténticos; pueden ser seres mundanos o altamente realizados. También puede referirse a mujeres en general que han alcanzado la realización directa de la VACUIDAD con la mente de luz clara o que tienen fuertes potenciales de hacerlo.

DAMA MENSAJERA, *pho nya ma*: Nombre poético de una CONSORTE tántrica o MUDRĀ que transmite el mensaje de la realización a través del gozo.

DEIDAD, *lha*: La forma simbólica de un ser divino puro, manifestada a partir de la SABIDURÍA de BUDDHA. La forma meditativa de BUDDHA o ser de sabiduría. A veces este término se refiere a una deidad de la riqueza o a un PROTECTOR DEL DHARMA.

DHARMA, *chos*: Doctrina, ley, verdad. (1) Lo que evita el SUFRIMIENTO, normalmente refiriéndose al BUDDHA-DHARMA; (2) cualquier fenómeno u objeto de conocimiento (en este libro está escrito sin mayúsculas como "dharma"); (3) religión o conocimiento religioso (escrito como "Dharma"); (4) realización del camino y la consiguiente cesación del SUFRIMIENTO.

DHARMADHĀTU, *chos dbyings*: El espacio omnipresente o la base de conciencia de todos los seres que es la fuente de todos los fenómenos del SAṂSĀRA y NIRVĀṆA. Los KĀYAS de la ILUMINACIÓN, así como todos los fenómenos convencionales, se manifiestan a partir de esta realidad.

DHARMAKĀYA, *chos sku*: "Cuerpo de la Verdad" de un BUDDHA, que encarna el DHARMA de realización. La MENTE pura y omnisciente de un BUDDHA, resultado de la transformación completa de la MENTE. Es el aspecto iluminado del DHARMADHĀTU y la fuente de todas las acciones iluminadas. También se refiere al aspecto de VACUIDAD de lo otro

(ZHENTONG) de la BUDEIDAD. Véase también KĀYA.

DHARMARĀJAS, *chos rgyal:* Reyes del Dharma en general; en particular, el título de los primeros siete u ocho Reyes del Dharma de Śhambhala antes del primer Kalkī de Śhambhala.

DIOS, *lha,* deva: En el BUDISMO, se refiere a un ser longevo, pero mortal, que habita temporalmente en un "estado celestial" en la EXISTENCIA CÍCLICA como resultado de un KARMA virtuoso.

DOLPOPA SHERAB GYALTSEN, *dol po pa shes rab rgyal mtshan:* (1292–1361), maestro de logros elevados y el más significativo sostenedor del linaje de la Tradición JONANG de BUDISMO tibetano. Fue el responsable de establecer la unión sin contradicciones de las enseñanzas sūtricas ZHENTONG y los linajes de práctica del TANTRA de KĀLACHAKRA.

DZOGCHEN, *rdzogs chen:* Práctica profunda de la tradición NYINGMA, también conocida como la *Gran Perfección.*

DZOKDEN: (1) Edad Perfecta, un periodo de paz y armonía al principio de los tiempos; (2) una Segunda Edad de Oro en la Tierra, tal y como se profetiza en el TANTRA de KĀLACHAKRA (véase EDAD DE ORO); (3) Comunidad de Práctica Dzokden, una red internacional de personas, grupos de práctica, institutos de formación y centros de retiro bajo el liderazgo del autor.

EDAD DE ORO [DE ŚHAMBHALA], *sham bha lha'i rdzogs ldan dus:* Período de paz y armonía en la Tierra que, según una comprensión literal del KĀLACHAKRA Externo, durará más de 1,000 años después de que Raudra, el vigésimo quinto KALKĪ de ŚHAMBHALA, derrote a los "bárbaros". En este período florecerán las enseñanzas del TANTRA de KĀLACHAKRA.

EMOCIONES AFLICTIVAS: Véase KLEŚHAS.

EMPODERAMIENTO, *dbang*, abhiṣheka: Otorgamiento de un permiso y un poder potencial especial para practicar una parte específica del TANTRA que concede un maestro tántrico o MAESTRO VAJRA mediante un ritual, el cual suele requerir la promesa de mantener SAMAYAS o compromisos tántricos específicos. Existen diferentes niveles de empoderamiento. También se traduce comúnmente como "Iniciación". En esencia, los empoderamientos ayudan a los estudiantes a conectar con su propia NATURALEZA BÚDICA.

EÓN, *bskal pa*: "Gran eón" se refiere al ciclo de vida de un solo universo, desde su creación hasta su destrucción. "Pequeño eón" se refiere a la vigésima parte de un gran eón.

ESENCIA SUTIL, bindu, *thig le*: Véase ESENCIAS ROJA Y BLANCA y THIGLE.

ESENCIAS ROJA Y BLANCA, *khams dmar po dang, khams dkar po*: (1) En términos generales, las aportaciones masculinas y femeninas a la existencia, como en el caso de la generación de un embrión, denominadas de forma generalizada semen y sangre (menstrual); (2) esencias sutiles o gotas masculinas y femeninas presentes en los CANALES del CUERPO SUTIL, especialmente en los canales del lado izquierdo y derecho del CANAL CENTRAL. El izquierdo conduce principalmente la energía masculina blanca y el derecho la energía femenina roja. En algunas enseñanzas, se dice que la posición izquierda y derecha de estos dos canales se invierte en las mujeres. El control de estas esencias forma parte de las prácticas avanzadas de la ETAPA DE CONSUMACIÓN. Véase THIGLE.

ESTADO NATURAL, *gnas lugs*: La forma en que las cosas son realmente. Estado natural de los fenómenos antes de que se les impusieran distorsiones conceptuales engañosas.

ETAPA DE CONSUMACIÓN, *rdzogs rim*: Etapa final en la práctica del TANTRA YOGA SUPREMO que utiliza métodos hábiles para alcanzar la BUDEIDAD. En el KĀLACHAKRA, esta etapa puede dividirse en seis ramas llamadas los SEIS YOGAS VAJRA.

ETAPA DE GENERACIÓN, *bskyed rim*: En el TANTRA YOGA SUPREMO, etapa de la práctica en la que uno se visualiza mentalmente como una DEIDAD iluminada y al entorno como el MAṆḌALA de la deidad. Se medita en las formas, sonidos, pensamientos, etc., como poseedores de la naturaleza pura de la forma, el mantra y la sabiduría de la deidad, respectivamente. Véase ORGULLO DIVINO y PERCEPCIÓN PURA.

EXISTENCIA CÍCLICA, *'khor ba*: El ciclo de muerte y renacimiento, es decir, renacer sin control bajo el poder del KARMA. Este proceso surge de la IGNORANCIA y se caracteriza por el SUFRIMIENTO. Puede superarse alcanzando el NIRVĀṆA o la BUDEIDAD completa.

EXISTENCIA INHERENTE, *rang bzhin bden grub*: Existencia que es verdadera, objetiva, autónoma, autosuficiente, independiente, intrínseca, etc., un concepto erróneo proyectado los sobre fenómenos relativos. Tal supuesta existencia sería independiente de causas y condiciones, partes, o de la mente que la imputa, lo cual es contradictorio para los fenómenos relativos.

FESTÍN DE OFRENDAS, (o *"tsok"*), *tshogs kyi 'khor lo*, gaṇachakra: Festín tántrico en el que se bendicen, ofrecen y consumen alimentos y bebidas en forma de AMṚITA o néctar de sabiduría. Como se describe en muchos tantras y como se practicaba en la tradición tántrica original, algunas ofrendas del festín incluían prácticas como danzas, cantos de realización y unión sexual como parte del Camino del Deseo. Esto último no se da en la tradición monástica tibetana ni entre las SAṄGHAS laicas en Occidente (al menos no de conocimiento público). Véanse más detalles en la nota 460 y en el Apéndice II.

FESTÍN DE SAMAYA: Véase FESTÍN DE OFRENDAS.

FESTÍN VAJRA: Véase FESTÍN DE OFRENDAS.

FORMA VACÍA, (o Cuerpo de Forma Vacía), *stong gzugs [kyi sku]*: Término específico de la práctica de KĀLACHAKRA, se refiere a la percepción directa de visiones de formas, sonidos, etc. que no se perciben como objetos convencionales. Se consideran aspectos de la NATURALEZA BÚDICA. Comienzan durante la experiencia de los CUATRO EMPODERAMIENTOS SUPERIORES, o mediante la práctica yóguica de los SEIS YOGAS VAJRA. Existen diferentes etapas y niveles de percepción de las formas-vacías. En contextos tántricos, el "Cuerpo de la Forma Vacía" suele referirse a un "cuerpo" no material que se manifiesta gracias a la práctica diligente y se desarrolla hasta convertirse en el "cuerpo de la forma" (*rupakāya*) de un BUDDHA. Véase KĀYA. A veces se compara con el cuerpo de arco iris de otras prácticas tántricas.

FRUCTIFICACIÓN: Véase FRUTO.

FRUTO, *'bras bu*: (1) Efecto de una causa; (2) ILUMINACIÓN que es el resultado o meta de la práctica del camino BUDISTA. Según el GRAN VEHÍCULO, la iluminación de los ARHATS del camino de la LIBERACIÓN INDIVIDUAL no es completa. Además, las etapas que conducen a la ILUMINACIÓN completa como sostenedor del vajra en el camino del

TANTRA son un poco diferentes de las de los BODHISATTVAS en el camino del SŪTRA.

GAṆACHAKRA: Véase FESTÍN DE OFRENDAS.

GELUG(PA), *dge lugs [pa]*: "Sombreros amarillos". Escuela de la tradición tibetana fundada por TSONGKHAPA. Antes de la práctica seria de la MEDITACIÓN, su énfasis principal se centra en una ética y la erudición sólidas, incluyendo el estudio detallado y la práctica de la ETAPA DE GENERACIÓN. Su enorme SAṄGHA monástica se ha vinculado al poder político en el Tíbet durante muchos siglos. Filosóficamente defienden la Vacuidad propia del segundo giro de la rueda del Dharma, en lugar de la Vacuidad de lo otro.

GENDÜN CHÖPEL: Nacido en Amdo (1903–1951), fue reconocido como la encarnación de un Lama Nyingma y se hizo monje en su adolescencia, destacando por su erudición. En la década de los 30 viajó a la India y renunció a sus votos de ordenación. Se interesó por los intentos de la India de independizarse de Gran Bretaña, así como por su arte y su cultura— de los que escribió muchas obras, además de pinturas y poemas—, pero sobre todo, su tradición erótica fue lo que captó su atención. Estudió tanto los textos pertinentes como las técnicas que describían. Su *Tratado sobre el deseo* fue escrito en 1939 pero no se publicó hasta 1967. Es uno de los pensadores más originales de la historia tibetana.

GOTAS: Véase ESENCIA SUTIL y THIGLE.

GRAN GOZO: véase MAHĀSUKHA.

GRAN VEHÍCULO, *theg pa chen po*: Véase CAMINO DEL BODHISATTVA y TRES VEHÍCULOS.

GURU, *bla ma*: En el BUDISMO, Guru se utiliza por lo general sólo para los maestros tántricos o MAESTROS VAJRA elevados. En el Tíbet, a menudo se les llama Lama o "mi Lama". Actúan como AMIGOS ESPIRITUALES o maestros muy importantes. De hecho, no se considera que todos los Lamas estén cualificados para ser el Guru raíz o principal, o el maestro tántrico o MAESTRO VAJRA principal que otorgue a los estudiantes los empoderamientos y las transmisiones experienciales. Un practicante puede tener más de un Guru raíz, aunque es más común centrar la devoción en un MAESTRO VAJRA cualificado específico como el Guru raíz que introduce a los estudiantes en el camino tántrico y los guía a lo largo de él.

GURU RAÍZ: Véase GURU.

GURU YOGA, *bla ma'i rnal 'byor*: Práctica que consiste en ver al propio GURU como un BUDDHA—o, más concretamente, como la encarnación de todos los BUDDHAS—y fusionar con devoción la propia mente con la mente del GURU. Esta práctica se considera la puerta de entrada al camino del TANTRA. Es una práctica preliminar de la ETAPA DE GENERACIÓN.

HERMANOS Y HERMANAS VAJRA: Son aquellos que han recibido un EMPODERAMIENTO del mismo MAESTRO VAJRA o GURU, independientemente de si lo recibieron al mismo tiempo o no, o de si se trataba del mismo empoderamiento o no. Existen muchos niveles, y la importancia de la relación aumenta dependiendo del tipo de empoderamiento.

HEROES Y HEROÍNAS, *dpa' bo dpa' mo*: Puede referirse a ḌĀKAS y ḌĀKINĪS respectivamente o a tantrikas genuinos o consumados.

HĪNAYĀNA: "Vehículo menor". Véase LIBERACIÓN INDIVIDUAL.

IDENTIDAD: Véase YO.

IGNORANCIA: Para el BUDDHA-DHARMA existen dos tipos de ignorancia que son fundamentales: (1) *ma rig pa*, la obstrucción de lo conocible, es la ignorancia respecto al ESTADO NATURAL no dual e impulsa a los seres a percibir que los fenómenos están separados de un yo con existencia aparentemente independiente que los percibe; (2) *gti mug*, también traducido como "estupidez" o "confusión", es una KLEŚHA. Junto con el deseo y la aversión, es uno de las TRES VENENOS. Cuando los fenómenos no engendran ni el deseo ni la aversión que motivan la actividad humana normal, *gti mug* los ignora como irrelevantes o sin importancia.

ILUMINACIÓN, *byang chub*: véase BUDISMO.

JÑĀNA, *ye shes*: SABIDURÍA primordial o prístina que percibe la realidad no dual y no conceptual de la ILUMINACIÓN. A diferencia de PRAJÑĀ, nunca es mundana ni conceptual. Existen diversas divisiones como las cinco o seis sabidurías (véase nota 91) de las CINCO o seis FAMILIAS DE BUDDHAS, las sabidurías de la naturaleza y extensión de los fenómenos (*ji lta ba mkhyen pa'i ye shes* y *ji snyed pa mkyen pa'i ye shes*), y las dos sabidurías de la MEDITACIÓN y post-meditación (*mnyam bzhag gi ye shes* y *rjes thob kyi ye shes*).

JÑĀNASATTVA, *ye shes sems dpa'*: Un verdadero ser de SABIDURÍA, o DEIDAD, al que se invita a descender y unirse con las deidades que uno visualiza, llamadas "seres de compromiso" (SAMAYASATTVA).

JONANG(PA), *jo nang [pa]*: Tradición o escuela del BUDISMO tibetano que combina el estudio de la visión MADHYAMAKA ZHENTONG con la práctica de los SEIS YOGAS VAJRA de la ETAPA DE CONSUMACIÓN de KĀLACHAKRA. Sus principales maestros de linaje son DOLPOPA SHERAB

GYALTSEN y Jetsün TĀRANĀTHA. Debido a la persecución política durante siglos y otras razones, se ha mantenido como una escuela pequeña en comparación con las otras escuelas del budismo tibetano.

JU MIPHAM: Importante maestro tibetano nacido en Derge (1846–1912), al oriente del Tíbet. A los quince años emprendió dieciocho meses de retiro intensivo sobre Mañjuśhrī. Posteriormente dijo que desde entonces siempre había sido capaz de comprender cualquier texto. También recibió y dominó innumerables enseñanzas y transmisiones de maestros del movimiento no sectario (Rimé) como Jamyang Khyentse Wangpo y Jamgön Kongtrül, y de otros maestros de todas las tradiciones a lo largo del Tíbet.

KAGYÜ, *bka' brgyud*: Escuela de BUDISMO tibetano, fundada por Marpa Chökyi Lodrö y Khyungpo Nyaljor (siglo XI). Llamado el "Linaje de la Práctica", su práctica especial de la ETAPA DE CONSUMACIÓN es el MAHĀMUDRĀ.

KĀLACHAKRA, *dus kyi 'khor lo*: Literalmente, "Rueda del Tiempo". Nombre de la DEIDAD principal de un TANTRA de la clase del TANTRA YOGA SUPREMO con el mismo título. Constituye la base de la práctica principal de la tradición JONANG, los SEIS YOGAS VAJRA de KĀLACHAKRA. BUDDHA enseñó este tantra y se conservó en el REINO PURO BODHISATTVA de ŚHAMBHALA antes de aparecer en la India y el Tíbet alrededor del siglo X.

KALKĪ, *rigs ldan*: "Poseedor de la Casta [Vajra]", un título especial para algunos de los DHARMARĀJAS o Reyes y Reinas del Dharma de ŚHAMBHALA. Según el TANTRA de KĀLACHAKRA, el Rey del Dharma Mañjuśhrī Yaśhas, quien se convertiría en el primero de la línea de los reyes Kalkī, nombró a los ṛiṣhis brahmanes de Śhambhala como miembros de una casta vajra única y no sectaria. Todos los Reyes y Reinas del Dharma posteriores se consideran Kalkīs. Los Reyes Kalkī están profetizados en el Kālachakra y las Reinas Kalkī en visiones y transmisiones recibidas por el autor.

KARMA, *las:* Acción, impulso. También, la impronta que deja la acción en el continuo mental y sus respectivas consecuencias. "La ley del karma": la enseñanza de que todas las experiencias son el resultado de los potenciales de acciones anteriores impresos en nuestros continuos mentales. Las acciones virtuosas conducen a la felicidad, las acciones negativas al SUFRIMIENTO y a estados desagradables, en esta y en las siguientes vidas.

KĀYA, *sku:* Body (honorífico). Los kāyas son diferentes esferas de manifestación de un BUDDHA. La clasificación más común incluye tres kāyas, NIRMĀṆAKĀYA, SAMBHOGAKĀYA y DHARMAKĀYA. Los dos primeros son divisiones del Rūpakāya, *gzugs sku,* el cuerpo de la forma de un BUDDHA. Todos los seres sensibles pueden percibir el Nirmāṇakāya, mientras que los BODHISATTVAS de décimo nivel perciben el Sambhogakāya. El último de los kāyas, el DHARMAKĀYA, sólo lo perciben los BUDDHAs. Otra clasificación habla de cuatro kāyas añadiendo el "Svabhavikakāya", el "cuerpo de la naturaleza" que representa la inseparabilidad de los otros tres kāyas.

KLEŚHAS, *nyon mongs:* Aflicciones mentales, emociones aflictivas u oscurecedoras. Funciones mentales contaminadas, que causan SUFRIMIENTO. Cuando no se dominan, perturban nuestra paz mental y nos impulsan a actuar de forma perjudicial hacia los demás y hacia nosotros mismos. Cuando se incorporan al camino, se emplean como parte de los medios hábiles del TANTRA. Las principales aflicciones son tres, cinco o seis. Estos OSCURECIMIENTOS AFLICTIVOS son distintos de los

OSCURECIMIENTOS COGNITIVOS más sutiles. Todos los oscurecimientos se abandonan cuando se alcanza la ILUMINACIÓN. Véanse los TRES VENENOS, los CINCO VENENOS y las SEIS KLEŚHAS RAÍZ.

LAMA, *bla ma*: (1) Literalmente significa alguien de "peso" por sus buenas cualidades; (2) en el Tíbet, se refiere principalmente al propio GURU o Guru raíz, por ejemplo, "mi Lama"; (3) también puede significar un practicante monástico o laico que tiene una realización espiritual más allá de la de los monásticos y eruditos ordinarios (como un *Gueshe*) y puede guiar a los estudiantes en el camino del TANTRA. Por lo general, el término se utiliza para los maestros; las maestras reciben otros nombres para indicar este estatus, como *Khandrola* o *Jetsunma*, pero hay excepciones; (4) comúnmente se refiere también al líder principal ("el Lama") de una comunidad espiritual, incluso si hay otros Lamas en la misma comunidad; (5) en algunos linajes, se llama Lamas a todos los practicantes que han completado ciertos compromisos de práctica a largo plazo, como un retiro de tres años. En la tradición JONANG, no se acepta esta costumbre, ya que todos los monjes suelen participar en un retiro de tres años al menos una vez en su vida.

LIBERACIÓN: Véase NIRVĀṆA e ILUMINACIÓN para los diferentes significados según el VEHÍCULO DE LA LIBERACIÓN INDIVIDUAL y el GRAN VEHÍCULO respectivamente.

LIBERACIÓN INDIVIDUAL, *so so thar pa'i [lam/theg pa]*: También conocida como Vehículo fundacional, Camino de la liberación personal, Hīnayāna o Śhrāvakayāna. Camino BUDISTA que conduce a la liberación individual de la EXISTENCIA CÍCLICA, y que constituye la base de todas las enseñanzas de BUDDHA. Acepta los fenómenos con existencia verdadera, pero la VACUIDAD de un YO individual. La realización de este camino es suficiente para lograr la liberación de la EXISTENCIA CÍCLICA, pero no para alcanzar la ILUMINACIÓN completa.

LIṄGA, *linga*: También conocido como VAJRA. El pene en contextos tántricos.

LOTO, *padma*: Específicamente en el Camino del Deseo, se refiere a la vagina y los labios vaginales.

MADHYAMAKA, *dbu ma*: Escuela del camino medio. De acuerdo con el SŪTRA, visión filosófica profunda de la VACUIDAD, ya sea la Vacuidad propia (RANGTONG) o la Vacuidad de lo otro (ZHENTONG), según la escuela.

MAESTRO VAJRA: También conocido como "maestro tántrico". El nivel más alto de un instructor o maestro espiritual, que está cualificado para guiar a los seguidores en la totalidad del camino tántrico hacia la iluminación completa. Véase GURU.

MAHĀMUDRĀ, *phyag rgya chen po*: El Gran Sello, la gran consorte de FORMA VACÍA. El FRUTO de la práctica tántrica según las escuelas de la nueva traducción.

MAHĀSIDDHA, *grub thob chen po*: Gran SIDDHA.

MAHĀSUKHA, *bde ba chen po*: El gran gozo del FRUTO del CAMINO DEL TANTRA.

MAHĀYĀNA, *theg pa chen po*: Gran (mahā) Vehículo (yāna). Véase VEHÍCULO DEL BODHISATTVA.

MAṆḌALA, *dkyil 'khor*: Literalmente, centro y alrededores. El centro es la esencia, mientras que lo que rodea es la representación de ese significado entre los fenómenos: (1) en el sentido de maṇḍala iluminado, es una representación simbólica de una realidad iluminada a través de una meditación de visualización, normalmente en forma de palacio con una o más DEIDADES presentes. Los diferentes círculos de ornamento o áreas del "palacio" representan diferentes grados de la verdad de la realidad, y las DEIDADES representan la conciencia pura de estas realidades. Es un modelo para comprender las diferentes formas en que se manifiesta la NATURALEZA BÚDICA. Cuando los practicantes reciben un EMPODERAMIENTO, el MAESTRO VAJRA les introduce en el maṇḍala iluminado específico de ese empoderamiento. Les ayuda a desarrollar una gran conciencia de los diversos aspectos iluminados del maṇḍala; (2) en otros contextos, como en la práctica del Ofrecimiento de Maṇḍala, una maṇḍala universal es una representación simbólica de todo el universo mundano o de cómo los SERES SENSIBLES perciben el universo; (3) a veces significa reinos o esferas, como en "los maṇḍalas del cuerpo, la palabra y la mente"; (4) en Maṇḍala del Guru, significa el entorno de enseñanza creado por el GURU.

MANTRA, *sngags*: (1) Sílabas prescritas en sánscrito para proteger la mente o llevar a cabo determinadas acciones. Se asocian a energías específicas. La recitación de mantras se realiza normalmente con visualizaciones específicas; es fundamental para la práctica de la ETAPA DE LA GENERACIÓN; (2) "Mantra secreto" se utiliza como sinónimo de VAJRAYĀNA, TANTRA o TANTRAYĀNA.

MANTRA SECRETO, *gsang sngags*: El término tibetano más común para TANTRA, TANTRAYĀNA, o VAJRAYĀNA. Véase TANTRAYĀNA y la nota 1.

MĀRA, *bdud*: (1) Cualquier cosa que interrumpe el logro de la LIBERACIÓN, tales como influencias dañinas que crean obstáculos para la práctica y la ILUMINACIÓN; (2) mitológicamente, un dios poderoso y sus secuaces que residen en la morada más alta del REINO DEL DESEO; un maestro ilusionista que intentó impedir que el BUDDHA alcanzara la iluminación en Bodhgaya; (3) māra simboliza el aferramiento al ego y las OCHO PREOCUPACIONES MUNDANAS.

MEDITACIÓN, *sgom*: Literalmente, "habituarse" o "familiarizarse". Habituarse a estados mentales virtuosos, especialmente a la develación de la mente iluminada. Puede dividirse en ŚHAMATHA (meditación de permanencia apacible que prepara la mente para experimentar niveles más profundos de la realidad) y VIPAŚHYANA (meditación de visión clara, o superior, que emplea el análisis o la percepción directa de la vacuidad como antídoto contra la IGNORANCIA para alcanzar la LIBERACIÓN).

MENTE, *sems*: La mente es un continuo eterno de experiencia de carácter no físico. Opera en diferentes niveles de sutileza: burda, sutil—ambas son relativas y conceptuales—y muy sutil. Al ser un fenómeno no físico, tiene aspectos burdos que están estrechamente ligados al cerebro, así como aspectos sutiles y muy sutiles que no lo están. Puede dividirse en mentes primarias—que son las que utilizamos para describir *qué* aparece ante la mente—, y mentes secundarias—que se utilizan para describir *cómo* nos relacionamos con esas apariencias—. Existen ocho formas de mentes primarias: cinco tipos de conciencia sensorial (relacionadas con los cinco sentidos) y tres tipos de conciencia mental: la conciencia mental burda, la conciencia engañada y la conciencia fundamental, donde se almacenan las huellas kármicas. La mente relativa puede describirse como una conciencia con pensamientos sobre la variedad de fenómenos considerados como objetos mentales que los ve como reales y reúne las semillas kármicas de dicha percepción en la conciencia fundamental. La mente muy sutil, cuya naturaleza, de acuerdo con los JONANAGPAS, es la NATURALEZA BÚDICA, va más allá de la conciencia fundamental y está relacionada con la conciencia prístina de la realidad iluminada.

MÉRITO, *bsod nams*: Colección de acciones virtuosas puras, o potencial positivo. Improntas de acciones positivas en el continuo mental, que conducen a la felicidad o a buenas condiciones en renacimientos futuros, haciendo que la mente esté más abierta a la sabiduría y, finalmente, conduciendo a la ILUMINACIÓN. Las acumulaciones de MÉRITO y SABIDURÍA son las dos acumulaciones del camino hacia la ILUMINACIÓN.

MUDRĀ: (1) Sello; (2) Consorte tántrica; (3) Gesto tántrico (normalmente con las manos). Respecto al segundo significado, véase también CONSORTE, CONSORTE VIDYĀ, y la explicación detallada en los capítulos ocho y nueve de la Cuarta Parte.

MUDRĀ DE DHARMA, *chos kyi phyag rgya*: Se define en el capítulo ocho de la Cuarta Parte.

MUDRĀ DE KARMA, *las kyi phyag rgya*: Un ser humano o no humano real que actúa como CONSORTE y ayuda a generar un gran gozo para que el practicante pueda disolver los AIRES INTERNOS kármicos y realizar la SABIDURÍA absoluta. Véase también CONSORTE, CONSORTE VIDYĀ y los capítulos ocho y nueve de la Cuarta Parte.

MUDRĀ DE SABIDURÍA, *ye shes phyag rgya*: Una consorte tántrica visualizada o generada. Se describe en el capítulo ocho de la Cuarta Parte.

MUDRĀ DE SAMAYA, *dam tshig gi phyag rgya*: Véase la explicación en el capítulo oche de la Cuarta Parte.

MUDRĀ DE VACUIDAD, *stong pa nyid kyi phyag rgya*: Un tipo de CONSORTE tántrica que se define en el capítulo oche de la Cuarta Parte.

NĀLANDĀ: Véase UNIVERSIDAD DE NĀLANDĀ.

NATURALEZA BÚDICA, *[khams]* de *bzhin gshegs pa'i snying po*: Sugatagarbha o Tathāgatagarbha. El potencial innato de todos los SERES SENSIBLES para convertirse en un BUDDHA.

NIRMĀṆAKĀYA, *sprul sku*: "Cuerpo de Emanación" de un BUDDHA que los seres ordinarios pueden experimentar. Una emanación del SAMBHOGAKĀYA en forma física ordinaria. Los Nirmāṇakāyas son manifestaciones fenoménicas para ayudar a los seres, como un gran pez en una hambruna o luces para alguien perdido en un bosque oscuro. Aquéllos con suficiente MÉRITO pueden ver el Nirmāṇakāya tal como es, los demás ven simplemente un ser ordinario. SHĀKYAMUNI BUDDHA es un ejemplo de un Nirmāṇakāya supremo. Se dice que los Rinpochés tibetanos son Nirmāṇakāyas nacidos. Véase también KĀYA.

NIRVĀṆA: Estado más allá del SUFRIMIENTO. Estado fuera de la EXISTENCIA CÍCLICA que se alcanza practicando el camino de LIBERACIÓN INDIVIDUAL. Es distinto de la BUDEIDAD completa o "nirvāṇa sin morada", que es una experiencia mucho más profunda de la ILUMINACIÓN completa.

NYINGMA, *rnying ma*: La tradición budista tibetana más antigua, establecida por PADMASAṂBHAVA. Hoy en día, su énfasis se centra principalmente en la práctica del DZOGCHEN.

ORGULLO DIVINO, *lha'i nga rgyal*: Orgullo no perturbador en que uno se considera a sí mismo poseedor de la NATURALEZA BÚDICA pura e indestructible. En la ETAPA DE LA GENERACIÓN en particular, el orgullo divino se relaciona directamente con visualizar al YIDAM o DEIDAD e identificarse con él, en lugar de con la propia forma saṃsārica; esto incluye percibir el entorno y los deleites como los de la DEIDAD y su MAṆḌALA. Es un método poderoso para purificar las concepciones ordinarias.

OSCURECIMIENTOS, *sgrib*: Conceptos erróneos y sus estados mentales afligidos resultantes, incluyendo tanto OSCURECIMIENTO AFLICTIVOS (u oscurecimientos para el NIRVĀṆA) como OSCURECIMIENTOS COGNITIVOS más sutiles (también conocidos como oscurecimientos para la BUDEIDAD).

OSCURECIMIENTOS AFLICTIVOS: Véase KLEŚHAS.

OSCURECIMIENTOS COGNITIVOS, *shes grib*: También conocidos como oscurecimientos al conocimiento. Incluyen todos los conceptos dualistas de sujeto, objeto y acción y otras ideas o máculas más sutiles que impiden la omnisciencia. Por ejemplo, el pensamiento de que nuestro propio SUFRIMIENTO está separado del sufrimiento de los demás es una idea dualista errónea que puede superarse practicando el CAMINO DEL BODHISATTVA. Uno de los DOS OSCURECIMIENTOS junto con el oscurecimiento de las emociones aflictivas o KLEŚHAS, *nyon sgrib*. Ambos se superan con el logro de la BUDEIDAD.

PADMASAṂBHAVA, *padma 'byung gnas*, también conocido como "Guru Rinpoché": Gran MAESTRO VAJRA indio, que llegó al Tíbet en el año 817 e.c. y difundió las enseñanzas tántricas. Con sus poderosos SIDDHIS disipó las fuerzas malignas que obstruían el BUDISMO en el Tíbet y convirtió a las deidades locales hostiles en PROTECTORES DEL DHARMA. Se dice que nació sobre una flor de loto en Uḍḍiyana (*o rgyan*), un país al noroeste de la antigua India, actualmente en Pakistán.

PERCEPCIÓN PURA, *dag snang*: Perspectiva sagrada fundamental para todos los aspectos del TANTRA, incluyendo la actitud hacia el GURU y los propios compañeros en el camino tántrico (HERMANOS Y HERMANAS VAJRA), la visualización de las DEIDADES, etc. En el nivel más elevado, el practicante aprende a percibir el mundo entero y su contenido como un reino puro iluminado que manifiesta los KĀYAS y las CINCO SABIDURÍAS. Primero, se alcanza suficiente estabilización en la percepción pura mediante la práctica devocional hacia el GURU, luego, después de recibir el EMPODERAMIENTO, uno practica visualizándose a sí mismo y a todos los demás seres como deidades iluminadas, el mundo exterior como su MAṆḌALA iluminado, todos los sonidos como su MANTRA, todos los pensamientos como la mente iluminada de la deidad y así sucesivamente.

PRAJÑĀ, *shes rab*: Conocimiento superior, conciencia que discierne la realidad. Incluye (1) el conocimiento práctico ordinario, el razonamiento lógico y la comprensión científica; y (2) la percepción directa no conceptual de la VACUIDAD como la manera en que son las cosas en la realización iluminada por la perfección de prajñā. Una de las SEIS PERFECCIONES. Véase SABIDURÍA.

PRAJÑĀPĀRAMITĀ, *shes rab kyi pha rol tu phyin pa*: Perfección de PRAJÑĀ. También, el nombre de una DEIDAD femenina.

PRĀTIMOKṢHA, *so so thar pa*: Meta del Vehículo Menor, con preceptos y VOTOS establecidos por el BUDDHA para monjas, monjes y practicantes laicos. Véase LIBERACIÓN INDIVIDUAL.

PROTECTOR DEL DHARMA, *chos skyong*: Guardián de las enseñanzas de BUDDHA que protege su transmisión para evitar que se diluya o distorsione; también protegen a los practicantes auténticos. (1) Protectores mundanos: DIOSES y espíritus ordinarios, etc., que un MAESTRO VAJRA tántrico ha sujetado por medio de juramentos; (2) protectores no mundanos de la sabiduría: manifestaciones de BUDDHAS o BODHISATTVAS en forma colérica.

PŪJĀ, *mchod pa*: Ceremonia de culto, con amplias ofrendas físicas o mentales a los GURUS, DEIDADES, BUDDHAS, BODHISATTVAS, etc.

RANGTONG, *rang stong*: VACUIDAD propia o vacuidad intrínseca.

RAZONAMIENTO VÁLIDO, *tshad ma*, pramāṇa: Véase COGNICIÓN VÁLIDA.

REFUGIO, *skyabs*: Tomar refugio significa confiar el propio desarrollo espiritual y la protección frente a la EXISTENCIA CÍCLICA a las Tres Joyas. En un sentido básico, éstas son el BUDDHA como el maestro, el DHARMA como las enseñanzas, y la SAṄGHA como la comunidad que practica y encarna las cualidades de las enseñanzas. En el TANTRA en particular, refugiarse en el GURU es la raíz del camino; además, uno se refugia en DEIDADES iluminadas, BODHISATTVAS, ḌĀKINĪS, ḌĀKAS, y PROTECTORES DEL DHARMA. En el plano absoluto, tomar refugio significa desvelar la propia NATURALEZA BÚDICA y alcanzar la BUDEIDAD completa como naturaleza de las cosas. Los objetos tradicionales de refugio son representaciones sagradas de diversos aspectos de la propia NATURALEZA BÚDICA.

REINO DE LA FORMA, *gzugs khams*: Estado de la EXISTENCIA CÍCLICA donde no se experimenta el SUFRIMIENTO del sufrimiento. Allí los seres han renunciado al deleite de los objetos sensoriales externos, pero aún tienen APEGO a la forma interna de su propio cuerpo y MENTE.

REINO DEL DESEO, *'dod khams*: Uno de los TRES REINOS dentro de la EXISTENCIA CÍCLICA, donde los seres desean y se deleitan en los cinco objetos sensoriales externos (formas, sonidos, olores, obetos táctiles y sabores) y donde se experimenta el SUFRIMIENTO resultante. Consta de los SEIS REINOS (incluidos los dioses del reino del deseo).

REINO PURO, *dag pa'i zhing*: Un reino puro de BUDDHA es un reino fuera de la EXISTENCIA CÍCLICA donde moran los BUDDHAS, BODHISATTVAS y practicantes con MÉRITO suficiente y una fe indestructible. Las condiciones son propicias para practicar el BUDDHA-DHARMA y alcanzar la ILUMINACIÓN. El "budismo de la Tierra Pura" es una tradición MAHĀYĀNA que se centra en los métodos para renacer en reinos como Sukhāvati, el reino puro de Amitābha. Los practicantes tántricos rezan para renacer en el reino puro bodhisattva de ŚHAMBHALA si no logran la LIBERACIÓN en esta vida o en los BARDOS. Allí se encuentran todas las condiciones para progresar rápidamente hacia la iluminación en una sola vida mediante las enseñanzas del KĀLACHAKRA. Un reino bodhisattva sigue siendo parte de la existencia cíclica y esto permite que los SERES SENSIBLES renazcan allí más fácilmente que en un reino de Buddha.

REINO SIN FORMA, *gzugs med khams*: Los reinos de meditación más elevados de la EXISTENCIA CÍCLICA. Allí los seres han renunciado a la forma y al APEGO a los placeres de la forma y existen sólo dentro de su propio continuo mental. Su MENTE todavía está atada por el deseo sutil y el apego a los estados mentales y a un YO o IDENTIDAD personal. Así pues, cuando el KARMA positivo de la concentración meditativa de estos seres se agota, renacen en los reinos inferiores de SAṂSĀRA.

RENUNCIA, *nges 'byung*: Determinación de liberarse o salir del SUFRIMIENTO de la EXISTENCIA CÍCLICA, dejando de tener APEGO o ansia por los placeres de la existencia cíclica que conducen al sufrimiento y a las EMOCIONES AFLICTIVAS. Originalmente, las enseñanzas del BUDDHA se centraban en el camino monástico de la renuncia. En otras enseñanzas del GRAN VEHÍCULO y del TANTRA, enseñó que los practicantes laicos podían alcanzar la ILUMINACIÓN completa, lo que implicaba niveles más profundos de renuncia, como el autor analiza en este libro.

RINPOCHÉ, *rin po che*: Joya, Ser Precioso, refiriéndose a menudo a un LAMA reencarnado importante, o a veces simplemente un título de respeto hacia el maestro espiritual.

SABIDURÍA: A diferencia de la información, el conocimiento o la técnica, la sabiduría se define como la capacidad de utilizar el conocimiento para contemplar y actuar de forma productiva. El BUDISMO distingue entre la sabiduría mundana provisional y conceptual, y la sabiduría última no conceptual de la realización iluminada. Se dice que la sabiduría mundana más elevada es la del camino que conduce a la sabiduría última. Esto incluye el razonamiento que establece la VACUIDAD y las técnicas y conductas que producen la realización iluminada de la vacuidad como la forma en que son las cosas. Sin embargo, cuando los practicantes se aferran al razonamiento y a la conducta yóguica como fines en sí mismos, estos no conducen a la realización a largo plazo; en ese caso, son defectos, en lugar de sabiduría. Sabiduría se utiliza habitualmente como traducción de PRAJÑĀ (*shes rab*) y JÑĀNA (*ye shes*).

SĀDHANA, *sgrub thabs*: Método tántrico para transformarse uno mismo en la figura de BUDDHA de la que se ha recibido el EMPODERAMIENTO; también un texto ritual tántrico que establece una práctica de MEDITACIÓN particular, como una guía sólida o un marco adecuado para la práctica. La práctica formal de la sādhana ayuda al tantrika a estabilizar e incrementar la experiencia de su propia naturaleza verdadera percibida durante el EMPODERAMIENTO. Cuando los diferentes aspectos y significados de la sādhana se integran en el continuo del practicante, éste es capaz de aplicar principios similares en diferentes experiencias vitales más allá de la práctica formal, como en el caso del Camino del Deseo.

SAKYA, *sa skya*: Escuela de BUDISMO tibetano, fundada por Khon Könchok Gyelpo (siglo XI). Su práctica principal es el *Lamdre*. Los sakyas gobernaron en el Tíbet durante más de un siglo antes de que el poder secular pasara a manos de los Dalai Lamas de la tradición GELUG.

SAMĀDHI, *ting nge 'dzin*: En términos generales, estabilización o concentración meditativa. Enfoque unipuntual en la MEDITACIÓN en la que el objeto de meditación y el practicante se experimentan como inseparables e indistinguibles. Debido a que existen muchos tipos de samādhi, el término no implica un alto grado de realización o logro por parte del practicante. También es el nombre del sexto de los SEIS YOGAS VAJRA de KĀLACHAKRA.

SAMAYA, *dam tshig*: (A menudo traducido como "votos tántricos"). En TANTRA, vínculo o lazo sagrado, o compromiso entre el GURU y el estudiante, y también entre estudiantes (HERMANOS Y HERMANAS VAJRA), que enfatiza la PERCEPCIÓN PURA. A menudo se habla de los "samayas secretos" o "compromisos tántricos secretos" que uno establece con el Guru durante el EMPODERAMIENTO. Deben mantenerse lo más puramente posible para beneficio propio y de los demás. El autor enumera los samayas de KĀLACHĀKRA en el tomo tres de *Develando tu verdad sagrada*.

SAMBHOGAKĀYA, *longs spyod rdzogs pa'i sku*: "Cuerpo de deleite", o cuerpo de gozo de un BUDDHA, que sólo pueden percibir los BODHISATTVAS que han alcanzado el décimo nivel de Bodhisattva, y del que emanan formas NIRMĀṆAKĀYA en beneficio de otros seres sensibles. La forma tangible de la SABIDURÍA de un BUDDHA, el resultado de la transformación de la palabra. El BUDDHA enseñó el *Tantra de Kālachākra* en la forma Sambhogakāya de la DEIDAD KĀLACHĀKRA. Véase también KĀYA.

SAMSĀRA, *'khor ba*: Véase EXISTENCIA CÍCLICA.

SAṄGHA, *dge 'dun*: Comunidad espiritual. Una de las Tres Joyas del BUDISMO junto con el BUDDHA y el DHARMA. No se puede alcanzar la BUDEIDAD completa sin el apoyo de una Saṅgha y cada individuo se une al nivel de Saṅgha adecuado a su etapa actual de desarrollo espiritual: (1) en el sentido más amplio, toda la comunidad de BUDISTAS, incluyendo desde monjas, monjes y laicos hasta los BODHISATTVAS de alto nivel; (2) Saṅgha ordenada: monjas y monjes (se necesitan al menos cuatro monjes para que una reunión se considere Saṅgha); (3) Ārya Saṅgha, seres realizados que han experimentado la VACUIDAD y han estabilizado esa realización, como los ARHATS o BODHISATTVAS que han alcanzado al menos el primer nivel de Bodhisattva; (4) en un contexto moderno, una Saṅgha suele significar un grupo de practicantes vinculados a un maestro específico, un linaje particular o un centro budista concreto; se reúnen para practicar, para participar como voluntarios en actividades organizativas, etc.

SĀṄKHYA, *grangs can*: Escuela de filosofía india. Se dice que en las enseñanzas del *Tantra de Kālachakra*, el BUDDHA tomó prestados términos de la escuela Sāṅkhya para que fueran más accesibles a la audiencia védica en Śhambhala. La escuela Sāṅkhya ve la realidad como compuesta de dos principios independientes, *puruṣha* (conciencia-testigo) y *prakṛiti* (materia o naturaleza), pero que incluyen muchos aspectos de la mente. El prakṛiti no manifestado es un equilibrio inactivo e inconsciente de tres *guṇas* (cualidades): *sattva* (luz o poder espiritual), *rajas* (energía) y *tamas* (oscuridad o inercia). Cuando prakṛiti entra en contacto con puruṣha, prakṛiti se manifiesta en veintitrés *tattvas* o aspectos del ser: intelecto (*buddhi, mahat*), ego (*ahamkara*), mente (*manas*), las cinco capacidades sensoriales, las cinco capacidades de acción y los cinco elementos sutiles (*tanmatras*) a partir de los cuales se desarrollan los cinco "elementos burdos" (tierra, etc).. En un ser vivo (*jiva*), puruṣha está unido a prakṛiti.

SER SENSIBLE, *sems can, 'gro ba*: (Trans)migrante. Seres que poseen una MENTE contaminada por las AFLICCIONES o sus huellas kármicas, y viven perdidos dentro de la EXISTENCIA CÍCLICA sin ningún control sobre sus renacimientos futuros.

ŚHAMBHALA, *sham bha la*: Reino humano puro y sutil que contiene la totalidad de las enseñanzas del KĀLACHAKRA. El rey SUCHANDRA de Śhambala solicitó a ŚHĀKYAMUNI BUDDHA que enseñara este TANTRA; desde entonces, las enseñanzas del KĀLACHAKRA han transformado este reino en un espacio sutil de perfecta paz y felicidad. Véase REINO PURO.

SHEPE DORJE o LELUNG SHEPE DORJE, *sle lung bzhad pa'i rdo rje* (1697–1740): Importante maestro de las escuelas GELUG y NYINGMA, conocido por llevar un estilo de vida tántrico. Es famoso sobre todo por sus escritos sobre el origen de varios PROTECTORES DHARMA, bajo el título *Historias de vida de un océano de protectores de las enseñanzas sujetos bajo juramento*. Fue uno de los primeros maestros en revelar las prácticas relacionadas con el rey *Gesar de Ling*.

SIDDHA, *grub thob*: Persona consumada o realizada que ha alcanzado SIDDHIS significativos.

SIDDHI: En general, un término común para las realizaciones espirituales significativas. Los siddhis ordinarios o comunes son siddhis relativos o poderes milagrosos que normalmente no pueden explicarse mediante la comprensión lógica. Aunque existen listas tradicionales de los siddhis ordinarios, su número real dista mucho de limitarse a dichas listas. Estos logros pueden alcanzarse practicando diferentes tradiciones. Los siddhis extraordinarios o particulares se refieren al logro de la ILUMINACIÓN mediante la práctica del BUDDHA-DHARMA.

STHAVIRA, gnas brtan: (1) Monástico anciano o venerable; (2) gnas brtan pa: Escuela Sthavira, una de las cuatro escuelas básicas de los seguidores del VEHÍCULO DE LA LIBERACIÓN INDIVIDUAL. Se dividió en varias ramas, de las cuales sólo una, la llamada THERAVĀDA, sigue existiendo.

SUFRIMIENTO, *sdug bsngal*: Cualquier condición insatisfactoria, en referencia al dolor físico y mental. Todas las situaciones problemáticas e insatisfactorias que forman parte de la naturaleza cambiante y condicionada de la EXISTENCIA CÍCLICA. El sufrimiento se supera alcanzando el NIRVĀṆA y la ILUMINACIÓN completa.

SUGATAGARBHA, *bde gshegs snying po*: En el tercer giro de la rueda del DHARMA y en el TANTRA, significa la naturaleza absoluta y verdaderamente existente de la mente y los fenómenos, con sus innumerables cualidades búdicas que también son verdaderamente existentes. El término Sugatagarbha se utiliza a menudo para referirse a la NATURALEZA BÚDICA. Su realización plena supone la ILUMINACIÓN completa.

SŪTRA, *mdo*: Discurso, palabra, etc. del BUDDHA que sus seguidores han registrado por escrito.

SŪTRAYĀNA, *mdo'i theg pa*: vehículo del SŪTRA, también "camino común o exotérico". Se refiere tanto a la LIBERACIÓN INDIVIDUAL como a la combinación con el GRAN VEHÍCULO, por lo que excluye y se opone a TANTRAYĀNA (el "camino no común o esotérico").

TANTRA YOGA SUPREMO, *bla na med pa'i rgyud*: También conocido como Anuttarayoga-Tantra, Anuttara Tantra o Anuttara. Clase tántrica suprema que contiene el Camino del Deseo. Los TANTRAS budistas como el de *Kālachakra*, el de *Chakrasaṃvara*, o el de *Guhyasamāja* pertenecen a esta clase tántrica.

TANTRA, *rgyud*: Literalmente, "continuidad" o "continuo". La continuidad o entretejido se mantiene a lo largo de la práctica que no utiliza ANTÍDOTOS para eliminar ningún fenómeno mental: (1) se refiere a los sistemas de MEDITACIÓN descritos en los textos tántricos con enseñanzas esotéricas que no se encuentran en el SŪTRAYĀNA y requieren el EMPODERAMIENTO por parte de un GURU tántrico o MAESTRO VAJRA; (2) más específicamente, una escritura tántrica.

TANTRAYĀNA, *rgyud kyi theg pa*: También conocido como TANTRA, MANTRA SECRETO y VAJRAYĀNA. El camino o vehículo tántrico. Los practicantes tántricos tienen el mismo objetivo que los practicantes del VEHÍCULO DEL BODHISATTVA de alcanzar la ILUMINACIÓN completa por el beneficio de todos los SERES SENSIBLES. El camino tántrico ofrece medios hábiles para alcanzar este objetivo mucho más rápidamente. Véase también TANTRA.

TANTRIKA, *sngags pa, gsang sngags 'dzin pa*: Practicante de Tantra.

TĀRANĀTHA: Yogī, maestro y erudito altamente consumado de la tradición JONANG (1575–1635). Es una de las referencias más importantes del BUDISMO tibetano, y maestros de linaje de diversas escuelas consideran sus escritos como incomparables. Escribió sobre la historia del budismo en la India basándose en el recuerdo de su vida pasada como el MAHĀSIDDHA indio Kṛishṇāchārya (Kānhapa). Como resultado de su enfoque Rimé (no sectario), fue capaz de sostener múltiples linajes de diferentes escuelas de budismo tibetano.

THANGKA, *thang ka*: Pintura de estilo tibetano sobre tela que puede enrollarse como un pergamino. Los templos tibetanos tradicionales exhiben en sus paredes diversas thangkas de deidades tántricas.

THERAVĀDA: Literalmente "la tradición de los Ancianos". Escuela budista del VEHÍCULO DE LA LIBERACIÓN INDIVIDUAL muy extendida en el sudeste asiático y Sri Lanka. Véase STHAVIRA.

THIGLE, *thig le*: Por lo general se refiere a las ESENCIAS SUTILES o GOTAS con diversos grados y clasificaciones según el contexto. Véase la explicación detallada en el capítulo sies de la Cuarta Parte.

TILOPA, NĀROPĀ, MARPA Y MILAREPA, *ti lo, na ro, mar pa, mi la*: Maestros altamente consumados y primeras figuras en la sucesión que se convertiría en la escuela KAGYÜ. Cada uno tiene una biografía bien conocida.

TORMA, *gtor ma*: Pastel de ofrecimiento utilizado en los rituales tántricos.

TRANSMISIÓN, *ngo sprod*: En un sentido más elevado, señalar por cualquier medio el significado experiencial de una enseñanza determinada; por ejemplo, el GURU señala el ESTADO NATURAL al estudiante durante el cuarto empoderamiento superior del TANTRA YOGA SUPREMO. En castellano, el término a menudo se refiere meramente a una *transmisión oral* de textos DHARMA (en este caso, no necesariamente realizada por el Guru). Las transmisiones se consideran auténticas si el maestro ha recibido previamente la misma transmisión a partir de un linaje ininterrumpido o por revelación directa.

TRULKHOR, *'khrul 'khor*, yantra yoga: Ejercicios yóguicos especiales del TANTRA que ayudan a obtener rápidamente logros espirituales. Aunque se encuentran en las prácticas de la ETAPA DE CONSUMACIÓN, ciertos maestros enseñan algunas de estos ejercicios como parte de la práctica general del yoga fuera del contexto de la etapa de consumación.

TSOK, *tshogs [kyi 'khor lo]*: Ver FESTÍN DE OFRENDAS.

TSONGKHAPA, *rje tsong kha pa*: Gran erudito y maestro tibetano (1357–1419), fundador de la escuela tibetana GELUG.

TUMMO, *gtum mo*: Calor interno especial generado en la práctica del yoga tántrico de los CANALES, los AIRES y las ESENCIAS SUTILES. Para los JONANGPAS, esta práctica es uno de los aspectos de los SEIS YOGAS VAJRA DE KĀLACHAKRA.

ÚLTIMO, *mthar thug*: El estado, punto de vista o realización final que se alcanza mediante el camino BUDISTA, cuya comprensión varía según las diferentes escuelas. Los ZHENTONGPAS dicen que el punto de vista último percibe los fenómenos de la VERDAD ABSOLUTA. Los PRĀSAṄGIKAS, que no aceptan los fenómenos de la verdad absoluta, podrían decir que el punto de vista último percibe la realidad iluminada más allá de las distinciones de apariencia y VACUIDAD, etc.

UNIVERSIDAD DE NĀLANDĀ, *na len dra*: Importante universidad BUDISTA en Magadha, actualmente Bihar, India, destruida por los invasores musulmanes en el siglo XII. Fue una de las primeras universidades del mundo.

VACUIDAD, *stong pa nyid*: Existen varias categorías, según la enseñanza y el contexto. La más importante para este libro es la distinción entre (1) Vacuidad propia (RANGTONG, en tibetano): vacuidad de los fenómenos relativos de una EXISTENCIA INHERENTE propia; y (2) Vacuidad de lo otro (ZHENTONG, en tibetano): vacuidad de cualquier otra cosa que no sea el SUGATAGARBHA absoluto (Véase VERDAD ABSOLUTA). Ambas refutan todos los fenómenos conceptualizados y dualistas. Además, ambas afirman que la plena realización de la vacuidad es la ILUMINACIÓN. Su descripción de la realidad iluminada es más parecida de lo que podría suponenrse sólo a partir de sus distinciones, pero el sentido de "vacuidad" es diferente. Para los Zhentongpas, la verdad absoluta o BUDEIDAD no se considera vacía de sí misma.

VAJRA, *rdo rje*: Indestructible, diamante, adamantino. En particular, un cetro ritual (*dorjé*) que simboliza la mente del BUDDHA, las CINCO SABIDURÍAS, el gran gozo y la cualidad masculina de la ILUMINACIÓN. Junto con la campana, simboliza la unión del método y la sabiduría, el gozo inmutable y la forma-vacía, y lo masculino y lo femenino. En contextos tántricos particulares, también significa el liṅga o pene.

VAJRASATTVA, *rdo rje sems dpa'*: Un BUDDHA representado como una DEIDAD tántrica blanca con diversos ornamentos, generalmente relacionado con prácticas de purificación como la recitación del MANTRA de cien sílabas y sus respectivas visualizaciones. El TANTRA de KĀLACHAKRA es el único en presentar a la familia búdica de Vajrasattva como la sexta familia de Buddhas que representa la naturaleza inseparable de todas las CINCO FAMILIAS DE BUDDHAS; en este contexto, Vajrasattva es de color azul y se conecta con el CHAKRA sexual.

VAJRAYĀNA, *rdo rje theg pa*: Vehículo (yāna) indestructible (vajra). Sinónimo de TANTRA, TANTRAYĀNA y MANTRA SECRETO. Véase TANTRA.

VEHÍCULO DE LA LIBERACIÓN INDIVIDUAL: Véase LIBERACIÓN INDIVIDUAL.

VEHÍCULO DEL BODHISATTVA: Véase CAMINO DEL BODHISATTVA.

VEHÍCULO DEL TANTRA: Véase TANTRAYĀNA.

VEHÍCULO FUNDACIONAL: Véase LIBERACIÓN INDIVIDUAL.

VEHÍCULO MENOR: Véase LIBERACIÓN INDIVIDUAL.

VERDAD ABSOLUTA, *don dam bden pa*: también conocida como verdad última o verdad definitiva. Una de las DOS VERDADES, siendo la otra la VERDAD RELATIVA. Se define de forma diferente según los distintos sistemas de postulados filosóficos budistas. (1) *Vaibhāṣhika*: fenómenos no compuestos, indestructibles, algunos de los cuales son materiales y todos ellos dualistas; (2) *Sautrāntika*: dharmas dualistas con sus propias naturalezas intrínsecas, conocidos por la percepción, por lo tanto establecidos por una cognición válida sin depender de significados imputados; (3) *Chittamātra* (Sólo Mente): mente "absoluta" conceptualmente descriptible y fenómenos puros perfectamente establecidos por el razonamiento y la conciencia de la SABIDURÍA prístina; según las escuelas MADHYAMAKA superiores, la lógica de estos tres sistemas tiene limitaciones; (4a) *Madhyamaka Prāsaṅgika* (RANGTONG, por ejemplo, el punto de vista GELUGPA): como ningún fenómeno soporta el examen lógico de la verdad absoluta, no hay, en ese sentido, fenómenos absolutos. Si los hubiera, serían conceptuales; (4b) *Madhyamaka Zhentong* (punto de vista JONANGPA): la sabiduría de los BUDDHAS, el SUGATAGARBHA, la mente absoluta, y los fenómenos percibidos por ella son lo verdaderamente existente y absoluto; las afirmaciones sobre lo relativo puro quedan justificadas por la realización de la percepción pura no dual o no conceptual. Como tales afirmaciones no soportan el análisis de la verdad absoluta, se dice que la verdad de la realización trasciende conceptos y expresiones. En este sentido, la verdad absoluta se refiere a (1) la BUDEIDAD; (2) la naturaleza última de la realidad conocida como "VACUIDAD sublime"; (3) la sabiduría que realiza directamente esa vacuidad; (4) los fenómenos percibidos por esa SABIDURÍA de BUDDHA; (5) nuestra NATURALEZA BÚDICA, la naturaleza verdadera fundamental o el potencial para la ILUMINACIÓN, etc. Tales afirmaciones son justificables para la escuela Madhyamaka porque son útiles para lograr los propósitos del mundo, el mayor de los cuales es alcanzar la Iluminación.

VERDAD RELATIVA, kun rdzob: Verdad convencional o engañosa (opuesta a la VERDAD ABSOLUTA) tal como aparece ante los seis sentidos de los SERES sensibles, lo que implica una dualidad entre yo y el otro y la interdependencia causal de los fenómenos.

VERDAD ÚLTIMA: véase VERDAD ABSOLUTA.

VICTORIOSO, *rgyal ba*: Un BUDDHA que ha logrado la meta del camino superando o logrando la victoria sobre la contaminación por las KLEŚHAS y los DOS OSCURECIMIENTOS.

VINAYA, *'dul ba*: Disciplina monástica. Reglas que rigen la conducta de monjas y monjes.

VIRTUD, *dge ba*: Buenas acciones que conducen a resultados positivos en esta vida o en renacimientos futuros, según la causa y el efecto kármicos. Por naturaleza excluyen el egoísmo. Las virtudes se contaminan o vuelven impuras cuando las buenas acciones de cuerpo, palabra y mente se realizan sin una comprensión adecuada de la naturaleza no dual de la realidad. En este caso, el resultado positivo se limitará a resultados a corto plazo. La práctica de acciones virtuosas conduce a la acumulación de MÉRITO.

VIŚHVAMĀTĀ, *vishva ma ta*: Aspecto femenino de la unión de KĀLACHAKRA o DEIDAD YAB-YUM, que representa la SABIDURÍA y la VACUIDAD, conocida también como la CONSORTE última de KĀLACHAKRA.

VOTO, *sdom pa*: Un compromiso sagrado para beneficiarnos a nosotros mismos y a los demás, dividido en tres niveles o TRES VOTOS: los PRĀTIMOKṢHA o votos de LIBERACIÓN INDIVIDUAL, los compromisos del BODHISATTVA y los compromisos del SAMAYA TÁNTRICO.

VOTO(S) DEL BODHISATTVA: Véase COMPROMISO(S) DEL BODHISATTVA.

VOTOS TÁNTRICOS, *dam tshig sdom pa*: Véase SAMAYA.

YAB YUM: DEIDADES tántricas padre-madre plasmadas en unión sexual sagrada que representa la no dualidad o la inseparabilidad de los aspectos masculino y femenino, como los medios hábiles y prajñā, o el gran gozo y la vacuidad, etc.

YIDAM, *yi dam*: Abreviatura de *yid kyi dam tshig*, "mente SAMAYA". DEIDAD iluminada o BUDDHA en forma SAMBHOGAKĀYA que se utiliza en MEDITACIONES tántricas como las de KĀLACHAKRA, CHAKRASAṂVARA, etc.

YO, *bdag*: El yo engañoso o ego del saṃsāra. Como todos los fenómenos dualistas de la EXISTENCIA CÍCLICA, no existe verdaderamente. Los adeptos del ZHENTONG como DOLPOPA afirman que mientras el yo saṃsárico carece de existencia verdadera, el "Yo verdadero", el SUGATAGARBHA o la BUDEIDAD existe verdaderamente.

ZHENTONG, *gzhan stong:* También conocido como MADHYAMAKA Zhentong o Gran Camino Medio. Es considerado por los maestros JONANGPA y algunos maestros de otras escuelas tibetanas como el más elevado de todos los enfoques filosóficos BUDISTAS. Literalmente, significa "vacuidad de lo otro", ya que todos los fenómenos engañosos están vacíos de sí mismos, pero la NATURALEZA BÚDICA está llena de cualidades iluminadas verdaderamente existentes y vacía de cualquier otro fenómeno. La escuela Madhyamaka Zhentong no rechaza a la Madhyamaka Rangtong en cuanto a su comprensión compartida de la VERDAD RELATIVA, sino que difiere de ella principalmente en el sentido de que para los Zhentongpas, la NATURALEZA BÚDICA, la ILUMINACIÓN, las cualidades iluminadas, etc., existen verdaderamente como VERDADES ABSOLUTAS.

Glosario de listas

CINCO CHAKRAS, *'khor lo lnga*: En el budismo tántrico se refiere generalmente a las siguientes ruedas de canales o centros de energía, (1) la rueda de gozo en la frente, *dpral bar bde ba'i 'khor lo*; (2) la rueda del gran gozo en la coronilla, *gtsug tor du bde chen 'khor lo*; (3) la rueda del deleite en la garganta, *mgrin par longs spyod rdzogs pa'i 'khor lo*; (4) la rueda del Dharma en el corazón, *snying gar chos kyi 'khor lo*; y (5) la rueda de emanación (a cuatro dedos de ancho) bajo el ombligo, *lte bar sprul pa'i 'khor lo*. En el sistema de KĀLACHAKRA se utilizan seis chakras, los cinco anteriores, y (6) la rueda que resguarda el gozo en el lugar secreto, *gsang gnas bde skyong 'khor lo*.

CINCO ELEMENTOS, *'byung po lnga*: (1) tierra, *sa*; (2) agua, *chu*; (3) fuego, *me*; (4) viento, *rlung*; y (5) espacio, *nam mkha'*. Estos elementos tienen cualidades tanto burdas como sutiles que determinan cómo se disuelven el cuerpo y la MENTE en el momento de la muerte.

(CINCO) FAMILIAS DE BUDDHA, *rigs lnga*: (1) Familia Padma (loto), el soberano es Amitābha, quien encarna la sabiduría primordial del discernimiento; (2) Familia Vajra, el soberano es Akṣhobhya, la sabiduría especular de la conciencia primordial; (3) Familia Ratna (joya), el soberano es Ratnasambhava, la sabiduría primordial de la igualdad; (4) Familia

Karma (acción), el soberano es Amoghasiddhi, la sabiduría que todo lo logra; (5) Familia Buddha, el gobernante es Vairochana, la sabiduría prístina del DHARMADHĀTU. Los colores varían según el sistema tántrico.

CINCO SABIDURÍAS, *ye shes lnga*: véase CINCO FAMILIAS DE BUDDHAS.

CINCO VENENOS, *dug lnga*: (1) Apego o deseo, *'dod chags*; (2) aversión o ira, *zhe sdang*; (3) ignorancia o confusión, *gti mug*; (4) orgullo, *nga rgyal*; (5) celos o envidia, *phrag dog*.

CINCUENTA Y UN FACTORES MENTALES, *sems byung nga gcig*: Cinco factores mentales omnipresentes: (1) sensación o sentimiento; *tshor ba*; vedanā; (2) percepción o discernimiento; *'du shes*; saṃjña; (3) intención; *sems pa*; chetanā; (4) contacto; *reg bya*; sparśha; (5) aplicación mental o atención; *yid byed*; manaskāra. Cinco factores determinantes del objeto: (1) aspiración o interés; *'dun pa*; chanda; (2) creencia o inclinación; *mos pa*; adhimokṣha; (3) atención; *dran pa*; smṛiti; (4) concentración o absorción meditativa; *ting nge 'dzin*; samādhi; (5) sabiduría o conocimiento superior; *shes rab*; prajñā. Seis aflicciones mentales o kleśhas raíz: (1) ignorancia; *ma rig pa*; avidyā; (2) apego o deseo; *'dod chags*; rāga; (3) aversión o ira; *kong khro*; pratigha; (4) orgullo; *nga rgyal*; māna; (5) duda; *the tshom*; vichikitsā; (6) puntos de vista erróneos; *lta ba*; dṛishṭi. Veinte aflicciones mentales o kleśhas secundarias o derivadas: (1) ira o cólera; *khro ba*; krodha; (2) rencor; *'khon du 'dzin pa*; upanāha; (3) hostilidad o resentimiento; *'tshig pa*; pradāśha; (4) violencia o crueldad; *rnam par 'tshe ba*; vihiṃsā; (5) celos o envidia; *phrag dog*; īrśhya; (6) deshonestidad o engaño; *g.yo*; śhāṭhya; (7) hipocresía o fingimiento; *sgyu*; māyā; (8) desvergüenza; *ngo tsha med pa*; āhrīkya; (9) falta de conciencia o desprecio por los demás; *khrel med pa*; anapatatrāpya; (10) encubrimiento; *'chab pa*; mrakśha; (11) tacañería; *ser sna*; mātsarya; (12) altanería; *rgyags pa*; mada; (13) falta de fe; *ma dad pa*; āśhraddhya; (14) pereza; *le lo*; kausīdya; (15) imprudencia o descuido; *bag* *med pa*; pramāda; (16) olvido; *brjed ngas*; muṣhitasmṛtitā; (17) falta de vigilancia o atención; *shes bzhin min pa*; asaṃprajanya; (18) letargo; *rmug pa*; styāna; (19) excitación; *rgod pa*; auddhatya; (20) distracción; *rnam par g.yeng ba*; vikṣhepa. ONCE FACTORES MENTALES VIRTUOSOS: véase la lista correspondiente. Cuatro factores mentales variables: (1) sueño; *gnyid*; middha; (2) arrepentimiento; *'gyod pa*; kaukṛitya; (3) indagación burda; *rtog pa*; vitarka; ((4) discernimiento analítico; *dpyod pa*; vichāra.

CUATRO DERROTAS: Las Cuatro *Pārājikas* (Cuatro Derrotas) por las cuales es obligatoria la expulsión de la SAṄGHA monástica y no hay manera de que los monjes restauren sus votos: (1) relaciones sexuales; (2) robo; (3) asesinato; (4) declaraciones falsas (de poseer realizaciones).

CUATRO DICHAS, dga' ba bzhi: (1) Dicha, *dga' ba*; (2) Dicha suprema, *mchog dga'*; (3) Dicha especial, *khyad dga'*; (4) Dicha innata, *lhan skyes dga' ba*. Véase el capítulo 8 de la Cuarta Parte.

CUATRO EMPODERAMIENTOS [SUPERIORES], *dbang bzhi*: (1) Empoderamiento de la vasija, *bum dbang*; (2) Empoderamiento secreto, *gsang dbang*; (3) Empoderamiento de la sabiduría, *shes rab ye shes dbang*; (4) Cuarto empoderamiento o empoderamiento de la palabra, *tshig dbang, bzhi pa'i dbang*.

CUATRO KĀYAS: Véase KĀYA.

CUATRO MEDIOS PARA REUNIR DISCÍPULOS (ATRAER A OTROS/ ESTUDIANTES), bsdu ba'i dngos po bzhi: (1) Ser generoso, *sbyin pa*; (2) hablar de manera agradable o placentera, *snyan par smra ba*; (3) enseñar una conducta beneficiosa de acuerdo con las necesidades de las personas, *don spyod pa*; y (4) concordancia entre lo que se enseña y la propia manera de actuar, *don mthun pa*.

DIECIOCHO CIENCIAS [ramas del conocimiento de la antigua India], *rig gnas bco brgyad*: (1) música, *rol mo*; (2) técnicas sexuales, *'khrig thabs*; (3) trabajo doméstico, *so tshis*; (4) matematicas, *grang can*; (5) gramática, *sgra*; (6) medicina, *gso ba*; (7) sistemas religiosos, *chos lugs*; (8) pintura y artesanías, *bzo ba*; (9) tiro con arco, *'phong spyod*; (10) argumentación lógica, *gtan tshig*; (11) farmacología, *sbyor ba*; (12) autodisciplina, *rang gi bcas pa*; (13) recuerdo de lo oído (es decir, lo estudiado), *thos pa dran pa*; (14) astronomía, *skar ma'i dpyad*; (15) astrología, *rtsis*; (16) magia, *mig 'phrul*; (17) historia, *sngon rabs*; (18) narración de relatos, *sngon byung brjod*.

DIECISÉIS DICHAS, *dga' ba bcu drug*: Las cuatro dichas se combinan desde la 1.1 (Dicha de la Dicha) hasta la 4.4 (Dicha Innata de la Dicha Innata). Véase CUATRO DICHAS y la sección dos del capitúlo ocho en la Cuarta Parte.

DIEZ NO VIRTUDES, *mi dge ba bcu*: tres del cuerpo: (1) quitar la vida, *srog gcod*; (2) tomar lo que no es dado, *ma byin len*; (3) conducta sexual impropia, *log g.yem*; cuatro de la palabra: (4) mentir, *rdzun smra ba*; (5) palabras divisorias, *phra ma*; (6) palabras hirientes, *tshig rtsub*; (7) charla ociosa o carente de sentido, *ngag 'chal'*; tres de la mente: (8) codicia, *brnab sems*; (9) mala voluntad o malicia, *gnod sems*; (10) sostener puntos de vista erróneos, *log lta*.

DOS OSCURECIMIENTOS, *sgrib gnyis*: (1) OSCURECIMIENTOS AFLICTIVOS (de las KLEŚHAS), *nyon mongs pa'i sgrib*; y (2) OSCURECIMIENTOS COGNITIVOS. Véase OSCURECIMIENTOS.

DOS VERDADES, *bden pa gnyis*: (1) VERDAD RELATIVA (o verdad convencional), *kun rdzob bden pa*; y (2) VERDAD ABSOLUTA (también verdad última o definitiva), *don dam bden pa*.

OCHENTA CLASES DE ESTADOS CONCEPTUALES Y EMOCIONALES:
Clasificación de las KLEŚHAS según el TANTRA. Según el comentario de
Longchenpa (*sems nyid ngal gso*), después de que los cuatro elementos
se han disuelto unos en otros durante el proceso de la muerte o en la
absorción meditativa, la mente experimenta finalmente la luminosidad
de la SABIDURÍA prístina en el centro del corazón. En ese momento surgen
las cuatro luminosidades del DHARMAKĀYA, las sabidurías prístinas de
(1) resplandor, (2) incremento, (3) logro y (4) logro completo. Mediante
la sabiduría del "resplandor", cesan los treinta y tres pensamientos
que surgen de la aversión. Según la *Lámpara que integra las prácticas*,
(Āryadeva, cap. 4, f78A4), éstos son: (1) desapasionamiento, '*dod chags
dang bral ba*; (2) desapasionamiento moderado, '*dod chags dang 'bral ba
bar ma*; (3) desapasionamiento extremo, shin tu '*dod chags dang 'bral ba*;
(4) idas y venidas mentales, *gang yid kyis 'gro ba dang 'ong ba*; (5) dolor,
mya ngan; (6) dolor moderado, *mya ngan bar ma*; (7) dolor extremo, *shin
tu mya ngan tu 'gyur pa*; (8) paz, *zhi ba*; (9) pensamientos discursivos, *rnam
par rtog pa*; (10) miedo, '*jigs pa*; (11) miedo moderado, '*jigs pa bar ma*; (12)
miedo extremo, *shin tu 'jigs pa*; (13) ansia, *sred pa*; (14) ansia moderada,
sred pa bar ma; (15) ansia extrema, *shin tu sred pa*; (16) aferramiento,
nye bar len pa; (17) no virtud, *mi dge ba*; (18) hambre, *bkres pa*; (19) sed,
skom pa; (20) sensación, *tshor ba*; (21) sensación moderada, *tshor ba bar
ma*; (22) sensación extrema, *shin tu tshor ba*; (23) conocedor, *rig pa po*;
(24) objeto aprehendido o conocido, *rig pa 'dzin pa'i gzhi* [esto se presenta
como un listado separado, pero tiene más sentido como parte del último,
u omitido, como lo hace Longchenpa]; (25) análisis individual, *so sor rtog
pa*; (26) vergüenza, *ngo tsha shes pa*; (27) compasión, *snying rje* (28) afecto,
brtse ba; (29) afecto moderado, *brtse ba bar ma*; (30) afecto extremo, *shin
tu brtse ba*; (31) ansiedad, *dogs pa dang bcas pa*; (32) acumulación, *sdud
pa*; (33) envidia, *phrag dog*. Posteriormente, la *sabiduría del resplandor* se
disuelve en la *sabiduría del incremento*. Mediante esa sabiduría, cesan los
cuarenta pensamientos que surgen de la pasión. Según la *Lámpara que*

integra las prácticas (f78A6) son: (1) pasión, *chags pa*; (2) apasionamiento, *kun tu chags pa*; (3) dicha, *dga' ba*; (4) dicha moderada, *dga' ba 'bar ma*; (5) dicha extrema, *shin tu dga' ba*; (6) regocijo, *rangs pa*; (7) éxtasis, *rab tu mga ba*; (8) asombro, *ngo mtshar*; (9) risa, *dgod pa*; (10) satisfacción, *tshim pa*; (11) abrazo, *'khyud pa*; (12) beso, *'o byed pa*; (13) succión, *'jib pa*; (14) estabilidad, *brtan pa*; (15) perseverancia, *brtson pa*; (16) arrogancia, *khengs pa*; (17) actividad, *bya ba*; (18) saqueo, *dbrog pa*; (19) fuerza, *stobs*; (20) fortaleza, *spro ba*; (21) audacia, *dka ba la sbyor ba*; (22) audacia moderada, *dka ba la sbyor ba bar ma*; (23) audacia extrema, *shin tu dka ba la sbyor ba*; (24) agresión, *drag pa*; (25) coquetería, *rnam par sgeg pa*; (26) hostilidad, *'gras pa*; (27) virtud, *dge ba*; (28) palabras claras, *tshig gsal*; (29) verdad, *bden pa*; (30) falsedad, *mi bden pa*; (31) certeza, *nges pa*; (32) no aferramiento, *nye bar mi len pa*; (33) donador, *sbyin pa po*; (34) exhortación, *bskul ba*; (35) heroismo, *dpa ba*; (36) desvergüenza, *ngo tsha med pa*; (37) disimulación, *sgyu zin pa*; (38) perversidad, *gdug pa*; (39) picardía, *mi srun pa*; (40) gran deshonestidad, *gya gyu che ba*, lo que suma exactamente cuarenta. Entonces la sabiduría del incremento se disuelve en la *sabiduría del logro*. Mediante esa sabiduría, cesan los siete pensamientos que surgen de la ignorancia. Según la *Lámpara que integra las prácticas* (f78B:2) son: (1) pasión/apego moderado *chags pa bar ma* [Longchenpa dice "hundimiento", *bying ba*]; (2) olvido, *brjed ngas pa*; (3) confusión, *'khrul pa*; (4) mutismo, *mi smra ba*; (5) tristeza, *skyo ba*; (6) pereza, *le lo*; (7) duda, *the tshom*. [Estos 80 estados desaparecen a medida que los aires internos se disuelven, lo que corresponde a las tres absorciones de la apariencia blanca, el incremento rojo y el logro negro.]

OCHO GRANDES MAESTRÍAS, *dbang phyug chen po brgyad*: Ocho buenas cualidades "ordinarias": (1) buenas cualidades de forma sutil, *gzugs phra ba'i yon tan*; (2) buenas cualidades de forma burda, *gzugs rags pa'i yon tan*; (3) ligereza, *yang ba'i yon tan*; (4) omnipresencia, *khyab pa'i yon tan*; (5) sinceridad y autenticidad, *yang dag thob pa'i yon tan*; (6) claridad brillante, *rab tu gsal ba'i yon tan*; (7) estabilidad, *brtan pa'i yon tan*; (8) surgimiento de la satisfacción total, *'dod dgu 'byung ba'i yon tan*.

OCHO PREOCUPACIONES MUNDANAS, *jig rten chos brgyad*: También conocidas como "ocho dharmas mundanos". *Apego* a: () las ganancia o riquezas; (2) el placer, la comodidad o los deleites; (3) el reconocimiento o estatus; (4) las alabanzas; y *aversión* a: (5) las pérdidas; (6) el dolor o las dificultades; (7) ser ignorado o considerado insignificante; y (8) las críticas o la desgracia.

ONCE FACTORES MENTALES VIRTUOSOS, *dge ba bcu gcig*: (1) fe; dad pa; śhraddhā; (2) vergüenza o dignidad moral; ngo tsha shes pa; hri; (3) decencia o temor a lo inapropiado; khrel yod pa; apatrāpya; (4) no apego; ma chags pa; alobha; (5) no agresión o no odio; zhe dang med pa; adveṣha; (6) no ignorancia o no engaño; gti mug med pa; amoha; (7) esfuerzo o diligencia; brtson 'grus; vīrya; (8) adaptabilidad o flexibilidad mental; shin tu sbyang ba; praśhrabdhi; (9) prudencia o cuidado; bag yod pa; apramāda; (10) ecuanimidad; btang snyoms; upekṣhā; (11) no violencia; rnam par mi 'tshe ba; avihiṃsā.

SEIS CHAKRAS: Véase **CINCO CHAKRAS**.

SEIS KLEŚHAS (EMOCIONES AFLICTIVAS/AFLICCIONES MENTALES) RAÍZ; *rtsa nyon drug*: (1) ignorancia; *ma rig pa*; avidyā; (2) apego o deseo; *'dod chags*; rāga; (3) aversión o ira; *kong khro*; pratigha; (4) orgullo; *nga rgyal*; māna; (5) duda; *the tshom*; vichikitsā; (6) puntos de vista erróneos; *lta ba;* dṛiṣhṭi.

SEIS PERFECCIONES, *pha rol tu phyin pa drug*: (1) generosidad, *sbyin pa*; (2) disciplina ética, *tshul khrims*; (3) paciencia, *bzod pa*; (4) esfuerzo gozoso o diligencia, *brtson 'grus*; (5) concentración meditativa, *bsam gtan*;

y (6) sabiduría, *shes rab.*

SEIS YOGAS VAJRA, *sbyor ba drug*: El sistema de KĀLACHAKRA de la práctica del Tantra Yoga Supremo que integra los CANALES de energía, los AIRES INTERNOS y las ESENCIAS SUTILES como base para la la ETAPA DE CONSUMACIÓN, según se practica en la tradición JONANG. Estos seis yogas incluyen seis conjuntos específicos de prácticas yóguicas profundas realizadas en secuencia: (1) retracción; *sor sdud*; pratyāhāra; (2) estabilización meditativa; *bsam gtan*; dhyāna; (3) control de la fuerza vital; *srog rtsol*; prāṇāyāma; (4) retención; *'dzin pa*; dhāraṇā; (5) recogimiento; *rjes dran*; anusmṛiti; y (6) absorción meditativa; *ting nge 'dzin; samādhi.* Este conjunto de seis no debe confundirse con los Seis Dharmas de Nāropā o Niguma, a menudo traducidos como los Seis Yogas. Véase el tomo tres de *Develando tu verdad sagrada.*

TRECE FALTAS CON REMANENTE (de los preceptos vinaya), *lhag ma bcu gsum gyi sdom khrims nyes pa*: Se denominan *Saṅghādisesa*, "que implican a la comunidad (Saṅgha) en las etapas inicial (ādi) y posterior (sesa)". Debido a que las cinco primeras son de carácter sexual, resultan relevantes para lo que el autor expone en este libro: (1) provocarse intencionadamente a sí mismo la emisión de semen, o hacer que otra persona le provoque a uno la emisión de semen [por medios distintos a la relación sexual, que es una de las CUATRO FALTAS], excepto durante un sueño; (2) establecer contacto corporal lujurioso con una mujer que uno percibe como mujer; (3) hacer un comentario lujurioso a una mujer sobre su loto o su ano, o tener relaciones sexuales con ella; (4) decir a una mujer que mantener relaciones sexuales con un monje varón sería beneficioso de algún modo; (5) actuar como intermediario para concertar un matrimonio, una infidelidad o una asignación entre un hombre y una mujer que no están casados entre sí; (6) construir sin un benefactor—o hacer que se construya—, una cabaña recubierta de yeso, destinada al uso propio, sin haber obtenido la aprobación de la comunidad monástica, en un lugar perturbado o sin el espacio adecuado, o que exceda las medidas reglamentarias; (7) construir con un benefactor—o hacer que se construya—, una cabaña destinada al uso propio, sin haber obtenido la aprobación de la comunidad monástica, en un lugar perturbado o sin el espacio adecuado, o que exceda las medidas reglamentarias; (8) hacer una acusación falsa de que un *bhikkhu* (monje con ordenación completa) ha cometido una ofensa de derrota (*pārājika*) con la esperanza de que le despojen de sus hábitos; (9) sin hacer declaraciones falsas, distorsionar voluntariamente la evidencia mientras se acusa a un *bhikkhu* de haber cometido una ofensa *pārājika*, con la esperanza de que le despojen de sus hábitos; (10) persistir—después de que se haya proclamado por tercera vez una reprimenda formal en la comunidad monástica—en la adopción una posición filosófica, solo o en grupo, que pueda conducir a un cisma; (11) persistir—después de que se haya proclamado por tercera vez una reprimenda formal en la comunidad monástica—en el apoyo a alguien que pueda causar potencialmenteun cisma; (12) persistir—después de que se haya proclamado por tercera vez una reprimenda formal en la comunidad monástica—en la resistencia a la amonestación; (13) persistir—después de que se haya proclamado por tercera vez una reprimenda formal en la comunidad monástica—en críticas contra una expulsión dictada contra uno mismo.

TRES GIROS DE LA RUEDA DEL DHARMA, *chos kyi 'khor lo rim pa gsum:* (1) Primer giro, centrado en las enseñanzas del VEHÍCULO DE LA LIBERACIÓN INDIVIDUAL; (2) segundo giro, centrado en las enseñanzas del SŪTRA MAHĀYĀNA de la VACUIDAD del yo y de los fenómenos; (3) tercer y último giro, centrado en los sūtras de significado definitivo y las enseñanzas del TANTRA de la NATURALEZA BÚDICA verdaderamente existente y vacía de cualquier otra cosa distinta a eso. Algunas escuelas consideran el segundo giro como el giro definitivo, pero DOLPOPA y sus seguidores rechazan esto.

TRES REINOS, *khams gsum*: (1) REINO DEL DESEO, *'dod khams*; (2) REINO DE LA FORMA, *gzugs khams*; y (3) REINO SIN FORMA, *gzugs med pa'i khams*.

TRES TIEMPOS, *dus gsum*: (1) pasado, *'das pa*; (2) presente, *da lta ba*; y (3) futuro, *ma 'ongs pa*.

TRES VEHÍCULOS, *theg pa gsum*: (1) Vehículo de los Oyentes, Śhrāvakayāna (lo mismo que LIBERACIÓN INDIVIDUAL), *nyan thos kyi theg pa*; (2) Vehículo de los Pratyekabuddhas, Pratyekabuddhayāna, *rang sangs rgyas kyi theg pa*; (3) el Gran Vehículo (incluye el MAHĀYĀNA y a menudo también el TANTRAYĀNA o VAJRAYĀNA), *theg pa chen po*; o (1) HINAYĀNA (lo mismo que LIBERACIÓN INDIVIDUAL), *theg chung*; (2) Gran Vehículo (mahāyāna), *theg chen*; y (3) tantrayāna o vajrayāna.

TRES VENENOS, *dug gsum*: Las kleśhas de (1) el apego o deseo, *'dod chags*; (2) la aversión, agresión o ira, *zhe sdang*; y (3) la confusión o ignorancia, *gti mug*.

TRES VOTOS: (1) votos PRATIMOKṢHA (LIBERACIÓN INDIVIDUAL), *so so thar pa'i sdom pa*; (2) compromisos o votos del BODHISATTVA, *byang chub sems dpa'i sdom pa*; y (3) SAMAYAS o votos tántricos, *dam tshig gi sdom pa*.

VEINTE AFLICCIONES (KLEŚHAS) SECUNDARIAS, *nye nyon nyi shu*, upa-kleśha: Véase CINCUENTA Y UN FACTORES MENTALES.

Bibliografía[468]

Fuentes tibetanas, sūtras y tantras[469]

Minucias del Vinaya, *'Dul ba phran tshegs kyi gzhi,* D0006 Kangyur, 'dul ba, tha 1b1-da 333a7.

Sūtra de la perfección de la sabiduría en dieciocho mil estrofas, *'Phags pa shes rab kyi pha rol tu phyin pa khri brgyad stong pa zhes bya ba theg pa chen po'i mdo, Daśa sāhasrikā prajñāpāramitā sūtra,* D0010 Kangyur, shes phyin, ga 1b1-206a7.

Sūtra de los medios hábiles, *'Phags pa thabs mkhas pa zhes bya ba theg pa chen po'i mdo, Ārya upāyakauśalya nāma mahāyāna sūtra,* D0261 Kangyur, mdo sde, za 283b2-310a7. BDRC: texto electrónico de UTIE0OP16440489A_10951_bo. Consultado el 27 de marzo de 2023.

Sūtra del despliegue en su vasta extensión, *'Phags pa rgya cher rol*

468 Abbreviations: BDRC Buddhist Digital Resource Center; D sde ge.

469 La mayoría de las citas de este libro se tradujeron tal como se citan en la versión tibetana inédita del autor.

pa zhes bya ba they pa chen po'i mdo, Ārya lalitavistara nāma mahāyāna sūtra, D0095, mdo sde, kha 1b1-216b7.

Sūtra del diamante, *'Phags pa shes rab kyi pha rol tu phyin pa rdo rje gcod pa zhes bya ba thegs pa chen po'i mdo, Ārya vajracchedikā nāma prajñāpāramitā mahāyāna sūtra*, D0016 Kangyur, shes phyin, ka 121a1-132b7.

Sūtra del loto, *Dam pa'i chos pad ma dkar po zhes bya ba theg pa chen po'i mdo, Saddharma puṇḍarīka nāma mahāyāna sūtra*. D0113 Kangyur, mdo sde, ja 1b1-180b7.

Tantra abreviado de Cakrasaṃvara,[470] *Rgyud kyi rgyal po dpal bde mchog nyung ngu, zhes bya ba Tantrarāja śrī laghusaṁbara nāma*, D0368 Kangyur, rgyud ka 213b1-246b7.

Tantra de Guhyasamāja, *De bzhin gshegs pa thams cad kyi sku gsung thugs kyi gsang chen gsang ba 'dus pa zhes bya ba brtag pa'i rgyal po chen po, Sarvatathāgata kāya vāk citta rahasyo guhyasamāja nāma mahā kalparāja*, D0443, rgyud, ca 90a1-157b7.

Tantra raíz de Cakrasaṃvara: Véase *Tantra abreviado de Cakrasaṃvara*.

---

470 Si bien en otras partes del libro hemos editado "c" como "ch", "ch" como "cch", "ṣ" como "ṣh", "ś" como "śh", y "ṛ" como "ṛi" para facilitar la pronunciación a quienes no estén familiarizados con la diacrítica sánscrita, este criterio no se ha seguido en esta bibliografía.

Tratados en tibetano

Āryadeva, 'phags pa lha: *Lámpara que integra las prácticas, Spyod pa bsdus pa'i sgron ma, Caryāmelāpakapradīpa,* D1803 Tengyur, rgyud, ngi, 57a2-106b7.

Amoghavajra, Don yod rdo rje: *Instrucciones orales para adentrarse en el yoga de la talidad mediante la unión apasionada, Rjes chags kyi sbyor bas de kho na nyid kyi rnal 'byor la 'jug pa'i man ngag, Anukampopakramatattvayogā vatāropadeśa nāma,* D1745 Tengyur, rgyud, sha, 113b2-116a3. Adarshah. org: Texto electrónico. Consultado el 8 de marzo de 2023.

Lelung Shepe Dorje, sle lung bzhad pa'i rdo rje:
– *Tratado sobre los protectores: Dam can bstan srung rgya mtsho'i rnam par thar pa cha shas tsam brjod pa legs bshad,* 2 volúmenes, Leh: T.S. Tashigang. BDRC: Escaneo W1kG9276 [s.l]: [s.n]. Consultado el 17 de febrero de 2023.
– *Eliminación del tormento del deseo sexual en los seres:* (El autor aparece como 'ol dga' rje drung 03 bzhad pa'i rdo rje), *Rgyo 'dod skyes bu'i gdung sel.* BDRC: Escaneo W8LS19933. Consultado el 21 de febrero de 2023.
– *Puntos claros del camino de los medios, Thabs lam gyi gnad 'ga 'zhig gsal bar byed pa'i man ngag thabs lam snying bcud khams khul nas 'tshol bsdu zhus pa'i dpe rnying dpe dkon.* BDRC: Escaneo purl.bdrc.io/ resource/ MW3PD982_D6A2D5. Consultado el 20 de marzo de 2023.

Longchenpa, klong chen rab 'byams pa dri med 'od zer:
– *Snying thig ya bzhi (dar thang glog klad par ma).* BDRC: Texto electrónico UTIE0OPI7944B80B_I1KG12052. Consultado el 7 de marzo de 2023.

– *Theg pa mtha' dag gi don gsal bar byed pa grub pa'i mtha' rin po che'i mdzod*. BDRC: Texto electrónico lccw.0424, vol 15. Consultado el 7 de marzo de 2023.

Nāgārjuna, klu grub: *Guirnalda preciosa, Rgyal po la gtam bya rin po che'i phreng ba, Rājaparikathāratnāvali*, D4158 Tengyur, spring yig, ge, 107a1126a4.

Surūpa, gzugs bzang: *'Dod pa'i bstan bcos zhes bya ba, Kama Śāstra nāma*, D2500 Tengyur, volumen 53, rgyud, zi, 274b7-277a7.

Tāranātha: *La brillante claridad de la unión, Zab lam rdo rje rnal 'byor gyi rnam par bshad pa rgyas par bstan pa zung 'jug rab tu gsal ba chen po zhes bya ba bzhugs so*. BDRC: Escaneo W22276-v4. Consultado el 3 de noviembre de 2022.

Tsongkhapa, Je, *Explicación extensa del Tantra abreviado de Cakrasaṃvara, "Aclaración de todos los puntos ocultos", Bde mchog bsdus pa'i rgyud kyi rgya cher bshad pa sbas pa'i don kun gsal ba*, en *Obras completas de Je Tsongkhapa, Rje tsong kha pa'i gsung 'bum*, 18 volúmenes. Adarshah.org: Texto electrónico, ubicación 8.10.145a. Consultado el 12 de marzo de 2023.

Fuentes no tibetanas

al-Nefzawi, Muhammad ibn Muhammad, *Perfumed Garden. of Sensual Delight, Al-fī nuzhaï al-ḫāṭir (Jardín perfumado del deleite sensual)*: Tr. Richard Francis Burton, 1886, disponible en línea en https://www.sacred-texts.com/sex/garden. Recurso en inglés.

Bailey, Cameron, *A Feast of Scholars: The Life and Works of Sle lung*

Bzhad pa'i rdo rje (Un festín de eruditos: la vida y obra de Sle lung Bzhad pa'i rdo rje), tesis, Faculty of Oriental Studies, Wolfson College Oxford, Inglaterra, pdf disponible en https://www.academia.edu/68203543/A_feast_for_scholars_the_life_and_works_of_Sle_lung_Bzhad_pa_i_rdo_rje. Recurso en inglés.

Baker, Ian, *El corazón del mundo: Un viaje al último lugar secreto.* España: Los libros de la liebre de marzo, 2007. (Contiene una traducción del *Relato de un viaje a Pemakö* de Lelung Shepe Dorje).

Bhikkhu-vibhanga, traducción al inglés con reglas vinaya: https://www.wisdomlib.org/buddhism/book/vinaya-pitaka-1-bhikkhu-vibhanga/d/doc227039.html. Recurso en inglés.

Battersby, Matilda, *para Independent* [noticias digitales] lunes 20 septiembre, 2010 00:00: [basado en] el documental de la ex-periodista de *Independent,* Sarah Harris, sobre las prostitutas de los templos de la India.

Bowker, John, *Diccionario abreviado Oxford de las religiones del mundo.* Paidós Mexicana: México, 2006.

Dowman, Keith tr., *El loco divino: la vida sublime y canciones de Drukpa Kunley, Brag-phug Dge-bśes Dge-'dun-rin-chen.* Publicación independiente: 2021. ISBN-13: ⌐979-8702533773.

Gendün Chöpel, *The Passion Book, a Tibetan Guide to Love and Sex (El libro de la pasión: una guía tibetana sobre el amor y el sexo).* López D.S. y Thupten Jinpa tr. Chicago; Londres: The university of Chicago Press, 2018. Libro en inglés.

Jamgön Kongtrül, *Buddhist Ethics (Ética budista).* International

Translation Committee fundado por el V.V. Kalu Rinpoche tr. ed. Nueva York: Snow Lion Publications, 1998. Libro en inglés.

Ju Mipham, *Note-commentary on the Abridged Kālacakra Tantra (Nota-comentario sobre el Tantra abreviado de Kālacakra)*. BDRC: Escaneo W23468v17img231. 929, v18img3-977. Consultado el 13 de agosto de 2022, revisado en 2023. Tr. Rimé Lodrö (Ives Waldo). Archivo electrónico inédito. Recurso en inglés.

Lelung Shepe Dorje, sle lung bshad pa'i rdo rje:
– *Viaje a Pemakö*. Para la traducción, véase Baker, Ian, 2004.
– *Vida*. Véase Bailey, Cameron, *A Feast for Scholars*.

Longchenpa, *The Great Chariot, a Commentary on The Great Perfection: The Comfort and Ease of Mind (El gran carruaje, comentario sobre La gran perfección: calma y descanso de la mente)*. Tr. Rimé Lodrö (Ives Waldo). Archivo electrónico inédito. Recurso en inglés.

Nālandā Translation Committee bajo la dirección de Chögyam Trungpa Rinpoche tr., *La vida de Marpa el traductor*. Ediciones Dharma: Madrid, 2012.

Ngari Panchen y Pema Wangyi Gyalpo, *Perfect Conduct: Ascertaining the Three Vows (Conducta Perfecta: el conocimiento de los tres votos)*. Comentario de S.S. Dudjom Rinpoché, tr. Khenpo Gyurme Samdrub y Sangye Khandro. Wisdom Publications: Boston, 1996. Libro en inglés.

Padoux, André, *Tantra: la tradición hindú*. Kairós: España, 2011.

Robinson, James B. tr., *Buddha's Lions, the Lives of the Eighty-four Mahasiddhas (Los leones de Buda, las vidas de los ochenta y cuatro*

Mahasiddhas). Dharma Publishing: Berkeley CA, 1979. Traducido de *Smon grub shes rab tr, grub thob brgyad cu rtsa bzhi'i chos skor*, Nueva Delhi: Chophel Legdan, 1973, a su vez una traducción del *Caturaśitisiddhapravr̥tti* de Abhayadatta. El libro contiene el texto en tibetano. Libro en inglés.

Shar Khentrul Rinpoché (Jamphel Lodrö),

– *Develando tu verdad sagrada*, Libros 1-3. Tibetan Buddhist Rime Institute: Belgrave, Australia, 2017.

El tesoro oculto del camino profundo. Tibetan Buddhist Rime Institute: Belgrave, Australia, 2024.

– *Empowerment Liturgy of the Dharma Kings and Kalkīs of Śhambhala in the North, along with the Kalkī Princes and Princesses, entitled "The Heroic Courage of Spiritual Warriors of Great Power"* (*Liturgia de empoderamiento de los Reyes del Dharma y los Kalkīs de Śhambhala en el Norte, junto con los Príncipes y Princesas Kalkī, titulada "El valor heroico de los guerreros espirituales de gran poder"*). Dzokden: San Francisco, 2022. Libro en inglés.

– *Ocean of Diversity* (*Océano de diversidad*). Tibetan Buddhist Rime Institute: Belgrave, Australia, 2015. Libro en inglés.

– *Śhambhala Dharma Kings Sādhana* (*Sādhana de los reyes del Dharma de Śhambhala*). Dzokden: San Francisco, 2022. Cuadernillo en inglés.

– *The Four Higher Empowerments, a Guidebook for Entering the Kālachakra Completion Stage* (*Los cuatro empoderamientos superiores. Guía para entrar en la etapa de consumación de Kālachakra*). Tibetan Buddhist Rime Institute: Belgrave, Australia, 2016. (Solo pueden acceder a este cuadernillo quienes hayan recibido estos empoderamientos superiores del autor). Cuadernillo en inglés.

– *The Realm of Śhambhala: A Complete Vision for Humanity's Perfection* (*El reino de Śhambhala: una visión completa de la perfección de la humanidad*). Shambhala Press: Boulder CO, 2021. Libro en inglés.

– *The Seven Empowerments of a Growing Child – A Guidebook for*

Entering the Kālachakra Generation Stage (Los siete empoderamientos de un niño en crecimiento. Guía para entrar en la etapa de generación de Kālachakra). Tibetan Buddhist Rime Institute: Belgrave, 2016. (Solo pueden acceder a este cuadernillo quienes hayan recibido estos empoderamientos superiores del autor). Cuadernillo en inglés.

Sleeman W.H., *The Thugs or Phansigars of India, comprising a history of the rise and progress of that extraordinary fraternity of assassins; Compiled by Original and Authentic Documents published by Sleeman, Superintendent of Thug Police (Los asesinos Thug o Phansigars de la India, que comprende una historia del ascenso y progreso de esa extraordinaria fraternidad de asesinos; Recopilación de documentos originales y auténticos publicados por Sleeman, Superintendente de la Policía de asesinos Thug).* Carey and Hart: Philadelphia, 1839. Libro en inglés.

Taylor, P. M., *Confesiones de un asesino Thug.* Valdemar: España, 2000.

The Hevajra Tantra, a Critical Study, (El Hevajra Tantra, un estudio crítico), volúmenes I y II. Oxford University Press: Londres, 1959. Libro en inglés.

Vātsyāyana, *Kāma Sūtra*, siglo II o III. El colofón dice: "Este tratado fue compuesto de acuerdo con los preceptos de las escrituras, para el beneficio del mundo, por Vātsyāyana, mientras llevaba la vida de un estudiante religioso en Benarés y se dedicaba por completo a la contemplación de la Deidad. Esta obra no debe utilizarse meramente como un instrumento para satisfacer nuestros deseos. Una persona familiarizada con los verdaderos principios de esta ciencia, que preserva su Dharma (virtud y mérito religioso), su Artha (riqueza mundana) y su Kama (placer o gratificación sensual), y que tiene consideración por las costumbres de la gente, ha de asegurarse de dominar los sentidos. En resumen, una persona inteligente y conocedora que cuida el Dharma y el Artha y también el Kama, sin convertirse en esclavo de sus pasiones, obtendrá el éxito en todo lo que haga". Traducción inglesa, *Complete Kāma Sūtra, the first unabridged modern translation of the classic Indian text.* tr. Alain Danielou. Park Street Press: Rochester VT, 1994. Libro en inglés.

Sobre el autor

Shar Khentrul Rinpoché pasó los primeros 20 años de su vida pastoreando yaks y recitando mantras en las mesetas del Tíbet. Inspirado por los bodhisattvas, abandonó a su familia para estudiar en diversos monasterios bajo la guía de más de veinticinco maestros de todas las tradiciones budistas tibetanas. Debido a su enfoque no sectario, se ganó el título de Maestro Rimé (imparcial) y fue reconocido como la reencarnación del famoso Maestro del Kālachakra, Ngawang Chözin Gyatso. Si bien reconoce el gran valor de la diversidad de todas las tradiciones espirituales que se encuentran en este mundo, el corazón de sus enseñanzas se centra en la tradición Jonang-Shambhala. Las enseñanzas de Kālachakra (la Rueda del Tiempo), transmitidas por los reyes Kalkī de Śhambhala, contienen métodos profundos para armonizar nuestro entorno exterior con el mundo interno del cuerpo y la mente. Este tantra se conecta directamente con el karma de nuestra tierra para propiciar la Edad de Oro de la Paz y la Armonía (Dzokden). Difundir estas preciosas enseñanzas en tantos idiomas como sea posible para que podamos realmente transformar nuestro mundo de adentro hacia fuera, persona por persona, se ha convertido en la misión de vida de Khentrul Rinpoché.

Shar Khentrul Jamphel Lodrö

La visión de Rinpoché

Dzokden se fundó con el propósito específico de apoyar a Khentrul Rinpoché para hacer realidad su visión de traer la Edad de Oro de paz y armonía a este mundo. A medida que nuestra comunidad sigue creciendo y desarrollándose, cada vez más personas participan en este extraordinario esfuerzo.

Para dar una idea del alcance de la visión de Rinpoché, podemos mencionar ocho objetivos que reflejan las prioridades de Rinpoché a corto y largo plazo:

Objetivos inmediatos

En última instancia, la felicidad auténtica y duradera sólo es posible mediante una profunda transformación personal. Ahora más que nunca, necesitamos métodos para desarrollar nuestra sabiduría y hacer realidad nuestro máximo potencial. Por esta razón, Rinpoché da tanta prioridad a la preservación del Linaje Jonang de Kālachakra. Rinpoché propone hacer esto de cuatro maneras:

1. **Crear oportunidades para conectar con un linaje de Kalachakra auténtico y completo, en estrecha colaboración con meditadores comprometidos en el remoto Tíbet.** Nuestro objetivo es generar todos los apoyos necesarios para la práctica de Kalachakra de

acuerdo con los auténticos maestros del linaje que han mantenido esta tradición durante miles de años. Para ello, encargamos estatuas y pinturas, escribimos libros e impartimos enseñanzas por todo el mundo. Ponemos especial énfasis en garantizar la autenticidad de nuestros materiales, basándonos en la profunda experiencia de meditadores altamente realizados que han dedicado su vida a estas prácticas.

2. **Establecer centros de retiro internacionales dedicados al estudio y la práctica de Kalachakra.** Para integrar las enseñanzas en nuestra mente, es crucial tener la oportunidad de participar en periodos de práctica intensiva. Por lo tanto, estamos trabajando para crear la infraestructura necesaria para apoyar y alentar a los miembros de nuestra comunidad para que participen en retiros de corta y larga duración. Esto incluye la compra de terrenos y la construcción de todo lo necesario para llevar a cabo retiros grupales y en solitario. Nuestro objetivo a largo plazo es desarrollar una red de centros de este tipo en todo el mundo, formando una comunidad global que apoye a una amplia variedad de practicantes.

3. **Traducir y publicar los textos** únicos y **extraordinarios de los maestros de Kalachakra.** El Sistema de Kalachakra ha sido el tema de innumerables textos a lo largo de la extensa historia del Tíbet. Hasta ahora, sólo una pequeña parte de estos textos ha sido traducida y es accesible en Occidente. Aunque los textos teóricos son importantes, nuestro objetivo es centrarnos especialmente en las instrucciones esenciales que guiarán a los practicantes comprometidos a una experiencia más profunda de estas profundas enseñanzas.

4. **Desarrollar herramientas y programas para una experiencia de aprendizaje estructurada.** Con grupos de estudiantes distribuidos por todo el mundo, creemos que es importante aprovechar al máximo las tecnologías modernas para facilitar el proceso de aprendizaje

de nuestros estudiantes. Nuestro objetivo es desarrollar una sólida plataforma educativa en línea que permita a nuestra comunidad internacional acceder a programas de estudio de calidad que sean intuitivos, estructurados y atractivos.

Objetivos a largo plazo

Aunque cada uno de nosotros trabaja para alcanzar la paz y la armonía definitivas en nuestra mente, no debemos perder de vista el hecho de que coexistimos en un mundo lleno de una gran diversidad de personas. Estos individuos son fuente de una gran variedad de creencias y prácticas que, a su vez, conforman la manera en que nos relacionamos e interactuamos mutuamente. En esta realidad interdependiente es vital encontrar estrategias viables para promover una mayor tolerancia y respeto. Con este fin en mente, Rinpoche propone cuatro áreas de actividad específicas:

1. **Promover el desarrollo de una Filosofía Rime a través del diálogo con otras tradiciones.** Con el deseo de ser miembros constructivos de una sociedad pluralista, necesitamos aprender a conciliar nuestras diferencias. Para lograr esto, buscamos ayudar a las personas a desarrollar' cualidades positivas que promuevan una actitud de respeto mutuo, la apertura a nuevas ideas y un deseo inquisitivo de superar nuestra ignorancia.

2. **Ofrecer apoyo financiero a practicantes comprometidos para desarrollar individuos altamente realizados que actúen como modelos a seguir.** Para garantizar la autenticidad de nuestras tradiciones espirituales, es imprescindible que haya personas que alcancen las más altas realizaciones. Por lo tanto, nuestro objetivo es crear un programa de becas financieras que facilite la labor de los auténticos practicantes que deseen dedicar su vida al desarrollo espiritual, independientemente de su sistema de práctica. Al ayudar a las personas a hacer realidad las enseñanzas, ellas

pueden convertirse en modelos positivos para quienes les rodean, inspirando y guiando a las generaciones futuras.

3. **Desarrollar programas de formación especializados para hacer realidad el gran potencial de las mujeres practicantes.** La cultura tibetana tiene un largo historial de cultivar maestros altamente realizados al ofrecer una formación intensiva a quienes se les reconoce un gran potencial. Por desgracia, con demasiada frecuencia la búsqueda de potencial se ha centrado sólo en candidatos masculinos. Rinpoché cree que es cada vez más importante contar con figuras femeninas que sean un modelo de fuerza y realización, y que puedan contribuir a un mayor equilibrio en nuestro mundo. Por esta razón, estamos trabajando para desarrollar un programa de formación único que ofrezca a las mujeres la oportunidad de desarrollar su potencial espiritual. Nuestro objetivo es diseñar un plan de estudios especializado, así como la infraestructura financiera necesaria para apoyar plenamente todos los aspectos de su educación.

4. **Promover una mayor flexibilidad mental y una comprensión más amplia de la realidad mediante programas educativos modernos.** En un mundo que evoluciona rápidamente, debemos replantearnos el tipo de habilidades que enseñamos a nuestros hijos. Las rígidas estructuras del pasado resultan inadecuadas para preparar a los estudiantes para los desafíos a los que se enfrentarán a lo largo de su vida. Por esa razón, nuestro objetivo es desarrollar una serie de programas educativos que ayuden a los niños a ser más flexibles y capaces de adaptarse a su entorno. Una parte importante de estos programas se dedica al desarrollo de una mayor conciencia del papel que nuestra mente desempeña en las experiencias cotidianas. También nos proponemos introducir reformas en el sistema educativo monástico con el fin de ayudar a que éste sea más relevante para el mundo moderno.

¿Cómo puedes ayudar?

Nada de esto será posible sin tu apoyo y participación. Una visión de esta magnitud requiere una gran cantidad de mérito y la generosidad de numerosos benefactores a lo largo de muchos años. Si deseas ofrecer tu apoyo, no dudes en ponerte en contacto con nosotros.

Dzokden

3436 Divisadero Street

San Francisco, California 94123 United States of America

www.dzokden.org